首都经济贸易大学

课程思政优秀教学设计案例

（经管文法类）

韩宪洲　主编

首都经济贸易大学出版社
Capital University of Economics and Business Press
·北 京·

图书在版编目（CIP）数据

首都经济贸易大学课程思政优秀教学设计案例：经管文法类/韩宪洲主编. --北京：首都经济贸易大学出版社，2021.11
ISBN 978-7-5638-3313-9

Ⅰ. ①首… Ⅱ. ①韩… Ⅲ. ①思想政治教育-教学设计-教案（教育）-高等学校 Ⅳ. ①G641

中国版本图书馆 CIP 数据核字（2021）第 243146 号

首都经济贸易大学课程思政优秀教学设计案例（经管文法类）
主　编　韩宪洲
SHOUDU JINGJI MAOYI DAXUE KECHENG SIZHENG YOUXIU JIAOXUE SHEJI ANLI（JINGGUAN WENFA LEI）

责任编辑　潘　飞
封面设计　风得信·阿东 FondesyDesign
出版发行　首都经济贸易大学出版社
地　　址　北京市朝阳区红庙（邮编 100026）
电　　话　（010）65976483　65065761　65071505（传真）
网　　址　http://www.sjmcb.com
E-mail　publish@cueb.edu.cn
经　　销　全国新华书店
照　　排　北京砚祥志远激光照排技术有限公司
印　　刷　唐山玺诚印务有限公司
成品尺寸　170 毫米×240 毫米　1/16
字　　数　510 千字
印　　张　25.25
版　　次　2021 年 11 月第 1 版　2021 年 11 月第 1 次印刷
书　　号　ISBN 978-7-5638-3313-9
定　　价　95.00 元

凝聚“三全育人”合力，推动课程思政与专业思政一体化建设

（代序）

习近平总书记在全国高校思想政治工作会议上强调，要坚持把立德树人作为中心环节，把思想政治工作贯穿教育教学全过程，实现全程育人、全方位育人。以“课程思政”为目标的教学改革，既是对“教书育人”的教学本质的回归，更是对党领导下的高等教育培养什么人、怎样培养人、为谁培养人等根本性问题的回应。

在全力推进课程思政建设的过程中，首都经济贸易大学党委着眼于健全“三全育人”体制机制，加强课程思政工作顶层设计，强化对课程思政建设目标和重点领域的系统化和整体性谋划，多次召开课程思政建设工作专题会、课程思政建设推进会，学校领导深入学校各教学单位，做讲座，抓落实，明确课程思政建设是全校各单位和全体教师的共同任务，全校上下要协同推进；各教学单位通过先行先试、广泛研讨、树立榜样等方式，切实解决好教师“该干”“想干”“会干”“干好”的问题。

为进一步深化学校课程思政建设，首都经济贸易大学党委制定了《关于推进“三全育人”综合改革的实施意见（2020 ~ 2022）》《关于深化课程思政建设的意见》《关于推进试点学院课程思政建设的实施意见》《关于推进教师党支部落实课程思政建设制度化的实施意见》等多个文件，为学校“三全育人”综合改革和深化课程思政建设绘制了路线图。提出要着力强化各级党组织的牵头引领作用，着力提升校院系行政的推进落实作用，着力调动群团服务部门的氛围营造作用，着力激发全校教职工的育人主体

作用，着力挖掘各类社会力量的协同促进作用的全员育人机制；紧抓覆盖学生全学段的思政课程体系建设，紧抓覆盖专业全领域的课程思政体系建设，紧抓覆盖学涯全过程的日常思政工作体系建设的全过程育人机制；积极打通校内与校外相协同的育人渠道，积极构建课内与课外相衔接的育人载体，积极完善线上与线下相融合的育人平台的全方位育人机制。

近年来，学校校院两级积极探索，协同推进课程思政“七个一批”工程和“六个推进”工程建设。学校作为推进课程思政建设的总体设计者，不断完善顶层设计，强化制度建设，积极搭建各类平台，充分发挥教师队伍“主力军”、课程建设“主战场”、课堂教学“主渠道”作用，先后建成一批示范课程，推出一批示范教材，推进一批实践教学示范项目，培育一批研究成果，选树一批示范教师和教学团队，打造一批示范专业。

本次编写的《首都经济贸易大学课程思政优秀教学设计案例（经管文法类）》既是落实“六个推进”工程建设的具体举措，也是学校开展课程思政建设的阶段性成果。课程思政优秀教学案例库（以下简称“案例库”）建设以习近平新时代中国特色社会主义思想为指导，以爱党、爱国、爱社会主义、爱人民为主线，以政治认同、家国情怀、道德修养、法治意识、文化素养为重点，遵循高校教学规律设计课程内容，强化价值引领，注重发挥课堂教学育人主渠道作用，把做人做事的基本道理、社会主义核心价值观的要求以及实现民族复兴的理想和责任融入本科教学，构建全员、全过程、全方位育人新局面。

自案例库建设工作开展以来，全校教师积极参与，不断反思如何促进思政元素多样化并使之融入教学过程，同时踊跃提交实际授课过程中的原创案例。各教学单位高度重视，落实好案例库建设与教师育人能力提升、人才培养质量提升相结合，鼓励激发教师课程改革热情。学校从各教学单位推荐的教学案例设计中，遴选出一批能够较好挖掘课程所蕴含的思政教育元素和所承载的思想政治教育功能，能够实现思政建设与课程教学深度融合、知识传授与价值引领有机统一，课程育人成效显著的优秀教学设计案例。

本案例库第一编为建设理念，着重从理论方面阐述课程思政建设在高校立德树人、人才培养等方面的重要作用，强调教师要创新课程思政教学模式，将价值塑造、知识传授和能力培养相结合，深入挖掘课程思政元素并使之有机融入专业课程教学，达到润物无声的育人效果。第二编为课程案例，共39份优秀教学案例设计，其中涵括经济学、管理学、文学、法学等相关专业课程，突出学校经管类特色和优势。每一篇教学案例设计都包含课程简介、课程思政元素发掘、教案设计、教学效果分析等内容板块。入选的教学案例均能强化正确政治方向，有明确的课程思政教学目标，突出价值引领，具有较强的针对性、时效性、创新性、示范性和可推广性。课程负责人能够充分发掘和运用各学科蕴含的思想政治教育资源，明确课程思政教学目标，优化课程育人教学设计，在教学理念、教学思路、内容形式、方法手段等方面有一定的创新，用学生喜闻乐见、润物细无声的方式开展思政教育。教案设计能够对教学中课程思政的典型案例进行深入讲解，体现案例融入的教学过程，达到在本课程专业教育过程中自然融入社会主义核心价值观的目标。教案设计所选择的案例均能弘扬社会主义核心价值观，体现正能量，主题突出，具有渗透性、感染力、说服力，体现“以学生发展为中心”的教育理念。入选的课程案例设计完整规范，能够体现课程教学目标的创新性、高阶性、价值性和引领性，以及教学的挑战性和评价方式的科学性与多元化。

本案例库建设充分发掘了课程育人功能，构建了专业、思政、创新三位一体、深度融合的“三全育人”体系，进一步提高了全校对课程思政的认识水平，促进了教师课程思政意识的培养，推动了教学方案的优化，切实提升了首都经济贸易大学人才培养质量，有力地解决了高等教育的方向性问题、人才培养的价值观问题、思想教育的连贯性问题。

目 录

建设理念

课程案例

建设理念

全面贯彻党的教育方针　推进落实立德树人根本任务*

韩宪洲　首都经济贸易大学党委书记

教育是国之大计、党之大计。党的十八大以来，以习近平同志为核心的党中央高度重视培养社会主义建设者和接班人，坚持把立德树人作为教育的根本任务，不断开创我国教育事业发展新局面。党的十九届五中全会指出，要全面贯彻党的教育方针，坚持立德树人。我们要从党和国家事业发展全局的高度，落实立德树人根本任务，推进高等教育事业发展同实现高质量发展相适应，培养担当民族复兴大任的时代新人。

国无德不兴，人无德不立。育人的根本在于立德。落实立德树人根本任务，是我国高等教育事业不断取得新发展的关键所在，也是实现高质量发展、建设教育强国的必然要求。新中国成立以来，我国高等教育走出了一条特色鲜明的发展道路，坚持为党育人、为国育才，源源不断地为改革开放和社会主义现代化建设提供人才资源和智力支撑。新发展阶段，高等教育要全面贯彻党的教育方针，紧扣落实立德树人根本任务，努力构建德智体美劳全面培养的教育体系，形成更高水平的人才培养体系，培养更多德智体美劳全面发展的社会主义建设者和接班人。

服务推动高质量发展。党的十八大以来，习近平总书记对教育事业特别是培养社会主义建设者和接班人工作高度重视，强调“高校立身之本在于立德树人”“要坚持把立德树人作为中心环节，把思想政治工作贯穿教育教学全过程，实现全程育人、全方位育人，努力开创我国高等教育事业发展新局面”“要把立德树人的成效作为检验学校一切工作的根本标准”“要把立德树人内化到大学建设和管理各领域、各方面、各环节，做到以树人为核心，以立德为根本”，等等。在习近平新时代中国特色社会主义思想指引下，新时代高校立德树人工作取得显著成效。进入新发展阶段，高校要继续落实立德树人根本任务，为推动高质量发展提供人才支撑。着眼于服务推动高质量发展，聚焦“人”这个生产力中最活跃

---

* 原载于《人民日报》2021年3月17日第9版。

的因素，不断优化学科和专业结构，主动融入国家创新体系，深化产教融合、校企合作，实现教育体系与科技体系、产业体系、社会体系有机衔接，推动教育链、人才链与产业链、创新链融合发展，为实现高质量发展源源不断输送高质量人力资源。

抓好思政课这一关键课程。习近平总书记指出："思政课是落实立德树人根本任务的关键课程。"进入新发展阶段，高校要继续大力推动思想政治理论课改革创新。首先，理直气壮开好思政课，用习近平新时代中国特色社会主义思想铸魂育人，按照"八个相统一"的要求，不断增强思政课的思想性、理论性和亲和力、针对性。其次，全面推进课程思政建设。课程思政是落实习近平总书记关于"使各类课程与思想政治理论课同向同行，形成协同效应"重要论述的重要举措，是全面落实立德树人根本任务的战略举措，也是全面提高人才培养质量的重要任务。要通过开展课程思政建设，让高校、教师都承担好育人责任，守好一段渠、种好责任田。最后，不断提升日常思想政治教育实效性。日常思政是课堂外开展思想政治教育的重要阵地。要坚持围绕学生、关照学生、服务学生，遵循思想政治工作规律和学生成长规律，因事而化、因时而进、因势而新，不断增强学生文明素养、社会责任意识、实践本领，培养德智体美劳全面发展的社会主义建设者和接班人。

课程思政：新时代中国特色社会主义高等教育的理论创新与实践创新 *

韩宪洲　首都经济贸易大学党委书记

2016年12月，习近平总书记在全国高校思想政治工作会议上指出："要用好课堂教学这个主渠道，思想政治理论课要坚持在改进中加强，提升思想政治教育亲和力和针对性，满足学生成长发展需求和期待，其他各门课都要守好一段渠、种好责任田，使各类课程与思想政治理论课同向同行，形成协同效应。"这成为课程思政的缘起。党的十九大召开后，习近平总书记在北京大学师生座谈会上强调要"形成高水平人才培养体系"，并指出"人才培养体系涉及学科体系、教学体系、教材体系、管理体系等，而贯通其中的是思想政治工作体系"。这一指示把对课程思政的认识提升到新的层面，是对课程思政认识的深化。2018年9月，在全国教育大会上，习近平总书记对新时代高等教育作了全面阐述，强调要"深化教育体制改革，健全立德树人落实机制"，从而使课程思政建设方向更坚定、目标更明确，课程思政的认识最终成型。近年来，全国高校遵循习近平总书记关于教育的重要论述，逐步深化对课程思政的认识，形成生动实践，结出可喜成果。习近平总书记关于教育的重要论述带来了中国高等教育的实践创新，开创了中国高等教育事业发展新局面。

一、理论创新：习近平总书记关于教育的重要论述是高校落实立德树人根本任务的科学指南

党的十八大以来，习近平总书记在领导中国特色社会主义的伟大实践中，着眼世界百年未有之大变局和中华民族伟大复兴全局，紧紧围绕培养什么人、怎样培养人、为谁培养人这个根本问题，牢牢把握立德树人根本任务，提出了一系列

* 原载于《中国高等教育》2020年第22期。

有关教育改革发展的新理念新思想新观点，集中概括为“九个坚持”，这为高等学校全面落实立德树人根本任务提供了根本遵循。

习近平总书记关于教育的重要论述赋予课程思政以理论认知。习近平总书记关于教育的重要论述集中体现为“一二三”的框架。“一”是指一个首要问题。培养什么人，是教育的首要问题。“二”是指“两大根本任务”，即立德树人根本任务和培养社会主义建设者和接班人的根本任务。“三”是指“两个体系”和“一个体制机制”，“两个体系”是指德智体美劳全面培养的教育体系和更高水平的人才培养体系，“一个体制机制”是指全员育人、全过程育人、全方位育人的体制机制。“一二三”框架层次清晰、逻辑严密，阐明了新时代高校人才培养体系的内在逻辑，为高校以课程思政建设为抓手落实立德树人根本任务提供了理论认知。

习近平总书记关于教育的重要论述赋予课程思政以方法认知。中国特色社会主义进入新时代，高等教育事业要做到为人民服务，为中国共产党治国理政服务，为巩固和发展中国特色社会主义制度服务，为改革开放和社会主义现代化建设服务，除了高校思想政治工作的目标、定位要调整，高校思想政治工作还要进行方法论意义上的转变，即把思想政治工作贯穿教育教学全过程，把思想政治工作体系贯通高水平人才培养体系。教师是高校育人的主力军，在教学过程中处于主导地位，是教与学关系中主要矛盾的主要方面。落实立德树人根本任务，要坚持问题导向，抓住教师在育人中的直接主体地位，率先在教师群体中推进习近平新时代中国特色社会主义思想入脑入心。课程思政是寓价值观引导于知识传授和能力培养之中的教学理念和教学方法，要求教师在知识传授过程中，挖掘课程本身所蕴含的思想政治教育元素，并有机融入课堂教学之中，同时，教师在这一过程中，形成对育人的再认识，实现教育者先受教育。挖掘课程思政元素、有机融入课堂教学、教育者先受教育，是高校教师开展课程思政的三项基本功，三者循环往复、螺旋式上升，实现教育主体实践、认识、再实践、再认识的飞跃，构成教师开展课程思政的方法论。

习近平总书记关于教育的重要论述明确了课程思政的精髓要义。课程思政是把课堂作为育人主渠道，推动其他各门课程与思想政治理论课同向同行，形成协同效应的创新实践。习近平总书记指出：“我国是中国共产党领导的社会主义国家，这就决定了我们的教育必须把培养社会主义建设者和接班人作为根本任务，培养一代又一代拥护中国共产党领导和我国社会主义制度、立志为中国特色社会主义奋斗终身的有用人才。这是教育工作的根本任务，也是教育现代化的方向目标。”这就决定了课程思政建设的精髓要义在于“贯彻党的教育方针，用习近平新时代中国特色社会主义思想铸魂育人”，决定了高校教育工作者要用好“所有课堂”这个主渠道，把做人做事的基本道理、把社会主义核心价值观的要求、把实现民族复兴的理想和责任融入各类课程教学之中，形成“课程门门有思政，教师人人讲育人”的生动局面。

二、实践创新：习近平总书记关于教育的重要论述推动了中国特色社会主义高等教育办学治校方法论的转变

理论一经群众掌握，就会成为物质力量。习近平总书记关于教育的重要论述是高校增强办学治校能力，构建高等教育现代化治理体系的行动指南。高校贯彻党的教育方针，以习近平新时代中国特色社会主义思想为指导，形成由思想政治工作体系贯通的学科体系、教学体系、教材体系、管理体系等，形成更高水平人才培养体系，并在这个过程中实现实践创新。

创新高校党的建设实践。课程思政要寓价值观引导于知识传授和能力培养之中，帮助学生塑造正确的世界观、人生观、价值观，必须发挥教师在课程思政建设中的主体作用，形成学科、专业、课程一体化建设的内在逻辑。学校是总体设计者，学院、系（部）是重要推进者，专业（负责人）是直接组织实施者，专业教师是具体实践者。教师党支部作为高校党的最基层组织，要将支部活动与教育教学活动密切关联起来，实现良性互动，有针对性地解决好课程思政建设初期教师有想法没思路、想干却不知道如何切入的难题。在课程思政建设过程中，尽管专业负责人、课程负责人是直接的组织者，但教师党支部仍要发挥思想引领、组织协调、服务引导等作用，积极推动和保障课程思政建设，把相关育人要求融入党支部活动，积极搭建平台，着力提升教师开展课程思政的能力。教师党支部推动课程思政建设，有利于破解高校基层党建与业务工作“两张皮”难题。

创新“三全育人”格局建设实践。课程思政建设为推动“三全育人”格局建设提供了抓手。高校教师的 80% 是专业教师，课程的 80% 是专业课程，学生学习时间的 80% 用于专业学习，专业课程教学是课程思政的最主要的依托。多年的调查表明，80% 的大学生认为，对自己成长影响最深的是专业课和专业课教师。高校通过全面推进课程思政建设，紧紧抓住教师队伍“主力军”、课程建设“主战场”、课堂教学“主渠道”，对全员全过程全方位育人产生辐射带动效应。高校党政工团等职能部门通过服务教学工作，创新途径、搭建载体，与教学部门一起形成全员育人的局面。高校将思政课作为关键课程，坚持思政课、日常思想政治工作与课程思政同向同行，形成思政课、课程思政、日常思想政治工作相衔接的全程育人格局。围绕课堂教学主渠道，充分发挥学校、社会、家庭作用，建立社会实践和实习实训就业基地，形成多方参与的全方位育人机制。

创新师德师风建设实践。人才培养，关键在教师。习近平总书记指出，“建

设政治素质过硬、业务能力精湛、育人水平高超的高素质教师队伍是大学建设的基础性工作”，“评价教师队伍素质的第一标准应该是师德师风”。课程思政建设不是要求教师把“课程”与“思政”简单拼凑或叠加，也不是课程的“思政化”或者“去知识化”，而是旨在通过打造教师“三项基本功”，把思想政治工作的“盐”溶解到立德树人各门课程的“食物”中，实现价值引领、知识教育和能力培养在课程教学中的有机统一。这其中，“教育者先受教育”是建设难点，“挖掘思政元素”“有机融入课堂”是建设重点。教师通过挖掘再融入课程本身蕴含的思想政治元素，实现课堂教学再设计，本身就是教育者先受教育的过程，有利于提升教师践行师德规范和要求的能力，从而使教师自觉将师德规范和要求融入教育教学、科学研究和社会服务的实践之中，并通过实践中的不断反思和持续改进，把师德规范和要求转化为自己稳定的内在信念和行为品质，更好地教会学生为人、做事、处世的道理和智慧。

三、课程思政建设的实践探索

北京联合大学把课程思政建设作为落实立德树人根本任务的重要抓手，先行先试，全方位行动、有步骤推进，以课程思政建设为抓手，健全“三全育人”体制机制，使课程思政建设理念在教职工中形成广泛共识。调查显示，几乎所有教师都认为课程思政建设成果对自己产生了积极影响，认为自己对党的创新理论的认识有明显提升。

通过课程思政建设，课堂成为育人的主渠道。学校从学习贯彻习近平总书记关于教育的重要论述入手，逐步深化教师对习近平新时代中国特色社会主义思想的理论认知和实践认知。学校党委加强统筹规划，各二级党组织引领指导、组织推动，教师党支部具体落实、全面推进，广大教师聚焦“做人做事的基本道理、社会主义核心价值观的要求、实现民族复兴的理想和责任”，夯实“挖掘思政元素、有机融入课堂、教育者先受教育”三项基本功。同时，从深化课程思政建设入手，探索专业思政与课程思政一体化设计与实施的方案，形成了“课程门门有思政，教师人人讲育人”的浓郁氛围，实现育人主渠道由思想政治理论课向所有课堂转变。

以课程思政建设为抓手，健全“三全育人”体制机制。学校从加强课程思政建设入手，围绕立德树人根本任务，把思想政治工作贯穿教育教学全过程，把思想政治工作体系贯通学科体系、教学体系、教材体系和管理体系等，形成高水平人才培养体系。同时，把思想政治理论课作为关键课程，把课程思政作为全面性基础性工作，推动日常思想政治工作与思政课和课程思政同向同行，把立德树人贯穿人才培养全过程。全校各级党组织、各单位、各部门及全体教职工自觉把立德树人纳入职责范围，明确育人导向，落实育人要求，发挥好榜样示范引领作用，形成党政工团全员参与的育人局面。学校建立社会、家庭多方参与的协同育人机制，形成全方位育人合力。

通过课程思政建设，立德树人成为高校意识形态主旋律。意识形态重在建设。在课程思政建设过程中，学校贯彻党的教育方针，用习近平新时代中国特色社会主义思想铸魂育人，教育学生用马克思主义立场观点方法分析和解决问题，推动立德树人成为意识形态主旋律。坚持推动习近平新时代中国特色社会主义思想进教材、进课堂、进师生头脑，大力加强思政课课程群建设，把中国特色社会主义的北京实践、北京革命历史资源、学校校史融入思想政治理论课。充分发挥专业课教师主力军、专业课教学主战场、专业课课堂主渠道作用，紧紧围绕坚定学生理想信念，以爱党、爱国、爱社会主义、爱人民、爱集体为主线，不断完善课程思政工作体系、教学体系和内容体系，形成以习近平新时代中国特色社会主义思想武装头脑、指导实践、推动工作，将立德树人贯穿工作的方方面面，用党的建设作保障的育人模式，推动习近平新时代中国特色社会主义思想在培养高水平人才的实践中落地生根、开花结果。

全面推进课程思政建设的逻辑进路探析*

韩宪洲　首都经济贸易大学党委书记

2020年5月28日，教育部印发《高等学校课程思政建设指导纲要》，就全面推进课程思政建设，提高人才培养质量作出全面系统部署。全面推进课程思政建设，就是要把教育教学作为最基础最根本的工作，构建更高水平的人才培养体系，促进学生全面发展，要让所有高校、所有教师、所有课程都承担好育人责任，守好一段渠、种好责任田，这是新时代高校贯彻习近平总书记关于教育的重要论述的科学实践，也是落实立德树人根本任务的战略举措。

一、深化认识：落实立德树人根本任务的战略举措

自全国高校思想政治工作会议召开以来，伴随对立德树人认识的不断深化，课程思政已经从部分高校在“点”上的探索上升为我国高等教育界在“面”上的共识。《高等学校课程思政建设指导纲要》从中国特色高等教育制度层面明确了全面推进课程思政建设的战略定位、建设目标、内容重点、评价激励等。要坚持在学思践悟、常学常新中深化认识，着力从“落实立德树人根本任务的战略举措”的高度深刻把握全面推进课程思政建设的重要价值。

（一）全面推进课程思政建设是构建更高水平的人才培养体系的内在要求

人才培养体系涉及学科体系、教学体系、教材体系、管理体系等，而贯通其中的就是思想政治工作体系。加强党的领导和党的建设，加强思想政治工作体系建设，是形成高水平人才培养体系的重要内容。新时代高校必须站在坚持和发展

* 原载于《中国高等教育》2021年第6期。

中国特色社会主义的政治高度，牢固确立人才培养的中心地位，坚持和加强党的全面领导，完善思想政治工作体系，确保党和国家事业后继有人、兴旺发达。全面推进课程思政建设，是高校将思想政治工作体系贯通于人才培养体系的最基础手段；是培养担当民族复兴大任的时代新人，培养德智体美劳全面发展的社会主义建设者和接班人的内在要求。

（二）全面推进课程思政建设是形成全员全程全方位育人大格局的有效抓手

“三全育人”，从根本上讲，就是要以立德树人为中心环节，将思想政治工作贯穿教育教学全过程，牢牢坚持“把立德树人的成效作为检验学校一切工作的根本标准”，紧紧围绕“培养什么人、怎样培养人、为谁培养人”这个根本问题，结合各群体、各岗位在育人实践中的育人元素，并作为职责要求和考核内容，融入整体制度设计和具体操作环节。课程思政作为“三全育人”的重要方面，强调包括占比80%的专业教师在内的所有教职工要在育人这一最终目标上同向同行，形成协同效应。全面推进课程思政建设，是高校健全“三全育人”体制机制的重要抓手，有利于所有教师紧紧围绕全面提高人才培养能力这个核心点承担好育人责任，有利于全面提升全体教职员工立足岗位育人的意识和能力，推动形成全员全程全方位育人大格局。

（三）全面推进课程思政建设是进一步提升立德树人成效的必要前提

立德树人是教育的本质要求，新时代高校必须坚持把立德树人作为根本任务。课程思政建设，强调在高校思想政治工作中，要把立德树人作为中心环节，内化到学校建设和管理各领域、各方面、各环节，坚持思想政治教育与知识体系教育的有机统一，用好课堂教学这个主渠道，寓价值观引导于知识传授和能力培养之中，不断提高学生思想水平、政治觉悟、道德品质、文化素养，做到明大德、守公德、严私德。全面推进课程思政建设，是高校将思想政治工作贯穿教育教学全过程，落实立德树人根本任务，提升立德树人成效的基础性和全面性工作；是推进中国特色社会主义大学建设，帮助学生塑造正确的世界观、人生观、价值观，增强“四个意识”，坚定“四个自信”，做到“两个维护”的生动实践。

二、完善体系：构建高水平人才培养体系的着力点

全面推进课程思政建设，必须着眼“培养什么人”这一教育的首要问题，紧紧围绕高水平人才培养体系建设，不断完善课程思政工作体系、教学体系和内容

体系，解决好专业教育和思政教育“两张皮”问题，解决好各类课程和思政课相互配合的问题，解决好推动其他教职员工和思政课教师相辅相成的问题，推动思想政治工作贯通人才培养体系，发挥融入式、嵌入式、渗入式的立德树人协同效应，全面提高人才培养能力和质量。

（一）完善课程思政工作体系

课程思政工作体系，以坚持学校党委的全面领导为根本保证，以促使课程思政理念形成广泛共识为首要职责，以坚持全方位行动、持续性推进、有步骤实施为工作思路，以形成“课程门门有思政，教师人人讲育人”的工作格局为核心目标，以健全协同推进课程思政建设的体制机制为关键抓手。完善课程思政工作体系，有利于把全面推进课程思政建设这一落实立德树人根本任务的战略举措落地落实，有利于各建设主体找准切入点、突破点和发力点，真正做到既各司其职、各负其责，又协同配合，形成育人合力。

要着力聚焦学校总体层面完善课程思政工作体系。一是要不断完善顶层设计。坚持在推动课程思政建设理论与实践的互动中，探索课程思政建设的特点和规律，立足健全立德树人落实机制，加强课程思政相关制度建设，不断明晰工作思路，形成有力推进举措。二是要不断强化协同机制。坚持以学校整体推进、院系主导、教师主体为基本原则，以“三全育人”体制机制建设为牵引，以课程思政规范化建设为抓手，推动学校内部各单位各部门自觉坚持以学生为中心，协同育人，形成党委统一领导、党政齐抓共管、宣传教务部门牵头抓总、相关部门协同联动、院系落实推进、教师自觉育人的工作格局。三是要不断强化激励引导机制。坚持以全面提升教师开展课程思政的意识和能力为着力点，通过提供坚实条件保障，完善激励政策，搭建学术研究平台、宣传展示平台、学习交流平台等，有效激发教师开展课程思政的积极性、主动性、创造性。

（二）完善课程思政教学体系

课程思政教学体系是课程思政理念下对原教学体系的重新认识和再造，是对原教学体系的内涵拓展和优化升级。要着力聚焦专业层面完善课程思政教学体系。一是要一体化推进课程思政和专业思政建设。专业思政体现的是本专业对所培养人才核心素养的要求，课程是达成这一要求的主要手段，所以，课程思政建设是实施专业思政的主要内容。从人才培养的角度看，专业思政是中观层面，课程思政是其下的微观层面，两者都是专业内涵建设的重要范畴。要有针对性地修订人才培养方案，结合落实本科专业类教学质量国家标准等基本要求，进一步优化本专业对人才的核心素养要求，根据专业育人目标和实现路径科学设计课程思政的教学目标、教学内容和教学方法，构建科学合理的课程思政教学体系。二是要充分发挥专业负责人的关键作用。专业负责人是专业思政建设的直接组织者和实施者，是统筹推进课程思政建设的重要主体。要引导专业负责人根据不同学科专业特点，深入研究不同专业的育人目标，深度挖掘、提炼专业知识体系中蕴含的思想政治教育元素，从专业层面科学合理拓展课程教学的广度、深度和温度。三是要大力加强课程内涵建设。坚持学生中心、产出导向、持续改进，以不断提升学生的课程学习体验、学习效果为目标指向，以能充分发挥课堂教学主渠道的价值引领作用为构建标准，不断拓展和丰富课程思政教学体系的内涵，坚决防止“贴标签”“两张皮”。

（三）完善课程思政内容体系

课程思政内容体系是课程蕴含的所有思政元素的集合统称，是教师有效开展课程思政的重要基础，直接决定着课程思政教学的质量和成效。完善课程思政内容体系，既有利于教师立足专业的人才培养开展课程思政教学，增强针对性和实效性；也有利于教师共享课程思政教学内容，提高开展课程思政的效率；同时，还有利于教师统筹课程思政内容的使用，避免简单低效的重复。

要着力聚焦教师层面完善课程思政内容体系。一是要挖掘课程的思政元素。教师要牢牢坚持以“做人做事的基本道理、社会主义核心价值观的要求、实现民族复兴的理想和责任”这“三句话”为根本点，从个人、社会、国家三个层面，围绕道德修养、价值塑造、家国情怀等深入挖掘课程所蕴含的思政元素，落实专业对育人的核心素养要求，擦亮课程的育人底色，增强课程的价值引领功能。二是要有机融入课堂教学。教师要牢牢坚持以提升教学质量为出发点和落脚点，根据课程思政教学需求，充分考虑学生认知水平与特点，按照课程思政内容的层次性和进阶性，通过取舍、补充、简化，形成适切的课程思政内容，并对思政元素在课堂教学中的融入进行科学设计，确保融入过程自然巧妙。三是要教育者先受教育。教师要牢牢坚持以能力建设为关键点，进一步强化育人意识，统筹第一课堂和第二课堂，统筹理论教学和实践教学，找准育人角度，提升课程思政建设的意识和能力，以及通过开展课程思政加强自身师德修养的意识和能力。

三、探索评价：确保课程思政建设质量的重要保障

探索开展课程思政建设评价，是确保全面推进课程思政建设规范化，推动创新发展的客观要求，也是确保全面推进课程思政建设高质量，提升人才培养效果的客观要求。

（一）要聚焦评价实效确定评价原则

确定课程思政建设评价的基本原则是有效开展评价工作、确保评价实效性的重要前提。一是要坚持以育人为根本导向，紧紧围绕培养德智体美劳全面发展的社会主义建设者和接班人这一根本任务，把人才培养效果这一首要标准作为基本遵循，贯穿课程思政建设评价全过程各方面。二是要坚持以工作评价为重点，牢牢把握育人工作的基本规律和育人效果具有整体性、潜在性和长期性的特点，把重点放在工作评价上，通过规范化建设形成课程思政建设的基本范式，推动均衡发展，提升育人成效。三是要坚持以融入为重要方式，把课程思政要求纳入“双一流”建设监测与成效评价、学科评估、本科教学评估、一流专业和一流课程建设、专业认证、绩效考核等重要内容，推动形成系统化落实立德树人的体制机制。

（二）要聚焦建设主体探索评价范式

全面推进课程思政建设作为学校落实立德树人根本任务的基础性和全面性工作，其涉及的关键主体主要包括学校、校职能部门、学院、系（部、教研室）、教师五个方面。学校是课程思政建设的总体设计者，要着力聚焦学校党政作用发挥、顶层设计完善、理论与实践同步推进、立德树人氛围营造等方面的情况进行评价。学校职能部门是课程思政建设在学校层面的重要推动者，要着力聚焦各部门在“三全育人”工作格局中，对课程思政建设任务的全方位落实是否到位，持续推进是否到位，成果固化是否到位。学院是课程思政建设的重要推动者，要着力聚焦学院党政同责、推进落实机制、特色凝练等方面的情况进行评价。系（部、教研室）是课程思政建设的直接组织者和落实者，要着力聚焦党组织和行政合力推进、专业思政与课程思政一体化建设情况进行评价。同时，要特别注重对教师党支部在推动课程思政建设方面的作用发挥情况，以及课程思政建设在推进教师党支部自身建设和师德师风建设等方面的“溢出效应”进行评价。教师是开展课程思政建设的直接主体，要着力聚焦对教师“挖掘课程的思政元素、有机融入课堂教学、教育者先受教育”这“三项基本功”和课程思政建设的意识、能力状况进行评价。

（三）要聚焦可操作性确定评价方法

评价工作的目的是验证既定的目标是否已经达成，更好地推动工作改进，提升工作效率和效益。在探索开展课程思政建设评价时，要立足推动工作规范化编制评价标准，为开展评价提供基本依据。组织实施评价工作时，要聚焦简便易行有效的基本原则，紧密结合教育教学，选择适用自我评价和外部评价、定性评价和定量评价、整体评价和特色评价等多元方法相结合的方式，确保实现预期的评价目的。

以课程思政推进师德师风建设的内在逻辑与现实路径*

韩宪洲　首都经济贸易大学党委书记

随着课程思政建设的不断深入，其影响力不断扩大，预期效果逐步呈现，同时其溢出效应①也不断彰显，主要体现在初步找到了破解许多高校共同面临的一些重点难点问题的有效办法。其中，以课程思政推动师德师风建设便是开展课程建设的重要溢出效应之一。实践证明，教师在开展课程思政，探索如何将所挖掘思想政治教育元素有机融入课堂教学的过程中，对"教育者先受教育"②重要论述的深刻理解，会使教师在思想和行动上产生很大的转变，建立起更加和谐的师生关系，获得更多幸福感和成就感，继而在客观上促使教师进一步主动提升自身的思想政治素质和职业道德水平，有效地推动师德师风建设。

一、课程思政内含新时代对师德师风的新要求

对教师而言，课程思政就是要求教师紧紧围绕做人做事的基本道理、社会主义核心价值观的要求、实现民族伟大复兴的共同理想和责任深入挖掘课程蕴含的思政元素，并将其有机融入课程教学，在立德树人和学生健康成长过程中"守好一段渠、种好责任田"③，使各类其他专业课程与思政课同向同行，形成育人协

---

* 原载于《思想理论教育导刊》2021年第7期。

① 课程思政是对将思想政治工作体系贯通于人才培养体系的科学实践，其要义是通过深入挖掘各门课程蕴含的思政元素，按照价值引领、知识教育和能力培养有机统一的要求，对课程内容进行重构和再造，从而充分利用课堂教学发挥好各类课程的育人功能，提升人才培养能力和质量。在课程思政深入实施过程中，收获了许多"意外之喜"，例如，初步找到了破解教师党支部建设、师德师风建设等难题的有效方法，这些课程思政建设预期之外的成果，可以统称为课程思政的溢出效应。

② 习近平.在北京大学师生座谈会上的讲话［M］.北京：人民出版社，2018：9.

③ 习近平.习近平谈治国理政：第二卷［M］.北京：外文出版社，2017：378.

同效应。在新时代，全面推进课程思政建设的根本目的是更好地教育学生、影响学生、塑造学生，培养德智体美劳全面发展的社会主义建设者和接班人。教师作为课程思政的主体方面，必须把新时代对教师师德师风的要求内化于心、外化于行，不忘立德树人初心，牢记为党育人为国育才使命，不断提升自身思想政治素质和职业道德水平，做到以德立身、以德立学、以德施教，用高尚师德提高学生思想水平、政治觉悟、道德水平和文化素养。新时代对教师师德师风的新要求是教师开展课程思政的重要基础。

（一）“四个引路人”是新时代师德师风建设的根本目标

习近平总书记强调，“广大教师要做学生锤炼品格的引路人，做学生学习知识的引路人，做学生创新思维的引路人，做学生奉献祖国的引路人”①。“四个引路人”是新时代对师德师风建设的根本目标指向。教师是培养人、造就人的职业，承担着培养社会发展、知识积累、文化传承、国家存续、制度运行所要求的人的重大任务，这是古今中外教育存续的共同价值和共性规律。我们今天比历史上任何时期都更接近中华民族伟大复兴的目标，但这个目标“绝不是轻轻松松、敲锣打鼓就能实现的”②，归根到底需要一代又一代中国青年为之接续奋斗。教育是国之大计、党之大计，功在当代、利在千秋，教师是立教之本、兴教之源，教师在教书育人的过程中，必须把习近平新时代中国特色社会主义思想作为工作的根本指南，时刻铭记立德树人的重大使命，对照“四个引路人”的要求加强自身在道德品行、知识储备、创新思维、奉献精神方面的修养，努力成为先进思想文化的传播者和党执政的坚定支持者，照亮学生前行的路，教育引导学生心中要有国家和人民，要热爱祖国、热爱人民、热爱中国共产党，拥护社会主义制度，立志为中国特色社会主义事业奋斗终生。

（二）“四有好老师”是新时代师德师风建设的根本标准

习近平总书记强调，全国广大教师要成为“有理想信念、有道德情操、有扎实学识、有仁爱之心的好老师”③，“为发展具有中国特色、世界水平的现代教育，培养社会主义事业建设者和接班人作出更大贡献”④。“四有好老师”是新时代师德师风的根本衡量标准。在人类历史上，教师是最古老、最伟大、最神圣的职

---

① 中共中央文献研究室.习近平关于社会主义社会建设论述摘编［M］.北京：中央文献出版社，2017：57.

② 习近平.习近平谈治国理政：第三卷［M］.北京：外文出版社，2020：225.

③ 习近平.在北京大学师生座谈会上的讲话［M］.北京：人民出版社，2018：8.

④ 习近平.做党和人民满意的好老师：同北京师范大学师生代表座谈时的讲话［M］.北京：人民出版社，2014：3-4.

业之一，承载着人类传播知识与真理，延续思想与文明，促进发展与进步的历史重任，是太阳底下最崇高的职业。“一个人遇到好老师是人生的幸运，一个学校拥有好老师是学校的光荣，一个民族源源不断涌现出一批又一批好老师则是民族的希望。”① 在新时代，教师在坚持和发展中国特色社会主义事业中的作用与日俱增，“建设政治素质过硬、业务能力精湛、育人水平高超的高素质教师队伍是大学建设的基础性工作”②，每一位教师都应该认真思考和探索如何做一名好老师，致力于教书育人，这应该是每一位教师的理想和追求，要对照“四有好老师”标准，从职业信念、职业道德、职业素养、职业品行等方面审视自己的师德修养，着力在教学和管理实践中、在教育改革发展中锻炼成长，用自己的模范行为教育学生、影响学生、带动学生，努力成为符合党和人民要求、学生喜欢和敬佩的好老师。

（三）“四个相统一”是新时代师德师风建设的根本方法

习近平总书记强调：“要加强师德师风建设，坚持教书和育人相统一，坚持言传和身教相统一，坚持潜心问道和关注社会相统一，坚持学术自由和学术规范相统一。”③ “四个相统一”是新时代对师德师风建设的根本方法要求。教师与学生的关系最为密切，教师的一言一行会对学生产生很强的示范作用和影响。一直以来，教师工作都具有很强的社会性，必定会随着社会的发展在既定的历史条件下培养服务于社会所需要的真正的人。在新时代，“我国高等教育发展方向要同我国发展的现实目标和未来方向紧密联系在一起，为人民服务，为中国共产党治国理政服务，为巩固和发展中国特色社会主义制度服务，为改革开放和社会主义现代化建设服务”④，教师必须立足国情，严肃认真对待自己的职责，以树人为核心，以立德为根本，把“四个相统一”的要求融入自己的教学科研活动之中，时刻注意自己的言行举止，做到为人师表、以德垂范，既要当好“经师”，做学问之师，又要当好“人师”，做品行之师；既要以自己的人格魅力引导学生心灵，弘扬社会主义核心价值观，帮助学生扣好人生的第一粒扣子，又要以自己的学术造诣开启学生的智慧之门，厚植学生的家国情怀。

习近平总书记在学校思想政治理论课教师座谈会上还强调，思政课教师要具备“六种素养”，即“六要”：政治要强、情怀要深、思维要新、视野要广、自

① 习近平.做党和人民满意的好老师：同北京师范大学师生代表座谈时的讲话［M］.北京：人民出版社，2014：4.

② 习近平.在北京大学师生座谈会上的讲话［M］.北京：人民出版社，2018：8.

③ 习近平.习近平谈治国理政：第二卷［M］.北京：外文出版社，2017：379.

④ 习近平.习近平谈治国理政：第二卷［M］.北京：外文出版社，2017：376-377.

律要严、人格要正[①]。这既是对广大思政课教师的要求，也是对所有教师的殷切希望，更是新时代对师德师风建设的迫切要求。所有教师都要牢牢把握中国特色社会主义进入新时代这一新的历史方位，全面理解当今世界“百年未有之大变局”和“中华民族伟大复兴战略全局”的深刻内涵，自觉增强作为教师所肩负的“凝聚人心、完善人格、开发人力、培育人才、造福人民”的育人重任，时刻用“六要”来勉励自己，努力培养担当民族复兴大任的时代新人，培养德智体美劳全面发展的社会主义建设者和接班人。

二、课程思政激发了教师师德修养的内生动力

教师是教育教学活动的主导者，“教育者先受教育”这一理念的实践既是教师开展课程思政的前提和基础，又在教师开展课程思政过程中激发了教师加强师德修养的自觉性和主动性。从教师开展课程思政的教学过程看，教师的再学习再提升是衔接前后、贯穿始终的重要环节。当处在最前边的环节时，意指教师提升课程思政建设意识和能力、强化思想政治工作的内容，这是开展课程思政的重要准备；当教学最后的环节出现时，则意指教师开展课程思政的“三项基本功”（包括“挖掘课程的思政元素、有机融入课堂教学、教育者先受教育”，三者分别对应教师的“备课、讲课、总结”，贯穿这一循环往复的教学闭环流程之中）之一，主要是指教师自我教育，特指教师在开展课程思政时，对照“做人做事的基本道理、社会主义核心价值观的要求、实现民族复兴的理想和责任”这三句话的总要求，自觉反思自己在教学过程中的体会、收获和感悟，进而通过持续改进的方式，不断优化提升教学流程，最终实现发挥好课堂教学主渠道作用的目的，这也是教师的一个再提升的过程。作为教师开展课程思政的“三项基本功”之一，教师的自我学习提升不仅是对教师开展课程思政提出的明确要求，而且有利于提升教师开展课程思政的能力水平，更在相当程度上激发了涵养、提升教师师德修养的内生动力。

（一）课程思政强化了教师的师德责任意识

课程思政强调所有课堂都应发挥好育人功能，所有课程、所有教师都要把做人做事的基本道理、社会主义核心价值观的要求、实现民族复兴的理想和责任有机融入各类课程教学之中，使所有其他课程与思政课在人才培养总目标上同向同行，实现协同效应；课程思政建设的工作目标是要形成“课程门门有思政，教师

① 习近平.思政课是落实立德树人根本任务的关键课程［J］.求是，2020（17）.

人人讲育人”的浓厚育人氛围，提升学校的立德树人成效。教师必须率先深刻把握课程思政的政治站位，从“培养什么人”这个教育的首要问题的高度，从“构建德智体美劳全面培养的教育体系”和“形成更高水平的人才培养体系”的深度，以及从完善全员全过程全方位育人格局的广度，在常学常新中深刻理解课程思政的丰富内涵和时代意义，深刻认识所肩负的培养德智体美劳全面发展的社会主义建设者和接班人的重大任务，形成对课程思政的政治认同、理论认同、价值认同和情感认同。这样会更有效地强化新时代教师教书育人、立德树人的神圣职责和使命，带动教师自觉对照习近平对教师提出的“四个引路人”“四个相统一”“四有好老师”“六要”等要求和期望，加强师德修养，用自己的一言一行在学生心中播撒真善美的种子，引导学生扣好人生的第一粒扣子，坚定理想信念，站稳人民立场，练就过硬本领，投身强国伟业。

（二）课程思政提升了教师的师德践行能力

课程思政不是“课程”与“思政”的简单拼凑或叠加，也不是课程的“思政化”或者“去知识化”，而是旨在把思想政治工作的“盐”，溶解到立德树人各门课程中，实现价值引领、知识教育和能力培养在课程教学中的有机统一，是将思想政治工作体系贯通于人才培养体系的科学实践。这就要求教师在开展课程思政时，要在专业规定的基础上充分发挥主观能动性，在课程教学中开展“活的思政”，体现出对政治理论的真学真懂真信真用，体现出自己的风格和特色，特别是在挖掘本课程的思想政治教育元素以及在课堂的有机融入时，要坚持言传与身教相统一，并结合学生的认知特点融入情感，赢得共鸣，避免简单说教，让自己的讲授在打动学生之前，先触动自己、感动自己，这也是“让有信仰的人讲信仰”①的客观要求。这样会有效地提升教师践行师德规范和要求的能力，带动教师自觉将师德规范和要求融入教育教学、科学研究和社会服务的实践之中，并通过在课程思政实践中的不断反思和持续改进，把师德规范和要求转化为自己坚定的内在信念和行为品质，并以此更好地教会学生为人、做事、处世的道理和智慧，带头弘扬和践行社会主义核心价值观，为实现“两个一百年”奋斗目标和中华民族伟大复兴中国梦而努力奋斗。

（三）课程思政丰富了教师的师德修养方法

课程思政是课程建设的重要内容，教师开展课程思政不是要对现有课程增加学时、学分，不是对学生的额外要求和增加他们的负担，而是基于立德树人的需要，对课程育人的新要求。“教育者先受教育”的重要论述要求教师立足课程育

① 习近平.思政课是落实立德树人根本任务的关键课程［J］.求是，2020（17）.

人，着力开展教学研究，重新梳理研究课程的教学内容、教学结构、教学方法，将立德树人放在首要位置，融入渗透教育教学全过程，并在课程思政的实践中不断优化和完善，同时不断提升教师的思想水平和业务能力——包括开展课程思政的能力和水平。这样会更有效地突破师德建设的一些因循守旧的做法，可以把教师的师德修养提升同教育教学工作任务有机结合起来，使教师在提升个人教学能力的过程中，把新时代对教师的师德要求自觉地落地落小落实，内化于心、外化于行，丰富利用实践养成和内省提升来加强自身修养的载体和方法，避免出现教师的教育教学和师德修养不协调的问题。

三、着力以课程思政推动新时代师德师风建设

师德师风重在建设。教师的思想政治素质和道德情操直接影响着青年学生世界观、人生观、价值观的养成，决定着人才培养的质量，关系着国家和民族的未来。习近平总书记强调，“各行各业都要有自己的职业良知，心中一点职业良知都没有，甚至连做人的良知都没有，那怎么可能做好工作呢？”① 高校立身之本在于立德树人，这直接决定了教师的职业良知，最重要的就是以树人为核心，以立德为根本，教书育人，不断培养一代又一代社会主义建设者和接班人。课程思政可以激发教师师德修养的内生动力，是加强师德师风建设的有效手段，它拓宽了师德师风建设的路径，是对新时代师德师风建设规律的新认识。以课程思政推进新时代师德师风建设，重点要发挥好在这一过程中教师的主动性、学校的引导作用和课程思政制度化建设的保障作用。

（一）发挥教师主动性，在教师开展课程思政中增进其自身师德修养的主动性

教师和学校是师德建设的主要实施者，其主动性、积极性是决定教师师德素养水平和师德师风建设成效的根本因素。课程思政强化了教师教书育人职责的整体性和时代内涵，使思想政治教育和知识体系教育实现了有机结合，把思想政治教育的渠道拓展为包括思政课在内的所有课程，明确了所有教师都是育人主体，所有教师都有育人责任，所有教师都要自觉遵循人才培养的规律，做到育人和育才相统一。以课程思政推动教师加强师德修养，最关键的就是要教育引导教师在开展课程思政时坚持用好方法，练好基本功。一方面，学校党委要落实立德树人主体责任，把课程思政建设作为立德树人根本性举措并做好顶层设计，坚持

① 中共中央文献研究室.十八大以来重要文献选编：上［M］.北京：中央文献出版社，2014：718.

全方位行动、有步骤实施，以此营造浓郁的立德树人氛围，使每一位教师体悟到教师职业神圣的育人职责，找到正确的职业发展方向。另一方面，要把价值引领有机融入成果导向，使教师在按照“学生中心、结果导向、持续改进”要求优化教学过程时，能够以“塑造灵魂、塑造生命、塑造新人”的使命意识和“打铁还需自身硬”“要给学生一碗水，教师要有一条河”的责任意识，对开展课程思政所需要挖掘的内容、融入的设计、教学的实施、课堂的效果等进行教学总结和反思，从而在教育教学中提升思想政治素质，锤炼高尚道德情操，不断提升师德素养。

（二）发挥学校的组织引导作用，在深化课程思政建设中提高师德师风建设的实效性

师德师风建设是教师队伍建设的重要内容和要求。习近平总书记强调，“要把立德树人的成效作为检验学校一切工作的根本标准”①，“评价教师队伍素质的第一标准应该是师德师风”②。党的十八大以来，党中央、国务院以及教育部先后出台了《关于建立健全高校师德建设长效机制的意见》《关于全面深化新时代教师队伍建设改革的意见》《新时代高校教师职业行为十项准则》《关于加强和改进新时代师德师风建设的意见》等文件，师德师风建设的制度体系不断健全。这些政策措施，只有依托能够与教师思想产生共鸣的载体，才能真正激发教师加强师德修养的内生动力。以课程思政推动师德师风建设，关键是要把加强教师思想政治工作、提升教师职业道德素养工作与提高教师开展课程思政的能力水平紧密结合起来。学校在具体工作中要积极发挥好组织引导作用，一要坚决做到用习近平新时代中国特色社会主义思想武装教师头脑，这是课程思政的源头活水，要教育引导教师在学懂弄通做实上下功夫，把坚定“四个意识”“四个自信”“两个维护”等融入课程思政，使立德树人扎根到教师心田。二要为教师开展围绕课程思政提升专业水平和执教能力的培训，使教师“既要对本学科和专业领域的知识娴熟贯通，又要对马克思主义基本原理、历史、时政等马克思主义学科的知识有一定了解；既要了解学生专业知识水平，又要关注学生思想政治状况；既要有专业知识传授的逻辑技巧，又要有一定的思想政治教育技能”③。三要为教师搭建课程思政交流平台，例如“师德师风建设论坛”“‘课程思政’建设交流展示会”等，让模范教师典型分享课程思政收获和心得，引导大家向典型学习，向榜样学习。

① 习近平.在北京大学师生座谈会上的讲话［M］.北京：人民出版社，2018：7.

② 习近平.在北京大学师生座谈会上的讲话［M］.北京：人民出版社，2018：9.

③ 韩宪洲.课程思政方法论探析：以北京联合大学为例［J］.北京联合大学学报（人文社会科学版），2020（2）.

（三）发挥制度的保障作用，在推进课程思政规范化建设中完善师德师风建设长效机制

习近平总书记强调："制度问题更带有根本性、全局性、稳定性、长期性。"[①]课程思政初步破解了师德师风建设这一长期存在的难题，是在深化课程思政中获得的经验性认识，体现了对教师成长发展规律和师德师风建设规律的新认识。这一认识来源于对课程思政的不断实践，只有进一步总结提炼这一规律性认识，并转化为有效的制度机制，才能在实践中发挥更大的指导和约束作用，激发教师的内生动力，进而从根本上破解师德师风建设的难题。一是要夯实学校党委的具体职责，把以课程思政推进师德师风建设纳入学校重要议事日程。二是要结合实际整合调整课程思政和师德师风建设的主要职能部门，实行归口统一管理，为以课程思政推进师德师风建设提供坚强组织保障；其他如组织、人事、科技等职能部门，要在业务范畴内提供大力支持，形成协同效应。三是要加强教师党支部和党员队伍建设，使教师党支部成为课程思政与支部建设、师德师风建设互动提升的基础平台。

① 习近平.习近平谈治国理政：第一卷［M］.北京：外文出版社，2018：391.

课 程 案 例

微观经济学

崔颖　经济学院

一、课程简介

（一）课程性质

微观经济学课程是本科经济学一年级下学期的专业必修课，属于经济学入门基础课程。该课程致力于训练学生建立经济学思维，启发学生获得分析和解决实际经济问题的兴趣和思路，初步了解经济理论分析的基本方法，为后续专业课程的学习夯实基础。

（二）课程领域及内容

微观经济学课程主要涉及供求理论、消费者理论、生产者理论、市场结构理论、生产要素和收入分配理论、一般均衡理论以及市场失灵七个部分。

“市场失灵”通常是本课程的最后一章。此前章节基本上都在重点讲解市场的有效性，本章则首次引入市场失灵的概念，通过逐一探讨学习市场无法实现资源有效配置的情况，理解政府干预市场的重要意义。具体而言，市场失灵通常分为外部性、公共物品、信息不完全和垄断四种情况。其中，“外部性”教学单元是本部分的一个重点和难点。“外部性理论”是经济学中极具解释力的理论之一，至今仍具有很强的实用性，被广泛应用于社会、经济、生活的方方面面。本单元的教学内容包括外部性的概念、分类、成因、影响及解决方法。由于内容理论性强，切忌仅讲授理论的枯燥教学，必须结合案例分析以加深学生对理论知识的深入理解。

（三）教学对象分析

1. 知识结构特点

本课程的教学对象为本科大一学生。学习此课时，目标对象学生已经学完了微观经济学前半部分章节的内容，包括消费者行为理论、厂商行为理论、市场运作、市场机制和弹性、福利经济学和市场效率、市场结构类型等内容。通过上述知识的学习，他们已经具备了基本的西方经济学知识和分析思路，因此对微观经济学的一些基础性知识点无须赘述。然而，外部性是他们首次接触的全新知识点。因此，本课程重点在于灵活运用具体实例，帮助学生深入理解何为外部性、它如何导致市场失灵、有哪些方法可以解决这一问题等，并在其中贯穿规范的经济学分析方法，从而培养学生缜密的微观经济逻辑思维。

2. 思维方式特点

对于生于互联网新时代的“00后”学生来说，他们思维活跃、知识面广、信息来源多、更加注重个人兴趣。但也正因为如此，他们的知识过于碎片化，知识迁移能力较差，思维缺乏逻辑性。针对学生的上述思维特点，本课程将在教学过程中更多地从他们感兴趣的现实案例入题，使学生在教师的引导下将理论知识与现实生活相结合，将课上学到的理论知识迁移应用于日常生活中，使其体会到经济学学习的价值，并对之产生兴趣。

（四）课程重要性及必要性

“市场失灵”是微观经济学教学中的重点章节，在整个微观经济学知识架构中发挥总结与升华的作用。此前章节已经从消费者、生产者、市场供需均衡等多方面介绍了市场机制的强大作用，本章基于同学们对市场机制的全面理解，提出了市场的不足之处，并由此引入政府干预。本章学习对学生理解经济循环中政府的作用至关重要，有利于培养学生的辩证思维。“外部性”作为市场失灵的重要原因之一，是学生掌握市场失灵理论中必不可少的教学环节。本部分“外部性”教学单元融合了众多思政内容，充分发挥了价值引领、教学育人的作用，将社会主义核心价值观融入了本科教学之中，有助于推动习近平新时代中国特色社会主义思想的入耳入脑入心。

本课程学习要求学生掌握外部性的定义、分类、影响后果及解决方法。本课程预期通过理论的学习和案例的讨论，加深学生对理论的理解并学以致用，能够联系实际解释现象、解决问题。采用案例讨论教学手段的主要目的在于催化学生的发散思维，加强其把课本知识转化为具体思维体系和方式的能力，最终培养学生理性思考的习惯。

二、思政元素

元素 1：通过外部性概念理解马克思主义理论中事物普遍联系的观点。

外部性是指社会经济活动中，一个市场主体的一项经济活动给其他市场主体带来正面或负面的影响，且其他市场主体未得到相应的补偿或赔偿。可见，市场中不同经济主体并不是孤立存在的，而是相互影响的。事物普遍联系观点是马克思主义理论的重要观点之一。这一观点指出，世界是一个相互联系的统一整体，任何事物都和其他事物处在一定的联系之中，这些联系是多种多样且客观存在的。个人的行为既可能对他人产生积极影响，也可能产生消极影响。积极影响会促进他人的活动，消极影响会阻碍或制约他人的活动。

元素 2：倡导自觉遵守社会道德规范，减少负外部性，增加正外部性。

“爱国、敬业、诚信、友善”，是社会主义核心价值观中要求的公民基本道德规范，它是公民必须恪守的基本道德准则，也是评价公民道德行为选择的基本价值标准。我们在日常生活、工作及学习过程中，应该自觉养成良好的道德习惯，时刻注意自己行为对他人造成的影响，少做有损他人利益的事，多做有益他人的事。社会主义和谐社会的构建需要全体公民共同努力、互相尊重、互相帮助。

元素 3：生态文明建设在治理环境污染中发挥重要作用。

通过经济理论的分析发现，私人面对具有负外部性的商品时会有过量消费和过量生产问题，面对具有正外部性的商品时会有消费不足和生产不足问题。这两种情况均会造成市场失灵，单凭市场力量无法实现资源的有效配置，此时需要政府政策的调控。课程中以“垃圾分类”等环境保护政策作为案例，帮助学生理解生态文明建设的重要意义。环境保护关系全人类的利益，其重要性不言而喻。习近平总书记强调生态文明建设是“五位一体”总体布局和“四个全面”战略布局的重要内容，指出“推动形成绿色发展方式和生活方式是贯彻新发展理念的必然要求，必须把生态文明建设摆在全局工作的突出地位”。新发展理念是习近平新时代中国特色社会主义经济思想的主要内容，创新、协调、绿色、开放、共享的新发展理念相互贯通、相互促进，绿色是永续发展的必要条件，绿色发展要处理好人和自然的和谐问题。习近平总书记在中国共产党第十九次全国代表大会报告中强调：“建设生态文明是中华民族永续发展的千年大计。必须树立和践行绿水青山就是金山银山的理念，坚持节约资源和保护环境的基本国策，向对待生命一样对待生态环境。”垃圾分类对生态环境保护具有重大意义，但由于个人往往只看到垃圾分类给自己带来的不便，未能认识到此行为对整个社会带来的正外部性，因此单靠个人难以自发主动进行垃圾分类，需要依靠政府政策的指导和监管。

三、教案设计

（一）教学目标

1. 思想目标

在现实生活中，环境污染是造成负外部性的重要来源。教师在讲授该知识点时，结合垃圾处理和垃圾分类相关案例，不仅可以阐明市场失灵和外部性理论，而且可以融入相关思政元素，引导学生在思想层面认识到生态文明建设的重要性。阐明“保护环境，从我做起”是每个公民都应当遵守的社会公德，强调生态文明建设是我国“五位一体”总体布局的重要组成部分，教育学生要积极响应国家号召，贯彻落实生活垃圾分类处理的政策，培养环保意识，为人与自然和谐发展贡献一份力量。引导学生树立正确的世界观、人生观和价值观，自觉遵守公民基本道德规范，加强道德修养。

2. 知识目标

指导学生深入理解外部性的定义及分类、不同类型外部性的影响及外部性导致的资源配置低效率，熟练掌握应用经济学的图形和数理分析方法分析外部性造成市场失灵的原因。在外部性的解决方法中，重点理解私人解决方法和政府解决方法的异同，能够区分管制、税收和许可证交易制度对总福利的影响有何不同。

3. 能力目标

注重培养学生的经济学思维和逻辑分析能力，使学生在掌握上述知识层面理论知识的情况下，可根据案例材料，将理论与案例相结合，运用所学的外部性相关理论知识分析现实经济问题，并尝试提出解决问题的方法。通过案例讨论，使学生明白在市场失灵情况下政府政策干预的重要意义，增强学生对政府政策的理解领悟能力。在课堂之外，学生应具备知识活学活用的能力，积极尝试用经济学理论知识为解决身边的外部性市场失灵问题提出建议。

（二）教学内容

1. 课堂设计思路

见图 1。

2. 教学重点

重点①：掌握外部性的定义与特征，能够区分生产的外部性和消费的外部性、正外部性和负外部性。

重点②：理解不同情况下外部性如何导致资源配置低效率。

重点③：掌握解决外部性问题的途径与方法，理解相关政府政策的意义。

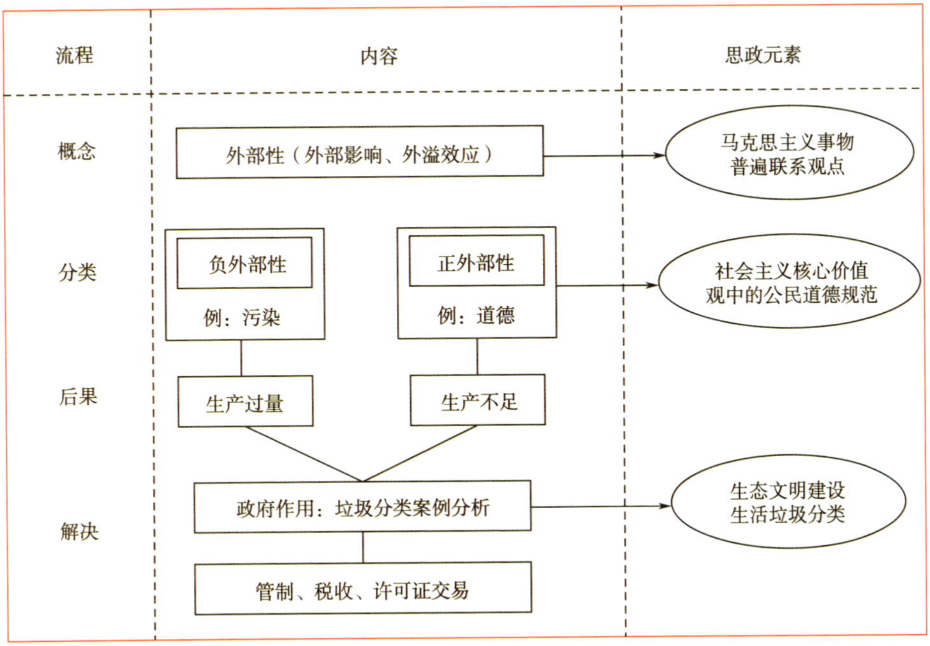

图 1　微观经济学“市场失灵”教学单元课堂设计思路

3. 教学难点

难点①：理解并区分不同类型的外部性，及其对经济产生的不同影响。

对难点①的处理：首先，使用学生们熟知的生活案例，引入外部性的概念。其次，分类举例，结合实例，运用经济学传统的图像分析方法，比较社会最优产量与私人决策产量的大小关系，阐述不同类型的外部性对经济造成的影响。

难点②：理解为什么多数情况下外部性需要政府干预经济以提高资源配置效率。

对难点②的处理：首先，对垃圾分类进行案例分析，使学生在理解外部性的影响基础上，自主思考并提出合理的解决方案；其次，总结同学们提出的解决方案，并强调其中需要政府参与的环节，请同学们思考政府在此种情形下是如何提高资源配置效率的。同时，借助案例激发学生学习兴趣，催化学生的发散思维，使其在思考与探索中自己体会外部性与环境保护的关系，以及政府政策的重要意义。

（三）思政引入

1. 在概念讲解中引入事物普遍联系观点

在本单元讲解外部性的定义时，应强调外部性是一个市场主体的行为对其他市场主体产生的影响，可以联系马克思主义唯物辩证法中事物普遍联系观点强化学生对外部性影响的理解。事物普遍联系观点主张，事物之间以及事物内部诸要素之间是相互影响、相互制约和相互作用的。世界是一个普遍联系的有机整体，是一幅由种种联系交织起来的丰富多彩的画面，其中没有一个事物是孤立存在的。市场中的经济主体之间也是如此，一项经济活动往往会对不直接参与的第三方产生或正或负的附带影响。由于这一影响并非经济主体主观故意造成的，所以当它是消极影响时，经济主体通常并不需要向受损方提供补偿；当它是积极影响时，经济主体也没有因此而获得受益方的补偿。

2. 由外部性影响分析提出学生应遵守社会主义核心价值观中要求的公民基本道德规范

在讲解了外部性的概念及类型后，可引导学生思考自己日常校园生活中有哪些外部性的体现。在此过程中，学生会通过思考与总结，发现生活中自己行为给身边人带来的正外部性和负外部性。例如，在图书馆喧哗的负外部性、打扫宿舍卫生的正外部性、上课迟到的负外部性等。由此，引导学生应时刻注意自己行为给他人带来的影响，减少产生负外部性的行为，增加产生正外部性的行为。引导学生回顾社会主义核心价值观中要求的八字公民基本道德规范“爱国、敬业、诚信、友善”，讨论分析个人的道德行为如何带来正外部性，倡议同学们应谨记并遵守公民基本道德规范。

3. 从垃圾分类案例分析理解政府政策在市场失灵中的重要作用

通过经济学供需曲线图的分析，同学们已经掌握了正外部性通常会引发生产不足的问题，而负外部性则会带来生产过量的问题。接下来，教师将组织同学们进入本节课的小组案例讨论阶段。

垃圾分类案例主要包括三段材料。首先，教师用多媒体设备播放时长 5 分钟的纪录片《垃圾围城》片段，吸引学生注意力，使同学们认识到垃圾未经处理随意投放带来的严重环境问题，由此与环境污染的负外部性知识点相联系。其次，提供近年来我国政府启动部署的城市垃圾分类工作报道材料，请同学们阅读材料并在小组内讨论如下问题：城市垃圾分类为何迟迟难以实现？垃圾分类过程中哪些环节可以交由市场、哪些环节则是必须由政府参与的，为什么？垃圾分类对个人来讲，是具有正外部性的行为，个人付出的成本与其感知到的收益不成比例，因此缺乏必要的行动力。结合材料可知，垃圾分类回收后的垃圾处理行业是前景可观的，可实现市场化运作。政府需要扶持、监督前端居民垃圾分类投放工作，同时出台必要的税收优惠政策，以鼓励企业进入垃圾处理行业。最后，提供近期北京市关于加强本市可回收物体系建设的报道材料，其中报道了现存售卖价值低的废品回收市场缺位问题，以及政府针对此问题提出的最新解决方案。通过分析此材料，请同学们讨论如下问题：结合外部性理论分析废品回收行业的问题及其成因；材料中提到的政府解决方案是否有效？还有什么其他解决建议？

（四）引入课程思政的教学手段与方法

1. 知识讲解

微观经济学中不可避免地涉及一些基础理论知识，因此知识讲解是必不可少的教学手段。为了尽可能避免灌输式讲解的枯燥性，本课程将运用多媒体演示、图片和板书相结合的方式开展教学，通过动态的多媒体演示，吸引学生集中注意力。

2. 启发式提问

个人道德行为是具有强正外部性的，对其正外部性的分析可以加深学生对理论概念的理解，因此本部分计划采用启发式提问的教学方法。在讲解了外部性的概念及分类后，引导学生思考自己的日常校园生活中有哪些外部性的体现。总结学生的答案，引导学生应时刻注意自己的行为给他人带来的影响，减少产生负外部性的行为，增加产生正外部性的行为。其中，正外部性的行为以道德规范为代表，引导学生回顾社会主义核心价值观中要求的八字公民基本道德规范“爱国、敬业、诚信、友善”，讨论分析个人的道德行为如何带来正外部性，倡议同学们应谨记并遵守公民基本道德规范。

3. “以学生为中心”的案例分析小组讨论

通过“小组讨论”的方式，教师提供一个递进式的讨论提纲，使学生在规定的时间内，以小组为单位进行讨论，随后进行小组观点展示，引发全班学生思考与讨论，实现学生由“被动听讲”向“主动参与”的转变。同时，在小组讨论中注意培养学生的团队合作能力，充分调动每个学生的参与积极性，让同学们在探索与思考中领悟思政重点，最后教师进行总结。

（五）教学过程安排

见表 1。

表 1　微观经济学“市场失灵”教学单元课程思政内容与教学环节设计

教学意图	教学内容（50 分钟）	环节设计
	（一）内容回顾和知识框架（2 分钟）	
导言	1. 已学内容回顾 此前章节均强调市场的有效性，尽管买者和卖者都以自己的利益最大化为目标，但在市场价格机制的作用下，市场可以自发实现资源的最优配置。 市场不是万能的。当市场在一些情况下无法达到最优配置时，我们称之为市场失灵	回顾已学内容，明确本节内容在整体知识框架中所处的位置，使学生能够将已学知识和将学知识建立联系

续表

教学意图	教学内容（50 分钟）	环节设计
导言	政府有必要在市场失灵的领域进行合理干预，以弥补市场机制的不足。我国现行的社会主义市场经济体制正是市场机制与宏观调控的有机结合。 在微观层面，市场失灵的原因主要包括四种：市场势力、外部性、公共物品和信息不对称。 2. 建立知识框架 零散的知识点或独立的章节需要放在整体知识框架中才能显示出学科的脉络与体系。因此，本课程注重培养学生建立知识框架、运用思维导图总结记忆知识的能力，在每节开始时，会特别说明本节知识在课程知识框架中所处的位置，以及前后联系	回顾已学内容，明确本节内容在整体知识框架中所处的位置，使学生能够将已学知识和将学知识建立联系
（二）外部性的定义及特征（5 分钟）		
概念引入	1. 案例引入概念 以下图中“鸟语花香”和“二手烟”两种截然不同的环境作为案例引入概念。   2. 外部性的定义 在社会经济活动中，一个市场主体的一项经济活动给其他市场主体带来好或坏的影响，而又不能使该市场主体得到相应的补偿或给予其他市场主体相应赔偿的时候，就会产生外部性。 【相关名词】外溢效应（Spillover Effect） 3. 外部性的关键特征 伴随性、外侵性、非偿性。 【思政元素融入】 通过外部性概念理解马克思主义理论中事物普遍联系的观点	紧扣教学大纲要求，使学生深入理解并掌握外部性的含义及特征
（三）外部性的分类（8 分钟）		
教学重点 概念理解	第一，依据外部性带来的后果不同，可分为正外部性和负外部性。 第二，依据外部性的主体不同，可分为生产的外部性和消费的外部性。 【举例说明】 生产的正外部性——基础研究 生产的负外部性——工厂污染大气	结合实例讲解四种类型的外部性，引发学生对新知识的兴趣

续表

教学意图	教学内容（50 分钟）	环节设计
教学重点 概念理解	消费的正外部性——教育 消费的负外部性——二手烟 启发式提问： 日常校园生活中有哪些外部性的体现？ 【思政元素融入】 通过上述启发式提问的总结，引导学生应时刻注意自己行为给他人带来的影响，减少产生负外部性的行为，增加产生正外部性的行为。其中，正外部性的行为以道德规范为代表，引导学生回顾社会主义核心价值观中要求的八字公民基本道德规范“爱国、敬业、诚信、友善”，讨论分析个人的道德行为如何带来正外部性，倡议同学们应谨记并遵守公民基本道德规范	结合实例讲解四种类型的外部性，引发学生对新知识的兴趣
（四）外部性与资源配置效率（7 分钟）		
经济建模 理论分析	【图形分析】以生产的负外部性为例，说明市场失灵是如何产生的。当存在负外部性时，市场行为主体所获得的私人收益大于社会收益，或私人成本低于社会成本。 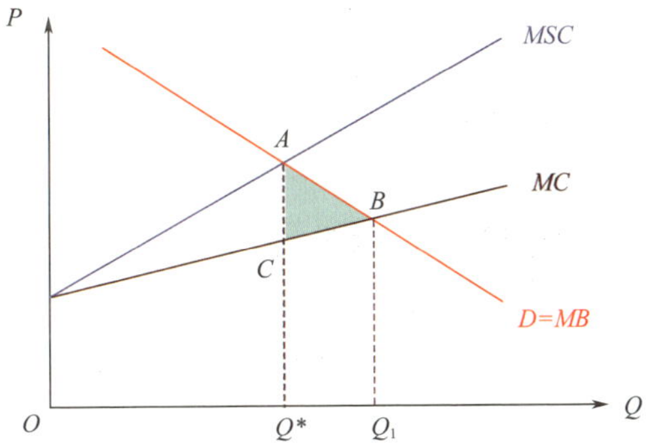 结合图形，利用无谓损失的概念，解释负外部性对社会福利的影响。 私人收益高于市场主体外部的社会收益，而私人成本却低于市场主体外部的社会成本，这意味生产者或消费者在具有负外部性的经济活动上配置更多的资源。 【板书】社会成本 = 私人成本 + 外溢成本 社会收益 = 私人收益 + 外溢收益 外部性的结果：社会收益≠私人收益 社会成本≠私人成本 私人决策：私人收益 = 私人成本 } 市场配置资源失当 【思考】如何用图形分析正外部性的情况？	结合经济学供需曲线分析方法，使学生直观理解外部性的资源配置失当

续表

<table>
<tr><th>教学意图</th><th>教学内容（50 分钟）</th><th>环节设计</th></tr>
<tr><td>经济建模
理论分析</td><td>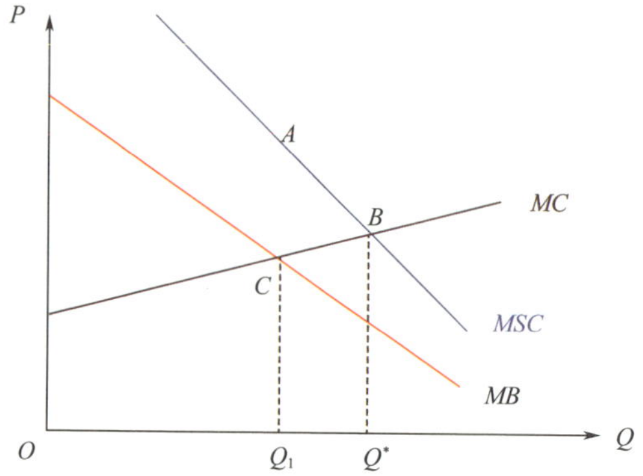
</td><td>结合经济学供需曲线分析方法，使学生直观理解外部性的资源配置失当</td></tr>
<tr><td colspan="3">（五）垃圾分类案例分析（20 分钟）</td></tr>
<tr><td>案例导入</td><td>【案例正文】
材料 1：纪录片《垃圾围城》片段（5 分钟）

（图片由自由摄影师王久良于 2010 年 4 月拍摄于北京门头沟地区）
材料 2：中央部署垃圾分类　勾画中国城市发展路线图
15 年前，从全国 8 个城市试点开始，城市垃圾分类打响“第一枪”。但 15 年过去，试点工作却依旧是进行时而非完成时。
2016 年 2 月 6 日，《中共中央 国务院关于进一步加强城市规划建设管理工作的若干意见》（以下简称《意见》）印发，2 月 21 日，新华社刊发了《意见》全文。这是时隔 37 年重启的中央城市工作会议的配套文件，勾画了“十三五”乃至更长时期中国城市发展的“路线图”。《意见》的第二十三条提出，要加强垃圾综合治理，转变观念，利用新技术新设备，从源头上减少垃圾产生，大力解决垃圾围城问题，到 2020 年，力争将垃圾回收利用率提高到 35% 以上</td><td>通过案例分析，使学生理解生活垃圾污染的外部性及垃圾分类的重要意义，引导学生思考解决外部性问题的方法</td></tr>
</table>

续表

<table>
<tr><th>教学意图</th><th>教学内容（50 分钟）</th><th>环节设计</th></tr>
<tr><td>案例导入</td><td>垃圾分类观念先行
对于垃圾分类，民众对其重要意义已有较深认识，也普遍支持，但要转化为实际行动，形成良好习惯，还需要很大努力。它要求民众改变旧的丢弃垃圾的习惯，培养环保的垃圾排放习惯，这不是一朝一夕能做好的</td><td>通过案例分析，使学生理解生活垃圾污染的外部性及垃圾分类的重要意义，引导学生思考解决外部性问题的方法</td></tr>
<tr><td>思政案例分析</td><td>城市生活垃圾收集处理与环境保护，不仅是政府和相关部门的工作，也离不开每一个公民的支持。《意见》提出，树立垃圾是重要资源和矿产的观念，建立政府、社区、企业和居民协调机制，通过分类投放收集、综合循环利用，促进垃圾减量化、资源化、无害化。
垃圾分类产业化、市场化势在必行
我国目前垃圾量正以每年 8% 到 10% 的速度增长，垃圾处理业的前景是十分可观的。目前，国内很多城市都未建成完善的处置终端，导致垃圾分类功败垂成。很多时候，分类垃圾桶里的垃圾被一起倒进了同一辆垃圾清运车，最终又合在一起了，这就会导致居民的垃圾分类热情不高。《意见》提出，要“强化城市保洁工作，加强垃圾处理设施建设，统筹城乡垃圾处理处置，大力解决垃圾围城问题”。
推进垃圾分类处理的市场化运作，既可以减少政府在这方面的财政支出，又能带动产业发展促进就业。政府鼓励垃圾处理企业参与垃圾分类、直运、处理流程，由企业去收集、运输、处理分好类的垃圾，而政府则只需要做好扶持监督工作，一方面通过减税等手段鼓励、扶持相关企业，另一方面要做好监管工作，防止企业在垃圾处理过程中对环境产生二次污染。《意见》要求，推进垃圾收运处理企业化、市场化，促进垃圾清运体系与再生资源回收体系对接（北极星固废网讯 2016 年 2 月 23 日）</td><td rowspan="2">分析生活垃圾污染的外部性及垃圾分类的重要意义，引导学生思考解决外部性问题的方法</td></tr>
<tr><td>小组讨论
生生互动</td><td>材料 3：北京将建 600 座生活垃圾分类驿站，“有价值可回收物”有偿收
“卖不上价”的统统被拒收
2020 年 5 月，新修订的《北京市生活垃圾管理条例》开始实施，不少市民都渐渐习惯将家中的垃圾分类收集、分类投放。但不少辛辛苦苦分出的可回收物，却在“卖废品”的时候，遭到了废品收购点的“嫌弃”。市民既疑惑又觉得可惜，“好不容易分出的可回收物，收废品的不肯要，只能当做其他垃圾扔掉，太浪费了”。
据一处可再生资源回收点的工作人员称，沉甸甸的罐头瓶、啤酒瓶，又轻又占地方的泡沫快递箱，一车厢也装不进几件的木家具，“这些都不收”。工作人员坦言，“就算回收了，也不好卖，卖不上价”。所以，回收点往往只愿意接收书本、纸箱、塑料瓶等“售卖价值高”的可回收物</td></tr>
</table>

续表

教学意图	教学内容（50 分钟）	环节设计
小组讨论 生生互动	今年全市新建改造提升 600 座生活垃圾分类驿站 居民分出有价值的可回收物，今后将可在生活垃圾分类驿站有偿回收了。所谓生活垃圾分类驿站，就是误时投放点，支持厨余垃圾、有害垃圾、可回收物和其他垃圾等全品类垃圾的全时投放。分类驿站有专人值守，方便居民了解垃圾分类知识，提高正确投放率。对于有价值的可回收物，可以在分类驿站进行有偿回收，或由驿站服务人员上门回收。 鼓励“废品上门回收” 2021 年 1 月份，北京市制定了《关于加强本市可回收物体系建设的意见》（以下简称《意见》），要求居住小区（村）结合生活垃圾分类驿站设置可回收物交投点。北京市将坚持政府推动、市场运作、社会参与、科学布局的原则，鼓励规模化企业全链条运营，促进企业开展低值可回收物回收；鼓励物业管理、环卫作业等机构共同参与，分工协作。《意见》提出，未采用上门回收的地区，应在生活垃圾分类固定桶站合理设置可回收物收集容器，方便市民投放。 《意见》鼓励可回收物经营者根据区域和人群特点，采用“两桶一袋”预约上门回收、旧货交易、积分回馈、“互联网 +”、智能回收机柜自助回收等方式，保证从各个渠道收集的可回收物纳入规范管理。街道（乡镇）合理设立可回收物中转站，承担辖区内低值可回收物托底回收。可回收物经营者在回收过程中要做到“标识、车辆、着装、衡器、服务、编号”统一，同时在回收服务中做到“便民热线、回收人员信息、回收目录、回收价格、投诉电话”公开（《北京日报》2021 年 3 月 3 日）	分析生活垃圾污染的外部性及垃圾分类的重要意义，引导学生思考解决外部性问题的方法
知识应用	讨论提纲：①生活垃圾、环境污染与负外部性的关系。②城市垃圾分类为何迟迟难以实现？③垃圾分类过程中哪些环节可以交由市场、哪些环节是必须由政府参与的，为什么？④结合外部性理论分析废品回收行业的问题及其成因。⑤你认为材料中提到的政府解决方案是否有效？还有什么其他解决建议？ 【思政元素融入】 生态文明建设在治理环境污染中发挥重要作用	
（六）政府对外部性的治理（5 分钟）		
拓展内容	包括：①对产生外部不经济的活动实行管制或禁止的办法。②通过合并相关企业，使外部性“内部化”。③征税和补贴。④实行可转让的污染排放证制度	使学生初步了解政府对外部性治理的四种方法

续表

教学意图	教学内容（50 分钟）	环节设计
（七）总结与课外延伸阅读（3 分钟）		
课程总结 内容回顾	【总结】 对本次课程主要内容进行总结回顾，包括核心概念、关键内容和主要理论分析方法	加强对本节内容的理解，将所学知识应用于解决日常生活问题
延伸阅读	［1］张连城．经济学教程［M］．北京：经济日报出版社，2007. ［2］曼昆．经济学原理：微观经济学分册［M］．梁小民，梁砾，译．北京：北京大学出版社，2012. ［3］范里安．微观经济学：现代观点［M］．上海：上海格致出版社，2015. ［4］R. Cosase. The problem of social cost［J］. Journal of law and economics. 1960（10）：1–44. 【说明】［1］~［3］是教材，由于不同教材的侧重点不同，课后补充阅读这些教材有助于学生深入理解外部性。［4］是科斯定理提出的原文，提供给对此部分内容感兴趣的学生阅读	推荐课外阅读材料，扩展学生视野

四、教学效果分析

本课程通过理论学习和案例讨论，催化了学生的发散思维，加深了学生对理论的理解，同时加强了学生把课本知识转化为具体思维体系和方式的能力，提高了学生学以致用的能力，使其能够运用经济学的分析方法解释实际生活中的经济现象、解决实际问题。在思政内容方面，本课程主要实现以下三点教学成效。

第一，本课程以马克思主义基本原理为指导，将微观经济学中的外部性理论与马克思主义理论中的事物普遍联系观点相结合，使学生理解市场中经济主体的相互影响，能够正确认识市场中的正外部性与负外部性。

第二，启发式提问将引导学生思考校园生活中的外部性问题，并时刻注意自己行为对他人造成的影响，自觉养成良好的道德习惯，践行社会主义核心价值观。

第三，垃圾分类案例分析可帮助学生在思想层面认识到保护环境、生态文明建设的重要性，培养学生的环保意识，“从我做起”积极响应国家号召，贯彻落实生活垃圾分类处理的政策，为人与自然和谐发展贡献一份力量。

宏观经济学

杜雯翠　经济学院

一、课程简介

宏观经济学课程是首都经济贸易大学经管类专业本科二年级上学期的专业必修课。在微观经济学课程的知识基础上，本课程以国民收入理论为核心，研究国民收入的生产、分配和使用的规律，其特点是总量分析；分析国民生产总值、国民收入、总投资、总消费、物价水平、外汇收支等总量的变化及其相互关系；探索国民收入支出与国民收入来源之间的均衡状况，以及由于不均衡所产生的通货膨胀、失业等问题。

宏观经济学旨在通过对国民经济总量相互关系的研究，揭示宏观经济运行过程中的矛盾、宏观经济变化规律，以及政府的宏观经济政策对国民经济的影响等。通过本课程的学习，学生能够对宏观经济运行过程中的各种矛盾产生更加深刻的认识，对宏观经济运行机制有更全面的了解，运用宏观经济学的分析方法，认识宏观经济运行规律，看懂宏观经济政策含义，正确认识中国特色社会主义市场经济的运行规律，尤其是政府和市场在经济运行中的角色与作用。

其中，“宏观经济运行与国民收入核算”教学单元是宏观经济学课程的第一课，也是重点和难点。因为学生大都是首次接触宏观经济学，需要通过本节课的教学使他们对宏观经济运行体系有一个初步的全景了解，并初步掌握宏观经济学的研究对象和方法。总之，本节课是整个宏观经济学的基础，目的是为整个学期的课程学习打下基础，帮助学生顺利迈入宏观经济学的课程。

二、课程思政元素发掘

本课程授课时可能包含的思政元素具体如下。

元素 1：了解所学与国家宏观经济大局的关系。

通过观看《新闻联播》，了解宏观经济学与国家社会运行、人民生活之间的关联；通过宏观经济学知识点的梳理，对宏观经济运行有基本了解，进而对中国特色社会主义道路的发展抱有坚定信心。

元素 2：了解国家主要宏观经济部门的运作。

通过小组角色扮演，了解宏观经济运行的四部门，正确认识政府在脱贫攻坚、环境保护、公共卫生等公共物品供给方面的支出，从而感受社会主义国家的制度优越性。

元素 3：了解 1952~2011 年中国城乡居民人均储蓄存款余额的历史变化。

从中认识中国经济增长的原因，从而更加深刻地理解中国奇迹。

元素 4：了解 1871~2003 年全球主要经济体的 GDP 变动情况。

认识经济发展的历史趋势与特点，认识中国增长奇迹。

元素 5：以史为鉴，坚定信心。

通过对民国时期恶性通货膨胀的介绍，认识通货膨胀与国民政府覆亡的重要关系，从而树立对中国特色社会主义道路的坚定信心。

元素 6：正确认识 GDP。

了解世界十大污染事件及其对人民生活造成的恶劣影响，从而认识到 GDP 并不是衡量国民收入的完美指标，进而体会生态文明思想的深刻内涵与重要意义。

三、教案设计

（一）教学目标

“宏观经济运行与国民收入核算”是本课程的第一讲。本节主要围绕宏观经济学是什么、宏观经济运行流程、如何衡量一国经济活动三个问题展开，引导学生了解宏观经济运行体系，认识国民收入核算的基本方法，了解改革开放以来中国经济高速增长被称为“中国奇迹”的原因；催化学生发散思维，加强其把课本知识转化为具体思维体系和方式的能力，最终培养学生的民族自豪感、家国情怀和使命意识。具体包括如下四个层次。

1. 知识目标

根据学生的认知规律，通过案例讨论、小组互动等方式帮助他们掌握宏观经济学的基本概念，了解宏观经济运行循环流程，掌握国民收入核算的基本方法和原理。

2. 能力目标

培养学生掌握宏观经济运行的分析方法和思想，在教学中指导学生运用国民收入核算的相关理论知识核算一国经济发展水平，运用 GDP、GNP、CPI、PPI

等指标和方法比较、衡量一国经济活动状况。

3. 情感目标

培养学生思考问题的大局观，认识中国改革开放的历史，感受改革开放以来中国经济的高速发展，体验新中国创造的“中国奇迹”在中华民族发展历史长河中的突出作用，提高对现实宏观经济的感受力。

4. 价值目标

培养学生的家国情怀、自豪感和使命感，坚定社会主义信仰。同时正确认识中国与发达国家在经济发展中存在的差距。

（二）教学内容

1. 教学大纲与主要内容

教学大纲要求：宏观经济运行与宏观经济的均衡、经济活动水平的衡量、国民收入的核算方法。按照教学大纲的要求，本节的主要教学内容分为以下三个部分。

第一，宏观经济运行与宏观经济的均衡。掌握宏观经济循环流程与宏观经济均衡的条件，理解储蓄、投资、政府预算与对外贸易的含义及其在宏观经济运行中的角色与作用。

第二，经济活动水平的衡量。掌握 GDP、GNP、CPI、PPI 等衡量经济活动水平的指标，区分名义 GDP 和实际 GDP 的差别，以及潜在产出和产出缺口的含义。

第三，国民收入的核算方法。理解支出法和收入法这两种常用的核算国民收入的方法，了解以 GDP 为核心核算国民收入的缺陷。

2. 教学重点

第一，掌握宏观经济循环流程，以及两部门经济、三部门经济、四部门开放经济下宏观经济的均衡条件，了解私人储蓄在宏观经济均衡中的作用。

第二，掌握国内生产总值（GDP）、国民生产总值（GNP）、国内生产净值（NDP）、国民生产净值（NNP）、国民收入（NI）、个人收入（PI）、个人可支配收入（PDI）的含义及其相互联系，以及名义 GDP 与实际 GDP 的区别。

第三，掌握消费者价格指数（CPI）、生产者价格指数（PPI）、GDP 平减指数三个常用价格指数的含义与计算方法。

第四，理解核算国民收入和 GDP 的最基本方法——支出法和收入法，了解以 GDP 为核心核算国民收入的缺陷。

3. 教学难点

第一，理解宏观经济循环流程，即如何让缺乏理论和实践经验的本科生从宏观角度理解家庭部门、企业部门、政府部门、外国部门是如何通过产品市场、要素市场、金融市场和国际市场实现宏观经济循环的。

对这一难点的解决方案：在引入本节话题时，以 2020 年 8 月 23 日的《新闻联播》作为题材，运用基本的宏观经济学原理解读每条新闻，使学生们了解到宏观经济学现象就在他们身边，时时刻刻发生着；而通过宏观经济学课程的学习，则可以读懂新闻，从专业角度认识时事，看懂宏观政策，并运用宏观政策做出个人生活决策。

第二，GDP 是衡量国民收入的核心，但在现实中却存在一些缺陷，如何让学生理解这些缺陷?

对这一难点的解决方案：针对 GDP 核算存在的两大缺陷，选取学生身边的例子进行讲解，尽量与学生产生共鸣，并通过适当的视频材料，帮助学生理解为何 GDP 无法真实反映国民的福利水平。

（三）教学方法与手段

1. 教学方法

（1）知识讲解

宏观经济学以往被认为是一门比较枯燥的经济学基础理论课，不仅是因为该课程中包含了很多数学模型和推导，还因为它关注的是整个宏观经济运行问题，这对于尚未走出校园的本科生来说，更加增加了理解难度，因而学生普遍感觉不易理解，缺乏兴趣。鉴于此，应在课堂中改变单纯的灌输式教学，更多地采用启发式和互动式教学。首先，运用多媒体演示、图片和板书相结合的方式开展教学，通过动态的多媒体演示，吸引学生注意力。其次，运用板书对数理模型进行严密推导。数理模型的假设和推导过程往往很难在一张 PPT 上显示出来，用板书辅助模型教学有助于学生形成连贯的知识体系和顺畅的逻辑思维。最后，在教学中对本节重点内容进行反复强调。例如，GDP 是国民收入核算的核心，GDP 的含义、计算、缺陷是贯穿本节始终的重点，因此，在教学中要时刻强调 GDP 对国民收入的衡量，以加深学生认识。

（2）行动学习

为了让学生真正掌握本节涉及的宏观经济循环流程，专门设计教学环节，让学生通过模拟家庭部门、企业部门、政府部门、外国部门，感受四个部门之间是如何实现宏观经济循环的，并在模拟的经济循环中了解每个部门的目标和行为选择。

（3）案例分析

为增强学生的学习积极性，培养他们建立理论联系实际的思维模式，课堂上始终贯穿实际案例，这些案例都是发生在学生身边的故事，容易引起学生的共鸣和思考。例如，在本节话题导入时用《新闻联播》作为课程导入载体，从宏观经济学视角对每条新闻进行解读，使学生认识到宏观经济学的知识和理论就在身边，切身感受到中国经济发展的成果，从而产生一种自豪感和使命感。

2. 教学手段

（1）多媒体演示

运用多媒体演示将全部课程内容呈现出来，包括文字、表格、图片、视频等多种形式。

（2）板书

在对数理模型进行说明的时候，单纯依靠多媒体演示无法让学生跟上课堂节奏，这时板书是很好的选择。板书推导公式可以让学生跟着教师的节奏一步一步地完成模型推导。

（四）教学过程

本案例的课程思政体现在各个教学环节，融入每个知识点的传授中，以下从整体教学进程的角度，介绍本案例的思政融入点（表1）。

表1　宏观经济学“宏观经济运行与国民收入核算”教学单元课程思政内容与教学环节设计

教学环节	思政融入点
课堂导入	【视频播放】2020年8月23日《新闻联播》 简介：梳理每条新闻，找到其所对应的宏观经济学知识点，以板书形式呈现每条新闻标题及其对应的宏观经济学知识点，包括经济增长、国民经济核算、物价、财政政策、货币政策、国际收支、国际贸易等，最终通过板书将上述知识点串联起来，形成本门课程的核心知识体系。 思政融入点： 第一，宏观经济学就在你我身边，我们生活在其中，也是宏观经济循环运行的一分子。 第二，学习和掌握宏观经济学相关知识和理论不仅仅是为了完成一门课程，更是为了更好地理解世界，了解政策，读懂每一个政策背后的宏观经济运行目标，进而成为读得懂政策的专业人员。 第三，微观经济学研究的是个人和企业的最优决策，宏观经济学研究的是整体国民经济的运行。虽然相比微观经济学，宏观经济学多了几分晦涩，但作为一个经管专业的本科生，不仅要了解个体是如何做出决策的，还要理解宏观经济是如何运行的，并以此指导生活，参与宏观经济运行
宏观经济运行与宏观经济的均衡	1. 宏观经济循环流程与宏观经济均衡的条件 【行动学习】角色扮演宏观经济运行的四部门 简介：将学生分成小组，每组四名成员，分别扮演宏观经济运行中家庭部门、企业部门、政府部门、外国部门共四个部门，四个部门通过产品市场、要素市场、金融市场、国际市场相互交易，形成了宏观经济循环流程

续表

<table>
<tr><th>教学环节</th><th>思政融入点</th></tr>
<tr><td>宏观经济运行与宏观经济的均衡</td><td>
思政融入点：
第一，宏观经济运行是一个有机整体，四个部门通过四个市场相互联系，形成循环。
第二，政府在宏观经济运行中发挥着重要作用，正确认识政府在脱贫攻坚、环境保护、公共卫生等公共物品供给方面的支出，尤其是新冠肺炎疫情影响下，中国各地政府在公共卫生支出方面作出的努力，感受社会主义国家在公共支出方面的制度优越性。
2. 储蓄、投资、政府预算与对外贸易
【历史资料】1952~2011 年中国城乡居民人均储蓄存款余额
简介：储蓄在宏观经济均衡中扮演着非常重要的角色，也是现有研究解释中国增长奇迹的因素之一，了解中国居民储蓄的历史变化有助于认识中国经济增长的原因。
1952~2011 年中国城乡居民人均储蓄存款余额
<table>
<tr><th>年份</th><th>城乡人均储蓄存款（元）</th><th>年份</th><th>城乡人均储蓄存款（元）</th><th>年份</th><th>城乡人均储蓄存款（元）</th><th>年份</th><th>城乡人均储蓄存款（元）</th></tr>
<tr><td>1952</td><td>1.5</td><td>1967</td><td>9.7</td><td>1982</td><td>66.5</td><td>1997</td><td>3 744.3</td></tr>
<tr><td>1953</td><td>2.1</td><td>1968</td><td>10</td><td>1983</td><td>86.9</td><td>1998</td><td>4 279.4</td></tr>
<tr><td>1954</td><td>2.6</td><td>1969</td><td>9.4</td><td>1984</td><td>117</td><td>1999</td><td>4 735.6</td></tr>
<tr><td>1955</td><td>3.2</td><td>1970</td><td>9.6</td><td>1985</td><td>154.5</td><td>2000</td><td>5 075.8</td></tr>
<tr><td>1956</td><td>4.3</td><td>1971</td><td>10.6</td><td>1986</td><td>210.2</td><td>2001</td><td>5 779.5</td></tr>
<tr><td>1957</td><td>5.4</td><td>1972</td><td>12.1</td><td>1987</td><td>285.1</td><td>2002</td><td>6 769.5</td></tr>
<tr><td>1958</td><td>8.4</td><td>1973</td><td>13.6</td><td>1988</td><td>348.7</td><td>2003</td><td>8 019.9</td></tr>
<tr><td>1959</td><td>10.2</td><td>1974</td><td>15</td><td>1989</td><td>467.3</td><td>2004</td><td>9 196.6</td></tr>
<tr><td>1960</td><td>10</td><td>1975</td><td>16.2</td><td>1990</td><td>622.7</td><td>2005</td><td>10 787</td></tr>
<tr><td>1961</td><td>8.4</td><td>1976</td><td>17</td><td>1991</td><td>798.1</td><td>2006</td><td>12 293</td></tr>
<tr><td>1962</td><td>6.1</td><td>1977</td><td>19.1</td><td>1992</td><td>1 003.2</td><td>2007</td><td>13 051</td></tr>
<tr><td>1963</td><td>6.6</td><td>1978</td><td>21.9</td><td>1993</td><td>1 283</td><td>2008</td><td>16 407</td></tr>
<tr><td>1964</td><td>7.9</td><td>1979</td><td>28.8</td><td>1994</td><td>1 794.7</td><td>2009</td><td>19 541</td></tr>
<tr><td>1965</td><td>9</td><td>1980</td><td>40.5</td><td>1995</td><td>2 449.4</td><td>2010</td><td>22 619</td></tr>
<tr><td>1966</td><td>9.7</td><td>1981</td><td>52.3</td><td>1996</td><td>3 147.1</td><td>2011</td><td>25 505</td></tr>
</table>
思政融入点：1952~2011 年中国城乡居民储蓄存款余额的历史变动反映出中国居民生活水平的逐渐提高，从 1952 年的 1.5 元到 2011 年的 2.55 万元，中国在创造国富奇迹的同时，还实现了民强
</td></tr>
</table>

续表

教学环节	思政融入点
经济活动水平的衡量	1. 衡量经济活动水平的指标 【历史资料】1871~2003 年德日法美英 GDP 变动 简介：欧美发达国家的经济增长路径是相似的，大多是从第二次世界大战后开始了快速的经济增长，而在这个过程中，美国和日本的经济增长速度高于其他几个发达经济体。 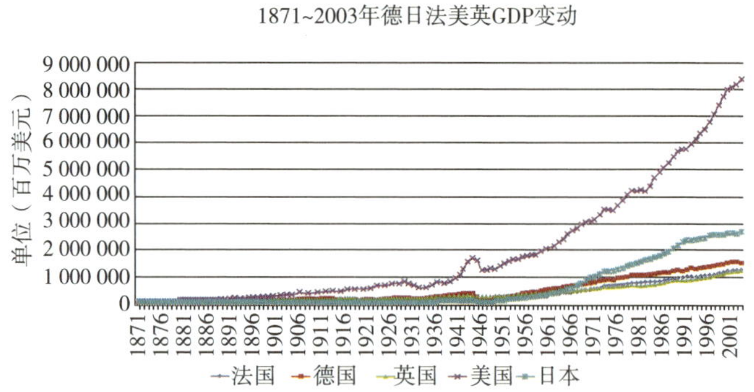 思政融入点：科学看待中国的工业化发展。一方面，中国工业取得了举世瞩目的辉煌成就，2010 年超越美国，成为世界上第一大工业国，也是全球唯一拥有联合国产业分类目录中所有工业门类的国家。另一方面，中国的工业化比发达国家晚了七八十年。美国 1955 年完成了工业化，德国 1965 年完成工业化，日本 1972 年完成工业化，韩国 1995 年完成工业化，中国于 2020 年基本实现工业化，2035 年才能实现全面工业化。 2. 名义国内生产总值和实际国内生产总值 【视频播放】我国民国时期的恶性通货膨胀 简介：民国时期曾爆发过极为严重的通货膨胀。100 元法币在 1937 年可以买两头黄牛；到了 1938 年就只能买一头了；而到了 1939 年则连一头都买不起，只能买一只猪；1941 年急速下跌，只能买一袋面粉；1943 年可买鸡一只；1945 年可买鸡蛋二个；1946 年可买固体肥皂六分之一块；1947 年可买煤球一个；1948 年可买大米两粒；1949 年仅可买一粒大米的 24.5‰。这种贬值速度是令人无法想象的。 思政融入点：通货膨胀是贯穿民国最后几年的突出事件，也是影响人民生活的关键要素。在国民党政府人为制造却无力控制的通货膨胀影响下，人民群众的日常生活由紧张、窘迫而最终陷于绝望。物价漫无限制地飞涨，使人民对生活产生恐慌，也对国民党政府失去了最后的信任和希望，这就是通货膨胀与国民党政府覆亡的关系
国民收入的核算方法	以 GDP 为核心核算国民收入的缺陷有如下两点。 第一，这种核算体系并不能真实地反映一个经济体的总产出。 第二，现行的国民收入核算体系并不能真实地反映国民的福利水平

续表

教学环节	思政融入点
国民收入的核算方法	【视频播放】世界十大污染事件 简介：比利时马斯河谷烟雾事件，美国洛杉矶光化学烟雾事件、多诺拉烟雾事件，英国伦敦烟雾事件，日本四日市哮喘病事件、熊本县水俣病事件、富山痛痛病事件、爱知米糠油事件，印度博帕尔事件，苏联切尔诺贝利核污染事件。 思政融入点：一个国家或地区的 GDP 水平越高，所消耗的资源就越多，造成的污染就可能越严重。因此，如何实现高质量发展是未来中国经济发展亟待解决的问题。正是在这样的背景下，习近平总书记提出了“绿水青山就是金山银山”“生态兴则文明兴，生态衰则文明衰”等一系列生态文明思想。2012 年 11 月，党的十八大首次将生态文明建设作为“五位一体”总体布局的一个重要组成部分；党的十八届三中、四中全会先后提出“建立系统完整的生态文明制度体系”“用严格的法律制度保护生态环境”，将生态文明建设提升到制度层面；党的十八届五中全会提出“创新、协调、绿色、开放、共享”的新发展理念，生态文明建设的重要性愈加凸显。本思政内容的融入，可以帮助学生深入理解生态文明建设的内涵与意义

四、教学效果分析

本课程的教学内容和课程设计符合经管类本科二年级学生的知识水平和认知规律，由多种教学手段，尤其是案例教学营造出的生动、活泼的教学氛围，可以有效激发学生的学习兴趣、调动学生的学习积极性。课程思政环节的设计不仅增强了学生的参与感和获得感，还从知识与能力、情感与态度、价值与立场等多个维度，实现了价值塑造、能力培养、知识传授的教学目标。在初次接触宏观经济学这门课程时，通过《新闻联播》实现课堂导入，学生能够在较短时间内快速了解宏观经济学涉及的知识体系，从而对宏观经济运行有了生动认识。教师通过对全球主要经济体百年来经济发展趋势的历史比较，以及中华人民共和国成立以来中国经济发展的趋势分析，使学生正确认识了“中国奇迹”，油然而生一种自豪感，更加坚定了对中国特色社会主义道路的自信。

政治经济学

鄢姣　经济学院

一、课程简介

政治经济学是各大高校马克思主义理论与经济学类各专业的基础及核心课程。学习政治经济学课程需要掌握以下三个方面的内容：一是学习掌握马克思主义政治经济学的基本原理、观点与方法；二是运用马克思主义政治经济学的基本原理、观点与方法，分析解决当代资本主义和社会主义尤其是中国特色社会主义发展过程中出现的问题；三是运用马克思主义政治经济学的基本原理、观点和方法，结合实践过程中不断出现的新问题，形成系统性的见解，从而进一步发展马克思主义政治经济学。

二、课程思政元素发掘

元素 1：引导学生要有爱国主义精神和民族自信。

全球性的金融危机严重冲击了中国的制造业发展，中国实体经济因此严重受挫，国内很多制造业企业转向了金融和房地产市场，出现了普遍的实体经济“虚拟化”的现象。习近平总书记在 2015 年中央经济工作会议上明确指出：许多生产能力无法在市场实现，加上社会生产成本的上升，导致实体经济的利润率下降。正因如此，大量实体企业的资金流向虚拟经济，加速了资本市场泡沫的形成及金融风险的显现，社会再生产中的生产、流通、分配和消费环节整体不畅。在党的十九大报告中，习近平总书记再次强调，“建设现代化经济体系，必须把发展经济的着力点放在实体经济上，把提高供给体系质量作为主攻方向，显著增强我国经济质量优势”。无论是实体经济还是虚拟经济，恰当运用均会有利于我国的经济发展，需要建立民族自信，深入理解我国的市场经济环境，寻找适合我国经济发展的途径与方法，促进国民经济又好又快发展。

元素 2：马克思主义哲学的唯物辩证法和认识论。

在分析实体企业走向“虚拟化”中，利用国内企业案例，使学生能够熟练运用马克思主义的观点认识企业的文化和管理环境，从经济学悖论、机会与风险并存的分析中学习矛盾的对立统一性，进一步培养学生的科学思维方式及从事物的本质分析问题的科学方法。

元素 3：自我约束能力的培养。

学生通过确定学习目标，制订学习计划，规划今后的职业生涯，将课堂所学与实践紧密联系起来，从而在平时实践学习中学会自我约束、自我管理，为立德树人奠定良好的基础。

三、教案设计

（一）教学目标

第一，培养学生树立社会主义核心价值观，引导学生在学习的过程中将社会主义核心价值观融入道德观的形成、民族自豪感的培育以及文化建设过程中，在实践活动中自觉履行社会主义核心价值观。

第二，加强学生的爱国主义精神和民族自信，使学生充分领悟中国经济思想的奥秘、中国传统文化的博大精深，增强学生的爱国主义情怀和民族自信、自豪感，树立对我国企业特别是实体企业的自信。

第三，培养学生的自我约束力，学会计划、组织、控制和管理自己的学习与工作，使学生把课堂中的理论知识与当前的实际问题相结合，学会理论结合实践、学会自我管理。

（二）教学内容

第一，实体经济与虚拟经济的基本概念和含义。

第二，实体经济与虚拟经济的关系。

第三，中国实体企业“虚拟化”的原因分析。

第四，防止中国实体企业“虚拟化”的对策分析。

（三）教学手段与方法

本课程在讲解实体经济与虚拟经济的相关知识点后，紧接着将思政案例“中国实体企业‘虚拟化’的政治经济学分析”纳入课堂教学，对于本案例，安排 1 个课时（50 分钟）的教学，具体教学环节设计如下。

第一步（10分钟）：理论讲解。通过PPT向学生讲解马克思主义政治经济学中的知识点，重点是实体经济与虚拟经济的相关概念及关系。

第二步（15分钟）：案例介绍。向学生展示本案例的材料，在第一步概念原理的分析基础之上，通过具体案例，向学生直观展示我国实体企业金融化的现象。

第三步（15分钟）：提问和讨论。在第二步的基础上，请学生进行分组讨论并选取代表进行发言，主要包括我国实体企业金融化的原因是什么？有何利弊？接下来应如何应对中国实体企业"虚拟化"等问题？

第四步（10分钟）：归纳总结。通过前面的讨论，对学生的发言进行归纳和总结，介绍应对我国实体企业过度"虚拟化"（即金融化）应该采取哪些措施，并继续导入思政元素，使学生深刻理解中国的发展目标，坚定民族自信和文化自信。

（四）教学过程

1. 课程导入：讲述实体经济与虚拟经济的概念、含义与关系

实体经济是实际生产商品和服务的物质生产活动，如工业、农业、建筑业和商业中的物质生产活动；虚拟经济的概念可从马克思的《资本论》中寻求根源。马克思最早提出的概念是虚拟资本，他在《资本论》第3卷第25章及以后几章中，对虚拟资本进行了详细分析。大致可将其主要内容归纳为两点：一是虚拟资本是在借贷资本和银行信用制度的基础上产生的，包括股票、债券和不动产抵押等；二是虚拟资本本身没有价值，但可通过循环运动产生利润，获取某种形式的剩余价值。

实体资本是虚拟资本的客观基础，虚拟资本是实体资本发展的必然产物。实体资本与虚拟资本之间是对立统一的关系，可以从同一资本的两个运动中得到说明。例如，假定有100万元的资本，购买某上市公司的股票，进入该上市公司的100万元就是实体资本，而投资者手中持有的100万元股票进入股市运行，则成为虚拟资本。

2. 案例正文

材料1：2018年10月22日，习近平总书记考察格力电器股份有限公司，主要考察企业加强自主核心技术研发、推动产业优化升级情况。习近平总书记强调，"实体经济是一国经济的立身之本、财富之源。先进制造业是实体经济的一个关键，经济发展任何时候都不能脱实向虚"。何为"脱实向虚"？通常，人们把实体企业"脱实向虚"理解为资本（产业和商业）离开实体企业，转变为虚拟资本，进入虚拟部门，以此实现的经济虚拟化。其实，企业金融化才是实体企业"脱实向虚"最重要的方式。

材料 2：2008 年 11 月，浙商银行成为我国第一家试点中小企业信贷资产证券化的金融机构，其发行的 6.96 亿元额度的“浙元一期”的整个资产池由浙江各地 13 个行业 45 家中小企业的 80 笔贷款构成。“浙元一期”分为优先 A、优先 B 和次级档，金额分别为 5.5 亿元、0.66 亿元和 0.8 亿元。中小企业贷款构成了“浙元一期”的基础资产池，这一点与住房抵押贷款支持证券和公司贷款证券有所不同。

材料 3：2013 年 9 月，“东证资管 – 阿里巴巴专项资产管理计划”在深交所上市交易，该产品由阿里小贷和东方证券资产管理公司联合推出，属于小额贷款资产证券化产品。“东证资管 – 阿里巴巴专项资产管理计划”以贷款组合为基础，向投资者发行了 50 亿元证券，其中社会投资购买 40 亿元优先证券，10 亿元次级证券由阿里巴巴购买。阿里巴巴基于其网络大数据，向其平台上的小微企业和网商个人创业者发放贷款，同时实行资产量化管理。阿里小贷通过资产证券化将 40 亿元贷款出售给证券投资者，回笼资金 40 亿元，再进一步给小微企业发放新的贷款。

材料 4：2016 年 7 月，华林证券管理公司发行的“ABS– 云南巴拉格宗入园凭证资产支持专项计划（巴拉格宗 ABS）”在深交所挂牌，这是国内第一单自然风景名胜区入园凭证。“巴拉格宗 ABS”发行规模达 8.4 亿元，其中 8 亿元为优先级，期限为 4~7 年。巴拉格宗国家级风景名胜区位于国家级贫困县云南省香格里拉县西北部，是“三江并流”世界自然遗产红山片区的核心景区之一。“巴拉格宗 ABS”项目的宗旨是将自然景区的门票资产证券化，将项目资金用于旅游产业的发展。

材料 5：2017 年 1 月，平安证券设立了中信富通一期资产支持专项计划（中信富通 ABS 项目）。中信富通 ABS 项目入池资产 36 笔，总发行规模高达 4.25 亿元，涉及 12 个县（市）医院的 13 笔资产承租项目，合计融资约 1.55 亿元。资金主要用于为县一级医院采购先进设备，提高医院水平。“中信富通 ABS”项目是证券公司在医疗租赁行业资产证券化的大胆尝试。

材料 6：2017 年 12 月，“天风证券 – 云信农分期一号资产支持专项计划”发行，这是由天风证券发行的国内首单信托助农项目，募集资金达 1.51 亿元，优先级分为 A–1 级、A–2 级两档产品，评级均为 3A。该项目设置了包括结构化分层、超额利差、不合格贷款的赎回及差额补足等多种信用增级措施，其信托贷款主要用于农户购买农业生产所需的机械设备和农业生产物资，是国内首家以新型农业经营主体为支持对象的资产证券化产品。

材料 7：2018 年 2 月，平安 – 四川广电供应链金融 1 号资产支持专项计划（四川广电供应链 ABS）成功发行，这是国内第一单传媒行业供应链融资项目。四川广电供应链 ABS 总发行规模 2.73 亿元，四川省有线广播电视网络股份有限公司上游中小微企业供应商对四川广电享有的应收账款债权是其底层资产，向中小微企业贷款 3 356.6 万元，占其发行规模的 12.3%。四川广电供应链 ABS 的原始权益人为深圳市前海明生商业保理有限公司，该公司为该项目的供应商债权保理及基础资产管理提供服务。

材料 8：2018 年 2 月，“招商创融 – 招商蛇口长租公寓第一期资产支持专项计划”发行成功，发行额达 20 亿元人民币，其中优先级资产支持证券规模达 19.9 亿元，次优为 0.1 亿元。“招商创融 – 招商蛇口长租公寓第一期资产支持专项计划”是全国第一单长租公寓发行的产品，并率先在商业房地产抵押贷款支持证券（CMBS）领域引入了储架发行交易结构。CMBS 的运作方式是以优质写字楼、购物中心、酒店和公寓作为抵押，将商业地产未来的租金收入作为偿债手段，以标准化的证券进行发行。

材料 9：2018 年 3 月，“中信证券 – 滴滴第 1–20 期 CP 资产支持专项计划”正式发行，首期发行 3 亿元人民币，获批 100 亿元的发行额度。其基础资产为汽车租赁公司向司机出租车辆所产生的租赁债权，融资资金用于购置新车。

材料 10：2021 年 4 月 29 日，人民银行、银保监会等金融管理部门联合对腾讯、京东金融、美团金融等 13 家网络平台进行监管约谈。相关管理部门指出，上述网络金融平台普遍存在无牌或超许可范围从事金融业务、公司治理机制不健全、监管套利、不公平竞争、损害消费者合法权益等严重违规问题。

3. 学生思考

中国实体企业“虚拟化”的原因是什么？防止中国实体企业“虚拟化”的对策有哪些？

4. 教师总结

中国实体企业金融化的根本原因是消费需求和生产之间的不协调造成结构性产能过剩，这也是中国经济发展正处于增长速度换挡期、结构调整阵痛期、前期刺激政策消化期“三期叠加”的阶段时所必须经历的结果。产能过剩具体表现在三个方面：一是实体经济成本上升，投资回报率低，导致实体企业不愿意再投资实体产业；二是全国各地的房价上涨速度过快，挤压实体经济营利能力和购买者的实际购买力；三是中国金融市场发展相对较慢，各民营企业只能通过企业资产证券化的形式获得融资。要实现中国实体企业良性发展，就需要继续加强供给侧结构性改革，加快制造业转型升级，优化实体企业发展的营商环境，防范房地产市场金融风险，增强金融服务实体经济能力。

四、教学效果分析

本课程的教学内容和课程设计符合经济类专业本科一年级学生的知识水平和认知规律，政治经济学能够融入的思政教育元素的知识点较多，从已经完成的授课活动来看，学生对中国企业文化案例的学习热情较高，对爱国主义精神等思政教育元素融入政治经济学比较容易接受，也容易触动学生更深层次的思考。相关实体企业资产证券化案例的融入，能够使学生更好地了解中国实体企业金融化的状况，从客观角度分析我国实体企业未来的发展方向。

国际商务

闫云凤　经济学院

一、课程简介

国际商务课程是首都经济贸易大学国际经济与贸易专业的专业必修课，也是贸易经济、商务英语、市场营销等专业的选修课。由于各国在许多领域存在差异，因而国际商务比国内商务要复杂得多。各国有不同的政治体制、经济体制和法律体系，在经济发展水平以及经济发展的轨迹上也存在巨大差异；各国的文化习俗迥然不同，教育与科技水平也存在很大差异。所有这些差异都会对国际商务活动产生重要影响，对在不同国家开展商务活动所产生的利益、成本和风险有着深远的影响。因此，在不同国家的经营方式应有所区别，国际企业的战略也应因国而异。

通过本课程的学习，学生将了解主要国家政治、经济、法律和文化体系的演变与发展，了解这些演变与发展对国际商务实践活动的影响。此外，本课程也力图唤起学生对经济体制、法律体系、经济发展和社会文化等方面的国家差异重要性的意识以及正确评价，并树立对中国特色社会主义的道路自信、理论自信、制度自信、文化自信。

二、课程思政元素发掘

为切实把思政教育贯穿专业课教学，发挥好课程育人作用，在国际商务课程教学实践中，要深度挖掘课程中蕴含的思政元素。本课程授课时包含的思政元素有以下方面。

元素 1：培养学生的“四个正确认识”。

“四个正确认识”即“正确认识世界和中国发展大势”“正确认识中国特色和国际比较”“正确认识时代责任和历史使命”“正确认识远大抱负和脚踏实地”。

元素 2：引导学生在思想上牢固坚定“四个自信”。

“四个自信”即树立“中国特色社会主义道路自信、理论自信、制度自信、文化自信”。

元素 3：将政治引领、价值塑造、知识传授与能力培养融为一体。

全面落实“立德树人”的教学根本任务，以实现“三全育人”，即“全员育人、全过程育人、全方位育人”，培养“崇德尚能，经世济民”的国际经贸人才。

元素 4：学习领会新时代中国特色大国外交和推动构建人类命运共同体理念。

形成对构建人类命运共同体理念的认同和正确的世界观，培养文化包容以及实现中国梦的使命感。

元素 5：将世界观、人生观、价值观等立场观点和辩证性、系统性、历史性、创新性等思维方式结合起来。

把社会主义核心价值观融入课堂教学之中，培养学生的历史思维、辩证思维、系统思维、创新思维，引导学生树立正确的世界观、人生观、价值观、荣辱观。

三、教案设计

（一）教学目标

1. 知识目标

理解国家之间在政治、经济、法律体系中的差异及其对国际商务的影响；了解伦理、企业社会责任和可持续发展的特点和内涵及其对国际商务活动的影响和启示。

2. 能力目标

能够在国际商务活动中适应国家间的政治、经济、文化等差异，并灵活应对国家差异带来的挑战。

3. 价值目标

用发展的眼光看待全球化的发展趋势；辩证地分析国家差异对国际商务的影响；在国际比较中正确地认识中国特色，从而深刻领会并推进习近平新时代中国特色社会主义思想。

（二）教学内容

1. 教学内容

政治、经济、法律体系中的国家差异；经济发展中的国家差异；国家之间的文化差异。

2. 教学重点

了解国家间的政治、经济、法律、文化差异及其对国际商务的影响。

3. 教学难点

实践中如何灵活应对国家差异给国际商务活动带来的挑战。

（三）教学手段与方法

“课程思政”意味着运用一种更为创新的教育方法来进行思想政治工作，关键在于教学方法的改革。2017 年“五四”青年节前夕，习近平总书记强调，“青年时期是培养和训练科学思维方法和思维能力的关键时期，无论在学校还是在社会，都要把学习同思考、观察同思考、实践同思考紧密结合起来，保持对新事物的敏锐，学会用正确的立场观点方法分析问题，善于把握历史和时代的发展方向，善于把握社会生活的主流和支流”。

因此，“课程思政”的目标是培养学生的历史思维、辩证思维、系统思维、创新思维，应着重将世界观、人生观、价值观等立场观点和辩证性、系统性、历史性、创新性等思维方式融入课程教学，如采用研讨性、辩论性教学，在课堂讲授时更加注重与学生的互动交流，使学生更加积极、主动地参与课堂教学，促进学生深入思考，在理论思辨、观点辨析的过程中加强对思想政治教育内涵的发掘与融合，形成育人特色。

（四）教学过程

1. 教学思路设计

（1）思政案例引入：“万众抗疫 VS 群体免疫”

针对抗击新冠肺炎疫情中中国与美国的表现，分为两种针锋相对的论点，组织学生开展分组对抗辩论赛，培养学生历史思维、辩证思维和系统思维，并使学生认识到个人、企业和国家在“人类命运共同体”建设中的时代责任和历史使命，以及如何脚踏实地、持之以恒地推动“人类命运共同体”建设。

（2）从政治、经济、法律和文化等方面对比国家差异

开篇案例使学生了解国家之间存在着政治、经济、法律和文化等差异，并进一步引导学生去了解这些差异产生的根源和影响。

（3）引导学生讨论分析国家差异给国际商务活动带来的挑战和机遇

使学生了解国家差异给国际商务带来的影响，并能灵活应对国家差异带来的挑战和机遇。

2. 教学过程安排

根据教学要求和教学计划，对教学过程进行系统安排。教学过程围绕“课程思政”所要求的“价值塑造、能力培养、知识传授”三位一体的教学目标突出教学过程中的思政元素，引导学生形成“四个正确认识”，以培养学生正确的世界观、价值观和人生观。

国际商务的大舞台是令人着迷和激动的，如果以趣味性、知识性和可读性来传播专业知识和思政内容，学生就能好学不倦。为此，要在授课内容中穿插一些

生动活泼的案例来诠释理论。因此，教学过程中要增加案例式教学内容、实践教学环节和拓展实践性，提升学生对价值观、世界观和人生观的认知和体验，并引导学生形成和巩固“四个正确认识”（表 1）。

表 1　国际商务课程思政内容与教学环节设计

教学意图	教学内容和手段	教学环节设计
案例导入	“万众抗疫 VS 群体免疫” 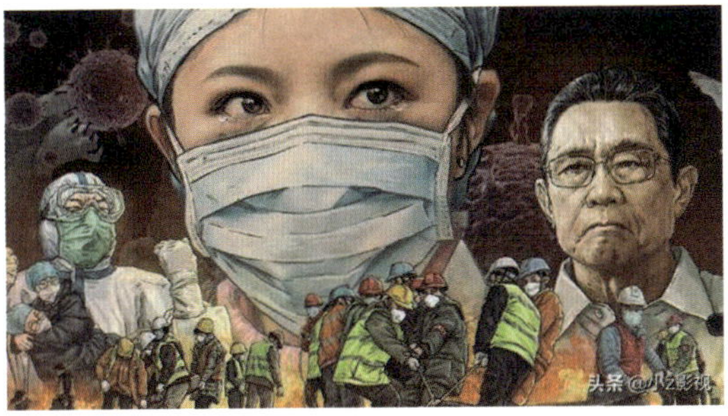 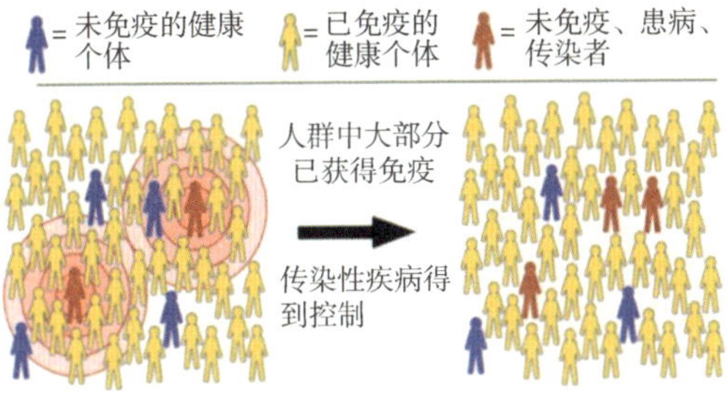 	时间：10 分钟 辩论分析：新冠肺炎疫情中各国政府、民众的不同做法及其所体现的国家差异。 引导学生从全球化视角进行思考，认识到中国所采取的“万众抗疫”方式对抗击新冠疫情的重大意义，深化对中国特色社会主义和中国共产党领导的认同和拥护
本节总体框架	（1）政治、经济、法律体系中的国家差异 （2）经济发展中的国家差异 （3）文化差异 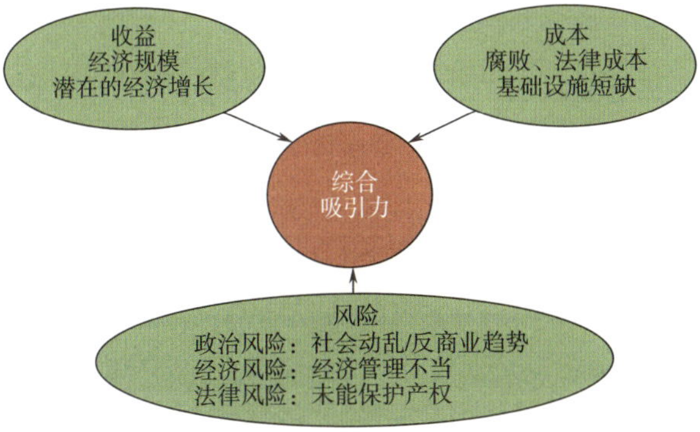 	时间：1 分钟 从辩论中了解国家存在差异，引出在国际商务活动中要重视了解这些国家差异

续表

<table>
<tr><th>教学意图</th><th>教学内容和手段</th><th>教学环节设计</th></tr>
<tr><td>核心内容 1</td><td>政治体制，包括集体主义和个人主义。
·集体主义是指集体目标优先于个人目标的一种政治体制。
·个人主义是指这样一种哲学，即一个人应享有经济和政治追求的自由。相对于集体主义而言，个人主义强调个人的利益优先于国家的利益</td><td>时间：5 分钟
以抗击新冠肺炎疫情中各国的不同做法为例，说明集体主义和个人主义的区别，说明政治体制的差异</td></tr>
<tr><td>核心内容 2</td><td>（1）经济体制
市场经济、计划经济和混合经济。
（2）经济发展的差异
下图为改革开放以来中国 GDP 的增长情况（截至 2018 年）。
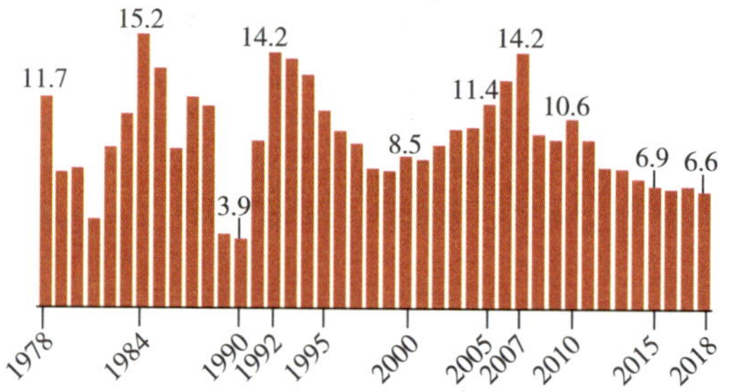

1978~2018 年中国 GDP 增长率
（3）人文发展指数
诺贝尔经济学奖获得者阿马蒂亚·森（Amartya Sen）主张，衡量发展水平应少一点诸如人均 GNI（国民总收入）之类的物质产出指标，而多一点关于人民所拥有的能力和机会的指标。联合国采纳了他的这一观点，建立了人文发展指数（Human Development Index，HDI）来衡量不同国家人们的生活质量，包括三个指标：期望寿命（这是健康保障的函数）；接受教育的权益（这是一个综合指标，包括成人识字率以及初等、中等和高等教育的入学率）；基于购买力平价（PPP）估算的平均收入能否满足人民的基本生活需求（包括当地的食品、住房和医疗条件）</td><td>时间：15 分钟
第一步，观看视频 *Joy of Stats Economy and Human Welfare*（经济和人类福利统计的变迁），了解近 200 年全球 200 多个国家经济发展和人均寿命变化，重点分析中国的变化趋势，从历史发展和科学数据中树立“四个自信”。
第二步，课后选择 5 个不同的国家，比较这些国家的人文发展指数（HDI）</td></tr>
<tr><td>核心内容 3</td><td>第一，法律体系（包括普通法、大陆法和宗教法）。
·普通法体系是以传统先例和惯例为基础。目前采用此法系的主要为英国及其前殖民地国家。
·大陆法体系是以一套十分详尽的法律条文所组成的法典为基础，目前有包括德国、法国、日本和俄罗斯在内的 80 多个国家实行大陆法。
·宗教法体系是以宗教教义为基础，伊斯兰法是当今世界使用最广泛的宗教法律制度。
第二，合同法的差异。
如《联合国国际货物销售合同公约（CISG）》</td><td>时间：10 分钟
老师先讲解三大法律体系的不同，并提出问题：不同法律体系的企业从事国际商务活动，应该遵循哪个国家的法律？</td></tr>
</table>

续表

教学意图	教学内容和手段	教学环节设计
核心内容 3	第三，财产权和腐败行为。 第四，知识产权的保护（专利、版权、商标）。 ·专利是指准许一个新产品或新工艺的发明者在一定时期内享有制造、使用或出售该发明的专有权。 ·版权是作者、作曲家、剧作家、艺术家和出版商出版及以适当的方式传播其作品的专有合法权利。 ·商标是设计和品牌的名称，通常需要注册登记，商人或制造商用以称呼和区别其产品。 第五，产品安全与产品责任	学生讨论： 第一，在三大法律体系下合同法的差异。 第二，产品安全和责任法的国家差异，给企业在海外从事商务活动带来一个重要的伦理问题。当产品安全和责任法在企业母国比外国更严格，或者说外国产品安全和责任法相对宽松时，企业在外国从事商务活动应该依照当地更宽松的标准还是较严格的母国标准？ 通过讲解和讨论，引导学生了解知识产权保护、产品安全与产品责任对从事国际商务活动的重要性
核心内容 4	第一，文化差异（文化的决定因素）。 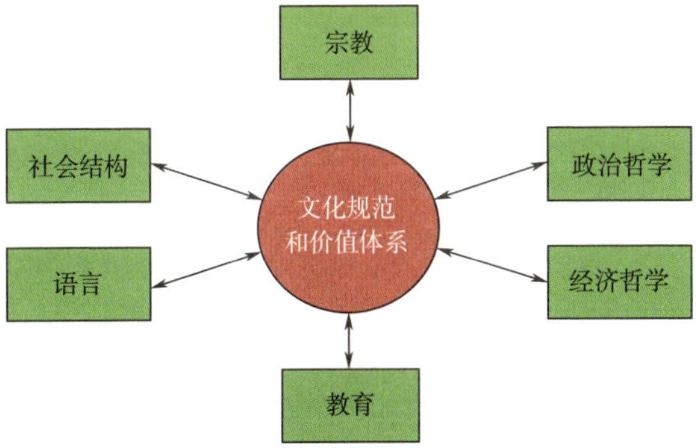 第二，跨文化素养与竞争优势	时间：1 分钟 使学生认识到一国的价值体系和道德准则会影响在该国从事商务活动的成本；而在一国从事商务活动的成本则会影响企业在全球市场上建立竞争优势的能力
知识拓展	案例分析：百思买和易趣在中国 案例探讨了百思买（Best Buy）和易趣（eBay）决定在中国开展业务时的诸多失误。在百思买的案例中，该公司未能认识到中国消费者和美国消费者之间的价格敏感性差异。此外，该公司传统的大型商店美学并没有吸引到中国消费者。在易趣（eBay）	时间：1 分钟 通过案例分析，学生认识到：国际商务之所以不同于国内商务，

续表

教学意图	教学内容和手段	教学环节设计
知识拓展	的案例中，该公司没有意识到中国消费者对竞争对手淘宝网的偏爱，也没有意识到淘宝网凭借其内置的即时通信功能所具有的独特优势。 围绕案例讨论以下问题。 第一，了解中国的文化传统以及它们如何塑造中国的零售体验预期。在承认（并接受）中国购物文化方面，百思买和易趣的高管们应该采取哪些有针对性的做法？ 第二，由于中国消费者不喜欢百思买的价格和庞大的门店规模，百思买决定关闭绝大部分门店，并将重点放在江苏五星连锁门店上。考虑到 2021 年中国中产阶级购买力的预期增长，这种策略有何意义？ 第三，如果易趣能凭借目前对中国电子商务市场的了解回到过去，它可能会使用什么策略来确保获得消费者更积极的接纳？你认为它能吸引淘宝的大量用户吗？	是因为各国社会存在差异。社会差异是因不同文化所致，文化差异乃由社会结构、宗教、语言、教育、经济和政治哲学等方面的深刻差异所致。这些差异对国际商务的重要启示主要表现在三个方面：一是开展跨文化的国际商务活动，不仅要理解文化差异的存在，还要理解这些差异对国际商务活动的意义；二是了解文化和国家竞争优势的关系；三是了解决策中文化和伦理之间的关系
课程总结 知识回顾	对本次课程的主要内容，教学重点、难点进行概括式的总结和回顾	时间：1 分钟 结合板书和 PPT，对课程的主要内容，教学重点、难点进行总结，加深学生的印象
课后作业 知识巩固	作业 A：你将去智利做一次商务旅行，需要与当地的专业人士进行广泛的接触，所以在出发前你会有意识地收集有关当地文化和商务习惯的信息。一位来自拉丁美洲的同事建议你访问跨文化学习中心（Centre for Intercultural Learning），在那里可以全面了解有关智利的知识。请撰写一篇描述该国对商务交往影响最明显的文化特征的短文。 作业 B：通常来说，文化因素会导致国际商务旅行中遇到不同的商务礼仪。相对于西方文化而言，中东文化所呈现的商务礼仪是截然不同的。在即将开始你的商务旅行时，一位同事告诉你，一本有世界各国商务礼仪的指导手册对你可能有帮助。使用 GLOBALEDGE 网站，选择一个中东国家，然后找五个有关商务礼仪的小贴士	时间：1 分钟 两道题选其中一个做。 通过课后作业及思考，帮助学生对课堂知识进行温习和强化；同时，增强学生搜集整理资料、撰写研究报告的能力

四、教学效果分析

通过本课程思政教学，首先，专业知识找到了价值归属，提升了学生的价值判断能力，保证了国际商务人才培养的方向；将国际商务知识与思政元素结合，激发了学生的爱国热情和危机感、使命感，在潜移默化中自觉地把个人奋斗与国家、民族的前途命运联系起来，承担起实现伟大复兴中国梦的责任。所以，本课程的主旨就是在专业课程教学中运用习近平新时代中国特色社会主义思想武装学生，培养能够服务新时代中国特色社会主义建设的国际商务人才。其次，知识传授和价值引领的同频共振能更有效地提高学生的专业能力和商务人才培养的质量。课堂教学中以案例分析为载体，主要聚焦大学生关注的国际商务重点问题和典型案例，将“四个自信”融入国际商务实践，从而实现“专业思维、价值引领、国际视野”的全员全程全方位育人。

金融学

李雪　金融学院

一、课程简介

金融学课程的前身是货币银行学、货币金融学，是高等财经院校金融学、金融工程学、投资学、保险学等金融类专业的必修课程，也是高等院校经济管理类专业的学科基础课。

自 1978 年恢复招生以来，首都经济贸易大学金融学专业一直开设此课，至今已有 40 多年历史，是首都经济贸易大学历史最悠久的课程之一。授课对象主要为本科生，每年的授课人数在 500 人以上。授课教师梯队合理、经验丰富，授课效果良好。首都经济贸易大学坚持“立足北京、服务首都、面向全国、走向世界”，加快建设“国内一流、国际知名”财经大学。金融学专业生源质量好，高考成绩通常处于所在省份前 10%。金融学专业的目标是培养具有国际视野的创新性、复合型高层次金融人才。

金融学课程作为金融学专业八门核心课程之一，以一流本科课程为目标，通过线上线下结合、课堂内外结合、教师和学生结合、阅读和练习结合等方式，不断创新教学内容和方式，实现创新性、高阶性和挑战度的有机统一。课程将为学生构建完整的金融学知识框架，使学生形成对金融体系、金融市场、金融机构、金融监管、货币理论、货币政策、国际金融等重要知识的系统认识，具备对金融现象、金融政策进行独立分析和判断的能力。

二、课程思政元素发掘

习近平总书记在全国高校思想政治工作会议上强调，“所有课堂都有育人功能，不能把思想政治工作只当作思想政治理论课的事。要把做人做事的基本道理、把社会主义核心价值观的要求、把实现民族复兴的理想和责任融入各类课程教学之中，使各类课程与思想政治理论课同向同行，形成协同效应”。要在专业课程中有机融入思政元素，对学生进行潜移默化的思政影响，就要深度挖掘、重新认识、仔细梳理专业课程中的思政元素。

金融学课程以开放经济为背景，以实体经济为基础，以货币经济为核心，为学生打开全球化的国际视野。课程内容分五大模块，即导论、金融市场、金融机构、货币理论与政策、国际金融。

（一）导论部分

讨论为什么研究货币、银行与金融市场，简述金融体系的运行，回顾货币演变的历史，明确货币的定义、职能和层次。

（二）金融市场部分

讨论利率的计算、决定和结构，分析股票市场和金融衍生工具。

（三）金融机构部分

关注金融结构、银行的经营管理、监管，以及金融危机的来龙去脉。

（四）货币理论与政策部分

介绍货币理论与政策，重点分析货币需求与货币供给、中央银行的职能与独立性、货币政策对调节经济的作用原理、传导机制和效果等基础知识。

（五）国际金融部分

讨论汇率的决定、外汇市场运行和国际金融体系的最新动态。

表1汇总了金融学这门专业必修课程中对思政元素的挖掘与梳理。

表1　金融学课程包含的思政元素挖掘

模块	核心内容	思政元素	教学方法
模块一：导论	金融体系的含义、功能，金融体系的构成要素与运行	金融是实体经济的血脉：为实体经济服务是金融的天职，是金融的宗旨，也是防范金融风险的根本举措	资料检索 课堂讨论
	为什么学习金融市场	构建人类命运共同体	课堂授课
	货币的功能与货币层次	金融强国、责任、担当；交易成本、交易效率、公平交易	课堂授课 拓展视频

续表

模块	核心内容	思政元素	教学方法
模块二：金融市场	信用制度与信用工具	健全人格，诚实守信；储蓄与价值观，优秀传统文化的认同和坚持	热点讨论 观看视频
	利率的风险结构	强调要格外小心、审慎管理金融风险；金融交易避险与投机功能的把握	案例分析
	利率与收益率曲线	金融强国；积极参与全球经济金融治理，有助于进一步放大我国的“金融稳定器”作用	案例分析 拓展阅读
模块三：金融机构	股票市场	破解之策：坚定不移推进金融改革开放；对系统性金融风险的认识	拓展视频 课堂讨论
	金融衍生工具	金融创新的积极作用：构建普惠金融体系的重要性	课堂讨论
	信息不对称与金融结构	互联网金融业务更加复杂，产品的关联性和风险传染性更高	案例分析
	银行风险管理与金融危机	“六稳”中的“稳金融”，充分体现了金融的稳定对国家发展的重要意义	拓展视频 课堂讨论
模块四：货币理论与政策	货币供给与需求	掌握金融体系运行的基本规律	课堂授课
	货币政策传导与货币政策工具	为缓解小微企业融资困境，理解结构性工具对降成本的重要意义	拓展视频 课堂讨论
	金融监管与信息不对称	正确认识国家的经济政策	案例分析 课堂讨论
模块五：国际金融	国际金融体系与人民币国际化	“两个一百年”奋斗目标和中华民族伟大复兴的中国梦离不开强大的金融能力	课堂授课 课堂讨论
	外汇市场与汇率制度	制度自信	小组讨论 案例分析

三、教案设计

（一）教学目标

1. 知识目标

金融学课程将为学生构建完整的金融学知识框架，使学生形成对金融体系、金融市场、金融机构、金融监管、货币理论、货币政策、国际金融等重要知识的系统认识，具有对金融现象、金融政策进行独立分析和判断的能力。

2. 能力目标

从人才培养角度来看，金融学专业的目标是培养具有国际视野的创新性、复合型高层次金融人才。金融学作为金融学专业八门核心课程之一，以一流本科课程为目标，通过线上线下结合、课堂内外结合、教师和学生结合、阅读和练习结合等方式，不断创新教学内容和方式，实现创新性、高阶性和挑战度的有机统一。

3. 价值目标

从思政角度来看，以德为先是金融学专业打造“金课”的根本。使学生在掌握专业知识和技能的同时，充分认识健康的金融环境对宏观经济发展的重要性，树立金融风险的防范意识、责任和义务。引导学生以践行社会主义核心价值观为行为准则，把树立共同理想、坚定文化自信作为提升能力的立足之本。思政元素通过专业课堂渗透给学生，使学生的思想政治素养得到不断强化，尤其是社会诚信意识和爱岗敬业精神得到提升。

（二）教学内容

1. 教学内容

在教学中，为了将金融学的课程内容与课程思政有机融合，我们以国家最重要的金融机构——商业银行为本案例库的课程设计核心。通过对“收益率曲线与银行利率风险管理”的课程设计，帮助同学们掌握金融风险辨识和金融风险度量的一般方法，熟悉金融风险管理系统和组织体系。引导学生以践行社会主义核心价值观为行为准则，把树立共同理想、坚定文化自信作为提升能力的立足之本，为金融服务实体、风险防范作出贡献。

2. 教学重点

关于利率风险结构、收益率曲线的重要概念，收益率曲线控制与量化宽松政策的特征与功能。

3. 教学难点

理解收益率曲线的特征，三种利率期限结构理论；认识并掌握商业银行利率风险、操作风险与信贷风险，以及风险管理的方法。

（三）教学手段与方法

“嵌入式”课程思政教学模式的实施是金融学专业课程与思政教育结合的关键方法。在金融学教学过程中，将专业课程教学与思想政治教育充分结合起来，将教书育人的内涵落实在课堂教学主渠道，从而突出专业课程的育人价值。

1. 挖掘课程思政元素

在实施这一教学模式时，关键是要将课程内容的优势和特色挖掘出来，将课程中蕴含的文化基因和价值范式提炼出来，把价值观的培育和塑造“嵌入”专业课程教学的全过程，使学生能够在丰富多彩、有血有肉的感性材料中步入理性知识的殿堂，在“润物细无声”的知识学习中融入理想信念层面的精神指引。在讲授商业银行风险管理的知识点时，挖掘课程知识中的思政元素（信用风险防范；践行全民诚信观；操作风险防范；加强金融从业人员职业道德教育）。

2. 多种教学手段“多措并举”

为了讲好与思政元素相对应的专业知识，在“嵌入式”思政教学模式实施时，通过选择恰当案例，对真实事件进行延伸，利用文字资料、视频等方式作为课程思政的载体，将思政元素具体化。例如，通过学习通 App，教师和学生实现一对多的交流，推送的教学资料特别聚焦对国内、国际重大金融事件的报道和解读，为课堂讨论、教学内容的讲授进行预热。在进入利率风险结构的复习时，通过在课堂中采用线上教学平台，复习金融学课程中的重点、难点。或者采取课堂讨论的形式，事先将美国国债收益率曲线走势的相关分析资料推送给学生并提出问题：什么是收益率曲线？收益率曲线有哪三种基本形态？收益率曲线走平或者倒挂时的经济含义是什么？等等。为使学生带着问题去学习，课中还就美债收益率曲线的变化和经济走势之间的关系组织学生开展教学，从历史数据与金融运行中找出利率和到期期限之间的关系。

3. 将思政元素“嵌入”课堂

通过设置恰当的课堂或非课堂组织形式，将课程思政元素以最佳的方式渗透在专业教学之中，让学生在潜移默化中最大限度地接收、思考和感悟思政元素，尽量做到课程思政润物无声。在教学过程中增加银行风险管理场景模拟环节，让学生分组表演，使他们在“做中学”、提高职业素养的同时，也增强了团队协作意识。此外，邀请银行等金融机构的管理者、业务骨干来校开讲座，让学生了解金融领域的发展动态，提升他们对热点问题的分析能力。

（四）教学过程

根据教学要求以及教学设计思路，我们在课程的各个小环节嵌入思政元素，本着问题导向、分析问题和解决问题的课程目的，在增强学生学习效果、培养学生学习能力的基础上，使之于潜移默化中最大限度地接收、思考和感悟思政元素。以“收益率曲线与银行利率风险管理”教学单元为例，具体的教学课程安排如表 2 所示。

表 2 金融学“收益率曲线与银行利率风险管理”教学单元课程思政内容与教学环节设计

<table>
<tr><th colspan="3">收益率曲线与银行利率风险管理（45 分钟）</th></tr>
<tr><th>设计思路</th><th>重难点</th><th>教学手段（重点 PPT 演示）</th></tr>
<tr>
<td>为了考察大家的掌握情况，老师预先设定了这样一道选择题，题目是：债券的风险溢价不会受到债券的下列哪个因素的影响？（见右图）
课前同学们通过软件互动答题，大屏幕上显示大家的答题结果。从结果来看，多数同学都掌握了影响利率风险结构的相关概念</td>
<td>利率风险结构的概念</td>
<td>课程思政的体现：
党的十九大提出，决胜全面建成小康社会，必须打赢三大攻坚战，其中一项重要内容是防范化解重大风险。维护金融安全关乎我国经济社会发展全局。按照党中央的决策和部署，防范化解金融风险攻坚战取得了重大成效。“六稳”中的“稳金融”，充分体现了金融的稳定对国家发展的重要意义。
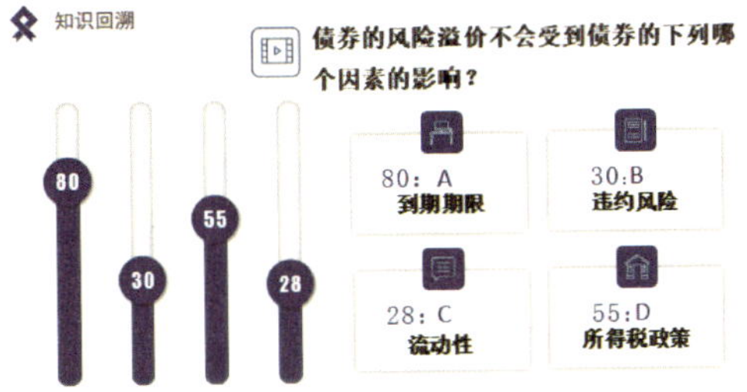

到期期限与收益率的关系恰好是本节课的另外一个知识点：利率的期限结构</td>
</tr>
<tr>
<td>抛出两个案例分析，通过故事背景的叙述，讲述美国非常规货币政策的使用，以及收益率曲线控制与量化宽松的区别。
2020 年 2 月，为应对新冠肺炎疫情的冲击，美联储常规的利率工具达到“零下限”，采用收益率曲线控制（YCC）政策作为扩充货币政策工具箱实属“无奈之举”。具体来说，受疫情影响，当年 3 月 15 日美联储联邦基金利率目标利率调降至 0 附近，在利率政策利率降至 0 而暂时不考虑负利率的情况下，美联储不得不继续推进宽松政策</td>
<td>收益率曲线控制与量化宽松政策的特征与功能</td>
<td>案例分析①：通过对美国非常规货币政策的对比介绍，引起大家兴趣，接下来询问同学们最早的中国存款机构是什么？
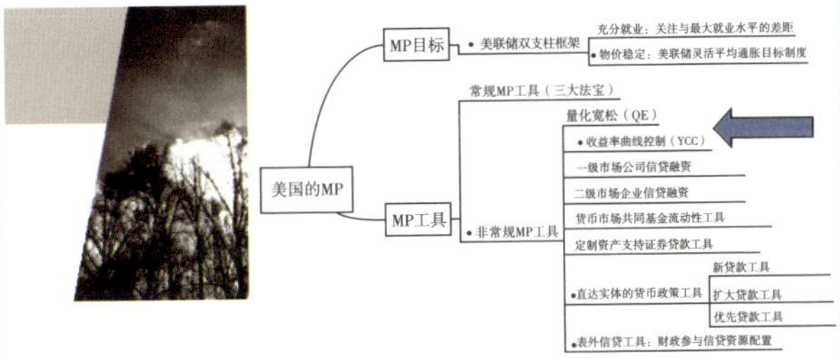

案例分析②：疫情冲击下，美国 10 年期收益率曲线的走势
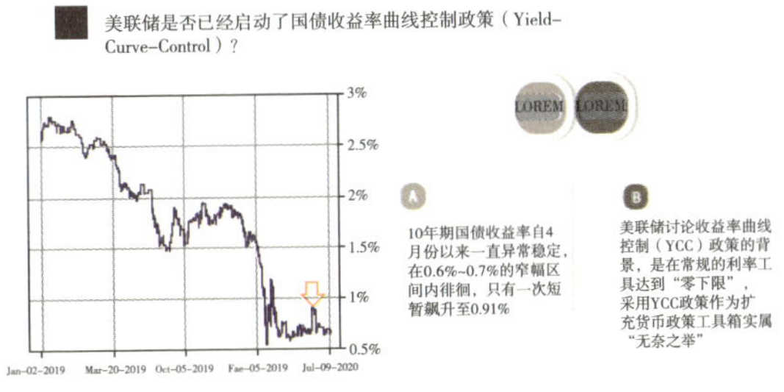
</td>
</tr>
</table>

续表

<table>
<tr><th colspan="3">收益率曲线与银行利率风险管理（45 分钟）</th></tr>
<tr><th>设计思路</th><th>重难点</th><th>教学手段（重点 PPT 演示）</th></tr>
<tr><td>作为一种政策工具，收益率曲线控制是在过去 10 多年的大部分时间里盛行的量化宽松政策（QE）之外的另一种选择</td><td>收益率曲线控制与量化宽松政策的特征与功能</td><td>课堂讨论：为什么中央银行会从 QE 转向收益率曲线控制？形式上美联储并没有瞄准国债收益率，不过最近 10 年期国债收益率的持平表明，情况并非如此。除了少数例外情况，10 年期国债收益率自 4 月份以来一直异常稳定，在 0.6%~0.7% 的窄幅区间内徘徊，只有一次短暂飙升至 0.91%。这是巧合吗？</td></tr>
<tr><td>由 YCC 引发的思考，同学们首先要了解什么是收益率曲线，这就是接下来要介绍的一个重要相关概念。
课程思政的体现：
金融强国；积极参与全球经济金融治理，有助于进一步放大我国的“金融稳定器”作用</td><td>收益率曲线的一些相关的重要概念</td><td>收益率曲线：反映风险相同但期限不同的债券到期收益率与期限之间关系的曲线。收益率曲线的纵轴代表收益率，横轴则是距离到期的时间
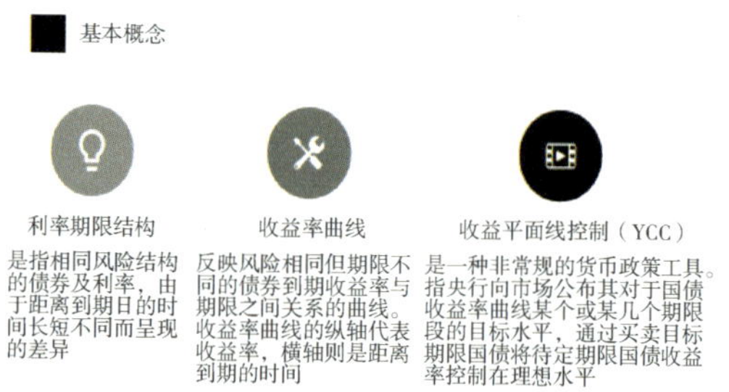
</td></tr>
<tr><td>向同学们抛出三个收益率曲线背后的事实。
事实 A: 不同期限的利率随着时间的推进呈现出相同的变动特征。
事实 B: 短期利率较低，收益率曲线向上倾斜；短期利率较高，更多是向下倾斜的。
事实 C: 收益率曲线通常是向上倾斜的。
由此激发同学们对利率期限结构理论的学习兴趣</td><td>收益率曲线的特征</td><td>针对收益率曲线的三种“相貌”：水平、向上倾斜、向下倾斜，引起同学们对收益率曲线走势背后的理论探讨
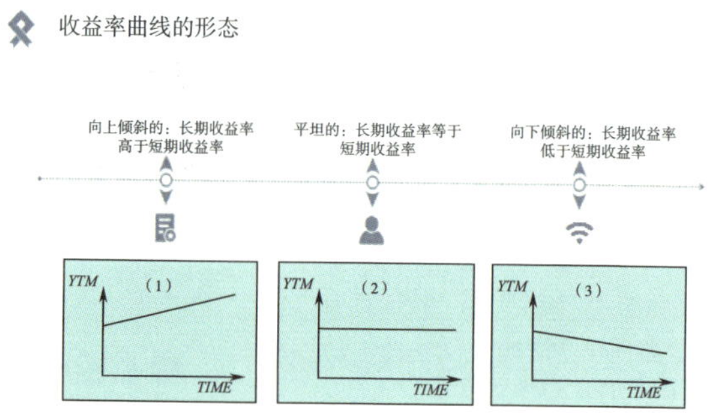

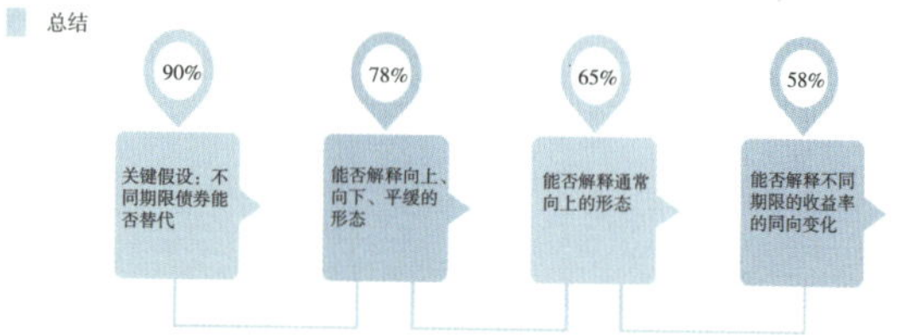
</td></tr>
</table>

续表

<table>
<tr><th colspan="3">收益率曲线与银行利率风险管理（45 分钟）</th></tr>
<tr><th>设计思路</th><th>重难点</th><th>教学手段（重点 PPT 演示）</th></tr>
<tr><td>运用比较分析法，总结三个理论的共同点与区别</td><td>理解三种利率期限结构理论</td><td>
<table>
<tr><td>预期理论</td><td>完全替代</td><td>能解释</td><td>不能解释</td><td>能解释</td></tr>
<tr><td>分割市场理论</td><td>完全不能替代</td><td>能解释</td><td>能解释</td><td>不能解释</td></tr>
<tr><td>流动性溢价理论</td><td>有条件可替代</td><td>能解释</td><td>能解释</td><td>能解释</td></tr>
</table>
</td></tr>
<tr><td>由收益率曲线斜率和形状发生不同的变化而导致的风险，向同学们提出问题。
引出商业银行的利率面临的利率风险。
当市场利率发生变动的时候，商业银行资产负债经营就要受到影响。
根据工商银行 2020 年的报表，指导同学们学会拆解商业银行资产负债基本业务，会进行业务分类，并从知识架构上进行引申。
熟悉资产负债业务，为计算商业银行的利率风险做铺垫</td><td>商业银行利率风险</td><td>通过板书形式，让同学们先简单了解一下资产负债管理理论的原则，为下面具体学习管理业务做一个铺垫。
对称性原则：银行资产和负债的规模、结构和期限方面都需要保持一定的对称性。
目标互补性：银行经营的三性原则可以相互比较、替代和叠加，目的是使这三者的综合效用最大化。
资产分散原则：通过对资产和负债的适当分散，避免风险过于集中。比如说币种的分散、利率的分散，最大限度地化解风险
<table>
<tr><th>分类</th><th>项目</th><th>数额（百万元）</th><th>占总资产比例</th><th>汇总比例</th></tr>
<tr><td rowspan="3">现金类</td><td>现金及存放中央银行款项</td><td>3 350 788</td><td>13.88%</td><td rowspan="3">17.19%</td></tr>
<tr><td>存放同业及其他金融机构款项</td><td>270 058</td><td>1.12%</td></tr>
<tr><td>拆出资金</td><td>527 415</td><td>2.19%</td></tr>
<tr><td rowspan="8">投资类</td><td>以公允价值计量且其变动计入当期损益的金融资产</td><td>474 175</td><td>1.97%</td><td rowspan="8">27.27%</td></tr>
<tr><td>衍生金融资产</td><td>94 452</td><td>0.39%</td></tr>
<tr><td>买入返售款项</td><td>755 627</td><td>3.13%</td></tr>
<tr><td>可供出售金融资产</td><td>1 742 287</td><td>7.22%</td></tr>
<tr><td>持有至到期投资</td><td>2 973 042</td><td>12.32%</td></tr>
<tr><td>应收款项类投资</td><td>291 370</td><td>1.21%</td></tr>
<tr><td>长期股权投资</td><td>30 077</td><td>0.12%</td></tr>
<tr><td>贵金属</td><td>220 091</td><td>0.91%</td></tr>
<tr><td>贷款类</td><td>客户贷款及垫款</td><td>12 767 334</td><td>52.89%</td><td>52.89%</td></tr>
<tr><td rowspan="4">经营类</td><td>固定资产</td><td>220 651</td><td>0.91%</td><td rowspan="4">2.65%</td></tr>
<tr><td>在建工程</td><td>22 968</td><td>0.10%</td></tr>
<tr><td>递延所得税资产</td><td>28 898</td><td>0.12%</td></tr>
<tr><td>其他资 产</td><td>368 232</td><td>1.53%</td></tr>
</table>
</td></tr>
</table>

续表

收益率曲线与银行利率风险管理（45 分钟）		
设计思路	重难点	教学手段（重点 PPT 演示）
对于商业银行的利率风险，我们要如何计量？可以使用哪些指标工具对商业银行的利率风险进行计量？在商业银行资产负债经营管理过程中，对利率风险的计量经历了一个由简单到复杂、由静态到动态的过程。 比较利率缺口分析和久期分析的优点与缺点	银行利率风险管理的方法	通过板书形式，与同学们一起学习缺口分析和久期分析的基本计算方法，其中两个公式比较重要，分别为： 第一，基本缺口分析。在缺口分析中，利率风险暴露可表示为： $GAP=RSA-RSL$ GAP 为缺口；RSA 为利率敏感性资产；RSL 为利率敏感性负债。 $\Delta NII=GAP\times\Delta r$ ΔNII 为银行净利息收入，受到利率变动的影响 第二，久期分析。证券市场价值的变动百分比≈－利率变动的百分比×久期
作为课程延伸，给出商业银行面临的其他风险： 操作风险、信用风险。 重点讲解什么叫作表外业务，即表外业务的定义：贷款销售、贷款承诺。 课程思政的体现： 信用风险防范：践行全民诚信观；操作风险防范：加强金融从业人员职业道德教育	操作风险与信用风险	引导学生们关注商业银行表外业务的管理技术与方法。 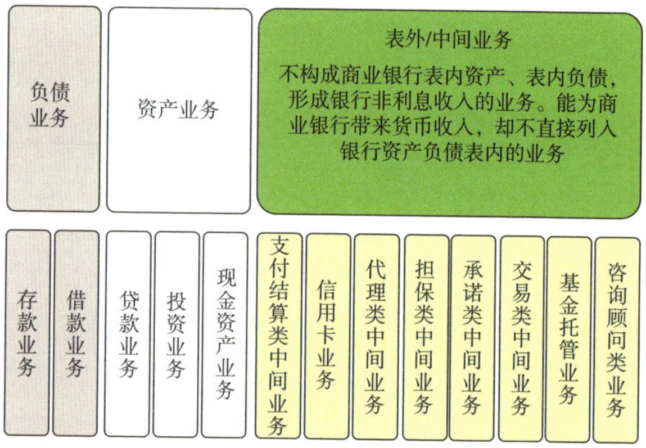 在此基础上，总结收益率曲线与银行利率风险管理的重要知识点

四、教学效果分析

（一）全方位嵌入思政元素，课程内容得到极大丰富

通过专业课程教学与思政教育有机融合，形成了“嵌入式”课程思政教学模式。在讲述金融学课程时，结合各章主讲内容找出适合融入思政教育的切入点，将其“嵌入”各教学章节的课程内容中，实现教学目标“1+1>2”的协同效应。同时，将课程中涉及的德育元素、思政元素提炼出来，与商业银行风险管理的典型案例

充分结合，做到了将专业课讲出“思政味”。

（二）多渠道融合思政教育，提高学生金融素养与工作能力

通过“嵌入式”的金融学课程思政学习，学生对银行风控岗位要求有了切身体会，不仅在从业心理上变得更加成熟，而且认识到自觉规范职业行为的重要性，从而提升职业道德和业务素质，树立合规尽职、敬业爱岗的从业观。通过教学实践，实现了学生们树立金融机构从业人员的职业道德，正确理解我国的经济与金融政策，掌握习近平新时代中国特色社会主义思想的丰富内涵，弘扬爱国主义、树立“四个自信”等德育培养目标。

（三）创新教学方式，打造“线上线下”混合“金课”，实现思政与专业知识的有机融合

“线上线下”混合式课堂的教学设计不仅提高了学生对课程学习的参与度，而且将课堂教学与课后互动相结合，让学生在课后“忙起来”。学生 100% 参与，线上线下授课教学效果突出，课堂教学中学生到课率、抬头率、前排率显著提升。更为重要的是，通过充分利用网络平台资源，开发金融学课程思政学习平台，不仅方便教师在线教学，也便于学生利用手机客户端随时学习。教师在课前将有关视频、案例提前上传到平台供学生学习，然后在线下课堂中组织学生讨论、答疑或展示学习成果。借助网络公众平台，及时传递国内风险管理领域的政策动态，将社会热点、国际国内形势、金融风险领域的现实问题自然渗透于课程的方方面面，实现润物无声的教学效果。

投资学

王强宇　金融学院

一、课程简介

金融的健康稳定关乎经济稳定的大局，金融全球化对国内金融业发展来说，既是挑战也是机遇，培养一大批适应新经济要求、能够担当重任的高级金融人才，已经成为金融业界的共识。教师只有在金融学课堂教学活动中不断强化课程思政元素，才能满足金融行业人才需求，使学生在专业学习与职业理想的统一中增强爱国主义情怀，在国家和区域经济发展中发挥聪明才智，在改革开放和“一带一路”建设征途中担负时代重任。本课程是为金融学专业开设的核心必修课程，通过本课程的教学，学生将比较系统地掌握证券市场的基本概念、功能和体制、资产类别和金融工具、风险和收益、投资组合理论和金融资产配置、投资分析和管理、金融衍生品和基金管理、投资业绩评估等专业知识。在学习过程中帮助学生提高综合分析问题和解决问题的能力，并加强创新能力。

本课程是一门承上启下的课程，在学生已经基本掌握宏观经济学、微观经济学、计量经济学等基础知识的前提条件下讲授，主要着重于投资学的理论、方法、工具的运用和创新等，并为学生后续深入学习固定收益证券、金融衍生工具、公司金融等课程奠定坚实的基础。

本课程以课堂讲授为主，内容包括知识点、案例教学，间之以随堂练习、课下阅读和课后作业，在每周讲授以外，辅以固定答疑和评阅阅读笔记，使学生在充分领会课本知识的基础上，大幅度扩展知识宽度和提高阅读能力。本课程在课本基础上，提供大量相关阅读资料和文献，包括经典论文、时事新闻评论以及教学案例，对学生自学的进度和深度设定量化考核要求，每周时时沟通和反馈，并记作平时成绩。同时，本课程在课堂讲授中会包含大量经典公式和函数的上机演示和操作，使学生既能掌握理论，又能动手操作，切实做到理论与实践相结合。

通过本课程的学习，学生应能达到以下目标：①对金融学专业的基础学科构架有更深入的理解，在以后的学习中有的放矢；②深入理解和掌握本课程的知识结构，对重点知识如资产配置和投资组合理论能达到综合掌握水平；③初步理解和掌握固定收益证券、金融衍生工具等后续课程所涉及的基础知识，为后续学习打好基础；④开始了解 CFA（特许金融分析师）考试认证体系，为今后的金融实务工作打好基础。

二、课程思政元素发掘

元素 1：认真学习习近平总书记关于加强金融安全的重要论述并将之有机融入专业教学中。

以高度的自觉、自信深化金融理论研究，以强烈的责任担当潜心立德树人，将精深的专业学识转化融通，通过历史和现实相结合、理论和实践相结合、中外实例对比等，生动阐述金融与经济的关系、金融为什么是国家的核心竞争力、怎样深化金融供给侧结构性改革、如何提高国家参与国际金融治理能力、国家金融安全的重要意义何在，等等。

元素 2：专业教师要以坚定的理想信念、深厚的爱国情怀、新颖的思维视野，感染、引导学生正确认识金融领域意识形态工作的复杂性。

通过课程思政元素的融入，使学生清醒认识国家凝心聚力应对外部冲击和聚精会神发展经济的政策方向，深刻认知金融工作在治国理政中所占的重要分量，从而更好地理解中国立场、践行中国方案。

三、教案设计

（一）教学目标

金融专业课程中的案例教学是财经高校课堂教学的重要组成部分。世界一流商学院都开设专门的案例教学课程，哈佛商学院甚至将案例教学作为其主要的人才培养方式。国内顶级财经院校（系）如清华大学五道口金融学院、长江商学院、上海高级金融学院、中国人民大学重阳金融研究院、中山大学岭南学院、上海财经大学金融学院、中央财经大学金融学院、厦门大学王亚南经济研究院等都将案例教学置于重要地位，近年来创造出一批基于中国市场和中国企业背景的优秀商业和财经案例，并设立了各具特色的案例教学课程。

从首都经济贸易大学金融案例教学实践的角度出发，本科课堂案例教学在课程建设和教学方式上均与上述财经院校（系）有较大差距，体现在案例教学理念落后、内容陈旧、方式单一，学生参与热情和效果欠佳等方面。从思政角度而言，教学内容中直接借鉴西方理论较多，引述中国实践、立足中国视角较少。

因此，探索符合首都经济贸易大学发展定位与生源实际情况的案例教学模式，将经典理论与中国实践相结合，讲好中国故事，做好中国文章，就成为本次案例教学改革和实践的主要目标。

（二）教学内容

在教学内容方面，针对当前首都经济贸易大学案例教学内容陈旧的问题，可以主动引进高水平案例，包括国际和国内高水平案例库的付费案例。国际方面可主要采用哈佛案例库，国内方面可以和包括清华五道口金融学院在内的顶级财经院校（系）进行案例库合作。上述案例以英文案例为主，案例的质量、权威性、时效性、国际化均有良好保障。随着案例教学改革的深入推进，未来可以逐渐使用一定比例的学校自编案例，为了保证自编案例的产出和质量，学校可出台一些激励措施。不论是外购案例还是自编案例，均应在案例教学的整个过程中秉承“立足中国”原则，这是案例思政教学的核心。

此外，综合性案例往往包括多个知识点，这就决定了教学内容是非线性的，具有较强的跳跃性和跨学科性，很多知识点学生未必接触过，但却是案例分析的必要条件。培养学生的非线性思维和综合分析能力至关重要，这就要求学校在制定和更新人才培养方案时通盘考虑，做好顶层设计。

（三）教学手段与方法

案例教学是指在教学活动中使用特定案例引导学生对某一问题进行阅读思考、分析讨论，最终得出结论的教育教学过程。教学案例有以下四个特征：一是通常包含一个或数个值得研究分析的重要问题，具有教学价值。二是包含必要的信息，使学生能够基于这些信息进行分析判断，并得出结论。三是没有传统意义上的标准答案（即客观答案），没有严格意义上的对错之分，学生基于不同的研究假设和分析方法可以得到不同的“最优”结论。四是案例的知识内容是非线性结构，即所涉及的问题和知识点不会像传统意义上的教材那样循序渐进、由浅入深，知识点之间的关联是非线性或者跳跃式的，且并非所有的问题都能在教材中找到答案。

基于上述含义及特征，案例教学与一般教学活动在手段和方法上具有明显区别。案例教学将传统的“从老师教到学生听”转变为“由学生说到老师听”。案例教学不同于一般知识点的课堂讲授，其最重要的目的是培养学生在“案例准备—课堂讨论—报告写作”过程中的思辨能力及对知识和信息的综合分析、加工、运用能力。案例讨论针对具体的案例背景，不应设置标准答案，而应当完全开放，允许学生有两种甚至多种结论和解决方案。案例讨论应当注重学生基于知识体系和信息“自圆其说”的论证过程，而非由老师给出唯一标准答案。正因为如此，老师应当由讲授者转变为倾听者和引导者。

在教学形式方面，案例教学宜采用小班授课，教学流程按照学生独立阅读分析案例、小组课堂分析讨论、课后分组完成报告的方式进行。不同于一般教学，案例教学班级人数不宜过多。人数过多会使学生的参与度和专注度下降，课堂讨论也无法充分进行，会出现“搭便车”的现象，这是一个难点。此外，课堂讨论会宜采用“圆桌”形式而非传统站讲台的方式，以提高学生的参与感和融入度。

（四）教学过程

现以两个金融案例的教学实践为例，具体阐述案例教学的设计流程。这两个案例分别是：Ant Financial: The Road to Financial Inclusion in China through QR Codes and Technology-as-a-Service（以下简称“蚂蚁金服案例”）和 A Tale of Two “Orientals”: Lessons from Short Selling Attacks（以下简称“两个东方案例”）。两个案例均为外购付费案例，它们所描述的对象均为中国公司，而这也是本课程案例教学的重点。

1.“蚂蚁金服案例”的教学设计

（1）案例背景

2018 年 5 月，蚂蚁金服联合生态伙伴推出了“码商成长计划”，为线下近一亿小微商户（码商）提供“保障”和“成长”两大方便助力。码商可以通过“多收多贷”获得网商银行等金融机构提供的贷款；通过“多收多赊”享受一站式进货服务并有机会赊购；还可以在支付宝“商家服务”里通过商家信用获得免押服务，在“生意经”上了解经营知识；此外，“多收多保”“你敢收，我敢赔”等线上保险计划则致力于降低码商的生活和经营风险，解决其后顾之忧。通过这些数字化经营工具，蚂蚁金服客观上推动了我国普惠金融的发展。此外，蚂蚁金服推行“技术即服务”理念，与广大中小商业银行合作，向其提供技术服务，这也成为其潜在核心竞争力和主要利润增长点。

（2）教学过程

该案例以蚂蚁金服为研究对象，通过描述其“天下码商成长计划”引导学生了解“普惠金融”这一概念，促使学生将企业自身成长和国家金融政策相关联，具有很强的时效性和指导意义。案例教学过程分为三个阶段：①课前独立研读案例。指导教师针对案例提出若干引导问题，供学生在阅读案例时有针对性地思考和准备。②课堂讨论案例。课堂讨论由教师主持，教师抛出讨论问题，学生可针对每个问题提出正反两方面意见并进行辩论。讨论不设标准答案，但每个发言人都要有证据支持和论证过程，证据可以是案例自带的信息，也可以是学生自行搜索的外部信息。每个问题的讨论时间由教师控制，务必使每个学生都能积极有效地参与和发言。③课后完成案例报告。按照课堂讨论的结果，教师可将学生分为不同小组，确保每组人数适中，结构合理，避免出现“搭便车”者。学生以小组形式进行案例报告撰写，小组报告可以促进学生的团队协作，并提高其商业文书写作能力。表1列出了蚂蚁金服案例教学中各个阶段的内容设计要点。

（3）思政元素在课程内的融入

思辨能力是思想政治教育发挥效果的重要保障。思辨能力就是独立思考，发现问题解决问题的能力。金融市场瞬息万变，加之社会中充斥着各种自媒体，它们传播不同观点，谁对谁错，谁是谁非，众说纷纭，此时思辨能力就显得尤为重要。金融服务实体经济是新时期中国金融工作的基本要求，互联网金融能够蓬勃发展，最大的优势在于可降低企业的融资成本，提高资金运用效率，有效打通上下游供应链等方面，这些优势正是实体经济发展迫切需要破解的难题。作为当代大学生，应当在具备基本金融素养的同时，多维度认真思考互联网金融怎样能够有针对性地扶持产业发展，形成互惠互利、合作共赢，避免像传统金融行业那样陷入“嫌贫爱富”的困境。金融不仅是盈利工具，而且是一种思维方式与生活体现，在学习金融理论的同时也要重视金融实训，因为金融实训可以使学生在实践中锻炼自己，大胆行动、捕捉商机、勤于思考、善于行动，从而进一步提升自己的金融素养和思辨能力。

表1　投资学“蚂蚁金服”案例课程思政内容与教学环节设计

教学阶段	内容设计
课前独立研读案例	提出引导问题： ·何为普惠金融？金融科技对普惠金融有何促进作用？ ·提供普惠金融服务如何创造企业价值？ ·讨论蚂蚁金服和传统商业银行之间的竞合关系，科技巨头（蚂蚁金服）的出现是否对中国传统的金融（银行）体系造成了破坏
课堂讨论案例	抛出讨论问题： ·蚂蚁金服“天下码商成长计划”的具体内容是什么？ ·蚂蚁金服是如何向商业银行提供技术服务的？ ·蚂蚁金服的以上双重战略与普惠金融的要求是否能长期保持一致？ ·科技企业推动普惠金融是否与预期盈利目标保持一致？
课后完成案例报告	报告要求： ·报告和演示文档以小组为单位完成。 ·报告须符合标准的商业报告文书格式，引用规范，包括必要的图表及参考文献。 ·报告内容要体现出学生对普惠金融的理解，包括普惠金融的含义、特征、要求及其在中国目前的发展情况。 ·报告内容还应当包括学生对金融科技的理解、金融科技对普惠金融的促进作用、科技巨头对现有传统金融系统的冲击等

2.“两个东方案例”的教学设计

（1）案例背景

该案例描述的是两家在美国上市的中国企业——东方纸业（NYSE：ONP）和新东方教育科技集团（NYSE: EDU）遭到知名做空机构浑水（Muddy Waters Research）做空时所面临的主要问题及其后续应对措施。两家公司的股价虽然在遭到做空当日均出现了大幅下跌，但是由于公司基本面的差异及公司董事会和管理层对做空所采取的不同应对措施，两家公司的结局相差迥异。东方纸业最终以退市收场，而新东方集团的股价则很快回到了原点，并再创新高。

（2）教学过程

该案例以东方纸业和新东方集团在遭遇做空时的应对及结果为对比研究对象，旨在帮助学生了解股票市场做空机制特点，引导学生分析美国上市企业容易被做空机构攻击的问题及实践中的有效应对方法。案例教学过程同样分为课前准备、课堂讨论和课后报告三个阶段，各阶段的实施方式与上述蚂蚁金服案例基本相同。表2列出了两个东方案例教学中各个阶段的内容设计要点。

（3）思政元素在课程内的设计

金融业是一个特殊的服务行业，关系着各方面的资金融通和各行业的顺利发展。在金融业对外开放力度加大，金融创新、金融衍生业务快速发展的背景下，侵蚀金融资产、破坏金融秩序的金融犯罪也呈高发态势。综观金融犯罪案件，共同犯罪现象普遍，金融机构内部工作人员涉案现象突出，折射出金融系统中部分从业人员的职业道德缺失、品质意志沦丧。因此，在金融人才的培养中，必须要加强金融品德思政教育，注重提升金融人才的职业道德素养。当巨大的经济利益驱动与严谨的职业道德规范发生冲突时，只有潜移默化的品德思政教育才能使其抉择的天平向道德规范倾斜，才能使金融从业人员义不容辞地执行纪律，才能使人民的利益得到保护。所以，在金融学课堂教学中，我们要将品德思政教育贯穿始终，使学生不但具有过硬的专业技能，同时也具有自觉的金融职业道德意识和崇高的金融职业道德理想，成为全心全意为客户服务的高素质、技能型金融人才。

表2　投资学“两个东方”案例课程思政内容与教学环节设计

教学阶段	内容设计
课前独立研读案例	提出引导问题： · 什么是做空机制？做空的具体步骤是什么？ · 为什么东方纸业会遭到做空？ · 为什么新东方集团会遭到做空？ · 遭到做空后，这两个东方公司最后的结局分别是怎样的？

续表

教学阶段	内容设计
课堂讨论案例	抛出讨论问题： ·什么样的公司容易遭到做空？ ·应对做空的有效手段有哪些？ ·新东方集团到底做对了什么，才使其结局和东方纸业有如此大的不同？ ·遇到做空对企业是否都是坏处？有何好处？请举例说明
课后完成案例报告	报告要求： ·报告和演示文档以小组为单位完成。 ·报告须符合标准的商业报告文书格式，引用规范，包括必要的图表及参考文献。 ·报告内容应当体现学生对做空机制的理解，包括做空的动机、步骤、对企业的直接和间接影响及常见应对措施等。 ·报告还可以适当引申出做空机制对资本市场整体效率、公司治理及金融市场秩序等问题的深层次讨论

四、教学效果分析

案例教学完成以后，需要对教学的效果进行持续跟踪和评价。效果评价可以从教师和学生两个维度，采用定性与定量相结合的方式同时进行。

（一）教师端评价

首先，可以通过学生小组提交的案例报告，评价学生对案例所涵盖概念和知识点的理解和掌握程度。其次，可以通过在专业课考试或考核试卷中加入案例相关内容，考查学生对案例知识点的理解和运用能力。最后，从长期来看，学生的就业率、深造率、财经专业证书考试通过率等都会或多或少反映出案例教学带给学生在思辨能力和分析解决问题能力等方面的提升。

（二）学生端评价

首先，可以通过每学期常设的学评教环节，了解学生对案例教学课堂的满意度。其次，可以通过发起线上、线下问卷调查，有针对性地统计学生对每堂案例教学课的意见和建议，特别是可以通过在课前和课后发起对比调查问卷的方式，精准地发现每节课在知识内容和思维方式上对学生造成的影响和改变。最后，从中长期来看，课程在学生之间的口碑、选课率和开课率都可以作为课程效果评价的有效手段。

私募投资学（双语）

王佳妮　金融学院

一、课程简介

私募股权投资起源于西方，随后在全球蓬勃发展。经验证据显示，私募股权投资行业已经成为助推我国经济高质量发展的重要资本力量。广义的私募股权投资包括创业投资（Venture Capital）和狭义的私募股权投资（Private Equity）；而天使投资（Angel Investment）是一种非正式创业投资，天使投资人直接用自有资金开展创业投资活动。研究表明，天使投资和创业投资可以更有效解决创业企业，特别是中小科技型企业的融资难题和发展困境；而以并购基金为代表的大型私募股权投资基金通常有利于产业的转型与升级。我国经济已由高速增长阶段转向高质量发展阶段，金融业需要创新发展，以更好地支持实体经济。从发展趋势来看，金融市场将逐步从间接融资为主转向直接融资为主，私募股权投资的运作模式与创新驱动的内在要求高度一致，整个私募股权投资行业有着广阔的发展前景。在这种新形势下，无论是金融行业本身，还是创新创业领域，都对人才的能力素养提出了新要求。

私募投资学（双语）是投资学专业一门极具个性化的选修课。这是一门融合了金融学、公司金融学、企业管理、财务分析等综合知识的课程，在国内重点高校的经济、金融以及管理类专业中广泛开设。本课程旨在拓展和丰富学生在投资学领域的知识结构，使学生对私募股权投资有一个系统性的认识和了解，包括创业投资与私募股权的概念与特征、股权投资基金运作和价值创造的原理，行业发展现状、制度建设及政策环境等；并结合案例讨论，培养学生创新创业思维和股权投资决策能力，为将来开展私募股权相关的学术研究或者实务工作打下良好的知识基础。

学生在学完本课程后，能够掌握私募股权投资相关的行业术语，并熟练阅读和理解相关的英文资料；能够充分理解私募股权投资的运作流程以及不同投资者在投资策略上的差别；能够了解私募股权投资行业领域的国家战略、法律法规和相关政策，主动关注相关的社会实践以及现实问题；具备社会主义核心价值观，能够坚定理想信念和“四个自信”，具备经世济民、诚信服务、德法兼修的职业素养。

二、课程思政元素发掘

元素 1：引导学生坚定“四个自信”。

中华人民共和国成立 70 多年来，金融业的发展取得了巨大成就。创业投资与私募股权投资行业从生长发展到规范发展，再到创新发展、开放发展，不仅有赖于专业服务能力的提升，而且离不开社会文化、法律法规、监管制度的基础保障。

本课程第一讲为课程导论，内容中不仅包括私募股权投资相关的基础知识，还会介绍国内外私募股权投资市场的发展。结合中国社会主义建设的伟大成就，重点讲授中国私募股权投资市场的发展历史，通过国内外比较，引导学生了解世情国情，坚定中国特色社会主义道路自信、理论自信、制度自信、文化自信。此外，本课程中还会引入热点的投资案例，既涉及外资机构在中国的实践，也涉及本土投资机构的发展与壮大，以增强学生对本土机构的了解和信心，树立民族自豪感。

元素 2：推进习近平新时代中国特色社会主义经济思想入脑入心。

2017 年 12 月 18 日至 20 日，中央经济工作会议在北京举行。中央经济工作会议指出，5 年来，我们坚持观大势、谋全局、干实事，成功驾驭了我国经济发展大局，在实践中形成了以新发展理念为主要内容的习近平新时代中国特色社会主义经济思想。本课程将这一思政元素融入创业投资的特征、创业投资的投资决策、投后管理、资本退出、外资背景的投资机构等多个知识点的讲解过程中。

习近平新时代中国特色社会主义经济思想包括七个方面的重要内容，其中提到“坚持适应把握引领经济发展新常态”。新常态下，我国经济发展的主要特点是：增长速度从高速转向中高速，发展方式要从规模速度型转向质量效率型，经济结构调整要从增量扩能为主转向调整存量、做优增量并举，发展动力要从主要依靠资源和低成本劳动力等要素投入转向创新驱动。创业投资作为紧密连接科技创新和资本力量的特殊行业，对于促进科技和金融的紧密结合，释放创新创业创造动能具有不可替代的作用。通过解读创业投资市场数据以及引入红杉资本、软银资本、深创投等投资案例，让学生理解创业投资活动的本质特征，尤其是创业投资机构如何通过投后管理赋能创业企业，助推科技创新，从而发挥对实体经济高质量发展的支持作用。

此外，习近平新时代中国特色社会主义还涉及“把推进供给侧结构性改革作为经济工作的主线”等内容 。从实际情况来看，国有企业改革是供给侧改革的突破口。作为私募股权投资基金的重要组成部分，并购基金在助推国企改革上发挥了重要作用。通过介绍弘毅投资、高瓴资本投资案例，让学生们了解投资机构如何助推国企改革、实现产业升级，助力其成为全球产业发展中更有话语权和影响力的领军企业。

元素 3：法治教育。

国内外经验表明，创业投资与私募行业的健康发展，离不开监管的引导和政策扶持。尽管发展迅猛，但我国创业投资与私募行业仍属于新兴市场，相应的监管制度尚处于初步发展阶段。近年的商业实践中也出现了行业集中度高、备案不合规、非法集资等亟待解决的问题。为了更好地规范市场并保护投资人权益，我国陆续出台相关的监管法规以及行业规定。通过解读创业投资与私募基金相关的重要法规，以及借助违规运作的典型案例开展警示教育，深化学生对法治理念、法治原则、重要法律概念的认知。

元素 4：职业素养教育。

一方面，创业投资和私募股权投资工作人员应当具备从业资格，这就要求其拥有一定的专业知识；担任投资机构高管还需要相应的投资能力。另一方面，信义义务是基金行业的灵魂和根基。履行信义义务体现了创业投资与私募股权投资基金管理人最基本的职业道德和行为规范。教师通过布置投融资实战模拟的作业，让学生充分感受到从业人员的工作状态和职业素养要求；另外，通过邀请私募股权投资领域的专家和学者进入课堂，为学生分享实务案例和职场经验，引导学生深刻理解并自觉实践创业投资和私募行业的职业精神、职业规范，从而增强自身的职业责任感，培养良好的职业品格和行为习惯。

元素 5：创新创业教育。

创新创业教育是高等教育人才培养改革的重要突破口。其中，促进创新创业教育与专业教育融合是关键。本课程在推动“专创融合”方面具有天然的优势。创业企业是天使投资人、创业投资和私募股权投资机构的投资对象。要想掌握创业投资和私募股权投资的精髓要义，就需要理解创新创业的内涵与实质。创新创业教育的显著特征是实践性，通过小组作业的形式，既可以让学生扮演“投资人”的角色思考如何做出投资决策，又可以让学生模拟“创业团队”，在亲身参与中增强创新精神、创造意识和创业能力。

三、教案设计

（一）教学目标

1. 知识目标

第一，能够掌握创业投资的概念、内涵及主要特征。

第二，能够了解国内外创业投资行业发展基本情况。

2. 能力目标

第一，能够掌握创业投资相关的专业术语，并熟练阅读和理解相关的英文资料；能够锻炼学生的语言表达能力和综合分析能力。

第二，充分理解创业投资的概念、内涵及特征，了解中国创业投资行业发展的基本情况，能够在未来的学习和实际工作中理解相关理论并灵活运用。

3. 价值目标

第一，能够用习近平新时代中国特色社会主义经济思想武装头脑，充分认识创业投资对我国经济高质量发展的战略意义。

第二，了解创业投资在国内外发展的基本情况，尤其是通过对比国内外创业投资行业发展的速度和质量及其外部的制度政策环境，充分认识中国特色社会主义的优越性，增强学生的“四个自信”。

第三，树立爱国、诚信、法治等社会主义核心价值观，正确分析中国创业投资行业发展中的经验和教训。

（二）教学内容

第一，创业投资的基本概念。

第二，创业投资的内涵特征。

第三，国内外创业投资发展简史。

其中：教学重点为创业投资的基本概念和主要特征；教学难点为创业投资的五大特征、中国创业投资发展简史。

（三）教学手段与方法

本课程的教学内容组织以“引导式教学”与“研究性教学”为主，充分发挥学生的主体作用。实践性教学设计主要包括学生阅读和查找资料、案例讨论，以及课后实践实训、作业论文等方式。根据行业相关动态实时更新教学内容，积累创业投资行业和政策的最新动态，并及时把这些信息在教学内容中反映出来，从而引导学生去探索、拓展新知识，增强学生的学习动力和创造力。此外，有针对性地选择一些案例材料，激发学生兴趣，提高学生阅读分析和解决问题的能力。

1. 引导式教学

通过提炼知识点相关的核心问题（包括与课程思政相关的内容），如创业投资的本质是什么，创业投资对中国经济发展有什么作用，如何促进创业投资在中国的健康发展，引导学生主动思考、自主学习。从课前的预习到课堂研讨，再到课后拓展学习，这些核心问题始终贯穿学习全过程，促使学生更好地理解和掌握知识，达到更好的学习效果。

2. 研究性教学

不同于传统教学模式，研究性教学是以学生及探究式学习为主体，侧重提高大学生的创新能力。一方面，在课堂上提供丰富的学习资料，巧妙地将思政元素融入知识点，设置一些研究课题，如新时代下创业投资行业的使命、创业投资与企业创新的关系、创业投资监管制度和政策优化等，积极推进讨论式教学、案例教学、实训模拟等教学方法和合作式学习方式。另一方面，让学生参与教师科研项目，进行初步的独立探索性研究工作，从而拓展学生的专业视野，培养学生的实践动手能力。

3. 案例教学法

无论是引导式教学还是研究性教学，都将创业投资相关的真实场景及事件引入课堂，促使学生主动关注现实、思考问题、参与课堂讨论、与教师进行互动交流。在本课程教学中，引入了十余项创业投资机构、创业投资事件及行业制度政策等案例，提炼了若干核心问题，引导学生思考和研究；个别案例还巧妙地融入思政元素，以从知识、能力和价值观等多维度提高学生的综合素养。

（四）教学过程

1. 教学设计思路

首先，以“全球独角兽”和“中国科创板”引出本节课的主题，并提出核心问题。课程思政的体现：①通过解读“全球独角兽”数据，让学生了解“世情”，尤其是通过展示全球估值最高的独角兽企业“字节跳动”等相关信息，增加同学们对本国企业的了解和信心，树立民族自豪感。②通过解读“中国科创板”数据，让学生了解“国情”，理解资本市场、创业投资对服务国家发展的战略作用，有助于学生了解国家战略和行业政策。

其次，对关键概念进行解析，掌握创业金融的内涵特征；并对实例进行分析，使学生进一步掌握相关理论和概念，加强其分析案例的能力。课程思政的体现：通过提问，由同学们说出不同的投资产品和金融服务，指出创业投资与传统金融行业的区别和联系，探讨金融究竟如何服务于实体经济、如何支持国家发展，提升同学们对金融行业使命的认知。

再次，通过提出问题、分析问题以及解决问题的思路完成中国创业投资发展简史这一教学难点的讲解。课程思政的体现：通过提问，由同学们从金融投资大方向上举出新时代下的一些改革和行业变化例子，现场互动交流；结合中国社会主义建设的伟大成就，重点讲授中国创业投资行业的发展历史，通过国内外比较，展现中国特色社会主义的优越性，引导学生坚定中国特色社会主义道路自信、理论自信、制度自信、文化自信。

最后，课堂习题与思考训练。为了加深学生对知识点的理解，进行相关的阅读拓展和案例分析。课程思政的体现：从新时代新发展的理念视角认识创业投资，创业投资不是单纯地追求财务回报，而是要支持企业创新，赋能经济高质量发展。

2. 教学过程安排

“新时代下的创业投资”属于私募股权投资学（双语）课程第一讲的内容。本讲内容侧重让学生掌握核心概念、了解行业发展背景。在内容设置上，试图从专业、行业、国家、国际、文化、历史等多角度，增强课程的知识性、人文性，提升引领性、时代性和开放性（表1）。

表1　私募股权投资学（双语）“新时代下的创业投资”教学单元课程思政内容与教学环节设计

新时代下的创业投资：创业投资基础知识（50分钟）		
教学意图	教学内容及手段	环节设计
导言	第一，全球独角兽现状。 根据CBInsights数据库，截至2021年5月，全球共有654家独角兽企业。其中，数量位列Top3的国家为：美国337家，中国138家，印度31家。目前，全球估值最高的独角兽企业是来自中国的“字节跳动”。 你听说过独角兽公司吗?  独角兽公司:成立时间不超过10年，并且估值超过10亿美元的非上市公司 第二，独角兽企业的特征。 具备行业朝阳、增长速度较快等特征；它们往往拥有独有核心技术或颠覆性商业模式，是某一个行业的细分领域的龙头或某一新兴领域的霸主。值得注意的是，它们往往有多轮创投投资的经历。 第三，首批科创板上市公司。 其中92%的公司都有创业投资与私募股权投资基金的支持。 第四，提出核心问题，引出本节知识点。 在首批25家科创板上市公司中：23家（92%）企业背后得到了创投支持，创投IPO渗透率高。独角兽公司与中国科创板上市公司意味着什么？这些公司靠什么创造价值?	时间：4分钟 PPT展示，案例导入、激发兴趣；提出问题、引起思考

续表

新时代下的创业投资：创业投资基础知识（50 分钟）		
教学意图	教学内容及手段	环节设计
导言	思考以下两个问题： 这些公司意味着什么？ • 独角兽企业是创新经济时代的产物，它们代表着一个国家或地区的科技创新和经济创新实力。 • 中国科创板企业是中国创新发展最重要的根基。 这些公司靠什么创造价值？ • 除了自身的努力外，也离不开资本的助力和推动。 第五，创业投资是资本助力企业高质量发展的关键点	时间：4 分钟 PPT 展示，案例导入、激发兴趣；提出问题、引起思考
本节课程总体框架架构	本节课知识点的架构安排：①创业投资（VC）的概念与特征。② VC 与 PE 的区别与联系。③ VC/PE 的发展简史（国外）。④ VC/PE 的发展简史（国内）	时间：1 分钟 使学生了解本节课涉及的主要内容
核心概念教学重点	重点概念：①创业投资的西方经典概念。②创业投资的中国官方概念。通过解读政策文本，从新时代背景来强化对创业投资战略意义的认识。 **创业投资的概念（Venture Capital，VC）** ✓ VC：创业投资，有时翻译为风险投资 ✓ 美国创业投资协会（NVCA）的定义：是一类私募股权资本，主要投向新兴的、迅速发展的、有巨大潜力的创业企业；是由专业投资者运作的一种资本运作模式。 **国务院关于促进创业投资持续健康发展的若干意见** （“创投国十条”，国发〔2016〕53号） 发展创业投资的战略意义： · 实现技术、资本、人才、管理等创新要素与创业有效结合的投融资方式 · 推动大众创业、万众创新的重要资本力量，是促进科技创新成果转化的助推器 · 落实新发展理念，实施创新驱动发展战略，推进供给侧结构性改革，培育发展新动能和稳增长、扩就业的重要举措 官方概念： 创业投资是指向处于创建或重建过程中的未上市成长性创业企业进行股权投资，以期所投资创业企业发育成熟或相对成熟后，主要通过股权转让获取资本增值收益的投资方式	时间：8 分钟 PPT 展示、概念讲解、政策解读
概念拓展（创业投资的特征）教学重点	第一，弄清创业投资与其他投资业务的区别，理解发展创业投资对构建现代金融体系的重要性。 第二，一个循环：创业投资是金融子范畴，它是对以商业银行为主体的传统金融体系的发展和升级。创业投资的本质是创新，创业投资属于引领创新和新兴产业发展的战略性、先导性金融服务业	时间：8 分钟 PPT 展示；通过提问互动，帮助学生理解概念

续表

<table>
<tr><th colspan="3">新时代下的创业投资：创业投资基础知识（50 分钟）</th></tr>
<tr><th>教学意图</th><th>教学内容及手段</th><th>环节设计</th></tr>
<tr><td>概念拓展（创业投资的特征）教学重点</td><td>

第三，双重委托代理关系。

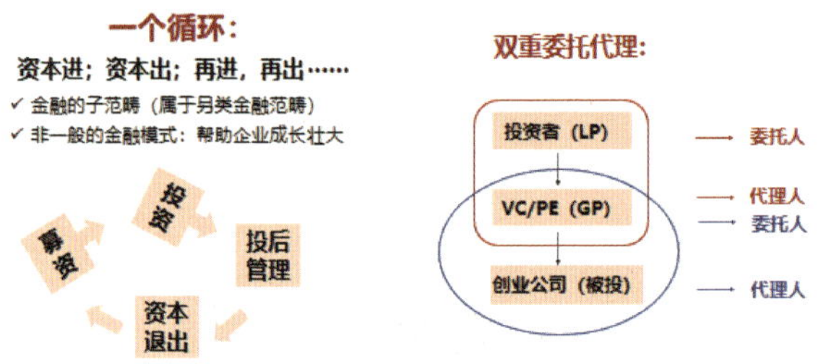

第四，三个重要的市场参与方。提问互动：为什么投资者有足够的投资资本，却不亲自投资呢？为什么创业投资家没有足够的资本，却要从事创业投资呢？

第五，四个运作阶段。本节课只是知识点引出，待基础知识学完后，再围绕四个阶段展开深入学习

</td><td>时间：8 分钟
PPT 展示；通过提问互动，帮助学生理解概念</td></tr>
<tr><td>概念拓展（创业投资的特征）教学重难点</td><td>

创业投资的本质和特色：①直接投资，创业投资的投资对象是有发展潜力的、创新型的早期创业企业。②非公开权益资本，一般不控股。③增值性投资，通过参与企业的经营管理决策实现资本增值。④高风险高收益，实际投资过程中会采用联合投资、分阶段注资等风险控制策略。⑤长期性投资

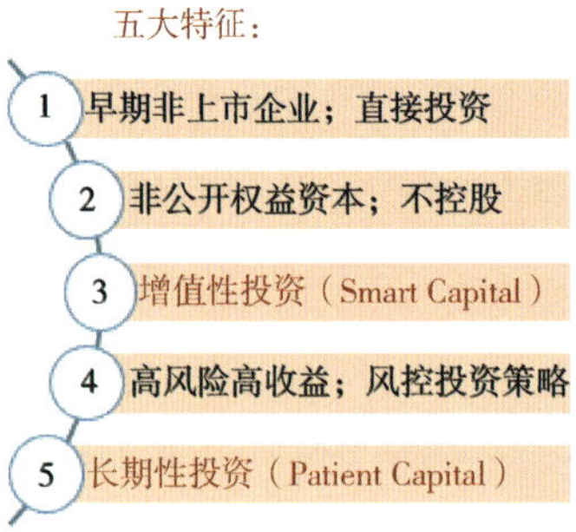

</td><td>时间：10 分钟
PPT 展示；通过提问互动、案例引入，帮助学生理解创业投资与其他金融业务相比最为显著的五大特征</td></tr>
</table>

续表

新时代下的创业投资：创业投资基础知识（50 分钟）		
教学意图	教学内容及手段	环节设计
概念拓展（创业投资与私募股权投资的区别、联系）	创业投资与私募股权投资的区别与联系 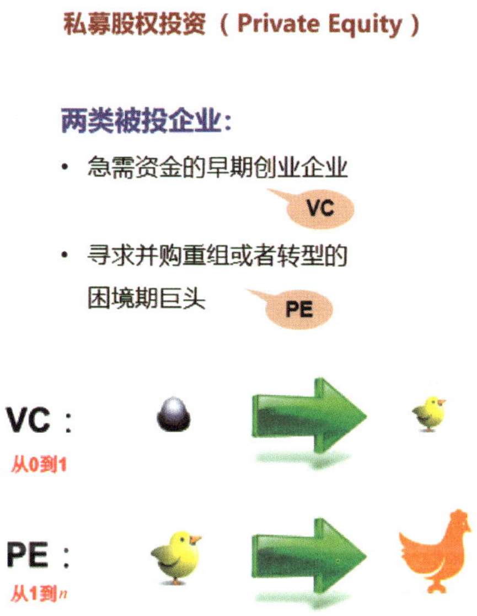 	时间：4 分钟 PPT 展示；通过提问互动、生动的图片，帮助学生理解创业投资与私募股权投资的区别
创业投资行业发展简史（国外）	第一，创业投资起源于美国 **VC/PE的历史：起源于美国** ✓1946：ADR, 全球第一家公司型VC（为初创企业提供融资） ✓1958：DGA,全球第一家有限合伙制VC ✓1958：小企业投资公司计划(SBIC)　（政府引导） 第二，创业投资的国际化趋势 **VC/PE遍布全球** ✓ VC/PE国际化（走出国门） ✓ 很多国家及地区发展本土机构 • 英国(相当于欧洲其他国家和地区的总规模) • 欧洲（后期投资占主导，90%） • 以色列（VC很活跃，投高科技） • 加拿大（LP活跃，关注后期投资） • 澳洲（并购基金占主导） • 新兴市场…… ✓ 疫情冲击：募资影响小（下降4%），但投资影响大（下降17%）	时间：5 分钟 PPT 展示；通过行业大事、行业报告数据解读，帮助学生了解国外创业投资的发展

续表

新时代下的创业投资：创业投资基础知识（50 分钟）		
教学意图	教学内容及手段	环节设计
创业投资行业发展简史（国内）	第一，开展国际比较分析，让学生了解中国在全球市场中所处的地位、中国创业投资与私募股权投资市场的现状特征及发展趋势，以及监管制度与政策变化对市场的影响。 第二，过去 30 余年，中国市场创业投资与私募股权投资行业不断发展，从政府主导、外资引领到本土机构的崛起，从早期探索到快速增长，再到规范发展，中国已经成为世界上第二大创业投资市场。需要注意的是，中国创业投资与私募股权投资的发展壮大，不仅依靠资金积累与专业投资能力的提升，而且离不开中国特色社会主义制度的坚实保障 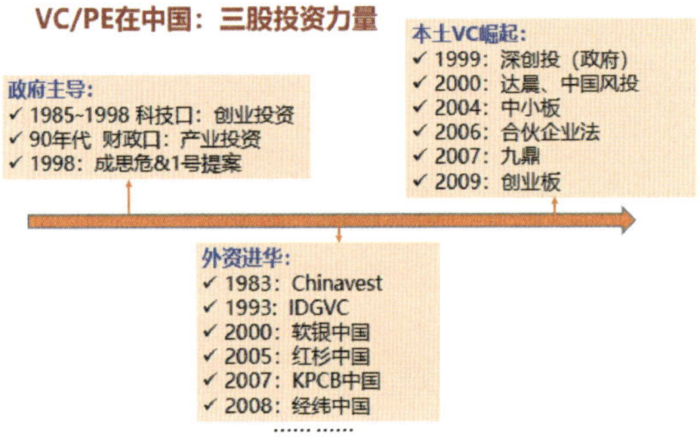	时间：8 分钟 PPT 展示；通过行业大事、行业报告数据、政策文本的解读以及案例引入，帮助学生了解中国创业投资的发展
创业投资行业发展简史（国内）	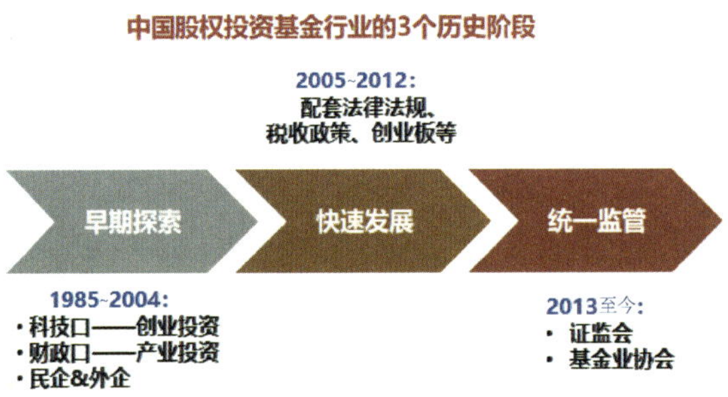 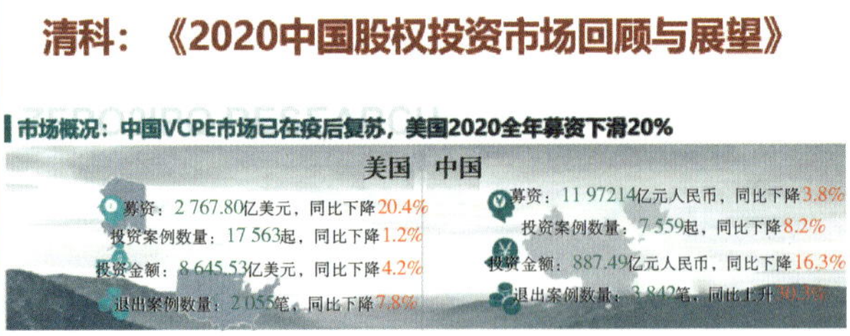	时间：8 分钟 PPT 展示；通过行业大事、行业报告数据、政策文本的解读以及案例引入，帮助学生了解中国创业投资的发展

续表

新时代下的创业投资：创业投资基础知识（50 分钟）		
教学意图	教学内容及手段	环节设计
创业投资行业发展简史（国内）	第三，重要的监管法规、行业政策：《私募投资基金监督管理暂行办法》（2014）、《关于促进创业投资持续健康发展的若干意见》（2016）、《关于推动创新创业高质量发展打造“双创”升级版的意见》（2018）、《关于规范金融机构资产管理业务的指导意见》（2018）、《关于加强私募投资基金监管的若干规定》（2020）等	时间：8 分钟 PPT 展示；通过行业大事、行业报告数据、政策文本的解读以及案例引入，帮助学生了解中国创业投资的发展
课程总结重点内容	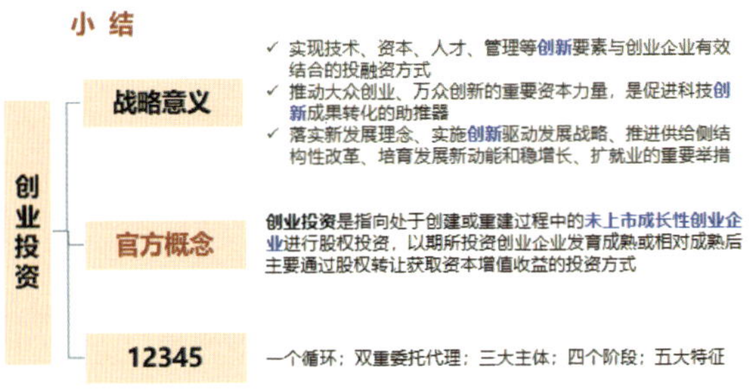	时间：1 分钟 PPT 展示，对本节知识点进行小结
课后阅读和思考	拓展阅读、案例分析思考题：①举例说明创业投资偏好哪些行业、什么特征的创业企业。②阅读资料，举出不同类型的投资机构	时间：1 分钟 PPT 展示，布置课后阅读和案例思考题，为本节复习和下节预习做准备

四、教学效果分析

私募股权投资学（双语）是 2017 版投资学人才培养方案修订时新增的课程，是投资学专业的选修课，也属于个性化选课范围。目前，课程已经在 2019 年、2020 年秋季学期开设，累计授课 64 学时。总体来看，课程思政的育人效果较好。

（一）学生反馈

2017 级投资班杨婉同学在 2019 年秋季学期学习了本课程。2020 年 9 月，该同学获得了学院保研资格，第一时间与本课程教师联系，表达对私募股权投资研究的浓厚兴趣，并希望教师担任其硕导。教师深感欣慰，回复她可以先从本科论文撰写开始，同时可以担任教师的助研，协助收集整理创业投资数据资料。

在2019年第一学期，我选修了王佳妮老师的私募股权投资学（双语）课程。在这门课上王老师向我们介绍了私募股权投资相关的概念、发展历程，募投管退全流程，以及私募股权投资对社会的影响和发展趋势。我了解到原来金融不只有证券股票，创业投资与私募股权投资同样是金融市场的重要组成部分。

课上，王老师还布置了文献研究和小论文，通过阅读深创投有关内容，我了解了更多私募股权投资案例以及国资私募股权机构与民营、外资私募机构的异同。老师的循循善诱，让我对私募、创投更加感兴趣。最近，我正跟随王老师完成创业投资与企业创新相关的毕业论文，从量化的角度来分析创投和企业创新的关系。

一步步深入探索，让我了解到每个行业都有很多的创业精英正在寻找创投资金的助力。2020年，一级市场融资事件6 183件，合计融资金额14 072亿元人民币。加上2019年7月22日科创板的开板，更多的初创企业在积极寻求资金支持。中国创投行业历经了几十年的发展，已经初具规模，在经济社会中发挥着重要的作用；而私募股权投资作为创业者们重要的资金来源，更是在国家相关政策的扶持下发挥着资金规模优势，有效地支持着中小企业的发展和科技创新。私募机构积极参与企业发展，创造出了更大的经济效益、社会效益。

2018级投资班赵堃竹同学在2020年秋季学期学习了本课程。早在学习本课程之前，该同学就与其他几位同学组队，报名参加了2020年“互联网+”大学生创新创业大赛，本课程教师担任其指导教师，暑假期间师生之间开展了深入交流，他们的创业项目最终获得北京市三等奖。参加创业比赛有助于学习创业知识、培养创新思维，同时也进一步激发了学生对创业投资和私募股权投资的学习兴趣。

创投最早起源于美国，20世纪80年代被引入中国，随着相关政策的不断落实及创业板、中小企业板、科创板的建立，风险投资得到了极大的发展，相关机制日趋完善。近年来，人工智能、云计算等前沿技术的崛起，以及政府所鼓励的创新创业的思想更进一步促进了私募行业的成长。尽管在整体市场成熟度上与美国等发达国家还存在一定差距，现有的私募行业仍然存在监管不力、资金缺乏等现象，但整体上已然形成具有中国特色的一系列机制，相关制度的建立为资金的来源、进入和退出提供了良好的保障。

作为投资系的学生，私募股权投资学（双语）让我对投资行业与内容有了更进一步的认识；而从创投与私募行业迅速发展的历史与向好的前景来看，我深刻意识到中国特色社会主义制度在确保市场平稳运转上的优越性所在。创投与私募行业对完成中国新时代发展成就，增强“四个自信”具有重大意义。一方面，创投与私募行业的引入能够有效地丰富现有金融市场；另一方面，其引入能够确保创新项目落地，推动创业项目运行；而新兴技术的蓬勃发展不仅能反过来促进私募行业的良好运转，而且能推动中国科技行业的不断进步。

（二）教师总结

课程思政的本质是立德树人。课程思政的目标就是让学生通过学习专业知识，掌握事物发展规律，通晓天下道理，丰富学识，增长见识，塑造品格和价值观，努力成为德智体美劳全面发展的社会主义建设者和接班人。课程思政的重点在于教师，正所谓“教育者先受教育”。课程思政的前提是教师必须要有较好的思想政治素养和课程思政建设能力。课程思政建设的准备、实践及课后总结本身就是教师不断学习、不断积累经验的过程。总体来看，本课程思政育人效果良好。学生在教学活动中有更多的获得感，对课程学习体验和学习效果的整体满意度较高；与此同时，教师在学习和实践中，课程思政建设的意识和能力也得到了全面提升。

财政学

何晴　财政税务学院

一、课程简介

财政学是教育部组织实施的面向21世纪教学内容和课程体系改革计划中经济、管理类专业的核心课程。它是一门应用理论课程，在学科体系中起着衔接一般经济理论课和财政业务课的中介作用，主要适用于大学本科经济学类、工商管理类等各专业。课程目标包括：第一，通过本课程的学习，要求学生全面了解现代财政学的总体理论框架，掌握财政的基本理论、基本知识和基本技能，开阔学生分析问题的思路，提高学生解决实际问题的能力。第二，以马克思主义的基本原理为指导，同时立足中国实际，让学生充分了解当今中外新的财政学理论的研究成果，在借鉴西方公共财政理论基础上，全面了解中国社会主义市场经济下公共财政理论体系。第三，通过学习财政学的基本理论、基本知识和基本技能，为学生今后相关课程的学习奠定良好的理论基础。

课程内容共分为五大部分，即财政的基本理论、财政支出、财政收入、财政管理体制、财政政策。重点内容涉及财政的概念、财政的职能、财政收支分类、税收制度、公债、政府预算、财政政策与货币政策的配合等。课程坚持理论与实践相结合的原则，注重课堂教学与课堂讨论相结合，要求学生在掌握财政学重点内容的基础上，能够应用财政税收基本理论对经济领域热点问题进行判断、分析和研究，引导学生在课堂上积极思考，增强其学习的主动性和自觉性。该课程充分运用现代化教学手段，从教学的广度和深度入手，为学生提供最新的财政学理论信息，以提高其分析问题和解决问题的能力。

二、课程思政元素发掘

财政学课程各个章节在授课时主要包含以下思政元素。

元素 1：理解和正确评价政府行为。

财政学的研究对象是政府收支活动的经济影响。通过该课程的学习，学生能够建立对政府活动经济影响分析的经济学框架，对于理解和正确评价公共决策提供有力的工具，有助于学生养成理性思考的习惯。

元素 2：加强国情教育。

本课程的学习要求学生关注现实，了解国情，尤其是发现现实问题和研究现实问题。通过财政学课程的学习，尤其是通过“中国故事”案例的引入和讨论，培养学生对我国经济发展和改革开放成就的理性认同，激发学生热爱国家、经世济民的责任感和担当意识。

元素 3：弘扬社会主义核心价值观。

在本课程中，对公平与效率原则、税收法定等内容的学习能够帮助学生树立正确的公平观、公正观、法治观，有助于加强对学生的社会主义核心价值观教育，帮助学生加深对公平、民主、法治等要素的理解和认识。

元素 4：强化法治意识。

在本课程内容中贯穿着公共理财、税收法定、财政监督、国有资产管理、预算审查监督等一系列与法治教育息息相关的内容，尤其是行使公权力方面的法治思想贯穿本课程体系。强化学生的法治意识是本课程重要的思政元素。

元素 5：培养公共意识。

公共意识是以维护公共利益为取向，对公共事务的看法、态度、价值观念的总和。由于财政学是“理公共之财，管公共之事”的学问，本课程的内容包括政府或公共部门的收入、支出等分配活动，以及相关经济活动的规律性及其社会经济效应等。因此，通过本课程教学能够引导学生树立公共意识，关心公共问题，研究公共决策。学生研究公共问题的能力、制定公共规则的能力、管理公共事务的能力，尤其是管理公共之财的能力，对于有志于成为兼容并包的治国理政人才尤为重要。

三、教案设计

本教学单元“税收原则”的教案设计，主要包括如下方面。

（一）教学目标

第一，掌握税收效率原则在税收优化理论中的作用和地位；掌握税收超额负担的内涵；能够用无差异曲线模型分析商品税超额负担的来源。

第二，熟悉补偿需求曲线分析商品税超额负担的方法；熟悉所得税的超额负担问题。

第三，了解商品税和所得税之外的其他税收超额负担问题；了解税收优化理论的整体框架。

第四，了解税收超额负担原理在中国税制改革中的体现；了解最优税收理论对我国财税制度改革具有的理论意义及现实意义。

（二）教学内容

授课内容：第 6 章 税收原理 第 2 节 税收原则。

授课时数：2 课时（100 分钟）。

第 1 课时：税收的效率原则与税收超额负担。

第 2 课时：税收超额负担与中国税制改革。

（三）教学手段与方法

第一，知识讲解环节采取多种教学形式，灵活运用多媒体展示、视频展示、板书、引导式提问等方式开展教学。通过动态多媒体展示、案例导入和引导思考，吸引学生注意力，提高学生学习兴趣，尤其是将理论知识与现实世界相联系，不仅加深了学生对抽象知识的理解，也提高了学生对我国财税体制以及国家治理大逻辑的认识，增强了学生分析现实问题的能力。

第二，案例教学法的灵活运用。财政学课程中有大量理论性较强的内容，理论内容教学可以通过案例教学法的灵活运用来提高教学效率，教师引入现实案例，掌握教学进程，引导学生思考、组织讨论研究，进行总结、归纳。由于教学内容是具体的财税改革实例，与学生的现实生活经验相融合，学生容易集中注意力，学习中所理解的抽象概念和理论知识可以很快用于解释现实财税问题，学生的学习反馈迅速，能够增强学习成就感和学习动力。

第三，从知识延伸、能力提高和思维拓展三个层次组织教学。课堂教学的目的不仅仅是讲解传授知识，更重要的是激活知识、拓展思维，使学生能够主动学习，提升自学能力，学会知识的积累、梳理、加工和运用。通过理论知识讲解——现实案例讨论——理论与现实相结合的分析——总结等教学步骤的实施，学生能够对知识点进行挖掘、延伸和扩展，自主思考和活学活用的能力得到提升，有利于学生的长期发展。

（四）教学过程

1. 第 1 课时：税收的效率原则与税收超额负担

见表 1。

表 1　财政学“税收原则”教学单元第 1 课时课程思政内容与教学环节设计

步骤一：回顾上节课的授课内容，了解本次课程内容在整章中的位置				
环节	教学法	设计思路	教学内容	时间分配
回顾环节	讲授法	帮助学生明确本次授课内容与课程其他部分的逻辑关系，以建立对课程内容的整体认识	第一步，回顾整章内容结构。 ·回顾本章讨论主题：税收原则的概念框架。 ·公平原则和效率原则的关系。 第二步，回顾上节课内容，引出本节课的主题。 ·回忆上节课学习的税收公平原则。 ·引入税收效率原则概念。 ·第三步，介绍税收超额负担部分的内容框架和本堂课讲解的内容	5 分钟
步骤二：举例讨论，思路启发，从直观案例入手理解抽象概念				
导入环节	讲授法、举例法	通过实际例子来创设问题情境，通过与学生的互动和讨论发现问题和思维定向，最终导入本讲的核心概念：税收超额负担问题。由授课教师结合问题与案例，组织学生思考与讨论，主要目的在于用直观案例帮助学生理解较为抽象的经济学概念，加深对概念实质的理解	第一步，以两个生活中的例子，引导对税收超额负担的思考。 ·案例 1：PPT 展示阿姆斯特丹建筑图片，与学生互动讨论建筑风格形成的原因，进一步解释建筑风格形成的原因。  阿姆斯特丹的居民建筑风格十分整齐，基本都是红砖砌成的4~5层高的公寓。这些建筑都有一个显著的特点就是窗户硕大无比，而门非常狭窄  ·案例 2：征税会影响好酒之徒的福利水平吗？ 第二步，总结实例。 ·通过对两个例子的分析，引出税收超额负担的概念和基本逻辑	预计占用时间为 5~10 分钟，由教师根据与学生互动的情况灵活安排时间
步骤三：核心内容，教师讲授				
讲授环节	讲授法、举例法、图示法	首先，提出理论概念，并结合步骤二的案例说明理论概念实质	第一步，讲解税收超额负担的概念（教学要点说明：本讲教学重点）。 ·结合步骤二中的两个例子讲解税收超额负担的概念。 ·税收的无谓损失（dead-weight loss）或超额负担（excess burden）：指因课税而带来的净损失或额外负担，可以用政府征税引起的社会福利损失（消费者与生产者剩余损失的总和）大于政府获得的税收数额的多少来表示	30 分钟

续表

步骤三：核心内容，教师讲授				
环节	教学法	设计思路	教学内容	时间分配
讲授环节	讲授法、举例法、图示法	其次，运用经济学模型说明税收超额负担的度量方法与来源，并区分商品税和所得税的分析过程； 最后，提点其他模型度量方法，引导学生课后自学	第二步，讲解哈伯格三角（Harberger triangle）。 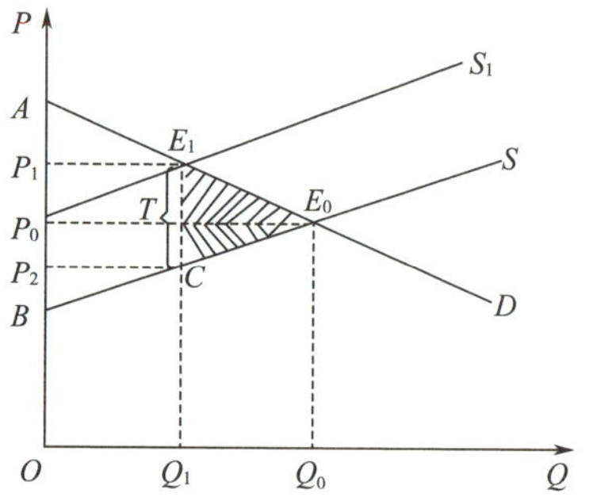 第三步，商品税的超额负担（教学要点说明：本讲教学难点）。 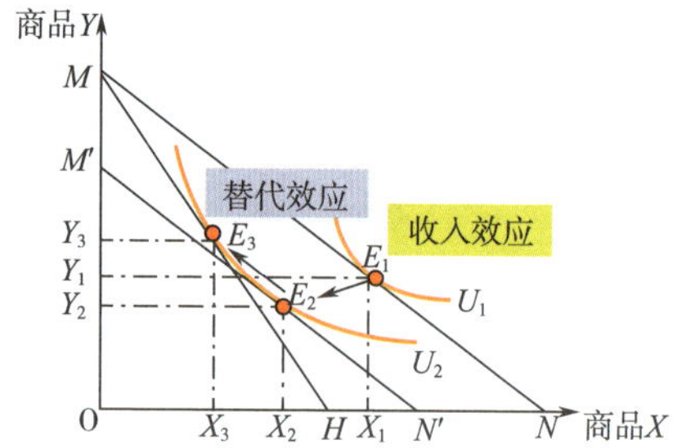 第四步，所得税的超额负担（教学要点说明：本讲教学难点） 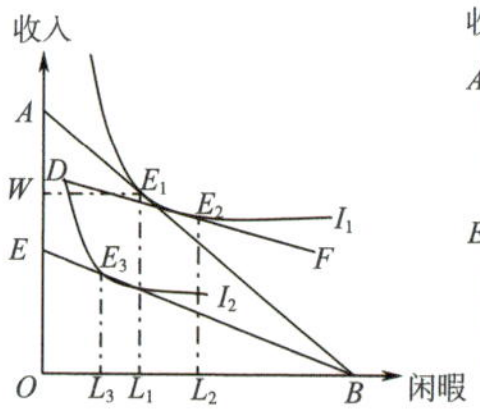 收入效应大于替代效应 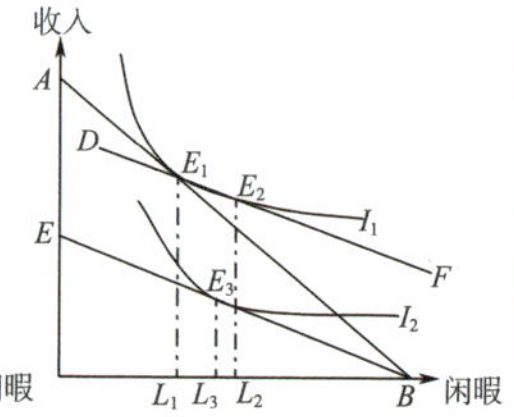 替代效应大于收入效应	30分钟
步骤四：小结				
总结环节	总结法	回顾本讲的主要内容后，引导学生进行发散思考，同时导入	第一步，本讲主要内容回顾。包括：税收超额负担的概念；商品税的收入效应与替代效应；所得税的收入效应与替代效应。 第二步，引导学生在本次课内容的基础上进行发散思考	5分钟

续表

步骤四：小结				
环节	教学法	设计思路	教学内容	时间分配
总结环节	总结法	下次课的内容框架，并安排预习任务	·税收超额负担是税收效率原则的重要内容，从效率角度出发，税收超额负担问题应当如何解决？ ·在我国的税制改革中，有哪些税收现象体现了税收超额负担问题和税收效率原则？	5分钟

2. 第2课时：税收超额负担与中国税制改革

见表2。

表2 财政学“税收原则”教学单元第2课时课程思政内容与教学环节设计

步骤一：视频展示，提出问题				
环节	教学法	设计思路	教学内容	时间分配
展示和讲授环节	直观展示法、讲授法	本部分内容先用视频方式引入中国税制改革的思考，然后引导学生回忆在税收学和中国税制课程上已经学习过的中国税制改革的内容，提出问题：税收超额负担问题在中国税制改革中有哪些体现？	第一步，视频展示反映中国税制改革历程的短片，引入本节讨论和讲授的主题。   第二步，引导学生回忆在税收学和中国税制等课程上已经学习过的中国税制改革的内容。 ·1983年1月和1984年10月分两步对国有企业实行“利改税”改革，以规范政府与企业之间的分配关系	10分钟

续表

步骤一：视频展示，提出问题				
环节	教学法	设计思路	教学内容	时间分配
展示和讲授环节	直观展示法、讲授法	本部分内容先用视频方式引入中国税制改革的思考，然后引导学生回忆在税收学和中国税制课程上已经学习过的中国税制改革的内容，提出问题：税收超额负担问题在中国税制改革中有哪些体现？	·1994 年实施的工商税制改革，首次将公平税负，促进公平竞争，税种的简化、规范作为税收改革的基本原则，并将如何平衡公平与效率之间的关系纳入税收改革的视野，从而成为后期税制改革关注的重点。 ·党的十八大以来，建立税种科学、结构优化、法律健全、规范公平、征管高效的税收制度是税制改革的主要目标，尤其是 2016 年 5 月 1 日我国全面推开“营改增”试点以来，增值税税率“四档并三档”、降低增值税税率、统一小规模纳税人标准、完善留抵税额退税制度等，在实现以制造业为主的大规模减税的同时，更加公正、简明、高效的增值税制度逐渐成形。 第三步，提出讨论的具体问题。 ·增值税改革中的增值税税率“四档并三档”的目的是什么？这一改革内容与刚学过的税收超额负担概念有什么关系？ ·2015 年 5 月财政部、国家税务总局发布通知调整卷烟消费税，将卷烟批发环节的消费税税率，由之前的 5% 提高至 11%，卷烟消费税上调后，香烟价格应声而涨，涨幅达 10% 以上。请用税收超额负担概念解释这一现象并且评价改革的作用	10 分钟
步骤二：学生讨论，教师指导				
讨论环节	讨论法	本部分由授课教师组织学生分组讨论此前提出的两个问题，在各学生小组课下进行讨论后，教师随机抽选小组代表阐述本组观点	第一步，学生分组进行发言，对自己小组的讨论结果进行汇报。 第二步，教师根据学生发言内容、课堂气氛、学生知识储备情况等进行实时点评，引导课堂讨论	20 分钟

续表

步骤三：教师围绕讨论情况进行总结				
环节	教学法	设计思路	教学内容	时间分配
讲授和总结环节	讲授法、总结法	本部分由授课教师根据学生分组讨论和汇报的内容对中国税制改革的两个问题与税收超额负担概念的关系进行讲解，并且引导学生就中国税制改革对公平与效率目标的实现进行拓展思考	税收超额负担与增值税简化税率结构改革 ·总结“营改增”后历次关于增值税税率档次过多，简化增值税税率结构的改革内容。 ·国内外增值税税制，尤其是税率设置的简单比较。 ·总结：根据税收效率原则，降低税收超额负担，减少税收对经济的扭曲是增值税税率改革的重要出发点。 税收超额负担与消费税改革 ·比较：消费税与增值税的功能差异。 ·总结：卷烟税对卷烟价格的“扭曲”就是有意而为之的税制设计，税制优化的目的不是降低超额负担，而是外部性、收入分配等方面的目标。 ·提问：如果卷烟税能够给政府带来额外的税收收入，那么有没有可能造成本来需要“抑制”的行业反而会获得政府的支持和鼓励呢？ 思考和拓展 ·与营业税相比，增值税是否是一种更加“中性”的税？消费税是“中性税”吗？ ·增值税只保留一档税率是否可行？ ·提高烟草消费税，卷烟价格一定会提高吗？你能找到证明你的观点的现实证据吗？ ·如果卷烟产业可以给某地方政府带来税收收入，那么地方政府有没有可能鼓励开办卷烟厂？	20分钟

四、教学效果分析

从课程思政的角度来看，该课程内容的思政元素引入主要体现在将财税理论的基本知识点与中国财税体制改革的结合，通过税制改革实际案例的导入，引导学生理解税制改革背后的理论逻辑，以及与中国经济发展和社会发展的契合，进一步引导学生关注公共问题，理解公共逻辑，从而将社会主义核心价值观教育、国情教育、法治教育和公共意识教育融入课程教学中。

第一，理解税制改革背后的原理。税收的基本功能是筹集财政收入，筹集政府用于提供公共服务和公共产品的资金。在现代社会中，除了筹集收入的功能，税收还具有资源配置、收入分配和稳定宏观经济的功能，需要在效率与公平之间进行权衡、取舍。探索适合处于社会主义初级阶段的中国所需要的、能够处理好效率与公平关系的税制是税制改革的任务。因此，必须理解税制的效率与公平的基本原理，才能深刻理解税制改革的逻辑，这也是学生理解财税改革、分析公共问题所必备的基本经济学素养。

第二，理解税制改革的中国道路。我国税收制度的建立和改革一直以来都是促进经济社会发展稳定的重要因素。社会主义市场经济的发展离不开税收制度改革的精准定位，税收制度改革的不断深化一步步地推动财税体制改革和国家治理能力现代化的进展。随着经济结构调整以及后疫情时代的到来，税制改革的中国道路更需要权衡效率与公平的问题。从案例教学中，学生可以体会到，中国应当立足自身实际发展情况制定税收政策，本课程案例中选择了两个重要的间接税税种，可以引导学生思考以所得税为代表的直接税是否也有税收负担问题，直接税的税收超额负担对资源配置会有什么影响。基于这样的认识，引导学生进一步思考与社会主义市场经济相适应的税制结构应当具备哪些基本特征，直接税和间接税平分秋色的双主体税制模式是否能在带动中国经济发展的同时抑制社会不平等的发展程度等问题。

第三，减税降费背景下的税制改革逻辑。中国积极财政政策的推进中，减税降费是重头戏。减税降费既是经济政策，也是税制改革的大方向。教学案例中所引用的增值税是我国第一大税种，增值税的减税力度大充分体现了积极财政政策的要求。沿着简并税率的方向降税率，符合增值税税制改革的要求，是向现代增值税制度迈出的重要一步。消费税税目税率调整时机也已经成熟，消费升级意味着中高档商品消费的增多，但范围过宽、税率过高的消费税在一定程度上阻碍了消费升级。因此，消费税改革对消费升级、人民生活水平提高的作用也是减税降费改革的重要内容。除此之外，可以引导学生进一步思考在减税降费大背景下企业所得税和个人所得税的改革基本逻辑，帮助学生更加深刻地理解减税降费改革背后的基本原理。

综合来看，通过以上教学活动的实施，能够将思政元素融入专业课程，加入社会主义核心价值观和习近平新时代中国特色社会主义思想的内容，用案例讲授理论知识，启发学生思考，提升学生能力。

评估学原理（双语）

陈蕾　财政税务学院

一、课程简介

评估学原理（双语）是面向资产评估专业本科生开设的一门专业必修课程，同时接受其他财会类专业本科生选修。通过本课程的学习，学生能够理解资产评估的内涵、功能、对象、目的、价值类型、假设、原则等资产评估的基础原理，掌握成本法、市场法和收益法三大基本评估方法及其应用于不同评估对象时的基本思路，熟悉资产评估行业的发展历程、资产评估程序的基本要求以及资产评估报告的基本内容和撰写要点，由此为学生进一步学习后续资产评估专业课程和进行资产评估专业实践打下良好的理论基础。

二、思政元素

元素 1：立德树人。

立德是指坚持德育为先，通过正面教育来引导人、感化人、激励人。树人是指坚持以人为本，通过合适的教育来塑造人、改变人、发展人。立德是树人的前提和基础，树人是立德的指向和目标。《求是》杂志发表的习近平总书记重要文章《思政课是落实立德树人根本任务的关键课程》中指明了立德树人的重要性和落实立德树人根本任务的关键性。高校立身之本在于立德树人。我国高等教育肩负着培养德智体美劳全面发展的社会主义事业建设者和接班人的重大任务，要坚持把立德树人作为中心环节并有效贯穿教育教学全过程，将教育方向与教学内容同我国发展的现实目标和未来方向紧密联系在一起。

元素 2：爱国主义。

爱国主义指个人或集体对祖国的一种积极和支持的态度，揭示了个人对祖国的依存关系，是人们对祖国以及民族和文化的归属感、认同感、尊严感与荣誉感的统一。它是中华民族精神的核心，是中华民族团结奋斗、自强不息的精神纽带，是实现中华民族伟大复兴的重要力量源泉。在现阶段，爱国主义最基本、最本质、最重要的表现，就在于不遗余力地巩固最广泛的爱国统一战线，为维护祖国统一、加强民族团结、构建和谐社会、实现中华民族的伟大复兴而作出自己的贡献。

元素 3：社会责任感。

责任感作为一种道德情感，是一个人对国家、集体以及他人所承担的道德责任。在一个特定的社会里，社会责任感更是每个人在心理和感觉上对其他人的伦理关怀和义务。一个有社会责任感的人，能够坚持正确的道德主张和正义的实践原则，以及愿意为他人奉献和牺牲。大学生是我们为社会培养的高级专门人才，他们能否树立强烈而牢固的社会责任感，不仅关系个体理想信念的实践，更与国家前途和民族命运息息相关。

元素 4：诚信公正。

诚信、公正是社会主义核心价值观的重要内容。在社会主义核心价值观中，诚信即诚实守信，这既是人类社会千百年传承下来的道德传统，也是社会主义道德建设的重点内容，它强调诚实劳动、信守承诺、诚恳待人；公正即社会公平和正义，它以人的解放、人的自由平等权利的获得为前提，是国家、社会应然的根本价值理念，更是社会主义制度的首要价值以及和谐社会的本质与基石。

元素 5：法治意识。

法治意识是人们对法律发自内心的认可、崇尚、遵守和服从。党的十八届四中全会通过的《中共中央关于全面推进依法治国若干重大问题的决定》提出了推动全社会树立法治意识的重大任务，要求把全民普法和守法作为依法治国的长期基础性工作，提高全体公民的法律素质，增强全社会的法治意识，并特别强调把法治教育纳入国民教育体系和精神文明创建内容。

元素 6：职业道德。

职业道德是社会道德体系的重要组成部分，它一方面具有社会道德的一般作用，另一方面又具有自身的特殊作用。广义的职业道德是指从业人员在职业活动中应该遵循的行为准则，涵盖了从业人员与服务对象、职业与职工、职业与职业之间的关系；狭义的职业道德是指在一定职业活动中应遵循的、体现一定职业特征的、调整一定职业关系的职业行为准则和规范。概括而言，职业道德通常包括忠于职守、乐于奉献、实事求是、不弄虚作假、依法行事、严守秘密、公正透明、服务社会等内容。

元素 7：专业精神。

专业精神是指从业人员在专业技能的基础上发展起来的一种对工作极其热爱和投入的品质，具体体现为任何一个工作职位所必须履行的职业功能，以及以此为基础的专业情怀、职业道德、职业操守和奉献精神。具有专业精神的人在从事具体工作时能够执著于专业的规范、要求、品质化程序，能够对自己所从事的工作开展精深的学习与孜孜不倦的研究，能够在原有知识基础上不断追求精益求精与学习创新。

三、教案设计

本教学单元“资产评估报告”的教案设计，主要包括如下方面。

（一）教学目标

第一，帮助学生掌握资产评估报告的基本概念和基本内容，了解《资产评估执业准则——资产评估报告》的制定背景和修订历程，熟悉资产评估报告的编制步骤和基本要求，理解资产评估报告的法律效力，提高资产评估专业学习兴趣和实践操作能力。

第二，帮助学生理解国有资产与资产评估的关系，熟悉国有资产评估报告内容的特殊要求，并能够结合资产评估报告的典型案例分析，认识遵守资产评估相关法律法规和职业道德规范的重要意义，提升与之相关的社会责任感、法治意识、职业道德素养和专业精神。

（二）教学内容

1. 核心教学内容

第一，资产评估报告的基本概念和基本内容。

第二，资产评估报告的编制步骤和基本要求。

第三，国有资产评估报告内容的特殊要求。

2. 教学重点

讲解资产评估报告的基本内容、编制步骤和基本要求，以及国有资产评估报告内容的特殊要求。

3. 教学难点

比较分析资产评估报告的基本内容与国有资产评估报告内容的特殊要求。

（三）教学手段与方法

1. 双主体互动的启发式教学方法

一是从教学内容的深度和广度入手，运用现代教育技术手段，将启发式教学和诱导式教学相结合，具体采用课堂讲授法、直观演示法、案例教学法等方法，把思想政治价值观要求转化为专业教育语言体系，从而扩大课程容量，丰富学生视野，开创学生思维，提升专业兴趣；二是紧密联系实际，开展讨论式、参与式教学活动，使教学内容形象化、生动化，具体通过对学生进行分组并布置实践教学作业，由各组自选感兴趣的资产对象进行评估案例与报告撰写的线下模拟，从而将思政元素有效融入课程教学。

2. 多渠道协同的教学手段

一是使用多媒体教学课件进行课程内容的演示和讲授，并将教学资料、配套作业、参考文献等学习资源上传至超星泛雅等移动网络教学平台，帮助学生通过移动设备随时随地进行学习、复习；二是建立课程答疑互动微信群，在网络教学平台设置课程讨论区，鼓励学生进行实践教学作业的线上互评，打造多元化的师生沟通交流渠道，实现线上线下相结合的分享交流与难题讨论，从而高效、实时地解答学生在学习过程中产生的疑问，提高学生的学习效率，强化思政元素的融入效果。

（四）教学设计

1. 教学设计思路

（1）课前热身，观看视频，提出问题，引导学生集体思考、阐述观点

通过观看视频《资产评估行业三十周年》（新华社发布）（时长 2 分 2 秒），回顾资产评估行业的发展历程，加强学生对资产评估行业及其作用的了解与认识，特别是资产评估作为资本市场中非常关键的一环，在保障资本市场安全及市场信息质量方面的重要作用。

教师首先提问：“资产评估工作的最终成果是以什么形式体现的？”由此引出这一讲的教学主题“资产评估报告”。随后，教师进一步提问：“那么，请继续谈谈你对国有企业改革与发展的认识；你认为国有资产评估报告较之一般的资产评估报告有哪些特殊要求？”

此教学环节由授课教师结合视频内容，组织学生发表感想、阐述观点，并根据学生的知识储备、表达能力、合作精神等调节课堂气氛，为后续内容的精讲做铺垫。

（2）教师讲授核心内容，精选案例予以演示，加强学生分析和解决问题的能力

教师从介绍资产评估报告的基本概念和基本内容入手，详细讲解资产评估报告的编制步骤和基本要求，并分别从评估准则层面和报告案例层面解析国有资产评估报告内容的特殊要求。其中，教师可以精选典型的资产评估报告书和国有资产评估报告书，对资产评估报告的基本结构以及国有资产评估报告的特殊内容进行快速演示。

应注意，教师在讲授“资产评估报告的编制步骤和基本要求”时，应结合“资产评估报告的基本内容”加以讲解。此外，教师可以于课前适当布置预习任务，比如对资产评估报告准则在修订前后的内容变化以及企业国有资产评估报告指南相关内容进行初步了解，为课堂教学做铺垫。

（3）本讲小结、课堂习题和思考题训练

教师对本讲主要内容进行回顾，并设计与教学内容相配套的课堂习题和课后思考题，巩固学生课上所学知识。例如，“请概述资产评估报告的基本内容”“试分析资产评估报告中的评估基准日与评估报告日有何区别”“国有资产评估报告较之一般的资产评估报告有哪些特殊要求”“资产评估机构及其资产评估专业人员应如何控制和防范执业风险”等。

教师还可以结合本讲的资产评估报告案例演示和下一讲的资产评估案例分析，进一步提出要求和希望：建议同学们综合运用在本课程前八章所学的知识，聚焦自己最感兴趣的行业领域并选择一家样本公司，尝试模拟展示一份资产评估报告的编制流程及其简要内容，力求在本课程后续的实践教学环节有更大的收获与更好的表现。

（4）融入课程思政的具体教学思路和核心要点

通过对资产评估报告基本内容的讲解、对《资产评估执业准则——资产评估报告》制定背景和修订历程的介绍、对国有企业与国有资产评估的重要作用的阐述、对资产评估报告典型案例和问题案例的分析，进一步引导学生关注、理解、消化下列拓展性信息，从而将立德树人、爱国主义、社会责任感、诚信公正、法治意识、职业道德、专业精神等思政元素潜移默化地融入课程教学和学生行为之中。

第一，资产评估行业的产生与发展与我国经济社会高速发展的大背景息息相关，它见证着我国国企改革推进和资本市场发展的步伐。这些都得益于全国各族人民在中国共产党的坚强领导下，团结一心，迎难而上，开拓进取，奋力前行，从封闭落后迈向开放进步，从温饱不足迈向全面小康，从积贫积弱迈向繁荣富强，创造了一个又一个人类发展史上的伟大奇迹，经济社会发展取得了巨大成就，为世界经济的发展作出了卓越贡献。资产评估专业学生更应厚植爱国主义情怀，弘扬爱国主义精神，强化青年的使命担当，为祖国的发展贡献自己的一份力量。

第二，根据《中国资产评估协会章程》，资产评估协会及其会员均须遵守国家宪法、法律、法规和国家政策，遵守社会道德风尚，通过规范执业服务国家经济社会发展，维护社会公共利益和合法权益，提升行业服务能力和社会公信力。因而，作为经济社会发展重要的专业力量，资产评估机构及其资产评估专业人员更应积极树立德业，关注国计民生和现实问题，增强社会责任感和专业使命感，勇当国家经济社会发展的智囊团和相关当事方合法权益的捍卫者。

第三，根据《中华人民共和国资产评估法》，“诚实守信，依法独立、客观、公正从事业务”“对评估活动中知悉的国家秘密、商业秘密和个人隐私予以保密”“与委托人或者其他相关当事人及评估对象有利害关系的，应当回避”等，都是评估专业人员应当履行的义务。毋庸置疑，诚信公正是资产评估专业精神的品质要求，是资产评估行业建设与发展的基点，是资产评估行业核心价值观的根基。

第四，《中华人民共和国资产评估法》是为了规范资产评估行为，保护资产评估当事人合法权益和公共利益，促进资产评估行业健康发展，维护社会主义市场经济秩序制定的法律。该法律由中华人民共和国第十二届全国人民代表大会常务委员会第二十一次会议于 2016 年 7 月 2 日通过，自 2016 年 12 月 1 日起施行。作为我国资产评估行业的第一部基本法律，它的出台为我国资产评估相关行业提供了统一的法律准绳，是我国资产评估行业进入法治时代的重要标志。

第五，根据《资产评估职业道德准则》，职业道德是指资产评估机构及其资产评估专业人员开展资产评估业务应当具备的道德品质和体现的道德行为。资产评估机构及其资产评估专业人员应当诚实守信，勤勉尽责，谨慎从业，坚持独立、客观、公正的原则，不得出具或者签署虚假资产评估报告以及有重大遗漏的资产评估报告；应当遵守法律、行政法规和资产评估准则，履行资产评估委托合同规定的义务；应当自觉维护职业形象，不得从事损害职业形象的活动。

第六，资产评估是具有较强专业性的工作。根据《中华人民共和国资产评估法》和《资产评估职业道德准则》，评估专业人员应当遵守评估准则，履行调查职责，独立分析估算，勤勉谨慎从事业务；应当具备相应的评估专业知识和实践经验，能够胜任所执行的资产评估业务；应当完成规定的继续教育，保持和提高专业能力。除此之外，作为资产评估专业的学生，还应通过资产评估专业理论学习与实习实践，不断提高自身的专业认可度，加强对专业的投入与热爱，培养专业精神，提升对关键核心难题攻关的骨气和志气。

2. 教学过程安排

根据教学目标、教学内容和教学设计思路，对教学进程进行系统安排如下（表 1）。

表 1　评估学原理（双语）“资产评估报告”教学单元课程思政内容与教学环节设计

<table>
<tr><th colspan="3">资产评估报告（50 分钟）</th></tr>
<tr><th>教学意图</th><th>教学内容与手段</th><th>环节设计</th></tr>
<tr><td>导言 -1</td><td>· 观看视频《资产评估行业三十周年》（新华社发布）（时长 2 分 2 秒）视频链接：
https://mp.weixin.qq.com/s/K–lnrilQ$_{xo}$–K25YT$_{y}$VYQ$_{v}$Q
· 通过观看视频，回顾资产评估行业的发展历程，加强学生对资产评估行业及其作用的了解与认识，特别是资产评估作为资本市场中非常关键的一环，在保障资本市场安全及市场信息质量方面的重要作用</td><td rowspan="2">时间：7 分钟
结合视频内容，组织学生发表感想、阐述观点，并根据学生的知识储备、表达能力、合作精神等调节课堂气氛</td></tr>
<tr><td>导言 -2
问题提出
引发思考</td><td>· 提出问题：“资产评估工作的最终成果是以什么形式体现的？”由此引出这一讲的教学主题“资产评估报告”。
· 进一步提问：“那么，请继续谈谈你对国有企业改革与发展的认识，以及你认为国有资产评估报告较之一般的资产评估报告有哪些特殊要求。”
· 教师组织学生思考，随机抽选学生发表感想、阐述观点</td></tr>
</table>

续表

资产评估报告（50 分钟）		
教学意图	教学内容与手段	环节设计
本节课程总体框架架构	第一，资产评估报告的基本概念和基本内容。 第二，资产评估报告的编制步骤和基本要求。 第三，国有资产评估报告内容的特殊要求	时间：1 分钟 学生总体了解课程内容
基本概念及其内涵	·资产评估报告是接受委托的资产评估机构及其资产评估专业人员在完成评估项目后，向委托方出具的关于评估过程及其结果等基本情况的工作报告，是其履行评估业务委托合同的书面成果以及为资产评估项目承担法律责任的证明文件。 ·资产评估报告是指资产评估机构及其资产评估专业人员遵守法律、行政法规和资产评估准则，根据委托履行必要的评估程序后，由资产评估机构对评估对象在评估基准日特定目的下的价值出具的专业报告	时间：2 分钟 通过对基本概念的解析，学生加深对概念的理解，对概念要素有清晰的把握
核心内容 -1 教学重点 -1	（1）主要介绍资产评估报告的基本内容 第一，标题及文号、目录、声明、摘要。 第二，评估报告正文。 ·委托人及其他资产评估报告使用人； ·评估目的； ·评估对象和评估范围； ·价值类型； ·评估基准日； ·评估依据； ·评估方法； ·评估程序实施过程和情况； ·评估假设； ·评估结论； ·特别事项说明； ·资产评估报告使用限制说明； ·资产评估报告日； ·资产评估专业人员签名和资产评估机构印章。 第三，评估报告附件。 （2）拓展介绍资产评估报告准则的制定背景及修订历程 包括：①《资产评估执业准则——资产评估报告》的制定背景；②《资产评估执业准则——资产评估报告》的修订历程	时间：10 分钟 通过详细介绍，使学生充分掌握资产评估报告的基本内容，并且为更好理解资产评估报告的编制步骤和基本要求奠定基础；通过对资产评估报告准则制定和修订背景的拓展性介绍，使学生进一步了解评估准则的制定和修订过程，拓宽专业学习的视野
核心内容 -2 教学重点 -2 教学难点 -1	（1）主要介绍资产评估报告的编制步骤和基本要求 第一，整理工作底稿和归集有关资料。 资产评估现场工作结束后，评估人员必须着手对现场工作底稿进行整理和分类，同时对询证函、被评估资产背景材料、技术鉴定和价格取证等有关材料进行归集和登记。对现场未予确定的事项，还须进一步落实和查核	时间：13 分钟 此部分的讲解须结合核心内容 -1“资产评估报告的基本内容”进行

续表

资产评估报告（50分钟）		
教学意图	教学内容与手段	环节设计
核心内容 -2 教学重点 -2 教学难点 -1	第二，汇总评估数据和评估明细表的数字。 在完成现场工作底稿和有关资料的归集任务后，评估人员应着手进行评估数据的汇总。如果评估对象是整体资产评估，评估人员还应着手评估明细表的数字汇总。明细表的数字汇总应根据明细表的不同级次先进行明细表汇总，然后进行分类汇总，再进行资产负债表式的汇总。 第三，分析和讨论评估的初步数据。 在完成评估数据和评估明细表的数字汇总后，应召集评估工作有关人员，对评估报告的初步数据结论进行分析和讨论，比较有关评估数据，复核记录估算结果的工作底稿，对存在作价不合理的部分评估数据进行调整。 第四，编写评估报告书。 一是完成资产评估初步数据的分析和讨论，对有关部分的数据进行调整，由具体参加评估各组负责人员拟出各自负责评估部分资产的评估说明，同时提交全面负责、熟悉本项目评估具体情况的人员拟出资产评估报告书。二是将评估基本情况和评估报告书初稿的初步结论与委托方交换意见，听取委托方的反馈意见后，在坚持独立、客观、公正的前提下，认真分析委托方提出的问题和建议，考虑是否应该修改评估报告书，对评估报告中存在的疏忽、遗漏和错误之处进行修正，待修改完毕即可撰写资产评估正式报告书。 第五，资产评估报告书的签发与送交。 评估机构撰写资产评估报告书后，经审核无误，按以下程序进行签名盖章：先由负责该项目的资产评估师签署（两名或两名以上），再送复核人审核签章，最后送评估机构负责人审定签章并加盖机构公章。资产评估报告书签发盖章后，即可连同评估说明及评估明细表送交委托单位。 （2）精选一份典型的资产评估报告书，对资产评估报告的基本结构和内容进行快速演示，并由此说明资产评估师职业道德素养的重要性	通过PPT的多样化制作以及资产评估报告案例的演示，使学生能够正确理解资产评估报告的编制步骤和基本要求，也可以更好理解资产评估报告书的基本内容，以及提前将理论知识与实践相联系，明确未来提升专业胜任能力和行动力的重要性
核心内容 -3 教学重点 -3 教学难点 -2	（1）简要介绍国有资产与资产评估的关系 第一，我国国有企业的发展历程。 第二，国有企业在我国国民经济发展中发挥着关键性作用。 第三，国有企业的重要贡献体现在很多方面，包括科技创新、共建“一带一路”、抗击新冠肺炎疫情等。 （2）详细介绍国有资产评估报告内容的特殊要求 第一，评估报告声明。重点关注：委托人和其他相关当事人依法应对其提供资料的真实性、完整性、合法性负责	时间：12分钟 通过介绍国有资产与资产评估的关系，以及国有企业在我国国民经济发展中发挥的关键性作用和作出的重要贡献，将社会责任感和爱国主义情怀潜移默化地融入

续表

资产评估报告（50 分钟）		
教学意图	教学内容与手段	环节设计
核心内容 -3 教学重点 -3 教学难点 -2	第二，评估报告摘要。重点关注：对评估结论影响重大、可能直接导致评估结论使用时不确定的“评估基准日期后重大事项”，资产评估师应在摘要中提醒报告使用人注意评估结论未反映该期后事项的影响。 第三，评估报告正文。重点关注：评估依据的内容、评估结论的形式、特别事项说明的内容等。例如，与非国有资产评估业务不同，国有资产评估业务要求在评估报告的“评估依据”部分披露本次评估业务所对应的经济行为依据；企业国有资产评估报告要求评估结论是确定的数值，而境外企业国有资产评估报告的评估结论可以用区间值表达；国有资产评估业务报告应当说明评估程序受到的限制、评估特殊处理、评估结论瑕疵等特别事项，以及期后事项。 第四，评估报告附件。重点关注：与评估目的相对应的经济行为文件、被评估单位的专项审计报告、委托人和被评估单位产权登记证、签名资产评估师的承诺函、资产评估机构法人营业执照副本、资产评估委托合同、引用其他机构评估报告的批准（备案）文件、其他重要文件。 （3）精选一份典型的国有资产评估报告书，对国有资产评估报告的特殊要求进行快速演示，并由此说明资产评估师职业道德素养的重要性	同学们心中；采用与一般资产评估报告对比分析的方法，并进一步结合国有资产评估报告案例演示，帮助学生深刻理解和把握国有资产评估报告内容的特殊要求，同时激发学生的专业兴趣，提升学生的专业认同、职业自信、职业道德意识和法治素养
课程总结 内容回顾	本讲主要内容回顾。 第一，资产评估报告的基本概念。资产评估报告是指资产评估机构及其资产评估专业人员遵守法律、行政法规和资产评估准则，根据委托履行必要的评估程序后，由资产评估机构对评估对象在评估基准日特定目的下的价值出具的专业报告。 第二，资产评估报告的基本内容。包括标题及文号、目录、声明、摘要、评估报告正文及评估报告附件。 第三，资产评估报告的编制步骤和基本要求。包括整理工作底稿和归集有关资料、汇总评估数据和评估明细表的数字、分析和讨论评估的初步数据、编写评估报告书、资产评估报告书的签发与送交。 第四，国有资产评估报告的特殊要求。体现在评估报告声明、评估报告摘要、评估报告正文及评估报告附件等多个方面	时间：3 分钟 结合 PPT，对课程重点进行总结，加深学生的印象
课堂习题 课后思考	复习与思考。 第一，课堂习题。请概述资产评估报告的基本内容。 第二，课后思考题。资产评估报告中的评估基准日与评估报告日有何区别？ 第三，课堂习题。国有资产评估报告较之一般的资产评估报告有哪些特殊要求？ 第四，课后思考题：资产评估机构及其资产评估专业人员应如何控制和防范执业风险	时间：2 分钟 通过课堂习题、课后复习巩固题和思考题的布置，帮助学生对课堂的知识进行温习和强化

四、教学效果分析

上述教学内容及设计思路，有利于学生具备资产评估报告编制的基本职业技能，并且通过相关价值观环节的融入，引导学生树立为我国经济社会服务的人生观，负责、诚信、讲道德的价值观，以及独立、公正、做经济秩序卫士的职业观。其具体体现在以下方面。

第一，学生能够掌握资产评估报告的基本概念和基本内容，为在资产评估专业实践中规范编制资产评估报告打下基础，提升自身的专业胜任能力和行动力。

第二，学生能够了解《资产评估执业准则——资产评估报告》的制定背景及修订历程，熟悉资产评估报告的编制步骤和基本要求，理解资产评估业务范围和资产评估报告的法律效力，拓宽专业学习的视野。

第三，学生能够理解国有资产与资产评估的关系，明确国有资产评估的重要性，熟悉国有资产评估报告的特殊要求，增强自身的社会责任感，提升专业认同、职业自信和未来投身资产评估工作的热情。

第四，学生能够结合资产评估报告的典型案例演示，认识遵守资产评估相关法律法规和职业道德规范的重要意义，提升自身的法治意识和观念，警示自己在未来职业道路上要谨慎从业，遵守职业道德规范，自觉维护职业形象。

会计学

方心童　阎竣　会计学院

一、课程简介

会计学课程是教育部规定的大学本科管理类、经济类专业的学科基础必修课程。本课程主要涉及三部分内容：第一部分，会计的基本理论与方法，包括会计概述、会计核算的基本程序和方法、会计循环。第二部分，企业生产经营活动的核算，包括企业筹资活动、供应活动、生产活动、销售活动、投资活动和财务成果的核算。第三部分，会计信息的集成、发布与利用，包括财务报表、会计决策与会计控制。

通过学习本课程，首先，使学生能够基本了解现代会计学的总体框架和基本理论，熟悉会计核算的基本程序、基本原理和方法，能够解读会计报表，以适应21世纪经济管理工作对“通用型”专业人才的需求；其次，通过嵌入课堂思政，结合专业知识的讲授，围绕会计从业者的职业要求培养学生树立廉洁自律、诚实守信、恪守规范、不做假账的职业道德和职业素养，培养学生的社会责任意识，为今后学生工作奠定专业和素质双基础；最后，引领学生注重中国特色社会主义核心价值观，推动习近平新时代中国特色社会主义思想入脑入心，深刻领会实现民族复兴的理想、责任以及做人做事的基本道理，在润物无声中达到“立德树人”的课程思政教学目标。

二、课程思政元素发掘

本课程各章节在授课时可能包含的思政元素如下。

元素1：树立和践行社会主义核心价值观。

习近平总书记在党的十九大报告中指出：“要培育和践行社会主义核心价值观。要以培养担当民族复兴大任的时代新人为着眼点，强化教育引导、实践养成、制度保障，发挥社会主义核心价值观对国民教育、精神文明创建、精神文化产品创作生产传播的引领作用。” 诚信是公民基本道德规范，是对社会主义核心价值观基本理念的凝练。诚信对于会计人员尤为重要。

元素2：坚守会计职业道德。

“诚信为本，操守为重，坚持准则，不做假账”是朱镕基同志对会计工作提出的要求，也是会计人员的基本职业道德和行为准则。被誉为我国“现代会计之父”的潘序伦先生，倡导“信以立志、信以守身、信以处世、信以待人，毋忘立信，当必有成”的立信会计精神。信用是会计事业的生命线，“立信乃会计之本，没有信用也就没有会计”。

元素3：传承中华优秀传统文化。

习近平总书记强调，中华优秀传统文化是中华民族的精神命脉，是涵养社会主义核心价值观的重要源泉，也是我们在世界文化激荡中站稳脚跟的坚实根基。它使中华民族形成了强大的文化认同，激发了中华民族强大的民族生命力、凝聚力和创造力，成为维系中华民族永续发展的强大支撑。要结合新的时代条件传承和弘扬中华优秀传统文化，传承和弘扬中华诚信精神。

元素4：厚植家国情怀和担当社会责任。

2018年5月2日，习近平总书记在北京大学师生座谈会上讲话时指出：“爱国，是人世间最深层、最持久的情感，是一个人立德之源、立功之本。”对每一个中国人来说，爱国是本分，也是职责，是心之所系、情之所归。2019年4月30日，习近平总书记在纪念五四运动100周年大会上指出：“新时代中国青年要担当时代责任。”当代青年，要担起时代的重托，实现中华民族伟大复兴的中国梦。

元素5：指点做人做事的原则。

孔子说：“子欲为事，先为人圣。”一个人做事要想取得成功，先要提高自己的品质，要修炼自己的内在修养。做事先做人，是亘古不变的道理。如何做人，不仅体现了一个人的智慧，也体现了一个人的修养。只有先做人，才能做大事。正所谓“德才兼备，以德为首”“德若水之源，才若水之波”。中华民族历来讲究做人做事的道理。

元素6：培养遵纪守法的公民意识。

我国宪法规定，依法纳税是公民的基本义务，我国的每个公民都应该具有纳税人的意识。税收收入是国家财政收入的重要来源，如果公民不履行纳税义务，国家就没有了税收和主要的财政收入。

三、教案设计

本教学单元“收入的确认”的教案设计，主要包括以下方面。

（一）教学目标

1. 知识与能力目标

通过本节课的学习，完成以下知识与能力教学目标。

第一，明确收入的定义和特征。

第二，理解收入的分类和收入确认的标准。

第三，掌握收入确认的基本流程。

2. 情感目标

通过嵌入课堂思政，完成以下情感教学目标。

第一，引导学生深入认识社会主义核心价值观。

第二，弘扬中华传统美德。

第三，培养学生树立诚实守信、不做假账的会计职业道德和职业素养。

第四，坚持准则和立信的精神。

3. 价值目标

引领学生注重把握主旋律，完成以下价值教学目标。

第一，树立为祖国为人民永久奋斗，赤诚奉献的坚定理想。

第二，树立和践行社会主义核心价值观。

第三，弘扬中华优秀传统文化、革命文化、社会主义先进文化。

第四，坚守会计职业道德。

第五，培养辩证思维。

（二）教学内容

1. 教学重点

第一，收入的定义及其特征。

第二，收入的确认和计量。

2. 教学难点

第一，收入的确认标准。

第二，收入确认的基本流程。

（三）教学手段与方法

本节课以研究型教学方法为主，基于探索研究的教学模式，强化学习、思考、创新、合作和表达能力，以探索、调查和发展为核心，强化师生共同学习、探索和发现的能力。学生在教师的指导下以探究为基础进行学习，而不是盲目接受。学生是知识建构的主体，教师是知识建构的组织者、指导者和促进者。教师在授课过程中创造各种能够激发学生求知欲的情境和条件。

实践性教学方法主要包括阅读、查找资料和案例讨论等。基于《企业会计准则》的变化不断更新和调整教学内容，积累会计学术研究领域发展的最新动态，并及时把这些动态的背景以及有待解决的问题在课堂讲授中反映出来，从而引导学生保持探索、发现新知识的热情和动力，增强学生的发散性思维能力，不断培养学生的学习自觉性和创造性，提高学生分析问题、解决问题的能力。

具体教学手段如下。

1. 问题 – 启发式教学

根据教学目的、内容、学生的知识水平和知识规律，运用各种教学手段，采用启发诱导的方式传授知识、培养能力，引导学生积极主动学习，以促进身心发展。通过吸引学生的注意，激发探究的兴趣，提出专业知识点和思政元素，使学生在掌握专业知识的同时融汇课程思政的要义。

2. 案例式教学

案例式教学起源于“哈佛大学”的情景案例教学课，之后迅速成为全球公认的最行之有效的教学方式之一。案例式教学可以促进隐性知识与显性知识的不断转化，通过具体的情境，将隐性的知识外显，或将显性的知识内化。通过引入案例，提醒学生思考知识点中要重视和注意的问题，在实现知识和能力培养目标的同时，引导学生思考其中蕴含的思政内容。

3. 团队学习式教学

选择适用于本节课的素材，供学生分组讨论。在此过程中培养学生分析实际问题的能力，强化学生团结协作的精神，更注重学生对这一知识点的思考和审视，引导学生对正确的价值观产生共鸣，或通过实践指点学生顿悟，从而实现本节课的思政教育目标。

（四）教学过程

本节课的教学过程如下（表 1）。

表 1 会计学“收入的确认”教学单元课程思政内容与教学环节设计

收入的确认（50 分钟）		
教学思路	内容描述	思政元素
导言	· 利用上市公司案例，引导学生理解收入确认问题的重要性  	①社会主义核心价值观；②如何做人做事；③会计职业道德

续表

收入的确认（50 分钟）		
教学思路	**内容描述**	**思政元素**
概念引入 问题提出	·以日常生活中的例子，引发学生对什么是收入、如何确认收入的思考 	①社会主义核心价值观；②如何做人做事；③会计职业道德
核心概念 教学重点 -1	·依据《企业会计准则第 14 号——收入》第二条提出收入的定义。 ·收入是指企业在日常活动中形成的、会引起所有者权益增加的、与所有者投入资本无关的经济利益的总流入	①辩证思维；②做人做事
核心概念 教学重点 -2	·讲解收入的三个特征。其中，收入的首要特征是在日常活动中形成 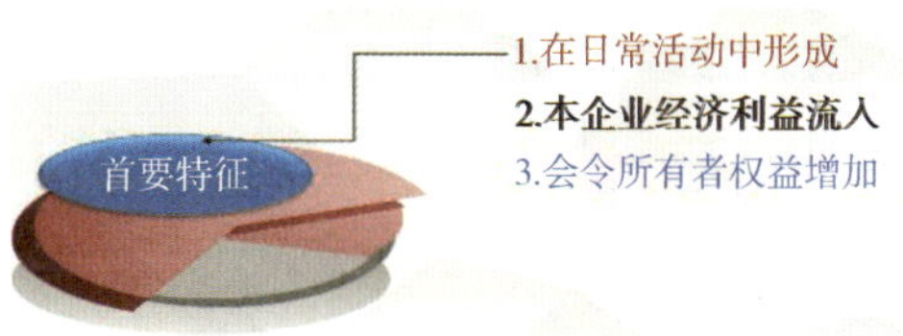 	①世界观；②人生观；③价值观
思考与分析	·提问：为什么要对收入进行分类？ ·讲解三类收入 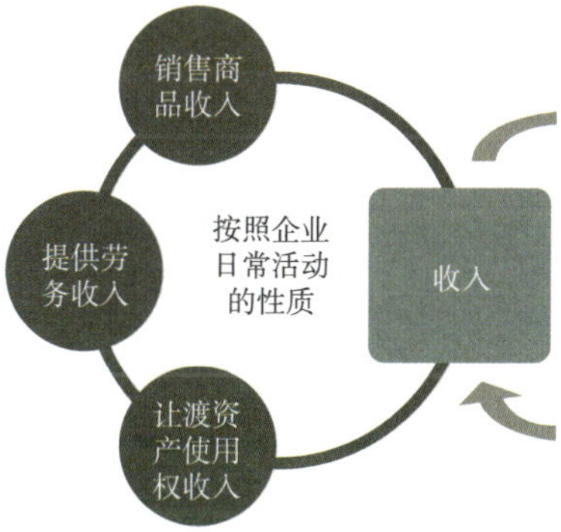 	①辩证思维；②社会责任；③家国情怀

续表

<table>
<tr><th colspan="3">收入的确认（50 分钟）</th></tr>
<tr><th>教学思路</th><th>内容描述</th><th>思政元素</th></tr>
<tr><td>理论分析
教学难点 –1</td><td>· 由生活中的例子引导学生思考收入确认的标准</td><td rowspan="3">①辩证思维；
②社会责任；
③家国情怀</td></tr>
<tr><td>课堂讨论</td><td>· 选取案例组织学生进行课堂讨论，进一步理解收入确认的标准</td></tr>
<tr><td>理论分析
教学难点 –2</td><td>· 讲解收入确认的五步法模型的每一步骤。

“五步法”模型
· 检验学生对五步法模型每一步骤的掌握情况</td></tr>
<tr><td>课程总结
内容回顾</td><td>· 总结本节课所讲问题。
· 要求学生掌握收入的定义、特征和分类，能够运用收入确认的标准和流程</td><td rowspan="2">做人做事</td></tr>
<tr><td>课后作业
慕课资源</td><td>· 登录问卷星课程平台完成课后作业。
· 登录中国大学慕课网，通过会计学慕课资源同步复习</td></tr>
</table>

四、教学效果分析

本节课教学内容的设计，符合管理类和经济类本科学生的知识水平和认知规律。首先，通过本课程的学习，学生能够了解现代会计学的总体框架和基本理论，熟悉会计核算的基本程序、原理和方法，解读会计报表。其次，通过嵌入课堂思政，结合专业知识的讲授，围绕会计从业者的职业要求，培养学生树立廉洁自律、诚实守信、恪守规范、不做假账的职业道德和职业素养，培养学生的社会责任意识。最后，通过引领学生注重把握主旋律，树立为祖国为人民永久奋斗、赤诚奉献的坚定理想，自觉树立和践行社会主义核心价值观，自觉用中华优秀传统文化、革命文化、社会主义先进文化，培根铸魂、启智润心，坚守会计职业道德，培养辩证思维。多种教学手段，尤其是案例教学营造出的轻松活跃的教学氛围，非常有效地激发了学生的学习兴趣，有助于学生很好地掌握相关理论并应用于实践，达到学以致用的目的。

现代审计学

王霞　会计学院

一、课程简介

现代审计学是面向会计学院会计学（注册会计师方向、会计学方向）专业开设的专业选修课，通常开设在大学三年级第二学期（春季学期）。在设立之初，本课程的主要目的是在学生于大学二年级完成审计学这门专业必修课的学习后，通过每周 2 学时的双语快速回顾，加深对审计学专业知识的进一步理解，同时熟悉本专业领域的英文表述，能够胜任未来国际化背景下的会计审计工作。其先修课程主要有微观经济学、会计学、审计学和财务管理等。

近年来，学生情况和本课程的开课背景有所变化，具体体现在以下方面。

第一，学生的基础英文水平有明显提高，双语专业课程中语言教学部分的必要性降低。原因可能是学生在中学和大学前两年的英文学习条件和环境明显改善，互联网时代也极大地便利了他们的学习和信息搜集，同时较多会计学院学生又报考了国际注册会计师（ACCA）等国际化专业考试，双语专业学习机会和条件显著改善。

第二，自 2006 年起，中国会计准则和审计准则体系实现了国际趋同，部分学生对“国际化”的概念存在解读偏差，片面地认为运用国际及美国、英国等相关准则即是解决会计审计领域若干问题的最优方案。

第三，学生在进行审计学课程学习时，认为自己可以选修现代审计学，还有第二次巩固机会；而在学习现代审计学课程时，又觉得自己已经学过，易产生厌烦情绪。

以上因素导致学生在学习过程中不能将知识学习和语言学习有机融合，现代审计学课程如按照原有模式、内容开设，不免流于形式，学生缺乏实质性收获。因此，需要进行一定的改进如下。

第一，通过引入案例讨论、道德伦理、思想政治教育等内容，丰富本课程的内容空间，增加新的知识点或新的思考视角（如实务案例视角）等。

第二，在有部分同学盲目认为“国际化即西方化”时，通过将课程思政内容融入专业课堂教学，帮助学生在学习审计技术、专业知识点的同时，树立正确的价值观，不仅要严格遵守会计师职业道德，更要树立中国特色社会主义核心价值观和文化自信，建立新时代中国特色社会主义管理科学的新思维。

本课程的主要授课教师已经按照慕课录制的要求，完成了本课程的授课视频录制；同时，在2020年疫情期间，建立并完善超星学习通的线上课堂系统，因而在未来开展本课程课堂教学时，更可能利用课堂时间，更充分深入地开展课堂思政教学，更好地将线上线下融为一体，思政教学和专业教学融为一体，知识学习和语言学习融为一体。

现代审计学课程内容涉及对审计和鉴证服务的需求（the Demand for Audit and Other Assurance Services）、注册会计师职业（the CPA Profession）、审计责任和目标（Audit Responsibilities and Objectives）、审计证据（Audit Evidence）、审计过程（the Audit Process）、审计过程的实务运用（Application of the Audit Process to Cycles）、完成审计工作（Completing the Audit）和职业道德（Professional Ethics）等内容。

审计的目标是指在信息不对称的背景下，帮助财务信息和其他信息的使用者提高决策所用信息质量，减少低质量会计信息。如前所述，学习这门课程的目的既在于帮助学生遵守会计审计职业道德，又在于帮助他们树立中国特色社会主义核心价值观和文化自信，建立新时代中国特色社会主义管理科学的新思维。

二、课程思政元素发掘

元素1：坚定中国特色社会主义的“四个自信”。

中国于2006年实现了会计、审计准则的国际趋同，而国际准则用英文表述，并在较大程度上与英国、美国等西方国家的执业标准相近；同时，在会计、审计职业学习和培训市场上充斥着大量国际化资质的过度宣传，部分学生在此过程中错误地形成了“国际化＝西方化”的偏差认知，认为我国的准则制定与这些国家地区的准则有区别，因而我们需要照此来修订。

事实上，中国是全球最大的新兴市场国家，中国的执业标准对于国际标准的制定有着极其重要的影响，没有考虑中国特定制度背景的“准则”都不能称其为“国际准则”。为此，在我国会计专业教育中，特别在此类双语、英文课程讲授中，更需要坚定中国特色社会主义的“四个自信”，帮助学生建立清醒的认知。

元素 2：深入贯彻职业道德与独立性。

注册会计师基本职业道德准则有以下五项：正直、客观、职业能力和尽职关心下属、保密以及专业行为。正直指在处理任何职业或者商业关系时应保持直率、诚实和信任，即不可以和任何被认为有重大错误的信息，或者不管是由于虚假陈述还是由于疏忽而导致的误导信息有任何干系。客观指不存在偏见、利益冲突或被他人左右自己的专业判断。职业能力和尽职关心下属指对自己的专业知识和能力不断精益求精，学习新的业界实践、法律法规以及工具技能等；关心下属的成长，对他们进行合适的培训和监督。保密指除非经同意或者有法律或职业的义务，否则不得透露任何关于职业方面的信息。专业行为指遵守相关的法律与法规，同时还要避免任何可能对职业名声造成恶劣影响的行为。

在本课程教学中，职业道德教育是一个最高级别的重点和难点，学生在学习中经常陷入道德困境，在“是非”和“利弊”中难以权衡，这部分内容在审计学中文课程中仅能有所涉及。为此，结合课程思政要求，可以在现代审计学课程中予以深入，帮助学生树立正确的职业道德观，同时也使学生对未来的执业环境有个清醒的认识，知道注册会计师的执业困境究竟在哪里以及形成此类困境的执业环境、社会背景等方面的原因，并开始探索可行的改进方式。

元素 3：不断树立社会责任感和公共精神。

在商业伦理与会计职业道德课程中讲到，注册会计师之所以被称为“专业人士”（professional），不仅在于其极高的专业技能，更在于其高于社会平均水平的职业精神（professionalism）。

注册会计师行业的最大特点之一在于其承担的“公共责任”先于其对客户的责任。公共责任是指在一个特定的社会里，每个人在心里和感觉上对其他人的伦理关怀和义务。做一个有社会责任感的人，应当成为每个人的共同价值追求和人生理想。虽然我们中的大多数人很平凡，但这并不妨碍我们做一个有社会责任感的人，成为一个具有公共精神的人。所以，我们应当多一分热情、主动和勇敢，多一些对社会的关注和对他人的关爱。当别人遇到困难和不幸时，能够毫不犹豫地伸出援助之手；当面对腐败和不良现象时，能够大胆地发出质疑和批评的声音；当面对邪恶和危险时，能够勇敢地挺身而出。只有这样，我们的人生才会变得更有价值和意义，我们生活的这个世界也将因人性美的彰显而变得更加美好。

元素 4：具备中国特色社会主义的创新发展理念。

创新发展理念是习近平新时代中国特色社会主义思想的鲜明特色，是新时代开辟伟大事业，实现中华民族伟大复兴中国梦伟大目标必须培植和弘扬的五大发展理念之首，是当下推进创新型国家建设必须固牢的动力之源。创新发展理念是对马克思主义发展观的继承、丰富和发展，彰显了共产党人对知识人才、科学技术、教育文化的高度重视，反映了执政党执政为民，富民强国，对社会发展规律的深刻认识和把握。强化和秉持创新发展的思想理念并将其贯彻落实在新时代中国特色社会主义建设各项事业发展的实际行动中，必将极大地促进我国科学技术进步和发展，促进经济社会繁荣发展和综合国力的极大增强，为实现中华民族伟大复兴的中国梦提供强有力的精神动力。

元素 5：培育参与国家治理的庄严理念。

我国的政府审计和注册会计师审计除了发挥着传统的市场治理功能外，更重要的是，成为中国特色社会主义国家治理的重要组成部分。习近平总书记在 2020 年 5 月 22 日参加十三届全国人大三次会议内蒙古代表团审议时，提出了“高效能治理”新概念，强调要有针对性地部署对高质量发展、高效能治理具有牵引性的重大规划、重大改革、重大政策。“高效能治理”与国家治理体系和治理能力现代化总体目标一脉相承。党的十九届四中全会提出把我国制度优势更好转化为治理效能的总体要求，提升国家治理效能是坚持和完善中国特色社会主义制度的题中之义。当前，高效能治理与高质量发展一起，理应共同成为各级党委政府的中心工作。高效能治理与效率有关，但不等于只追求高效率，它强调的是治理的有效性。如果说效率指涉的是单位资源的产出水平，那么治理有效性是指成功使用资源取得预期的治理目标，即产出与需求的匹配。因此，高效能治理在追求单位资源高产出的同时，更加重视回应民众的真实需求。

元素 6：树立毕生坚持真理，与虚假会计信息做斗争的从业原则。

会计信息质量要求是对企业财务会计报告中所提供高质量会计信息的基本规范，是使财务会计报告中所提供的会计信息对投资者等使用者决策有用而应具备的基本特征，主要包括可靠性、相关性、可理解性、可比性、实质重于形式、重要性、谨慎性和及时性等。

例如，可靠性要求企业应当以实际发生的交易或者事项为依据进行确认、计量和报告，如实反映符合确认和计量要求的各项会计要素及其他相关信息。保证会计信息真实可靠、内容完整。又如，及时性是指会计信息的价值在于帮助所有者或者其他方面作出经济决策，具有时效性。即使是可靠、相关的会计信息，如果不及时提供，就失去了时效性，对于使用者的效用就大大降低甚至不再具有实际意义。在会计确认、计量和报告过程中贯彻及时性，一是要求及时收集会计信息，即在经济交易或者事项发生后，及时收集整理各种原始单据或者凭证；二是要求及时处理会计信息，即按照会计准则的规定，及时对经济交易或者事项进行确认或者计量，并编制出财务报告；三是要求及时传递会计信息，即按照国家规定的有关时限，及时地将编制的财务报告传递给财务报告使用者，便于其及时使用和决策。

会计是企业的外部使用者进行决策的依据。政府部门据以掌握国民经济的运行态势，研究制定有关政策法规，指导整个经济工作；现有的和潜在的投资者据以做出决策，以决定买进、卖出或保留企业的股份；贷款者据以考虑是否向企业贷款，应要求何种担保或者条件；雇员据以确定企业的目标是否与自己的目标一致，企业能否稳定发展，对自己是否有充分的吸引力。如果这些决策都是以虚假的会计为基础，必将导致决策者做出错误的决策并蒙受巨大的经济损失。更为严重的是，相关政府部门如果以此作为税收、资源配置的依据，势必造成国有资产流失和社会经济资源的浪费，使国家宏观调控达不到应有的效果，进而严重影响正常的经济社会秩序。

元素7：树立在工作中将环境保护和绿色经济落在实处的意识。

绿色经济是以维护人类生存环境为目标、合理使用能源与资源为手段的一种平衡式经济，是绿色增长和绿色发展在各经济部门中的表现形式，是协调环境和发展问题所依靠的重要经济形态。从环境与发展的关系来看，中国目前已经进入了一个重要的战略转型期。绿色经济的基本内涵和我国当前环境与发展的基本形势及战略目标是一致的，符合当前我国应对金融危机所制定的“保增长、扩内需、调结构”的总体策略，对深入贯彻落实科学发展观、建设生态文明等国家重大战略目标具有重要的政策启示和借鉴意义。可以说，发展绿色经济是实现中国环境与发展战略目标的根本保障，也是实现中国环境与发展战略转型的必然要求。

元素8：坚持批判思维，看清事物的两面。

马克思主义哲学的唯物辩证法具有“质量度”相统一的原理。这一原理是指任何事物和对象都具有质、量、度三个方面。质，指这一事物和对象的内在规定性，它是这一事物之所以成其为这一事物的根据，各个事物因为质的不同，便相互区别开来了。量，指事物存在和发展的规模、程度、速度等可以用数量表示的规定性，它可以度衡，事物之间也会因量的不同而区别开来。任何事物和对象都有量的表现，没有量的表现的事物和对象是不存在的。度，指质和量的统一，是事物保持质的数量界限、范围和幅度。精准思维之准，必须在质、量和度三个基本方面体现出来。如果在质上不精准，就难以体现这一事物的质的规定性；如果在量上不精准，就更谈不上精和准了；如果达不到那个度，也是不精准的表现。所谓精准，就是在定性、定量、定度上的精准。谈论精准思维的哲学基础，讲的是精准思维之道，它体现的是科学精神。精准思维，是一种注重务实、具体、准确、精细、精致的科学思想方法和工作方法，它反对用一般代替具体、用原则掩盖问题。

三、教案设计

（一）教学目标

在已经系统学习了审计学课程的基础上，结合当前审计理论与实务发展的实际情况，以及学生在现阶段面临的主要问题，本课程旨在实现以下目标。

第一，巩固审计理论与实务知识。

第二，掌握专业领域的英文表述，提升专业英文的听说读写能力，以用促学，为未来撰写学位论文及英文专业阅读打下基础。

第三，熟悉国际审计准则及中国在国际规则制定中的重大作用，充分系统融合课程思政内容，帮助学生既熟悉国际惯例，又具备坚定的“四个自信”。

（二）教学内容

本课程主要包括以下内容。

第一，对审计和鉴证服务的需求（the Demand for Audit and Other Assurance Services）。

第二，注册会计师职业（the CPA Profession）。

第三，审计责任和目标（Audit Responsibilities and Objectives）。

第四，审计证据（Audit Evidence）。

第五，审计过程（the Audit Process）。

第六，审计过程的实务运用（Application of the Audit Process to Cycles）。

第七，完成审计工作（Completing the Audit）。

第八，会计师事务所业务质量管理（CPA Firm Engagement Quality Management）。

第九，职业道德（Professional Ethics）。

在课堂设计方面要做到以下几点。

第一，将课程思政元素与具体的知识点充分深入融合，做到润物细无声。

第二，充分利用案例式教学方法，结合国内外上市公司财务舞弊事件，从舞弊手段、审查疑点、审计失败原因（内外部）和改进思路等方面进行深入分析。

第三，采用角色扮演的方法，让学生分组代表审计关系中的若干主体，如审计师、被审计单位 CEO、股东、其他利益相关者、监管机构等，让学生通过真实地站在某一特定立场，甚至互换立场，理解事物的多面性，理解审计准则制定中的全盘思维。

第四，现代信息技术与教育教学紧密结合，线上线下相结合。传统的接受式的基础知识点主要依靠线上慕课资源（已录制完成），线下课堂集中于线上授课时的问题解答及深入的角色扮演式的案例讨论。由单一空间转向线上线下交互进行，教师可在课程网络平台上传教学课件、知识点和技能视频等教学资源，实现课前预习、课中讲解、课后跟踪的全程教育。

教学的重点与难点包括以下方面。

第一，审计过程。要求学生通过系统整理将碎片化的知识点转化为完整的思维导图，显著增加所熟悉知识点的价值。由于学生在大学教育的早期过于习惯碎片化、打卡式的初级学习，需要一定的适应过程。

第二，审计职业道德和会计师事务所业务质量管理。这是全球审计教育中的难点。因为在实际工作环境中，审计师总是面临服务客户还是服务公众的道德困境。

第三，理论与先前实践的结合和对照。按照会计学院现行培养方案，在开设本课程之前学生应当已经在会计师事务所进行过至少为期三周的实习，而实务与基础理论存在差异，学生可能存在的困惑需要在本课程中尽量予以解决。

（三）教学手段与方法

1.“画龙点睛”式

对知识点的内容进行升华，然后“画龙点睛”地点出思政内涵。

2.“专题嵌入”式

将教学目标分为知识目标和情感目标，不仅强调知识的传授，更注重学生对正确价值的思考和审视，注重对正确的价值观产生共鸣，或者通过实践操作奠定相应的情感基础。

3.“设身处地”式

通过角色扮演的方式，让学生分饰审计关系中的不同利益相关者，学习切换不同的视角和立场看待问题，更全面地审视审计实务问题。

4.“隐性渗透”式

把专业知识点和人文素养结合起来，形成“化学反应”。同时，老师为人师表、以身作则、言传身教，潜移默化地影响学生的道德及课堂纪律。

（四）教学过程

以下以教学内容的第八部分“会计师事务所业务质量管理（CPA Firm Engagement Quality Management）”为例，详细阐述本部分的教学思路和教学过程（表 1）。

近年来，诸多会计师事务所审计失败的案例被频繁爆出，审计失败案件的频繁爆雷使得公众对事务所产生“审而不察”的质疑，同时审计“看门人”职责及其公信力也一落千丈、跌落谷底。其中，瑞华会计师事务所（以下简称“瑞华所”）面临的局面最为严峻。

财政部于 2020 年 12 月发布了三项关于业务质量管理的新准则，以提高会计师事务所审计质量、促进业务质量管理体系实质性一体化进程。本课程以学生曾在先修课程审计学中已学到的“质量控制准则”为起点，以 2020 年新三项业务质量管理准则、事务所合并及一体化管理为导向，指导学生通过对监管部门的检查通告进行统计分析，得出我国会计师事务所业务质量管理现状及造成此现状的可能原因，分析曾作为中国注册会计师行业“航母”的瑞华所的业务质量管理体系存在的问题，根据其近年来频繁受罚情况，指导学生对建立业务质量管理体系提出设想。

表 1　现代审计学“会计师事务所业务质量管理”教学单元课程思政内容与教学环节设计

序号	教学环节	预期时长	本环节设置目的	教学方法	授课语言（中、英双语）	思政元素融入
1	相关知识回顾：帮助学生回顾在先修课程审计学中已由其他课程教师讲述过的“质量控制”一章内容，思考并讨论质量控制体系中存在哪些不足，为什么需要改进	10 分钟	建立知识连贯性，为之后理解相关准则修订的关键点奠定基础	讲授问答	英语	审计业务质量是会计师事务所生存的生命线，质量是对公众的责任和影响（而非对审计客户的）
2	曾作为我国注册会计师行业“航母”级会计师事务所的瑞华所频繁被罚的情况	10 分钟	以实例为导向，用反例展示低审计质量导致的严重负面后果	案例分析法	双语	审计业务质量是会计师事务所生存的生命线，质量是对公众的责任和影响（而非对审计客户的）
3	深入分析瑞华所受到证监会处罚的确切对象（涉及的分所名称、相关注册会计师姓名等）	10 分钟	引导学生发现，处罚基本集中于某一个分所（深圳鹏城会计师事务所的前身），由此得出结论：会计师事务所的大规模合并大多只是形式上的而并未实现实质性合并，导致业务质量未实现一体化，分所“爆雷”给总所带来灭顶之灾	案例分析法，讨论分析法	中文	比照企业并购，讨论会计师事务所在政策推动下的合并浪潮中，如何守住审计质量的底线
4	结合国际审计准则和中国审计准则体系，详细介绍我国于 2020 年发布的“新三项准则”，即会计师事务所业务质量控制准则	30 分钟	此为本部分的核心内容	比较法	英文	监管机构和行业协会对业务质量监管实施更为严格的举措，体现了政府对公众、民生、社会公正的坚定维护

续表

序号	教学环节	预期时长	本环节设置目的	教学方法	授课语言（中、英双语）	思政元素融入
5	结合准则和前述案例，归纳确保“新三项准则”落实的相关举措，教师点评	25 分钟	培养学生在提出问题、分析问题的基础上，探讨解决问题的方法的能力	课堂汇报	双语，鼓励英文发言	同上
6	总结回顾	15 分钟	培养归纳总结能力	讲授	双语	再次强调“质量是注册会计师的生命线，是社会公平的有力保证”这一重要论断

四、教学效果分析

通过使用上述方法，在课程思政的落实方面可以实现以下教学效果。

第一，学生既熟悉国际惯例，又坚定了中国特色社会主义的“四个自信”。

第二，学生系统学习和牢固树立正确的职业观，坚持独立性的职业灵魂，作好未来自觉与虚假会计信息及会计舞弊行为坚决斗争的准备。

第三，学生用批判思维的方式，深入思考注册会计师的职业环境和职业困境，并思考改善建议。

第四，换位思考，从监管层、投资者、审计业务从业者三个方面理解健康、公正的社会环境的构建和维持，需要社会各界全方位的共同努力。

中级财务会计

张馨艺　会计学院

一、课程简介

中级财务会计是为会计、财务管理专业开设的专业必修课。通过本门课程的教学，学生将掌握会计理论与基本方法在企业日常交易和事项中的应用，以及财务报告的编制方法，为后续专业课的学习奠定基础，也为将来从事会计、审计、财务管理以及其他经济管理工作提供必要的知识和技能的储备。

本课程是会计学科体系中的核心专业课程。该课程运用会计学基础课程中的会计的基本理论和方法，全面阐述了企业日常交易和事项中资产、负债、所有者权益、收入、费用和利润会计要素的确认、计量、记录和报告的理论、原则与方法，以及一套完整通用的财务会计报告编制的方法，阐明了企业会计信息生成的原理。

二、课程思政元素发掘

元素 1：诚信价值观。

党的十八大报告从扎实推进社会主义文化强国的战略高度，深刻精辟论述了加强社会主义核心价值体系建设的重大意义与具体要求，凝练出 24 字核心价值观：富强、民主、文明、和谐，自由、平等、公正、法治，爱国、敬业、诚信、友善。其中，富强、民主、文明、和谐是国家层面的价值目标，自由、平等、公正、法治是社会层面的价值取向，爱国、敬业、诚信、友善是公民个人层面的价值准则。习近平总书记在党的十九大报告中指出，要“发挥社会主义核心价值观对国民教育、精神文明创建、精神文化产品创作生产传播的引领作用，把社会主义核心价值观融入社会发展各方面，转化为人的情感认同和行为习惯”。《会计改革与发展“十四五”规划纲要（征求意见稿）》指出，要“加强会计诚信教育，将会计职业道德作为会计人才培养、评价、继续教育的重要内容，推动财会类专业教育加强职业道德课程建设，不断提升会计人员诚信素养”。

“中国现代会计之父”潘序伦先生倡导“信以立志，信以守身，信以处世，信以待人，毋忘立信，当必有成”的立信会计精神，受到了社会各界的广泛认同。“立信”不但是做人的重要准则，也是会计人员安身立命的基石。信用是会计事业的生命线，立信乃会计之本，没有信用也就没有会计。

朱镕基同志指出：培养成千上万个职业道德好、业务素质高的会计人才，这是为发展社会主义市场经济奠基，也是现代化建设的根本大计。“不做假账”是会计从业人员的基本职业道德和行为准则，所有会计人员必须以诚信为本，操守为重，遵循准则，不做假账，保证会计信息的真实、可靠。在会计教学中，要把诚信教育放在首位，培养出来的人才不仅要有一流的专业知识水平，更要有一流的职业道德水平，绝对不做假账。

中级财务会计学是会计学课体系中的核心专业课程，运用会计学基础课程中的会计的基本理论和方法，全面阐述了企业日常交易和事项中资产、负债、所有者权益、收入、费用和利润会计要素的确认、计量、记录和报告的理论、原则与方法，以及一套完整通用的财务会计报告编制的方法。“诚信为本，操守为重，遵循准则，不做假账”的理念将贯穿课程的始终。

元素 2：“常怀感恩之心，常念相助之人”，编好人生的第二张资产负债表。

“人的一生有两张资产负债表，一张用于衡量物质财富，一张用于衡量精神财富。人生中，更加重要的是第二张资产负债表——精神的资产负债表。”这一理念最早由郑丁旺教授提出，得到了会计学者和社会公众的广泛认同和赞赏。衡量物质财富的资产负债表中，资产指房屋、车辆等物质资产，负债是需要偿还的义务，资产减去负债的剩余属于个人的权益，代表着自己将多少社会财富据为己有；而衡量精神财富的资产负债表中，资产是给予他人的帮助、付出的情义，负债是自己获得的帮助、承载的情义，资产减去负债，留下的是对社会的净贡献。物质的净值，等人离世时将远行；而精神的净值，等人离世时将永存。

元素 3：莫问收获，但问耕耘。

会计上有一条原则叫做配比原则，但是在人生道路上，要学习古人的八字箴言：“莫问收获，但问耕耘。”人生需要一种豁达的态度，如果事事都讲求名利，“只要耕耘，就要收获”，那么人生将陷入名利的旋涡和失败的痛苦中无法自拔，最后都将成为“精致的利己主义者”。在学习和生活中，进步和提升都非一日之功。不积跬步，无以至千里；不积小流，无以成江海。

元素 4：会计对经济的影响和促进效应，增强职业自豪感。

会计的产生源于经济的需要，随着经济的不断发展，会计对经济的发展及其效率的提高将发挥不可替代的作用。马克思说：“过程越是按社会的规模进行，越是失去纯粹个人的性质，作为对过程控制和观念总结的簿记就越必要。”这充分说明，生产的社会化程度越高，会计越重要。此外，马克思通过比较不同社会化程度，进一步证明了这一结论的合理性，他说：“簿记对资本主义生产比对手工业和农业的分散生产更为必要。”

元素 5：树立正确的责任观和权力观。

与会计定义不同，行使人生的权利是费用和负债，履行人生的义务是资产和收入。在教学中，要培养学生树立正确的责任观和权利观，不能把所有权利当作理所应当，不能将自己应承担的责任、应履行的义务高高挂起。

三、教案设计

（一）教学目标

中级财务会计是会计学专业学科体系中的核心专业课程。该课程以会计学基础所揭示的会计理论与会计方法为依据，全面阐述了企业常规交易或事项中资产、负债、所有者权益、收入、费用和利润会计要素的确认与计量的原则、会计处理方法，以及最终综合体现企业会计信息的通用的财务报告编制方法。

学生在会计学基础课程中，已经学习过基本概念和原理，本节作为中级财务会计课程的导论，在复习回顾相关知识点的同时，渗入课程思政的相关内容。学生通过本节的学习，能够掌握财务会计目标、会计与环境，加深对财务会计三张基本报表（资产负债表、利润表和现金流量表）的认识和理解。通过知识的学习，为后续具体经济业务和事项的会计处理打下扎实基础。培养学生诚实守信、常怀感恩、乐观向上的积极品质，树立职业使命感与自豪感。

（二）教学内容

第一，财务会计目标。

第二，会计与环境。

第三，资产负债表、利润表与现金流量表。

（三）教学手段与方法

本课程教学以研究型教学为主，充分调动和发挥学生的学习积极性和自主学习能力。教师及时学习党和国家方针政策，关注最新的财经法律法规变化修订，紧跟国际会计准则和中国企业会计准则的发展动向，积累企业会计处理和信息披露的相关案例，认真做好整理工作，将相关内容深入、有机地嵌入教学之中。对于尚未解决或存在不同观点的相关内容，引导学生运用所学相关知识和理论展开热烈探讨，激发学生探索和思考相关问题的积极性，提升学生学习内驱力，培养学生的逻辑思维能力与创新能力。学生不是课堂知识的被动接受者，而是课堂的参与者与思考者。教师不是知识的“复读机”，而是课堂的引导者和指挥员。融入课程思政所采用的教学手段与方法如下。

1. 讨论法

中级财务会计是一门理论与实务高度结合的应用型专业课，除了基本原理和理论的讲授，还需要融入大量的讨论，否则培养出来的学生在分析和解决实际问题的能力方面很可能存在一定的局限，难以实现精通准则、通晓实务、批判思考、融会贯通的最终目标。此外，随着信息科技的高速发展，大数据、人工智能、移动互联网、云计算、区块链等技术和应用取得长足进步，深刻改变了商业社会的运行模式和会计人员的生存环境，之前制定的会计准则在当前新经济时代存在着一定的“水土不服”，国际财务报告准则和中国企业会计准则正在并且在未来很长一段时间将产生诸多重大变革。会计准则不仅仅是一套大家都要遵守的原则，其制定的背后蕴藏着激烈的辩论与角力，不仅包括会计理论方面的争论（如决策有用性和受托责任观财务报告模式的取舍、会计信息质量相关性与可靠性的权衡、财务会计基于价值还是基于交易观点的争论、收入费用观和资产负债观的选择），还有不同利益团体、不同国家和经济体之间的博弈。在教师的指导之下，给学生设定具体的问题和讨论主题，学生查找文献和相关资料，并通过小组讨论和探讨整理思路形成观点。学生在陈述中不仅锻炼了语言表达能力和逻辑思维能力，还能够通过头脑风暴产生思维的火花，通过不同观点的辩论收获知识，进一步加深对相关概念和知识的理解。

2. 探究法

学生在学习具体知识点时，教师不是知识的“复读机”，不进行“填鸭式”教学“满堂灌”，而是给学生一些事例和问题，让学生自己通过阅读、观察、实验、思考、讨论、听讲等途径去主动探究，激发学生的内驱力，自行发现并掌握相应的概念、原理和结论，培养和提升学生的逻辑思维能力与创新能力。

3. 画龙点睛

“编筐编篓，重在收口；描绘龙凤，重在点睛。”精彩的结尾对于一堂高质量的课程而言至关重要。在课程的最后，教师要对讲授的知识点进行升华，“画龙点睛”地指出思想政治内涵。

4. 言传身教

“其身正，不令而行；其身不正，虽令不行。”教师应当始终保持着高度的责任心和使命感，将专业知识与人文素养结合起来，认真备课、按时上课，刻苦钻研、提升水平，积极阳光、高度自律，身体力行地影响学生。

（四）教学过程

第一，以我国资本市场的诞生为切入点，结合生动精巧的案例，引出课程的主题：为什么需要会计，财务会计的目标是什么？

课程思政的体现：①关于诚信的起源。关羽长于算术，发明的《日清簿》中设原、收、出、存四项，被后人尊称为“记账祖师爷”。他本人集仁义礼智信于一身，世人敬称孔子和他为“文武二圣”。相传范蠡发明了沿用千年的十六两制“道德秤”，此秤饱含着诚信与道德的内涵。秤的设计采用南斗六星（主生）、北斗七星（主死）和福禄寿三星作为秤杆的标记，一颗星代表一两的重量，以十六两为一斤（这就是半斤八两的由来），并且在秤上告诫不良商贩：缺一两的时候折福、缺二两是折禄、缺三两折寿，将个人的生活和命运与诚信绑定在一起。②诚信在会计中的重要性。诚信是社会主义核心价值观中个人层面的价值准则，信用是会计事业的生命线，没有信用也就没有会计。如前所述，在会计教学中，要把诚信教育放在首位，培养出来的人才不仅要有一流的专业知识水平，更要有一流的职业道德水平，绝对不做假账。③会计人员缺乏诚信的危害。作为沟通企业和投资者、债权人的重要桥梁和纽带，会计信息发挥着至关重要的作用。真实可靠的会计信息能够帮助信息使用者做出恰当的决策，虚假的会计信息将使信息使用者蒙受巨额损失，甚至将影响整个商业社会的有效运转。20 年前，美国资本市场上的安然、世通等商业巨头因为会计舞弊轰然坍塌，投资者对资本市场失去信任。为提高信息披露质量，帮助投资者重拾信心，美国通过了《萨班斯 – 奥克斯利法案》。《中华人民共和国刑法》（2020 年修正）第一百六十一条第一款规定：“依法负有信息披露义务的公司、企业向股东和社会公众提供虚假的或者隐瞒重要事实的财务会计报告，或者对依法应当披露的其他重要信息不按照规定披露，严重损害股东或者其他人利益，或者有其他严重情节的，对其直接负责的主管人员和其他直接责任人员，处五年以下有期徒刑或者拘役，并处或者单处罚金；情节特别严重的，处五年以上十年以下有期徒刑，并处罚金。”

第二，引导学生查阅相关资料，了解当前的科技发展和会计人员、会计工作的变革、机遇与挑战。《会计改革与发展“十四五”规划纲要（征求意见稿）》指出，“会计职能实现从传统的算账、记账、核账、报账向价值管理、资本运营、战略决策辅助等职能持续转型升级”，放眼未来，要“以数字化信息化技术为依托，以推动会计审计工作数字化转型为抓手，健全完善各种会计审计数据标准和安全使用规范，形成对内提升单位管理水平和风险管控能力、对外服务财政管理和宏观经济治理的会计职能双向拓展新格局”。

课程思政的体现：如前所述，会计的产生源于经济的需要，随着经济的不断发展，会计对经济的发展及其效率的提高将发挥不可替代的作用。尽管人工智能替代了不需要职业判断、重复性的会计工作，但是随着商业模式的变革、社会的进步，会计和会计精神永远不会消亡。

第三，打开一家同学们感兴趣的上市公司年度报告，为学生介绍资产负债表、利润表与现金流量表相关知识点。

课程思政的体现：如前所述，与会计定义不同，行使人生的权力是费用和负债，履行人生的义务是资产和收入。在教学中，要培养学生树立正确的责任观和权力观，不能把所有权力当作理所应当，不能将自己应承担的责任、应履行的义务高高挂起。

四、教学效果分析

将思想、道德、人生观、价值观全方位渗透到教学的每一个环节，教师努力做“有理想信念、有道德情操、有扎实学识、有仁爱之心的好老师，做学生锤炼品格、学习知识、创新思维、奉献祖国的引路人”。学生通过学习，不但获得了专业知识，而且收获了思想、道德、情操的提升。

商业伦理与会计职业道德

蔡立新　会计学院

一、课程简介

商业伦理与会计职业道德是一门应用科学，本课程以经济学、会计学和伦理学等理论为基础，结合国内外社会经济情况及案例，讨论商业伦理、会计本质、会计职业道德、会计法规，以及它们之间的关系，突出讨论商业伦理与会计诚信问题，通过国内外最新和经典财务案例，探析商业伦理与会计职业道德的内涵，解析我国会计职业道德的“八条军规”，力争从不同侧面进行商业伦理与会计职业道德的深层次分析，揭示商业伦理与会计职业道德的内在关系，使学生真正理解和自觉做到“诚信为本，操守为重，坚持准则，不做假账”的会计职业精神。

二、思政元素

本课程授课时蕴含的思政元素如下。

元素 1：突出社会主义核心价值观引领。

贯彻习近平新时代中国特色社会主义思想，培育和践行社会主义核心价值观，完善会计职业道德规范，加强会计诚信教育，建立严重失信会计人员“黑名单”，健全会计人员守信联合激励和失信联合惩戒机制，积极营造“守信光荣、失信可耻”的良好社会氛围。立足专业，服务社会，才能得到社会认可。

元素 2：突出“立德树人”。

国无德不兴，人无德不立。市场经济是契约经济，也是信用经济，而会计工作是信用经济中一个非常关键的环节，即会计职业是一个诚信工作。孔子曰：“会计，当而已矣”，“当”，准确、恰当之意。我国会计职业道德的第一条就是“诚实守信”，而本门课也正是落实习近平总书记“要坚持把立德树人作为中心环节，贯穿教育教学全过程”的指示精神。

元素 3：突出“文化自信”。

在商业伦理教学过程中，注重向学生传递中国传统的优秀商业伦理文化，如“德诚信铸同仁堂金字招牌”（德诚信助同仁堂走过 300 多年的发展历史），以“晋商”“徽商”等为代表、倡导“诚信为本”的儒商精神等，通过这些百年老店的商业发展历史，告诉同学们中华民族在 5 000 多年的文明发展长河中积累总结出的“诚信为本”“操守为重”“童叟无欺”“君子爱财，取之有道”等商业伦理准则即使放到今天也是不过时的。因此，我们要从先辈遗留下来的文化瑰宝中吸取正能量，将中华传统文化中的精华部分传承下来并发扬光大。

元素 4：突出“爱岗敬业”。

一份职业，一个工作岗位，是个人乃至社会赖以生存和发展的基础保障。所以，爱岗敬业不仅是个人生存和发展的需要，也是社会存在和发展的需要。会计是一个严谨细致的职业，尤为强调爱岗敬业。爱岗敬业要强化职业责任担当与个人修养。爱岗敬业的关键点表现在团队协作与尽职尽责，团队协作要求会计专业学生既注重会计各岗位间的协作配合，又讲求会计与业务部门间的协同配合；尽职尽责就是指会计不仅是经济活动的反映者，更是经济活动的监督者，企事业单位各类资金是否合规合法使用，会计有权发表意见，对违规违法的资金使用当予以及时发现并加以制止，不能睁一只眼闭一只眼，听之任之。因此，要教育我们的学生，会计人员要尽职尽责，就是要求做到“守土有责，守土尽责，守土必问责”。如此看来，会计工作是一项任务艰巨但使命光荣的工作，广大会计从业人员理应成为社会主义市场经济的强大卫士。

元素 5：突出“廉洁自律”。

会计职业的诞生及会计方法（各种核算方法、银行存款日记账的登记方法）本身就是一种内部控制的方法，十分强调从业者的廉洁自律。廉洁，《楚辞·章句》中注释说：“不受曰廉，不污曰洁。”自律，是指行为主体的自我约束、自我管理，是以事业心、使命感、社会责任感、人生理想和价值观作为基础。廉洁自律应有之义就是：不收受贿赂，不贪污钱财，自我克制不良言行，能够抵制诱惑（特别是金钱诱惑）。为此，要在教学中通过案例特别是反面典型案例教育学生，切记“君子爱财，取之有道”，切莫“一失足成千古恨！”让学生从内心深处领会，“树立正确的人生观和价值观”对会计职业生涯发展何其重要，明白“公私分明，不贪不占”是“廉洁自律”的底线要求。

元素 6：突出“提高技能”，成为拥有真才实学的会计人。

强调会计人务必始终注意“提高技能”，既是经济改革的必然要求，又是新技术、新理念、新业态引发的必然应对之举。改革开放以来，我国会计改革不断掀起高潮，40 多年来跨越了西方几百年经济及会计的演进之路。会计工作的新法规、新问题层出不穷，势必要“提高技能”。财政部原常务副部长王军说：“改革开放几十年来，会计工作归结为一个‘改’字。”会计各种准则、制度常改常新，会计人就应当注重不断提高自己的专业技能，以跟上时代发展的要求，因此有会计人员“活到老，学到老”的说法。另外，在全球主要工业化国家中，机器人与人工智能的崛起，将造成大量就业岗位的流失，且多以低成本、劳动密集型的岗位为主，而最有可能被机器人抢走饭碗的岗位包括低端制造业的生产、销售、会计等。2017 年，国际“四大”会计师事务所之一的德勤宣布，与 Kira Systems 联手，将人工智能引入会计、税务、审计等工作当中，这一科技创新将帮助员工从阅读合同和其他文件的乏味工作（如调查、合并、合同管理以及租赁协议）中解放出来。通过人工搜寻关键字和图案，艰难地阅读大量的商业术语，会消耗很多的时间和资源。引入人工智能后，可减少会计人员的阅读时间，使得后者有更多的时间和精力投入更有价值的工作中，将专业关注点更加聚焦战略决策方面等增值业务。因此，有一部分会计人才必然投入将人工智能应用到财会工作的领域，使其能够更快更好完成专业性工作，而另外一部会计人才则必然转型为通过运用自己丰富的专业技能更好地服务于企业的价值创造活动。

元素 7：突出“客观公正”。

培养会计人才遵守客观公正原则，就要求会计人员必须按事物本来面目反映经济业务或事项，而不能掺杂个人主观意愿；要做到公平正直，没有偏失。由此引申出的基本要求则是：端正态度、依法办事、实事求是、不偏不倚、保持独立性。唯有高质量的会计信息以及会计人的“真诚”，才能取信于人，即取信于会计信息的使用者。获得管理部门、股东、债权人或客户的信任是会计从业者以及会计行业生存发展的基础。

元素 8：突出“坚持准则”。

“坚持准则”的会计职业道德的“军规”要求，实际上就是要求会计人要讲政治规矩，要唯会计准则至上，而不能以人情关系或者长官意志等其他因素来左右自己的会计行为。坚持准则的含义就是指对会计业务处理要严格按会计法律制度办事，不为主观或他人意志所左右，其基本要求是：熟悉准则、遵守准则和坚持准则。党的十八大提出“依法治国”的方略，对此杨时展教授认为，“天下未乱计先乱，天下欲治计乃治”，此观点很好诠释了会计对国家治理的意义体现为它在经济利益调整中的独特作用。因此，突出“坚持准则”的会计职业道德教育显得尤为重要。

三、教案设计

（一）教学目标

知识目标。理解商业伦理、会计伦理、会计职业道德的内在含义；了解国内外会计职业道德标准的演进；熟练掌握我国会计职业道德中的“八条军规”的内在要求；理解并掌握主要商业伦理观与基本商业伦理规范。

能力目标。善于运用商业伦理的基本准则与方法来充分理解并识别主要商业伦理问题；善于运用会计伦理的基本准则与方法来充分理解并识别会计领域的主要伦理问题，提升学生对商业伦理和会计伦理中的是非辨识能力，增强对商业欺诈和财务造假、舞弊等行为的认知与评定能力。

素质目标。使学生能够结合主要商业伦理问题来理解商业伦理观和商业伦理规范建设与实施的重要性，并能够在实践中融会贯通；使学生能够系统认识就业后应恪守的职业道德与应遵守的职业规范，提升学生的商业伦理素养和会计职业道德操守。

课程思政目标。使学生能够结合社会主义核心价值观来领会遵守商业伦理和会计职业道德的重要价值与意义；使学生能够结合会计领域的主要伦理问题来理解会计职业道德建设与“八条军规”履行的重要性，并能够在财会审计实践工作中使之入脑、入心、入行；使学生深入理解我国会计法规体系及其特征，把握会计职业道德与会计法规的协调。

（二）教学内容

本课程教学课时为 16 课时，共分三讲内容开展教学活动：第一讲商业伦理学概论，主要讲解商业伦理与商业伦理学的演进发展、主要商业伦理问题、商业伦理观、商业伦理规范；第二讲会计伦理学与会计领域的伦理问题，主要讲解会计伦理学概述、会计伦理的基本内容、会计领域的典型伦理问题、会计伦理问题的治理框架；第三讲重塑会计公信力——会计职业道德的“八条军规”，主要讲解会计公信力的现状、会计职业道德的内涵、会计职业道德的发展演进、我国会计职业道德的“八条军规”解读。

1. 课堂设计思路

第一，课程思政元素要与具体的知识点相融合，做到润物细无声，切实贯彻执行“盐水论”的思政教学过程。

第二，授课过程中采用“举案说‘理’”的教学方法，通过“举案”引导学生思考企业在众多利益相关者关系中该遵循什么样的伦理道德规范和商业道德准则，才能使企业“基业长青、永续发展”；通过案例分析与讨论，让学生对商业伦理、会计伦理中的“理”更感兴趣，也更容易理解、掌握，从而将这些“理”自觉作为今后指导自身职业生涯的行为准则。在“举案说‘理’”的同时，结合小组讨论、课堂辩论赛等形式，倡导以学生为中心的主动式学习，让学生在讨论与辩论中对伦理与道德问题进行更深入的思考，不仅可以促进学生伦理道德素质的培养，还有利于他们今后在真实的商业环境中遇到类似事件时做出正确的抉择。

为此，本课程特意设计两场课内辩论赛，一场围绕商业伦理命题来辩论，另一场则围绕会计职业道德命题来辩论。辩论既能锻炼学生的专业思维能力，又能了解学生的认知状态和心智特点，还能更好引导学生正确理解与辨别善与恶、是与非，主动亲近善行，远离恶行，坚持“是”而抵制“非”。

第三，尽量给学生展示真实的商业活动情景，引导学生深入理解并掌握商业伦理与会计职业道德的内涵。教师可向学生分享一些与本课程高度相关的高水平论文（案例研究论文）、新闻报道（如央视的每周质量报告）、影视作品（如《审计风云》等）等教学资源，让学生课前观看预习，课中参与互动讨论。

第四，理论与实践相结合。在讲授相关理论和方法的同时，要注意紧密结合理论研究动态与会计实务发展，提升学生的理论水平，拓宽学生的专业视野；注意结合前期会计课程综合讲授本课程知识，培养学生专业学习的系统性、全面性；针对教学重点、难点内容，讲透理论、引导运用；合理安排教学内容，对课程相关背景知识由教师提供指导资料鼓励学生自学。

2. 教学的重点与难点

市场经济与商业伦理危机的内在关系、主要商业伦理问题；财务会计领域的伦理问题典型表现、管理会计领域的伦理问题典型表现、审计领域的伦理问题典型表现；会计伦理问题的治理框架；我国会计职业道德的“八条军规”。

（三）教学手段与方法

1.“类比启发”式

无论是商业伦理，抑或会计伦理以及会计职业道德，其要义精髓往往比较抽象，其中的哲理有时不好领悟、参透。比如，对百度搜索竞价排名机制的伦理解读，其中伦理层面的是与非，有些学生理解不透，教学时可以通过“媒介”的作用及其应尽的责任进行类比讲解（如，最古老的“媒介”例子就是媒婆，两个人自由恋爱，没有媒婆什么事，媒婆自然也无须承担道义上的责任，但如果通过媒婆介绍之后认识相恋，媒婆自然就有了道义上的责任），就能将其中的深奥哲理深入浅出地讲解出来，学生也能够真正理解此中的道理。

2.“举案说理”式

前文已经阐述了本课程采用“举案说理”式教学方法的思路与效果，此处不再赘述。

3.“课堂辩论”式

本课程分别以商业伦理中的百度搜索竞价排名机制——魏则西事件和会计职业道德中的公信力重塑为题，设计了两场课堂辩论赛，事先将辩题及其赛制告知学生，由后者自愿报名组成正、反方，在规定的时间内完成立论、质询、攻辩、结辩等辩论活动，所有学生均要提供辩论材料，辩手的评分可结合投票打分结果来决定，未参加辩论的学生可通过咨询辩手高质量问题而获得奖励（正、反方最佳辩手辩论环节得分均为 100 分，其他辩手根据辩论现场及其所提供的辩论材料给定辩论成绩）。这种教学组织方式能够充分调动学生的学习积极性，启发学生深入思考相关伦理问题的内在哲理，真正起到入脑、入心且在未来职业实践中也能入行的效果。

4. “隐性渗透”式

授课时，任课教师应注意将课程知识点和人文素养结合起来，形成“化学反应”，以期达到意想不到的良好思政教育效果。作为本门课程的任课教师，特别要求教师以身作则、为人师表、言传身教，对学生参与课堂学习的各个环节均要求诚实守信、不得弄虚作假，从而将本课程的思政教育精髓内化于心、外化于行，真正起到立德树人的功效。

（四）教学过程

见表 1。

表 1　商业伦理与会计职业道德课程思政内容与教学环节设计

教学内容	课程思政着眼点	思政引入载体	教学组织方式方法	课程思政预期达到的效果
第一讲（1）商业伦理与商业伦理学的演进发展	企业挣钱天经地义，不过可以不择手段吗?	如：①同仁堂百年老店案例：德诚信，铸同仁堂金字招牌；②新媒体案例：百度搜索竞价排名机制——魏则西事件的启示	课堂讲授、案例讨论、课堂辩论	领会社会主义核心价值观在商业经济活动中践行的重要性；企业经营如何做到“基业长青，永续发展”；建立在中国百年老店之上的文化自信
第一讲（2）典型商业伦理问题之——企业与消费者关系中的伦理问题	企业把顾客视为上帝的现实困境	新业态案例：淘宝购物过程中的诚信伦理问题及解决对策	案例讨论	领会社会主义市场经济是信用经济，诚信是商业伦理之魂、之本
第一讲（2）典型商业伦理问题之——企业与竞争者关系中的伦理问题	企业与竞争者是你死我活的关系吗?	腾讯与 360 公司恶意竞争案例：从“3Q 之争”看竞争者的伦理问题	案例讨论	领会企业间竞争与合作关系的重要性，重视企业命运共同体建设

续表

教学内容	课程思政着眼点	思政引入载体	教学组织方式方法	课程思政预期达到的效果
第一讲（2）典型商业伦理问题之——企业与供应商关系中的伦理问题	企业如何取信于供应商，又如何合理防范供应商的道德风险？	案例：CS公司的供应商道德风险管理之道；沃尔玛公司的成功关键：创新精神与合作精神	课堂讲授、案例讨论	领会信用经济与商业伦理之道，最基本应做到企业不赖账、供应商不提供假冒伪劣商品
第一讲（2）典型商业伦理问题之——企业与政府关系中的伦理问题	企业进行政府公关有违商业伦理吗？	阅读材料	课堂讲授	领会习近平总书记要求的企业与政府的关系应当是“亲清关系”；领会廉洁自律的重要性
第一讲（2）典型商业伦理问题之——企业与环境关系中的伦理问题	环境治理与保护对企业而言真的只是外部经济吗？	哈药集团案例：从哈药集团的污染环境看企业的商业伦理	案例讨论	领会习近平总书记的“两山理论”，认识企业履行社会责任的重要性
第一讲（2）典型商业伦理问题之——企业与员工关系中的伦理问题	企业招聘、用工等环节中的性别、年龄、学历等歧视问题	腾讯公司案例：腾讯公司如何处理好与员工的伦理关系？	案例讨论	领会习近平总书记提出的“人才是第一资源”“创新是第一动力”的精神要义，重视在企业中发挥、激励员工的创新、创造的能动性
第一讲（2）典型商业伦理问题之——企业与股东关系中的伦理问题	上市公司的“铁公鸡——一毛不拔”现象有合理性吗？控制性股东与中小股东的和谐关系如何建立？	上市公司案例：鸿仪系“掏空”上市公司的伦理思考	案例讨论	领会社会主义核心价值观在企业与股东之间的关系、控股股东与中小股东间的关系治理中的重要指导意义
第一讲（2）典型商业伦理问题之——企业与债权人关系中的伦理问题	欠债还钱为何如此困难？	文献阅读：基于企业与债权人伦理道德的温州企业破产现象的分析	课堂讲授、案例讨论	领会社会主义市场经济是信用经济，诚信是商业伦理之魂、之本
第一讲（3）商业伦理观	晋商的经商之道；新型企业——社会企业的基本特质	文献阅读：晋商文化的精神分析 案例：社会企业格莱珉银行的经营之道	课堂讲授、案例讨论	中国传统商业文化中的精华——文化自信教育，强调企业的社会责任，树立正确的商业义利观

续表

教学内容	课程思政着眼点	思政引入载体	教学组织方式方法	课程思政预期达到的效果
第二讲　会计伦理学与会计领域的伦理问题	利润操纵、盈余管理、印象管理、选择性信息披露、会计政策选择、审计意见收购等社会乱象的伦理思考	文献阅读与案例讨论，包括：①上市公司盈余管理行为研究——基于企业伦理理论的视角；②浅谈财务报告的印象管理；③“三毛派神”上市公司危机事件的边缘化行为——基于商业伦理视角的选择性信息披露案例分析；④选择性不实财务披露的道德评价与防范；⑤企业社会责任的伦理观察——基于管理会计的视角；⑥道德理论在审计领域的应用：国外实证研究述评；⑦公司财务管理中的道德审计制度设计；⑧绿大地公司的利润操纵乱象案例	课堂讲授、案例讨论	领会会计伦理的基本精神，初步理解会计职业道德“八条军规”对指导会计人员从事合规合法会计工作的重要意义；理解会计造假对社会主义市场经济的极端危害性，以及对治国理政的消极作用；理解社会主义核心价值观对我国会计伦理与会计职业道德的指导作用以及价值引领的导向效应
第三讲（1）会计公信力现状	会计诚信危机呼唤会计职业道德建设	如：①银广夏财务造假案；②创业板造假上市第一股：新大地上市申请造假案；③美国财务与审计造假案：“双安”事件	课堂讲授、案例讨论	领会市场经济是信用经济，会计当以诚信为本、操守为重，会计的公信力是会计职业值得社会尊重的立足之本
第三讲（2）会计职业道德的发展演进	我们到底需要什么样的会计职业道德?	会计法（修订版）、习近平总书记关于“诚信建设”的论述	课堂讲授	领会习近平总书记关于“加强诚信建设和行业自律，落实诚信承诺，恪守职业道德”的精神要义

续表

教学内容	课程思政着眼点	思政引入载体	教学组织方式方法	课程思政预期达到的效果
第三讲（3）我国会计职业道德的“八条军规”	“八条军规”为何能作为我国会计人员职业道德的基本规范?	①新闻事件：会计人员诚信建设——“失信黑名单”；②安永私密关系处罚案；③财务“千里马”的传奇与启迪——马传骐	课堂讲授、案例讨论、课堂辩论赛	切实理解我国会计职业道德的“八条军规”的基本要义与要求；理解诚实守信、爱岗敬业、客观公正、廉洁自律、坚持准则、提高技能等对重塑会计公信力的意义与作用

四、教学效果分析

本课程通过加强思政教育，以社会主义核心价值观为引领，使学生领会商业伦理和会计职业道德中的诚信、客观公正的基本要义；通过课程教育教学达到立德树人的根本目的，引导学生在未来职业发展过程中恪守会计职业道德“八条军规”，用自己的专业知识和能力素质为社会主义市场经济添砖加瓦、保驾护航。本课程在教学上实现了如下两大改革。

第一，体现了课程思政的教育理念，改变了过去专业课只注重“授业、解惑”的知识传授而忽视“传道”的育人使命，坚持教书和育人的有机统一，明确了本课程课程思政的正确方向和根本要求，为本课程的课程思政锁定了基本要求与任务目标。习近平总书记指出：“高校思想政治工作关系高校培养什么样的人、如何培养人以及为谁培养人这个根本问题。”高校专业课教师在教学过程中始终需要考虑的问题是：经自己传授的专业知识将会由什么样的人来运用，运用在何处，以及怎样运用。商业伦理与会计职业道德作为财会审计专业课程，其思政课程致力于为大四学生“上好最后一堂课”，引导学生在即将迈入社会之时深入思考自己今后将如何运用大学四年所学到的知识，成为对国家有用、对社会有用的专业人才。

第二，发挥了“举案说‘理’”的教学优势，改变过去一味地灌输大道理的教学方式方法，将学科知识学习、能力培养和价值引领有机融合，达到春风化雨、润物无声的教学效果。在教学设计中采用参与式教学活动，用丰富多样的典型案例及贴近生活的热点问题提高学生的参与热情，引导学生主动学习与深入思考，从而避免说教或生硬牵强地联系，促进思政教学效果的提升。

自本门课程开设以来，学生们反映课程效果良好，感触颇深，认为是在大学生涯后期会计学院各专业学生不可或缺的一门重要课程，特别是自课程思政建设开展以来，学生的总体反馈更加积极、课程参与度显著提高，通过“动之以情，晓之以理”，本课程润物无声的课程思政教学效果更加明显。

这里摘录几位同学的结课论文中致谢部分的感言。

2017 级会计 1 班符娟同学：“商业伦理与会计职业道德这堂课的结束，也宣告了大学生涯最后一门会计课程的结束，但是对会计的学习与探索却是永远也不会停止的。这门课程虽然是课时最少、学分最低的会计专业课程，但是对会计人职业道德影响却是深远持久的，我也会永远铭记商业伦理与会计职业道德的教育，不忘初心。”

2017 级会计 2 班苏浩然同学：“转眼大学本科的学习生活即将接近尾声，由此我们也迎来了最后一门专业课——商业伦理与会计职业道德，它仿佛是为临近毕业马上步入社会的我们敲响最后的警钟。蔡老师说，财务是一项迷人且充满挑战的工作，像是魔术般千变万化，却又暗藏违规的陷阱，稍不注意便可能抱憾终生。作为最后的专业课，课时虽短，收获却颇丰。无论是两次辩论的准备和参与，还是课堂上蔡老师言情并茂、生动深刻的讲解，都让整个课堂体验饱满又充实。感谢商业伦理与会计职业道德这门课，它使我明白职业道德应该入脑、入心再入行，坚守正道方能实现价值。”

2017 级注会卓越班的田昊妍同学：“通过本学期的商业伦理与会计职业道德课程，我不仅从理论上学习了不同案例中的商业伦理问题，以及作为未来的会计从业人员需要遵守怎样的会计职业道德，更通过两次辩论梳理清楚了影响商业伦理和会计职业道德的关键环节，加强了自己的思辨能力，不断提醒自己在今后的工作中将课堂所学真正入脑、入心、入行。”

管理学

关鑫　工商管理学院

一、课程简介

管理学是由一系列管理理论、管理原理、管理方法、管理制度、管理职能等组成的知识体系，是关于管理活动的客观规律和一般方法的一门应用性、综合性学科，并与经济学、哲学、社会学、心理学等相关学科有密切的联系。管理学是经济、管理类专业的专业基础课，也是其核心课程之一。管理学包括了管理概念、管理者基本技能、管理思想、管理方法、管理理论丛林、企业环境系统、企业社会责任、企业文化、计划职能、组织职能、领导职能和控制职能等重要内容。主要任务是向学生讲授管理学基本思想、基本理论、研究方法，并通过具体案例分析，提高学生的管理素质和管理技能。

管理学课程是管理学科的基本主干课程，它既是一门科学，又是一门艺术。管理的科学性表明了管理教育与培训的重要性；而管理的艺术性，则表明了管理实践的重要性。

管理学作为一门应用学科，其知识主要来自管理实践，其知识的价值在于指导管理实践。学习管理学，目的是让学生学会运用管理活动的基本规律和一般方法去指导管理工作的实践，加深对管理职能的理解，为学习其他专业管理课程打下良好的基础；使学生了解管理学理论体系，掌握经典管理理论、科学管理方法和实用管理技能，具有较好的管理素养，并初步具备分析和解决现实中企业管理问题的能力。通过对管理学的系统学习，能够很好地培养和提升学生管理素养、管理技能和管理能力，为他们未来走上管理岗位、从事管理工作、解决管理问题、提升管理效率做好知识储备。

二、课程思政元素发掘

本课程共有 8 处有机融入课程思政内容，旨在培养和开发学生的管理素养和管理能力的同时，牢固树立他们与社会主义核心价值观高度契合的大局观，不断提高他们的政治站位，增强“四个自信”，激发他们肩负中华民族伟大复兴历史使命的责任感、自豪感与荣誉感，成为我国社会主义伟大事业合格的接班人和建设者。

元素 1：新发展阶段，管理者管理能力要体现绿色创新、战略前瞻性、精准判断力、社会责任感和使命感。

党的十九届五中全会审议通过的《中共中央关于制定国民经济和社会发展第十四个五年规划和二〇三五年远景目标的建议》，描绘了我国进入新发展阶段的发展蓝图，提出了要深入贯彻新的发展理念，构建新的发展格局，实现高质量发展战略目标。“必须践行绿水青山就是金山银山的理念。”这是遵照习近平总书记关于“我们既要绿水青山，也要金山银山”的重要思想提出的全面推进我国现代化建设的重大原则，也是推动我国经济高质量发展的客观需要。绿色发展、高质量发展已经上升为国家战略。因此，在新发展阶段，具有较强管理能力的高层管理者需要做到：①在复杂环境下能够成功捕捉到正确的方向；②做有强烈社会责任感和历史使命感的企业家，坚定不移地走“创新驱动、绿色发展”之路；③打造负责任的企业，积极践行 ESG（Environmental、Social and Governance，即环境保护、社会责任与公司治理）理念。

元素 2：中国传统文化中蕴含的管理思想与社会主义核心价值观相契合，值得我们继承与弘扬。

中国传统文化中蕴含的管理思想主要包括顺道、重人、人和、守信、求实、对策、节俭和法治。顺道，就是在管理中坚定不移地高举习近平新时代中国特色社会主义理论伟大旗帜、坚持培育和践行社会主义核心价值观。重人，就是要在管理实践中始终坚持以人为本，知人善任，选贤举能，重视人才的持续开发和培养，为人才搭建成就事业的平台。人和，即实现与组织、与社会的和谐，为此企业需要认真地履行社会责任。守信，就是企业讲信用，讲信誉，信守承诺，忠实地承担对内外部利益相关者应尽的义务。求实，就是实事求是。当下，企业打造核心竞争力的关键是创新，创新是企业获取和保持竞争优势不竭的源泉，而创新的前提是求实。任何一家企业的发展都是从无到有、从小到大、从弱到强，每一个发展阶段都要实事求是，认清内外形势，方能科学决策，科学创新，科学发展。对策，就是企业要学会用创新性的思维和创造性的方法高效地解决实际问题，实现健康持续发展。节俭，就企业管理而言，就是要求企业通过技术创新和制度创新，充分利用各种资源，不断降低成本，实现低投入、高产出、低能耗、高效能、低浪费、高效率。法治，对企业而言，一方面要依法合规经营，另一方面要不断健全和完善各项管理制度，用制度管人，实现企业高效运转。

元素3：企业文化建设要与中国特色社会主义核心价值观高度契合。

江苏阳光集团构建特色企业文化体系的实践案例，为民营企业践行和弘扬社会主义核心价值观、培育特色企业文化提供了有益的路径参照。江苏阳光集团在企业文化建设中以社会主义核心价值观为统领，围绕“通力合作、敢于拼搏、开拓创新、永不满足”的企业核心价值观，从精神文化、制度文化、行为文化、物质文化四个层面进行企业文化建设，形成了独具特色的企业文化体系，有效提升了企业的核心竞争力，为民营企业文化建设提供了镜鉴。

元素4：企业国际化进程中坚持创新驱动，打造核心竞争力，实现绿色可持续发展。

自2001年中国正式加入世界贸易组织（WTO）后，国家从顶层设计的高度制定了中国企业“走出去”战略，并一跃将其提升为国家战略。中国本土企业不断加快国际化步伐，以中石油、中铝、中化、中核、中铁、海尔、联想、华为、中兴、TCL等为代表的一大批优秀企业纷纷进军海外，取得了骄人的成绩，在国际经济大舞台上持续不断地发出“中国好声音”。坚持以科技创新为核心支撑，坚持在全球范围内贯彻可持续发展理念，严格遵守国际标准，不断开拓海外市场，持续提升国际竞争力。

元素5：民营企业要积极践行社会责任，这是实现绿色发展、高质量发展和可持续发展的必然要求。

2018年11月1日，习近平总书记在民营企业座谈会上对广大非公有制经济人士提出了新的期望，非公有制企业的企业家要做“做爱国敬业、守法经营、创业创新、回报社会的典范”，要“致富思源，义利兼顾，自觉履行社会责任”。这就要求从事非公有制经济的企业家们要向商人的更高层次——“哲商”转变，用哲学的观念来思考问题，把自身的事业与国家的富强、民族的振兴和人民幸福紧紧地联系在一起，要有强烈的社会责任感和历史使命感。非公有制企业积极履行社会责任，与国家同呼吸、共命运，与广大利益相关者之间的互惠共赢、和谐共生，已成新时代的大势所趋。

元素6：任正非的领导特质凸显社会主义核心价值观。

伟大的公司源于伟大的领导，华为的成功与任正非高超的领导力是密不可分的。从志存高远、愿景驱动与灵活应变、善于激发员工斗志、保持谦卑与艰苦奋斗、“有限民主+适度集权”领导风格、合作共赢理念、强大的学习力7个维度，并结合爱国精神、敬业精神、合作精神、创新精神、奋斗精神，全方位解读任正非的领导特质，诠释其带领华为走向成功的领导力源泉。他的这些领导特质在华为的计划工作、组织工作、领导工作和控制工作中发挥了巨大作用。同时，也很好地诠释了社会主义核心价值观，是现在和未来的管理者学习的好榜样。

元素 7：坚持党的领导，以党建工作助力国有企业高质量发展。

2018 年 9 月 29 日，习近平总书记在中国石油辽阳石化公司考察时强调，国有企业地位重要、作用关键、不可替代，是党和国家的重要依靠力量。同时，国有企业要改革创新，不断自我完善和发展。要一以贯之坚持党对国有企业的领导，一以贯之深化国有企业改革，努力实现质量更高、效益更好、结构更优的发展。党建工作对于国有企业至关重要，在对员工进行高效能领导、激励和培育过程中发挥了强大力量。通过党建，能够不断完善企业文化建设和制度建设，提升对员工的领导、激励、开发和培育效能，并有助于持续健全企业治理体系，提升企业治理水平。

元素 8：新时代巡视制度是加强国企科学控制职能的重要手段。

巡视制度是党内监督的一项重要制度，也是我国国有企业改革与发展过程中的一项重要制度创新。通过对企业管理进行事前、事中和事后反馈促进企业规范经营，持续推进国有企业深化改革，实现高质量发展。通过不断完善对国有企业的巡视制度，不仅能够更好地展现国有企业控制职能的特色，而且可以增强我们的制度自信和理论自信。

三、教案设计

本教学单元“企业社会责任”的教案设计，主要包括如下方面。

（一）教学目标

1. 知识目标

通过本节课程的学习，学生能够掌握企业社会责任的基本概念、主要内容、两种社会责任观、新发展阶段和新发展理念下我国企业履行社会责任的基本路径。

2. 能力目标

通过知识的学习，能够深刻理解企业社会责任的内涵，能够对企业履行社会责任情况进行全面系统的分析，能够在未来企业社会责任决策制定与责任履行过程中灵活运用。

3. 价值目标

第一，树立崇高的爱国精神、奉献精神和担当精神。

第二，深入学习和理解新发展阶段和新发展理念的核心思想。

第三，强化学生的全局意识、法律意识、合规意识、诚信意识、合作意识、共赢意识和责任意识。

第四，坚持绿色发展理念，深入领会“绿水青山就是金山银山”，不断强化环保意识，走绿色发展、高质量发展和可持续发展道路。

第五，通过价值引导，学生能够活学活用，广泛传播社会责任理念，移风易俗，利国利民。

（二）教学内容

1. 教学内容

第一，企业社会责任的概念内涵。

第二，两种社会责任观。

第三，企业社会责任的利益主体。

第四，企业履行社会责任的必要性与综合效益分析。

第五，新发展理念下企业履行社会责任的基本路径。

2. 教学重点

掌握企业社会责任的基本概念，明确企业社会责任的利益主体以及履行企业社会责任的必要性。

3. 教学难点

新发展理念下企业履行社会责任的基本路径，如何进行企业社会责任评价，以及如何体现社会主义核心价值观。

（三）教学手段与方法

1. 坚持“以学生为中心”的教学理念和教学方法

课程内容的设计以及课堂互动环节均坚持以学生为中心，充分发挥学生在课堂上的主体作用。通过课堂提问、小组讨论等形式将知识以最佳的形式传送给学生，使他们在最短的时间内摄取最有价值和最有效的信息。将教学内容贯穿整个课堂中，激发学生参与活动的积极性，提高实际应用能力。

2. 进行全方位的多媒体教学展示

通过 PPT、互联网视频（故事、经典案例等影视资料，以及在线课程等丰富多样的网络资源）、WORD 文档、板书、课堂讨论等多种教学手段来展示课程思政教学内容和教学过程，突出社会主义核心价值观的引导作用，增强对学生的吸引力，提升课程思政育人效果。在学生积极的课堂参与下，调动课堂氛围，实现良好的师生互动，更好地讲解教学内容。

3. 案例教学法

通过探索性案例分析，结合已有素材（如李宁公司如何践行绿色发展理念），陈述性地向学生进行课堂展示。通过案例的有效讲解，学生不再是单一的“听讲者”，而是转变为“参与者”，从“理论的接受者”转变为“实践的创造者”，从而能够增加学生对投资过程的感性认识和兴趣，全面激发学生的创新能力。同时，培养学生获取信息、分析处理信息的能力，激活学习中的各种知识储备，共同完成对案例的分析。

4. 开展“优秀企业家进课堂”（可选用）

通过邀请课程思政建设中涉及的知名企业，如李宁（中国）公司的中高层管理者进课堂，讲述公司成长经历与履行社会责任情况，以他们在公司工作中的亲身经历，更加全面系统地诠释课程思政内容，加强学生的理解和体会。同时，给学生提供一个互动答疑的平台，使他们能更好地了解企业，贴近现实生活，更好地将知识应用于现实企业中。

（四）教学过程

1. 教学设计思路

第一，以几张反映现实的有代表性的图片引出本节课程的主题，并对社会责任的相关概念进行梳理，给出社会责任的定义。如，以现实中真实存在的生态环境问题图片为切入点，引起学生的关注与反思。同时，通过学生小组讨论，引出学生对社会责任的认识，为后面的教学内容做铺垫。

课程思政体现：通过图片中涉及现实中存在的生态环境问题，增加同学们对现实中存在问题的认识，理解习近平总书记提出的绿色发展理念的现实意义，能够更加深刻体会“绿水青山就是金山银山”。

第二，通过概念梳理、提出问题、分析问题、解决问题并与实际案例相结合的思路来完成本节课程的设计和讲解。使同学们整体把握课程内容及框架，理解课程前后逻辑设计与内容之间的关系。

课程思政体现：承担社会责任是企业作为微观经济主体应尽的义务。强化企业社会责任履行，对于助力新常态背景下供给侧改革，实现民生改善、文化繁荣和绿色发展具有重大意义。中国企业履行社会责任也是企业自身转型升级与可持续发展的需要，中国企业一直在这方面努力，而这也是未来的发展方向。

第三，对核心概念进行解释与分析，掌握其管理学含义；并结合实际案例进行分析，使学生将抽象概念与实践相融合，对相关理论和概念有更深层次的把握。

课程思政体现：通过课堂讨论的方式，让学生列举在社会责任方面表现突出的企业，并分析企业履行社会责任的动机与经济结果，增加学生对中国企业的了解，增强民族自信心和自豪感。

第四，课堂习题和思考题训练。为了了解学生对课程知识的掌握和理解程度，进行相关练习，并就学生存在的问题进行解答。

课程思政体现：从社会和国家的利益出发，分析为何企业需要履行社会责任。结合新发展理念和高质量发展目标，企业需要为中国经济高质量发展不断努力，坚持创新驱动、合规经营、共享共赢、绿色发展、持续发展。企业积极履行社会责任，要始终保持与社会主义核心价值观、新发展阶段的总体战略擘画和中华民族伟大复兴同心、同向、同行。

2. 教学过程安排

见表1。

表1 管理学“企业社会责任”教学单元课程思政内容与教学环节设计

企业社会责任（50分钟）		
教学意图	教学内容及手段	环节设计
导言	利用PPT展示企业履行社会责任的必要性，通过空气污染、水污染等生态问题，引入企业社会责任的相关内容，说明本节课程内容的意义	时间：1分钟 使学生意识到企业履行社会责任的必要性，起到提纲挈领的作用
概念引入 问题提出	利用以下反映现实的图片，以提问的方式看学生是否了解企业社会责任及如何应对日益严重的环境问题 	时间：1分钟 通过图片的引入，激发学生的兴趣，引发思考
本节课程 总体框架 架构	第一，企业社会责任的概念内涵。 第二，两种社会责任观。 第三，企业社会责任的利益主体。 第四，企业履行社会责任的必要性与综合效益分析。 第五，新发展理念下企业履行社会责任的基本路径	时间：1分钟 使学生总体了解本节课涉及的主要内容

续表

企业社会责任（50分钟）		
教学意图	教学内容及手段	环节设计
核心概念 教学重点 -1	利用 PPT，讲解本节课的核心概念——企业社会责任。 （1）管理学大师对企业社会责任的认识 企业社会责任就是认真地考虑公司的一举一动对社会的影响。（哈罗德·孔茨）。 企业社会责任是指超过法律和经济要求的企业为谋求对社会有利的长远目标所承担的责任（斯蒂芬·P. 罗宾斯）。 （2）了解国内外有关企业社会责任的相关概念 · 经济学视角：企业价值最大化 · 法学视角：承担法律责任 · 社会学视角：维护和增进社会利益 · 伦理学视角：社会福利最大化 （3）总结本课对企业社会责任的定义 企业应该承担以利益相关者为对象的包括经济责任、法律责任、伦理责任和慈善责任在内的综合责任	时间：5 分钟 利用 PPT 多样化制作和演示，帮助学生理解基础内容
内容分析 知识拓展	对两种社会责任观的理解。 第一，古典观。以弗里德曼为代表。主张企业只应对股东负责，企业只要使股东的利益得到了满足，就是具有社会责任的表现，至于其他人的利益，则不是企业要管和所能管的。 第二，社会经济观。主张企业要对包括股东在内的利益相关者（如消费者、供应商、债权人、员工、所在的社区乃至政府等）负责。 举例说明。 （1）网易暴力裁员刷爆社交平台 据新京报等媒体报道，2019 年 11 月 24 日，一篇《网易裁员，让保安把身患绝症的我赶出公司。我在网易亲身经历的噩梦！》的文章刷爆各大社交媒体平台，自称在网易工作 5 年的资深员工，被网易强行辞退，并不给予“N+1”的补偿，遭受网易的不公平待遇。阅读量和留言超过 10 万，受到社会各界的高度关注。11 月 25 日，网易回应表示，已在该员工申请的 3 个月病假期间，按时发放了病假工资，并于今年 9 月 19 日，一次性给予其“N+1”补偿。但在沟通过程中，确实存在没有充分尽责地了解员工患病情况等沟通和处理中的不妥行为，对此，向该员工及其家人，以及因此受到影响的同事和公众致歉。 （2）蚂蚁森林持续爱心种树成典范 截至 2019 年 8 月底，支付宝蚂蚁森林公益项目已满 3 周年，根据生态环境部“环境与经济政策研究中心课题组”发布的《中国人低碳生活报告》，仅在蚂蚁森林上，就有 5 亿中国人坚持“手机种树”实现碳减排 792 万吨，过去 3 年，5 亿蚂蚁森林用户的低碳行为累计为地球种下了 1.22 亿棵真树，成为环境部研究的典型范例	时间：6 分钟 通过对知识的讲解、举例，展示企业履行社会责任的正反两个案例，更好地帮助学生理解两种社会责任观

续表

<table>
<tr><th colspan="3">企业社会责任（50 分钟）</th></tr>
<tr><th>教学意图</th><th>教学内容及手段</th><th>环节设计</th></tr>
<tr><td>内容分析
知识拓展</td><td>不同于其他的公益游戏，在蚂蚁森林上每成功种下一棵树，蚂蚁金服会为用户在荒漠化地区种下一棵真树。3 年间，支付宝和中国绿化基金会、阿拉善 SEE 基金会、亿利公益基金会、阿拉善生态基金会等公益合作伙伴一起，在内蒙古阿拉善、鄂尔多斯、巴彦淖尔、通辽和甘肃武威、敦煌等地区种植及养护了 1.2 亿棵真树，种植总面积超过 140 万亩，预计控沙面积超百万亩
</td><td>时间：6 分钟
通过对知识的讲解、举例，展示企业履行社会责任的正反两个案例，更好地帮助学生理解两种社会责任观</td></tr>
<tr><td>核心概念
教学重点 -2</td><td>利用 PPT，讲解本节课的重要概念——企业社会责任的利益主体。
（1）投资者
企业对投资者或股东承担的基本责任是：企业的经营要使投资者收回投资并使其增值，即要保证股东权益最大化，提高投资收益率和股票的价值。
（2）消费者
企业对消费者是诚实还是欺诈？是否给消费者提供了最好的产品（质优、价廉）？是否给消费者提供了最优的服务？这些都是企业面对消费者时应认真考虑的责任。
（3）供应者
企业对供应者的社会责任就是信守合同，到期付清供应商货款和偿还债权债务，以及公平交易，不收受回扣，以诚信为本，与供应者形成一种平等互利、长期协同发展的关系。
（4）员工
企业对员工承担的社会责任主要表现在企业对员工的承诺怎样兑现；员工生活的基本权利和发展空间是否得到保障；对员工在工作中是非功过的评判是否公正等。
（5）同业竞争者
企业与同业竞争者之间的竞争行为必须遵守公认的商业道德，按公平、公正及相应的市场规则有序进行，坚决抵制不正当的竞争行为</td><td>时间：12 分钟
利用 PPT 多样化的制作和演示，帮助学生理解基础内容</td></tr>
</table>

续表

企业社会责任（50 分钟）		
教学意图	**教学内容及手段**	**环节设计**
核心概念 教学重点 –2	（6）政府 企业应遵纪守法，按时足额纳税，支持城市建设和教育发展；要根据国家发展规划，结合市场需求来确定本企业的发展计划和目标，为国家政治经济的稳定和繁荣作出贡献等。 （7）社区 首先，企业应使所在的社会、社区成为居民更好的生活场所。其次，企业应积极参与社会性的环保公益活动，与政府、环保团体等携手参与环境的治理和改善。再次，企业应对社会的长远发展负责，有效利用资源。最后，企业还应对保障社会就业负责，为社会提供尽可能多的就业机会	时间：12 分钟 利用 PPT 多样化的制作和演示，使学生理解基础内容
教学重点 –3 企业履行社会责任的必要性与综合效益分析	第一，企业承担社会责任、履行伦理道德可以降低个体交易成本，增加社会福利，达到双赢目的。 第二，企业承担社会责任、遵循伦理道德可以提高企业的商誉，增加企业的效益。 第三，企业承担社会责任、遵循伦理道德可以增强企业的核心竞争力。 第四，企业承担社会责任、遵循伦理道德可以赢得更多的合作者。 第五，企业在道义上有责任解决社会问题。 第六，企业在承担社会责任、遵循伦理道德过程中可以发现投资机会，拓展自己的发展空间。 第七，企业承担社会责任已经成为国际贸易中的新规则	时间：5 分钟 帮助学生了解企业承担社会责任、遵循伦理道德的意义和必要性。通过提问与学生互动，激发学生的思考
内容分析 知识应用	新发展理念下企业履行社会责任的基本路径。利用案例李宁（中国）公司（以下简称“李宁公司”）践行企业社会责任进行讲解。 李宁公司利用自身体育资源优势，通过各类社会公益活动持续为共建和谐社会贡献力量。公司创始人李宁先生将这种社会责任感贯彻到企业管理中，引领企业整体公益价值观，诠释本公司积极投身公益事业的视野。 第一，保障员工权益，共享企业价值。李宁公司在自身发展的同时不断完善用工管理制度，切实保护员工合法权益，同时注重员工精神建设。 第二，维护国家利益，践行绿色理念。李宁公司坚持可持续，通过严格管控能源使用、采用太阳能等环保能源、废物回收再利用等措施，每年预计减少二氧化碳排放量 1 700 吨、减少二氧化硫排放量 46 吨。 第三，注重品牌国际化，不断发扬中国精神。李宁公司在中国本土和国际舞台大放异彩，多次亮相四大时装周，每次均有不同的实验性主题和秀场布置，引发话题的设计概念，包括红旗和德邦等在内的联乘对象。不断坚定品牌的海外发展步伐，逐步与国际潮流接轨	时间：10 分钟 通过案例解读，使学生理解新发展理念下企业履行社会责任的基本路径

续表

企业社会责任（50 分钟）		
教学意图	教学内容及手段	环节设计
内容分析 知识应用	第四，李宁公司以创新为理念，最大化消费者的利益。李宁公司的店面已经不仅仅是购物场所了，还是运动的体验场所。消费者可以在店面内进行专业的体脂测试，甚至跑步姿势的测试，根据消费者的数据给消费者提出专业的运动建议，让购物不再是一种行为，而是一种态度。为了抓住年轻人的喜好，李宁公司的设计师纷纷走上街头，深入校园，推出的产品一炮而红且深受年轻人喜爱。 第五，协调产业链上下游，共享可持续发展成果。李宁公司有着严格的标准和评估流程。从合作需求入手，分别从供应商的产品开发、交期、质量、成本和环境与社会责任、财务风险和法务风险等不同维度去综合评估。值得一提的是，环境与社会责任在评估过程中具有一票否决权，这也显示出可持续发展在李宁公司管理中有着举足轻重的地位	时间：10 分钟 通过案例解读，使学生理解新发展理念下企业履行社会责任的基本路径
课堂讨论 知识应用	开展课堂主题讨论：以“如何激发企业履行社会责任，贯彻绿色发展理念”为主题，开展课堂分析和讨论。帮助学生深入理解绿色可持续发展的理念，学习如何应用企业社会责任分析问题	时间：5 分钟 帮助学生理解企业履行社会责任的路径。通过课堂讨论，有助于学生对企业如何履行社会责任有更全面的分析和了解
课程总结 内容回顾	对本次课程的主要内容，尤其是教学的重点和要点进行概要式的总结和回顾，包括：核心概念、关键内容、言简意赅的总结陈述	时间：2 分钟 结合 PPT，对课程重点进行总结和回顾，加深学生的印象
课后作业 知识巩固	举出更多案例分析企业如何履行社会责任；具体说明企业履行社会责任的利益主体都包括哪些	时间：2 分钟 通过课后的练习题目，巩固学生对课堂知识的理解和运用

四、教学效果分析

本课程教学内容和课程设计符合大学一年级学生的知识水平和认知能力。通过采用多种教学手段，特别是案例讲授与多媒体教学资源使用，营造一种轻松活泼的课堂学习氛围，有利于加深学生对管理原理、管理理论和管理方法的理解，并掌握其中的关键知识点。同时，通过课上互动交流，激发学生的学习兴趣，提升学生运用所学知识系统分析中国企业管理实践中存在的问题、提出解决思路的能力。

本课程始终贯穿爱国主义精神、奉献精神、创新精神、绿色发展理念、高质量发展理念、合作共赢理念，这些不仅与社会主义核心价值观高度契合，也是现代大学生做人做事都需要遵循的基本道理，更是实现中华民族伟大复兴必须坚持的基本理念。通过对管理学教学内容的系统分析，将社会主义核心价值观、中国优秀传统文化与管理学的重要理论、重要方法和核心知识点紧密结合。在此基础上，寻找管理理论与中国企业管理实践的最佳契合点，用经典管理理论诠释中国企业管理实践，用中国企业管理实践注解经典管理理论和管理知识，通过在教学过程中对典型案例进行深入解读，讲好中国管理故事，传递“中国好声音”，做好对学生的价值引导和思想引领。管理学课程覆盖面大，涉及的学生人数众多，因此，课程思政建设作用更大，成效也更为显著。

本课程通过新发展理念下企业社会责任观的价值融入，可以让学生更加深刻地体会新发展阶段我国企业应该承担的社会责任的基本范畴，并以此为标尺去衡量企业承担的社会责任是否基于“创新、协调、绿色、开放、共享”发展理念，是否能够实现绿色发展、和谐发展和高质量发展，进而找出不足与差距，提出让企业更好地履行社会责任和实现高质量发展的意见和建议。

市场营销学（1）

张松波　工商管理学院

一、课程简介

市场营销学是一门建立在经济科学、行为科学和现代管理理论基础之上，研究以满足顾客消费需求为中心的企业市场营销活动及其规律性的应用学科，是经济管理各专业学生必须学习和掌握的一门专业基础课。通过本课程的教学，学生将比较全面系统地了解市场营销学的基本理论、方法和策略，熟悉和掌握企业市场营销活动的运作过程和管理环节；树立以顾客为中心的现代营销观念，并且能够灵活运用市场营销原理和方法发现、分析、解决现实企业营销活动中的实际问题，逐步提高学生市场营销管理能力，为进一步学习其他专业课程以及毕业后能够适应市场营销管理工作打下良好的基础。本课程涉及的主要领域和内容包括:市场营销学的产生与发展，市场营销的核心概念及各种营销观念，顾客满意，市场营销环境及市场购买行为分析，市场调研，目标市场战略，市场竞争战略，营销组合策略，市场营销管理及市场营销理论的最新发展等。

通过本课程的学习，学生能够达到以下目标。

知识。学生能够掌握市场营销学的基本理论、方法和策略，熟悉不同类型市场的运作过程和管理策略。

应用。学生可以分析和解决企业营销活动中出现的各类问题，并能够针对新产品撰写营销策划书。

整合。学生可以整合不同学科的理论和研究方法。

情感。学生在团队协作中能够明确自身角色定位，正确认识自己、他人和团队的使命，能够有效进行沟通交流与合作。

价值。学生树立用市场营销手段解决社会问题的责任意识，培养企业家精神、具有家国情怀和国际化视野。

学习。学生紧随互联网发展趋势，探索市场营销前沿，在 5G 时代养成持续自主学习和终身学习的习惯，适应环境的变化，应对未来的不确定性。

二、课程思政元素发掘

在市场营销学课程中，将诚信和道德、团队合作、长远规划、创新等德育元素融入其中，引导学生不断增强“四个自信”“五个认同”，使学生在学习专业知识的同时，进一步感受祖国的繁荣、富强、昌盛，以及中国人民通过不懈努力实现中国梦的情怀，最终成为树立正确人生观、价值观、世界观、事业观的社会主义建设人才。

本课程的思政元素融入如表 1 所示。

表 1　市场营销学课程思政内容与教学环节设计

教学模块	教学内容	思政元素融入点	教学方法
市场营销理论篇	市场营销基本概念；市场营销理念演变；市场营销战略规划	绿色消费；企业社会责任；合理消费；不忘初心，牢记使命；合作精神；创新思维	案例教学；课堂讨论；视频观摩
市场营销分析篇	市场营销环境分析；营销信息与调研；消费者行为分析；组织市场分析	精准扶贫；中国特色社会主义道路自信、理论自信、制度自信、文化自信；解放思想，开拓创新；爱国主义情怀和民族自豪感；吃苦耐劳，勤劳致富；正确的消费观；正确的偶像观	案例分析；角色扮演；视频观摩；小组辩论对抗
市场营销战略篇	目标市场战略；市场竞争战略；新产品开发战略	不忘初心，牢记使命；艰苦创业的精神；“五个认同”；企业家精神；解放思想，开拓创新；知己知彼，百战百胜	案例分析；角色扮演；视频观摩
市场营销策略篇	产品和服务策略；品牌策略；定价策略；分销策略；促销策略	社会主义核心价值观；中国特色社会主义道路自信、理论自信、制度自信、文化自信；解放思想，开拓创新；爱国主义情怀和民族自豪感；“五个认同”；企业家精神	案例分析；角色扮演；视频观摩；小组辩论对抗
市场营销管理篇	市场营销计划；市场营销组织；市场营销执行；市场营销控制	职业道德；社会主义核心价值观；企业社会责任；不忘初心，牢记使命	角色扮演；案例分析

三、教案设计

本教学单元“品牌定位”的教案设计，主要包括如下方面。

（一）教学目标

1. 知识层面

第一，掌握消费者的五种心智模式。

第二，理解品牌定位的定义。

第三，了解品牌定位的意义。

第四，掌握品牌定位的原则。

2. 能力层面

第一，培养学生的抽象概括能力，能够识别消费者心智模式的外在表现。

第二，提高学生的案例解析能力，能够对所用案例进行独立的思考和分析。

第三，锻炼学生学以致用的能力，能够运用品牌定位原则指导企业进行实践。

3. 思想层面

第一，培养独立创新精神，鼓励学生对所学知识进行举例论证。

第二，培养学生发散性思维，实现聚合思维和发散思维的平衡发展。

第三，培养学生批判性思维，引导学生从多角度思考和分析理论实践问题。

（二）教学内容

1. 教学重点

本节课的教学重点包括以下方面。

第一，如何理解品牌定位与消费者心智之间的关系。从定位理论的提出过程可知，定位前提与核心是攻心为上，所以品牌定位的前提是理解消费者心智模式，品牌定位的过程是占领消费者心智模式。如何理解二者之间的逻辑关系，是本节课教学的重中之重。

第二，如何利用品牌定位的原则指导企业进行精准有效的品牌定位。为保证品牌传播的成功，品牌定位必须遵循一定的原则，这是避免定位失败的保障。其中，心智主导原则是最重要的原则，品牌定位必须要占领或改变消费者的心智。

2. 教学难点

本节课的教学难点集中体现为以下方面。

第一，如何理解和掌握消费者的五种心智模式。心智模式属于较为抽象的词汇，如何引导学生以联系自身实际的思维模式去理解和掌握消费者的五大心智模式，并能够融会贯通，是本节课的第一个难点。

第二，针对消费者不同的心智模式，企业如何进行品牌定位。消费者具有五大心智模式，忽视其中任何一个都会导致企业定位的错误和失败，所以企业如何根据消费者不同的心智模式，有针对性地进行品牌定位，是本节课的第二个难点。

3. 应对措施

由于本讲的内容比较抽象，具有较强的理论性，基于上述教学重点与难点，结合授课对象的基本特征，在本节课的课堂教学过程中主要采取了如下解决措施。

第一，合理分配教学时间。更多的时间用来进行重点和难点内容的讲解。

第二，采用大量案例帮助学生形象地了解消费者的五大心智模式及如何进行品牌定位。做到案例选取的多样化（包括口述、图片及视频等）和新颖性（如共享单车等最新的热点案例），保证案例与理论知识的良好契合。

第三，坚持以学生为主体的原则，互动讨论贯穿全程。根据学生的反应，把握讲解速度和表述方式，力求深入浅出、浅显易懂。采用问题牵引教学法。通过联想法、类比法等展示“问题”，启发学生独立思考，激发学生学习兴趣，引导学生发散性思维，进而解决实际问题，真正理解理论知识。

（三）教学手段与方法

1. 思政引入

引入点 1：通过香格里拉酒店的品牌宣传片，引入创新性思维的重要性。

引入点 2：在大脑心智模式之——缺乏安全感模块，通过阐述社会风险，引入树立正确的价值观。

引入点 3：在大脑心智模式之——不轻易改变模块，引入不忘初心、牢记使命。

引入点 4：在品牌定位的定义部分，引入正确自我价值定位。

2. 教学手段与方法

在不同的思政融入点，综合采用讲授引入、提问互动、角色扮演等方式，通过启发式教学、互动式教学、体验式教学等多种教学方法与教学手段，力争做到启发引导、润物无声、水到渠成的教学效果，使学生入脑、入心。

引入点 1：提问互动。

引入点 2：角色扮演和案例讨论。

引入点 3：讲授引入和案例讨论。

引入点 4：启发式教学。

（四）教学过程

1. 课堂设计思路

首先，从课程内容看，品牌定位教学单元是品牌策略的一个重点和难点，它对品牌定位内涵的理解和掌握非常重要，是学习品牌定位过程和方法的前提条件，主要内容包括消费者心智模式，以及品牌定位的定义、意义和原则。其中，如何占领消费者心智模式是企业进行品牌定位须首要思考的问题，这也是课程讲授的难点和重点。品牌定位的意义从企业和消费者两个方面切入，而品牌定位的原则是保证品牌传播成功的主要因素。

其次，从课程受众看，作为“00后”一代，学生的思维优势在于接触的知识面较广，信息来源渠道较多，而且对新鲜社会事物的接触兴趣高涨；但比较典型的问题是获取的信息多为“知识碎片”且兴趣点容易转移，系统性逻辑思维能力有待提高，缺乏主动参与的能力。所以，在教学中更多地引用他们感兴趣且有热情参与的现实案例（如微博内容、广告视频等），坚持做到学生是“主角”，即学习和讨论的主体；老师是“导演”，即行动过程的设计者与控制者，激发学生学习的兴趣和创新的火花，同时通过启发性的互动来引发学生的系统性思考。

综上，本次课程设计思路是按照课堂导入——知识讲授——课堂总结三个环节展开，并且按照课程的重点和难点内容，安排每个环节的具体时间，做到有的放矢。

2. 教学过程

具体课堂教学过程如下（表2）。

表2 “品牌定位”教学单元课程思政内容与教学环节设计

教学目的	教学内容与设计	教学方式
开篇：简单回顾上节内容，通过视频引入本节课程（5分钟）		
通过香格里拉的品牌形象宣传片，激发学生兴趣，进入上课状态，引入本节内容	（一）上节内容回顾 简要回顾上节课的内容，包括独特的销售主张（USP）理论、品牌形象论和定位理论，总结其共性，即均是分析消费者认知的过程。 （二）提出问题，通过视频案例引入本节课程内容 引例：下图中的香格里拉酒店集团的品牌形象宣传片  2010年，香格里拉酒店集团（以下简称“香格里拉”）在全球隆重推出其全新制作的品牌形象电视广告。广告主题为“至善盛情，源自天性”，创意大胆、风格前卫，传达了香格里拉在过去40年里所恪守的独特服务理念，证明香格里拉成为亚太地区最佳豪华酒店集团实至名归	【板书+幻灯片】回顾总结定位理论的提出 【视频播放】

续表

<table>
<tr><th>教学目的</th><th>教学内容与设计</th><th>教学方式</th></tr>
<tr><td>通过香格里拉的品牌形象宣传片，激发学生兴趣,进入上课状态,引入本节内容</td><td>视频中提问：这是哪个企业的品牌形象宣传片？
视频后提问：香格里拉的品牌形象宣传片做得如何？
品牌之战的真正战场在那里？
本节课要学习以下 4 个问题。
1. 消费者心智模式
2. 品牌定位的定义
3. 品牌定位的意义
4. 品牌定位的原则</td><td>【提问 + 讲解】
引导式提问，启发对心智的思考，引出下文。
【幻灯片+讲授】
讲授本节课程主线</td></tr>
<tr><td colspan="3">一、消费者心智模式（15 分钟）</td></tr>
<tr><td>让学生理解品牌定位的前提是熟知消费者心智模式。
从心理学和传播学双视角切入，让学生理解大脑记忆信息的有限性，并掌握突破方法。
让学生理解信息爆炸时代，信息过量会引起消费者反感，所以企业品牌定位要保持简化</td><td>根据定位理论,定位的前提是了解消费者的心智模式。1996 年，特劳特和瑞维金在《新定位》一书中首次列出了消费者的五大心智模式。
（一）消费者心智模式之一：容量有限
乔治・米勒提出：只有七块信息能够比较容易地储存在短期记忆中，消费者在众多信息中会进行选择性记忆。
提问：你能列出七个共享单车品牌吗？
传播学者克拉柏提出了选择理论，包括选择性注意、选择性理解和选择性记忆，解释了消费者大脑的有限性。
针对消费者大脑的有限性，突破方法是品牌传播的信息要成为消费者的关注点，比如激发兴趣、感情共鸣及经历关联等。

（二）消费者心智模式之二：喜简烦杂
随着互联网信息技术的发展，信息满天飞让消费者疲于应付。
・超负荷

</td><td>【实物展示】
展示《新定位》书籍。
【提问 + 举例 + 讲授】
采用王者荣耀游戏和南方黑芝麻糊等案例进行讲解，阐述如何通过兴趣、感情、经历等改变消费者心智模式。
【举例 + 讲解】
以当红明星鹿晗代言的诸多广告为例说明信息的超负荷</td></tr>
</table>

续表

教学目的	教学内容与设计	教学方式
让学生理解大脑的功能分布及消费者感知到的五种风险，从而了解消费者为何缺乏安全感，并进一步讲解如何进行突破	· 内容重复  · 难以理解 BUSINESS INTERNATIONAL MACHINES　IBM 针对消费者大脑喜简烦杂这一特点，突破方法是将传播信息进行简化处理，做到微言大义。比如 M&M 巧克力的“只溶在口，不溶在手”，耐克公司的标志性一勾，麦当劳的大 M 等。 SHANGRI-LA HOTELS and RESORTS  （三）消费者心智模式之三：缺乏安全感 由大脑的分工图可以看出，大脑总是倾向于感性，而不是理智 左右脑分工图 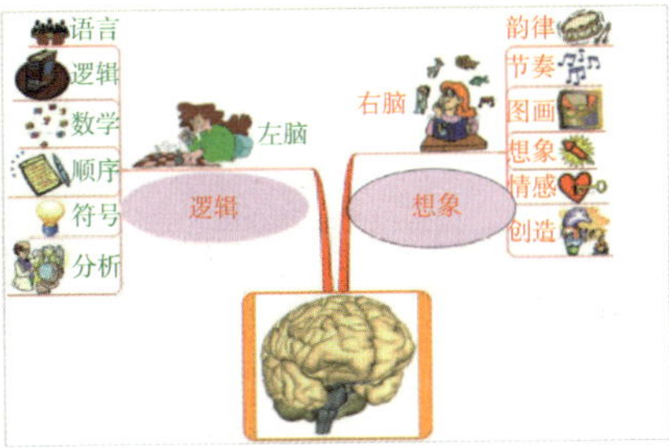 	【举例 + 讲解】 以洗发水广告为例说明品牌信息的重复性。 【提问 + 举例 + 讲解】 用 IBM 以前的品牌标志进行提问，通过对比分析，得到简化定位的重要性。 【举例 + 讲解】 简要分析香格里拉的品牌标志，呼应开篇案例，并用脑白金的定位变化加深理解。 【举例 + 讲解】 通过剖析左右脑分工图，得到大脑总是倾向于感性的结论

续表

教学目的	教学内容与设计	教学方式
让学生理解大脑的功能分布及消费者感知到的五种风险，从而了解消费者为何缺乏安全感，并进一步讲解如何进行突破	人类大脑中有一块是发育和成熟最快的，是分管安全的区域，主要有以下五种感知风险使消费者缺乏安全感：  金钱风险  功能风险  生理风险  社会风险  心理风险	【举例＋讲解】 对大脑感知的五种风险，分别举例进行讲解。
	针对消费者大脑缺乏安全感这一特点，突破方法是权威机构认证、早期试用者的现身说法、悠久的历史等  	【举例＋讲解】 以牙膏和酒类商品为例，讲解针对消费者大脑缺乏安全感的突破方法

续表

<table>
<tr><th>教学目的</th><th>教学内容与设计</th><th>教学方式</th></tr>
<tr>
<td>让学生理解消费者大脑的顽固性，以及对品牌的印象，并掌握相应的突破方法</td>
<td>（四）消费者心智模式之四：不轻易改变
消费者一旦形成了对品牌的形象，就很难改变，所以第一印象很重要，对于企业而言，不要轻易改变品牌的形象，比如可口可乐推出新可乐的失败以及李宁公司回归品牌形象后的成功等。因此，一定要认清消费者记住品牌的背后原因。具体如下。
·品牌如爱情，第一印象很重要

·要识别形成品牌形象的背后信息

·有时重申消费者熟悉的观念更明智

针对消费者认知不轻易改变这一特点，突破方法是保持定位的连续性和稳定性</td>
<td>【举例+提问+视频播放+讲解】
通过提问康师傅第一印象问题，与学生互动，来阐释品牌第一印象的重要性。
运用可口可乐新配方失败的案例来解释形成品牌形象的背后信息，并利用非常可乐的案例加深理解。
运用李宁品牌形象回归成功逆袭的案例，说明重申消费者熟知的观念很重要</td>
</tr>
<tr>
<td>让学生理解消费者的大脑容易丧失焦点，以及最重要的原因是品牌延伸，并掌握针对性突破方法</td>
<td>（五）消费者心智模式之五：容易丧失焦点
有许多企业凭借品牌延伸四两拨千斤，节省了营销成本，获得了成功；同样，市场上也有许许多多因此而失败的品牌。品牌扩大发展时，有时会产生定位模糊，使消费者失去焦点，主要原因是陷入品牌延伸陷阱。
·类别认知混乱
</td>
<td>【举例+讲解】
运用茅台品牌延伸说明消费者的类别认知混乱</td>
</tr>
</table>

续表

<table>
<tr><th>教学目的</th><th>教学内容与设计</th><th>教学方式</th></tr>
<tr><td>让学生理解消费者的大脑容易丧失焦点，以及最重要的原因是品牌延伸，并掌握针对性突破方法</td><td>

·与原产品认知冲突

·延伸产品失败的株连作用

针对消费者大脑容易丧失焦点这一特点，突破方法是准确定位品牌并界定使用范围，识别品牌延伸的产品与原品牌的关系

P&G Pringles

</td><td>【举例＋讲解】
运用霸王洗发水的品牌延伸说明消费者产生的与原产品的认知冲突。

【举例＋讲解】
运用派克推出低端钢笔的失败，来说明延伸产品失败的株连作用。

【举例＋提问＋讲解】
运用宝洁成功的品牌延伸，如推出的品客薯片，说明如何突破消费者容易丧失焦点的心智模式</td></tr>
<tr><td colspan="3">二、品牌定位的定义（6 分钟）</td></tr>
<tr><td>使学生理解不同的学者给出的品牌定位的定义。
归纳各学者给出的定义，分析其本质，让学生掌握品牌定位的定义及要点</td><td>（一）各学者对品牌定位的定义
品牌定位是设计公司的产品服务以及形象，从而在目标客户的印象中占有独特的价值地位（Kotler）。
品牌定位是确定本品牌在客户印象中的最佳位置以及竞争对手在客户印象中的位置，以实现公司潜在利益的最大化（Keller）。
所谓定位，就是让品牌在消费者的心智中占据最有利的位置，使品牌成为某个类别或某种特性的代表品牌。当消费者产生相关需求时，便会将定位品牌作为首选，也就是说这个品牌占据了这个位置（邓德隆）。
提问：大家认识邓德隆这个人吗？</td><td>【板书＋幻灯片＋讲授】
板书三位学者的名字。
【提问】
呼应开篇提到的特劳特品牌定位理论。
【幻灯片＋讲解】
对比分析讲解，引出课本中的定义</td></tr>
</table>

续表

<table>
<tr><th>教学目的</th><th>教学内容与设计</th><th>教学方式</th></tr>
<tr><td>使学生理解不同的学者给出的品牌定位的定义。
归纳各学者给出的定义，分析其本质，让学生掌握品牌定位的定义及要点</td><td>（二）引入课本给出的定义
以邓德隆的定义为基础，同时结合以上各位学者的观点，课本对定位所下的综合定义是：让品牌在消费者心智中占据一个与消费者相关、与竞争者不同的有利位置，使品牌成为某个品类或某种特性的代表品牌。这一定义有以下三个要点。
第一，定位的焦点是消费者的心智。
第二，定位的诉求点必须与消费者需求相关，同时与竞争者之间存在差异。
第三，定位的结果是将产生一个品类的代表或者特性的代表

</td><td>【举例】
以 Intel 和王老吉为例，加深学生理解</td></tr>
<tr><td colspan="3">三、品牌定位的意义（8 分钟）</td></tr>
<tr><td>通过英国 NOP 公司的数据分析，引出品牌定位的重要性。让学生从企业角度和消费者角度去理解品牌定位的意义</td><td>品牌定位对于企业和消费者而言，具有重要的意义。
（一）品牌定位提高了品牌传播的效率
· 目标市场的确定：奇瑞 QQ 以年轻人为目标市场

· 卖点的确定：五谷道场提出了“非油炸”的卖点

</td><td>【数据分析 + 幻灯片】

【举例 + 讲解】
以奇瑞 QQ 为例，讲解目标市场的确定。

【举例 + 讲解】
以五谷道场为例，讲解卖点的确定</td></tr>
</table>

续表

<table>
<tr><th>教学目的</th><th>教学内容与设计</th><th>教学方式</th></tr>
<tr><td>使学生理解品牌定位如何提高品牌传播的效率。
使学生理解品牌定位如何凸显品牌的差异性。
使学生理解品牌定位如何为消费者提供购买的理由</td><td>（二）品牌定位凸显了品牌的差异性
· 别人没有的：京东拥有竞争对手所没有的物流速度。

· 别人有但没说的：金威啤酒说出了大家都有的东西。

（三）品牌定位为消费者提供了一个明确的购买理由
品牌定位致力于在消费者心智中找到一个能打动消费者的位置，并通过各种传播工具告诉消费者，形成了购买的理由。
提问：你购买现在所穿品牌鞋子的理由是什么？</td><td>【举例 + 讲解】
以京东为例，讲解其快速送达的差异化定位。

【举例 + 讲解】
以金威啤酒为例，讲解其差异化定位的来源。

【提问 + 讲解】</td></tr>
<tr><td colspan="3">四、品牌定位的原则（10 分钟）</td></tr>
<tr><td>让学生理解消费者认知改变对企业产品的重要性</td><td>为保证品牌传播的成功，品牌定位必须遵从以下原则。
（一）心智主导原则
品牌定位不在产品本身，而在消费者心智。无论是为一个已有产品还是潜在产品定位，管理者都是在目标消费者的心智中建立位置
</td><td>【幻灯片 + 案例 + 提问】

【举例 + 讲解】
以七喜为例，讲解其如何占据消费者心智</td></tr>
</table>

续表

教学目的	教学内容与设计	教学方式
	当七喜被定位于一种清爽饮料时，它的业绩很不理想，后来在消费者心目中建立了“非可乐”的全新品类，一跃成为继可口可乐、百事可乐之后的美国排名第三的饮料。 提问：七喜本身做出改变了吗? 讲解：在这个过程中，七喜本身并没有做出任何改变，改变的是消费者的心智。	【提问＋讲解】
如何让学生理解品牌定位的内涵不可随意更改	（二）稳定性原则 除非是原有定位不合时宜，否则品牌定位不要随意更改。为了在消费者心智上打上品牌烙印，管理者必须持之以恒地将品牌定位传递出去。  从 1921 年到今天为止，贝蒂妙厨公司创造出这个虚构的人物以来，贝蒂的形象不断修饰，反映了美国妇女生活的变化。多年来，她更换了八个“形象”。 提问：贝蒂妙厨为何要不断更换代言人的形象?	【举例＋讲解】 以贝蒂妙厨为例，讲解其为何要八次更换代言人形象。 【提问＋讲解】
让学生理解简洁的品牌定位有助于消费者接受、记忆和传播	（三）简明性原则 对品牌的本质特征进行高度提炼，在大量的品牌信息充斥消费者脑海的时候，唯有简明清晰的定位才能使品牌脱颖而出。 提问：最安全的车是哪个品牌?  讲解：沃尔沃汽车曾一度把自己定位成可靠、奢华、安全、开起来好玩的车，结果造成了消费者混乱的认知，后来修正定位，只讲“安全”，从而形成现在一提起最安全的车就想到沃尔沃的理想结果	【提问＋举例＋讲解】 从最安全的汽车的提问切入，引出沃尔沃的发展历程，确定品牌定位时要保持简明

续表

教学目的	教学内容与设计	教学方式
让学生理解品牌的定位必须非常鲜明，具有差异化	（四）差异化原则 品牌定位的本质是差异性，不能形成差异性的品牌将无法从竞争品牌当中脱颖而出。 提问：中央 2 和中央 8 频道的定位分别是什么？ 讲解：中央 2 频道的定位是财经类，而中央 8 频道的定位是生活类，差异化的定位使消费者不会产生定位模糊。 提问：“激情成就梦想”和“感动世界，超越梦想”是青岛啤酒和燕京啤酒的口号，你能区分出来吗？ 讲解：这么多的“梦想”过于同质化，会令消费者无所适从，类似的还有洗发水的广告	【提问＋举例＋讲解】 【提问＋讲解】
	五、课堂总结和课下作业（6 分钟）	
回顾本节知识，强化学生对课堂内容的掌握，用“一个前提”“两个定义”“三个意义”“四个原则”等耳熟能详的语言帮助学生记忆	（一）总结 品牌定位的前提是理解并占领消费者心智模式，本节课学习了消费者的五大心智模式，以及品牌定位的定义、意义和原则，特别要注意理解和掌握消费者的五大心智模式。 一个前提：消费者心智模式。 两个定义：学者定义和课本定义。 三个意义：提高了品牌传播的效率、凸显了品牌的差异性、为消费者提供了一个明确的购买理由。 四个原则：心智主导、稳定性、简明性、差异化。 五个心智模式：容量有限、喜简烦杂、缺乏安全感、不轻易改变、容易丧失焦点。 （二）课下作业 1. 复习本节内容 根据消费者的五大心智模式，选择自己熟悉或喜欢的品牌，分析其如何占领消费者心智模式，并阅读本节课的延伸材料。 2. 预习第三节“品牌定位的过程” 注意对比品牌差异点和共同点的建立方法	【提问＋讲解】 提问本节课核心内容，并进行归纳总结，布置作业和预习任务

四、教学效果分析

在授课过程中，以企业市场营销热点事件与热点问题的实时传递、中国企业国际经营正反面案例解析、综合性案例报告撰写为载体，将启发式教学、互动式教学、体验式教学等多种教学方法融合运用，增强了学生在课堂面授过程中的代入感和体验感，基本实现了教学与育人的双向协同。同学们对一些案例的讨论更加具有主动性和创新性，并使正确的人生观、价值观、社会责任感和使命感无形中渗透到学生的心中，逐渐成为学生的自觉需求，最终成为学生未来走入社会、规划人生的必然选择，从而达到了大学生德育教育的目的。同时，课程思政的融入提升了学生对课堂的满意程度，大大提高了他们的学习积极性。

市场营销学（2）

王夏　工商管理学院

一、课程简介

市场营销学是为学校工商管理大类本科生在大学二年级第一学期开设的一门专业基础课，同时也是经济、管理类专业本科学生的专业选修课。

本课程是一门建立在经济科学、行为科学和现代管理理论基础之上，研究以满足顾客消费需求为中心的企业市场营销活动及其规律性的应用学科。课程主要内容包括市场营销学的产生与发展、市场营销环境及市场购买行为分析、市场营销信息系统与市场调研、目标市场战略、市场竞争战略、营销组合策略等。课程目的是使学生理解及掌握市场营销学的基本理论、研究方法与分析工具，并能把这些知识灵活运用于发现、分析和解决企业的实际问题，提高营销活动及企业决策的科学性与预见性。此外，本门课程也能够为学生进一步学习经济管理类专业课程以及毕业后胜任市场营销管理工作奠定良好的基础。

二、思政元素

元素 1：绿色发展理念。

党的十八大以来，在全球生态环境日益恶劣的大背景下，习近平总书记对生态文明建设作出一系列重要指示和深刻论述，提出了新论断、新要求。习近平总书记多次强调“保护生态环境就是保护生产力，改善生态环境就是发展生产力”。习近平总书记指出“生态兴则文明兴，生态衰则文明衰”，“绿水青山就是金山银山”。我们应全方位开展生态环境国情和绿色价值观教育，增强全社会建设生态文明的主人翁意识。

元素 2：文化自信。

党的十八大以来，习近平总书记高度重视文化自信，突出强调文化自信“更基础、更广泛、更深厚”的地位。习近平总书记指出，“中华优秀传统文化是我们最深厚的文化软实力，也是中国特色社会主义植根的文化沃土”；坚定文化自信，是事关国运兴衰、事关文化安全、事关民族精神独立性的大问题。

元素 3：我国社会主要矛盾和民生问题。

党的十九大提出，新时代社会主要矛盾已转化为“人民日益增长的美好生活需要和不平衡不充分的发展之间的矛盾”。习近平总书记坚持以人民为中心的发展思想，讲“民生是最大的政治”。党的十八大以来，以习近平同志为核心的党中央牢记为人民谋幸福的初心，紧紧围绕人民对美好生活的向往，着力解决人民群众最关心最直接最现实的问题，不断增强人民群众的获得感、幸福感、安全感。

元素 4：乡村振兴战略。

党的十九大报告指出，农业农村农民问题是关系国计民生的根本性问题，必须始终把解决好“三农”问题作为全党工作的重中之重，实施乡村振兴战略。我国人民日益增长的美好生活需要和不平衡不充分的发展之间的矛盾在乡村最为突出，我国仍处于并将长期处于社会主义初级阶段的特征很大程度上表现在乡村。实施乡村振兴战略，是解决新时代我国社会主要矛盾、实现“两个一百年”奋斗目标和中华民族伟大复兴中国梦的必然要求，具有重大现实意义和深远历史意义。

元素 5：积极应对人口老龄化。

我国是世界上人口老龄化程度比较高的国家之一，老年人口数量多，老龄化速度快，应对人口老龄化任务重。满足数量庞大老年群众的多方面需求、妥善解决人口老龄化带来的社会问题，事关国家发展全局，事关百姓福祉。习近平总书记强调，要着力增强全社会积极应对人口老龄化的思想观念，要着力发展养老服务业和老龄产业，推动老龄事业全面协调可持续发展。

元素 6：健康中国战略。

习近平总书记强调，“要倡导健康文明的生活方式，树立大卫生、大健康的观念，把以治病为中心转变为以人民健康为中心”，“没有全民健康，就没有全面小康”。中共中央、国务院于 2016 年印发《“健康中国 2030”规划纲要》；党的十九大报告将健康中国作为国家战略实施，进一步确立了人民健康在党和政府工作中的重要地位。建设健康中国的根本目的是提高全体人民的健康水平，人民健康也是社会主义现代化强国的重要指标。

元素 7：企业社会责任。

随着我国经济发展进入新常态，在保持经济平稳健康发展的同时实现就业稳定、民生改善、文化繁荣和生态良好，离不开企业对社会责任的切实履行。习近平总书记指出，“企业既有经济责任、法律责任，也有社会责任、道德责任”；“社会是企业家施展才华的舞台。只有真诚回报社会、切实履行社会责任的企业家，才能真正得到社会认可，才是符合时代要求的企业家”；“只有积极承担社会责任的企业才是最有竞争力和生命力的企业”。

三、教案设计

本案例以市场营销学课程第三章“市场营销环境分析”为例，详细阐述课程内容与思政教育的融合路径。市场营销环境分析对于企业而言具有重要的意义，它是企业制定营销战略与策略的先决条件与基础，有助于企业辨识与把握外部环境中蕴含的市场机会、规避与预防外部环境的威胁，从而提升企业战略决策的科学性与预见性。

（一）教学目标

1. 知识层面

第一，了解市场营销环境对企业营销的重要影响。

第二，理解市场营销环境分析的三个层面及每个层面包含的要素。

第三，掌握市场机会及环境威胁矩阵分析法和分析法（SWOT）。

2. 能力层面

第一，培养学生的抽象概括能力，能够准确提炼及把握企业所处外部环境的特点与要素。

第二，提高学生的案例解析能力，能够运用各种分析方法与工具对现实企业的营销环境进行分析。

第三，锻炼学生学以致用的能力，能够灵活运用所学理论，辅助企业开展战略决策与营销实践。

3. 价值层面

第一，学以致用，与时俱进。在传授课程知识的基础上引导学生将所学到的知识和技能转化为内在德性和素养。

第二，引导学生关注改革开放以来神州大地上巨大的发展变化，从而增强其“四个自信”，厚植爱国主义情怀。

第三，引导学生思考企业及个人的发展与社会发展、国家发展之间的关联，培养学生的社会责任感和历史使命感。

（二）教学内容分析

1. 教学内容

（1）理解企业营销环境分析涉及的要素

营销环境涉及三个层面的内涵，包括外部环境、行业环境与内部环境，每个层面涉及不同的环境要素。因此，需要学生综合把握多层次的内容，充分理解不同层面营销环境的构成要素及在分析每个要素时需要把握的重点、关注的指标，同时把握不同层面营销环境之间的联系。

（2）介绍营销环境的分析工具/模型，把握每种分析工具的适用性与局限性

涉及营销环境分析的模型与工具有很多，本堂课的重点是选取其中最具代表性的种类向学生展开较为详细的介绍，同时令其了解每种分析工具均具有一定的适用性与局限性。例如，PEST 分析模型主要适用于展开宏观环境分析，波特五力模型主要适用于展开行业环境分析，资源能力分析模型主要适用于展开企业内部环境分析，SWOT 模型则适用于融合外部环境与内部环境分析。因此，此项内容是本节课的第二块重点内容，对于学生综合分析能力的提升具有重要影响。

2. 教学重点

本节课的教学重点在于介绍如何通过宏观环境（PEST）模型分析企业所处宏观环境。宏观环境包含的范畴较广，在政治环境、经济环境、社会文化环境以及技术环境等各个方面又涉及众多的维度与要素。因此，如何在有限的课堂教学时间内帮助学生梳理各个方面的环境要素并构建一个整体的分析框架是本节课程的重点内容。此外，学生还需要理解对 PEST 分析模型的运用不能固化、呆板地处理，而要根据企业所处的行业综合考量不同环境要素的重要性，把握主次，抓好重点。

3. 教学难点

本节课的教学难点集中体现为帮助学生理解外部宏观环境与企业营销战略决策之间的关系。研究影响环境的目的在于通过对环境变化的观察把握其趋势，以正确识别市场环境所带来的可能机会和威胁，从而调整企业的发展战略与营销策略以适应环境变化。如何辨识企业营销环境中蕴含的机遇与风险是对学生独立思考、分析与判断能力的极大考验。在教学过程中，首先，应令其明白对于营销环境的分析不能只靠主观臆断，需要结合经济与社会发展实情，尤其是国家与地区战略发展导向，需要学会收集各类统计数据与参考资料，需要以史为鉴、洞悉环境变化的规律与趋势；其次，还要对学生进行正确的价值引领，令其更准确地把握企业经营的正确方向，更科学全面地评估企业不同战略决策对应的社会价值。

（三）教学对象分析

1. 知识基础分析

本课程的教学对象为本科大二学生。通过前三个学期相关课程的学习，学生已初步具备一定的品牌知识基础和逻辑思考能力，不过没有形成系统的认识。大学二年级是掌握专业理论、技能的关键时期，学生开始掌握了辩证思维，求知欲强，对新鲜事物接受较快。与枯燥的纯理论知识相比，他们更希望能够从实践中

学习。所以，本课程的重点是用案例分析去支撑每一个知识点的讲解，做到理论联系实际。但是，由于学生普遍缺乏实践相关的经验，知识体系的构建以及应用不够完善，这就要求教师在教学过程中根据学生的具体需求，有针对性地培养学生的逻辑分析能力、应用理论解决实际问题的能力，促使其关注社会现实、学以致用，同时，引导学生树立正确的人生观与价值观。

2. 思维方式分析

作为“00 后”一代，学生的思维优势在于接触的知识面较广，信息来源渠道较多，而且对新鲜社会事物的接触兴趣高涨；但比较典型的问题是获取的信息多为“知识碎片”且兴趣点容易转移，系统性逻辑思维能力有待提高，缺乏主动参与的能力。所以，在教学中更多地引用他们所感兴趣且有热情参与的现实案例（如蚂蚁森林），坚持做到学生是“主角”，即学习和讨论的主体；教师是“导演”，即行动过程的设计者与控制者，激发学生学习的兴趣和创新的火花，同时通过启发性的互动来引发学生的系统性思考。此外，工商管理学院学生通常思维比较活跃，逻辑性较强，喜欢追根究底。但是很多学生学习主动性不强，学习过程过度依赖教师引导，不善于深入思考和主动拓展知识面。因此，应运用多维教学手段，特别是案例教学法、引导式提问法等，提升其主动学习的能力。

（四）教学手段与方法

本课程的教学内容组织以研究型教学为主，旨在发挥学生的主体作用，提高其课堂学习的积极性与创造性。研究型教学是一种基于探索的教学模式，以学生探究为基础，强化其认知、思考、创造以及合作表达能力；在此过程中，强调师生共同努力，教师在整个教育过程中不断为学生创造有利于学生发展以及探索的有利环境和条件。在内容上基于实时动态和营销领域热点，及时调整教学内容，紧跟时代的潮流和市场的需要来进行教学规划，从而帮助学生探索和发现新知识，掌握新的实践应用本领，扩展学生的发散性思维。并且在阅读材料的选择上进行了大量的筛选和提取，旨在有针对性地提高学生分析问题和解决问题的能力。更为重要的是，在课程教学计划安排、课程内容设计和课堂组织方法设计方面应以学生的需求为基点，以专业知识作为载体，合理嵌入思政元素，实现“才”与“德”相互促进，激发学生的自主性，最终实现能力培养和价值塑造有机融合。

具体教学方法如下。

1. 采用案例教学法，引导学生进行综合分析

市场营销案例教学的最终目的是使学生从被动听课、记笔记的消极型学习方式转变为参与分析决策的主动型学习方式。因此，在每个任务单元讲解之前

采用大量案例帮助学生形象地了解营销环境分析涉及的层面、各层面涉及的要素、分析模型与工具的运用等。并且做到案例选取的多样化（包括口述、图片及视频等）和新颖性（如蚂蚁森林、Amazon Go 无人便利店、盒马鲜生等最新的热点案例），保证企业实际案例、理论知识点与课程思政内容三者之间的良好契合，促使课程思政的内容更接地气、课程思政的过程生动活泼，吸引并保持学生的注意力。

2. 应用 PBL（Problem-Based Learning）教学法，帮助学生有针对性地解决问题

即应用以学生为中心、以问题为导向的教学方法。在教师的引导下，充分调动学生自主学习的兴趣，选择学生感兴趣的内容，提前给予充分的准备时间，让其自主查阅资料、准备相应的案例在课堂上进行自主讲授，从而引发同学们的求知欲、学习兴趣。同时，针对指定的企业案例，采用小组讨论的形式，学生围绕问题独立收集与剖析资料，引导学生关注我国经济、社会、文化发展等实情，能够运用参考资料与数据分析问题并解决问题，培养学生的自主学习能力和创新能力。

3. 通过精心设计的互动讨论，培养学生的独立思考能力和团队协作能力

坚持以学生为主体的原则，互动讨论贯穿全程。通过在教学各环节中设计并抛出相关思政元素的问题，激发学生探索热情，启发学生独立思考，引发学生深入了解时政热点话题的欲望。以讲台下讲解为主，与学生近距离互动讨论，打造轻松的课堂氛围。在互动讨论过程中，引导学生的发散性思维，通过联想法、类比法等积极联系社会现实问题、时政热点问题等，引导学生结合我国基本国情剖析企业实际问题，正确理解企业发展与国家发展之间的关系，思考符合我国社会发展方向与人民需要的企业战略导向。

通过以上教学方法，期望帮助学生将学习知识、提出问题、解决问题、反思融通等环节集于一体。在理论层面，通过“实践＋理论”的方式，学生将掌握市场营销案例分析的基本理论和重要方法。在实践层面，学生通过团队合作与互助，共同解决问题、完成目标。

（五）教学过程安排与思政引入

本课程单元主要在宏观环境分析这一教学模块中引入思政内容。首先，向学生简要介绍宏观环境分析涉及的要素及可选用的分析工具。其次，重点向学生介绍 PEST 分析模型，并逐一阐释该模型中的四个要素（即政治环境、经济环境、社会文化环境和技术环境），在此过程中，针对每一个要素的剖析引入相应的思政主题，并结合丰富的案例素材展开讲解，从而实现课程内容与思政教育之间的有机融合（表 1）。

表 1　市场营销学“企业宏观环境分析”教学单元课程思政内容与教学环节设计

课程知识点	教学内容	教学时间与教学方式
课程导入	利用一个正面案例（万达）与反面案例（诺基亚），引发学生思考外部宏观环境与企业战略决策之间的关联 万达集团 WANDA GROUP　NOKIA	【时间：5 分钟】 【举例 + 提问】 引导式提问，启发学生思考外部宏观环境对企业战略决策的影响，并引出本章主题
企业宏观环境分析	第一，利用 PPT，讲解企业宏观环境分析的内涵。 第二，展示并讲解 PEST 分析模型 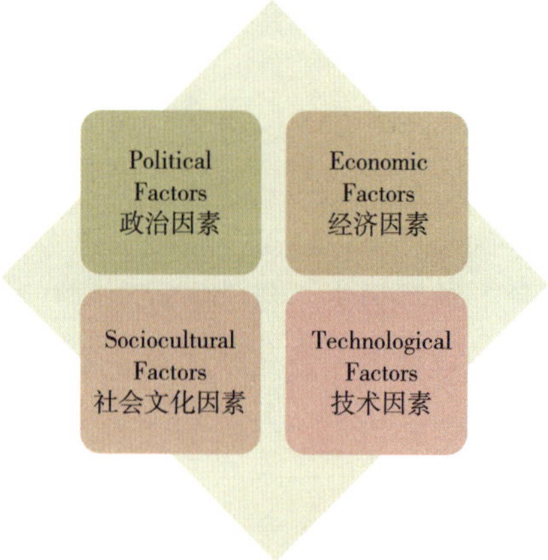	【时间：3 分钟】 【幻灯片 + 讲解】 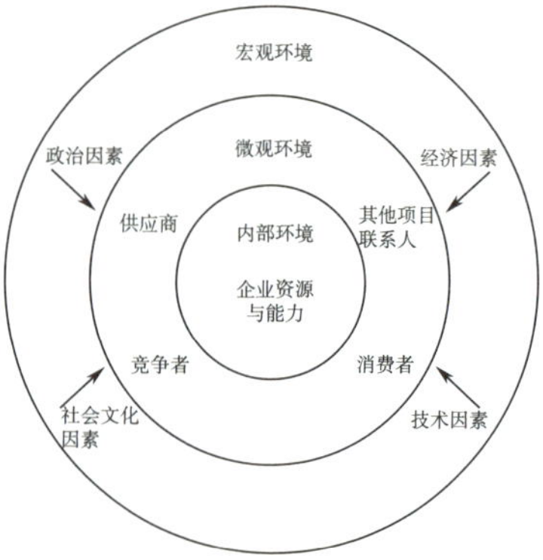
政治因素分析及其对企业战略的影响	第一，利用 PPT，讲解政治因素分析的内涵及要点。 第二，案例分析——蚂蚁森林 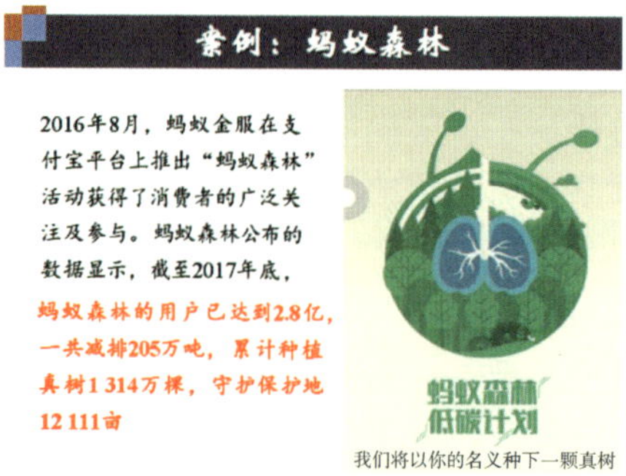	【时间：8 分钟】 【举例 + 幻灯片 + 讲解】 以蚂蚁森林、乌蒙山宝·毕节珍好为例说明政治因素对企业战略决策的影响。 【提问 + 启发思考】 提问引导学生思考企业是在怎样的环境背景下推出“蚂蚁森林”“乌蒙山宝·毕节珍好”项目的，同时促使学生关注绿色发展理念、乡村振兴战略等时政热点问题，并且思考企业应承担的社会责任

续表

课程知识点	教学内容	教学时间与教学方式
政治因素分析及其对企业战略的影响	第三，案例分析——乌蒙山宝·毕节珍好  	党的十八大和十八届三中、四中全会对生态文明建设作出了顶层设计和总体部署。三年来，以习近平同志为核心的党中央高度重视生态文明建设，“建设美丽中国”“绿水青山就是金山银山”“像保护眼睛一样保护生态环境”等各种熟悉的话语走进了老百姓的心坎 
经济因素分析及其对企业战略的影响	第一，讲解经济因素分析的内涵、要点与涉及的要素（例如，GDP 增长率，居民可支配收入增长率，利率，通货膨胀率等）。 第二，案例分析——京东和天猫。 2017 年 4 月，刘强东宣布，京东百万便利店计划出炉，未来五年京东将在全国开设超过一百万京东便利店，其中一半在农村。 2017 年 8 月 28 日，阿里巴巴旗下第一家专心服务社区的天猫小店在杭州正式运营；未来将通过“一路向北”计划，打造 600 万家天猫小店  	【时间：8 分钟】 【举例 + 幻灯片 + 讲解】 以京东百万便利店计划与天猫小店为例说明我国经济发展态势对企业战略决策的影响。 【提问 + 启发思考】 提问引导学生思考主要是哪些因素促使京东与天猫进军下沉市场。同时，促使学生思考现阶段我国社会主要矛盾的转变及民生问题对企业发展战略的影响

续表

课程知识点	教学内容	教学时间与教学方式
社会文化因素分析及其对企业战略的影响	第一，讲解社会因素分析的内涵与涉及的要素，引导学生关注人口老龄化问题。 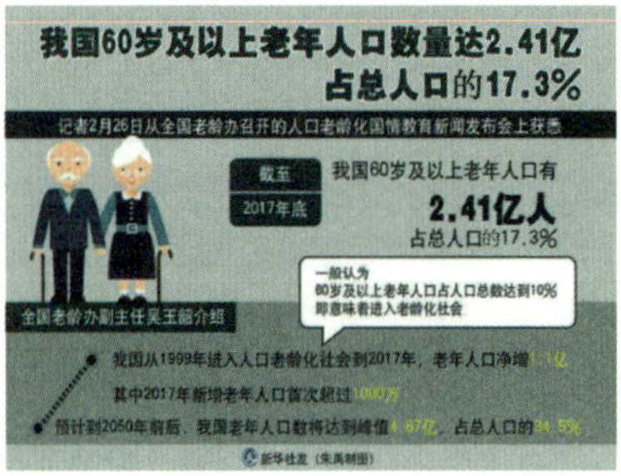 第二，案例分析——阿里健康。 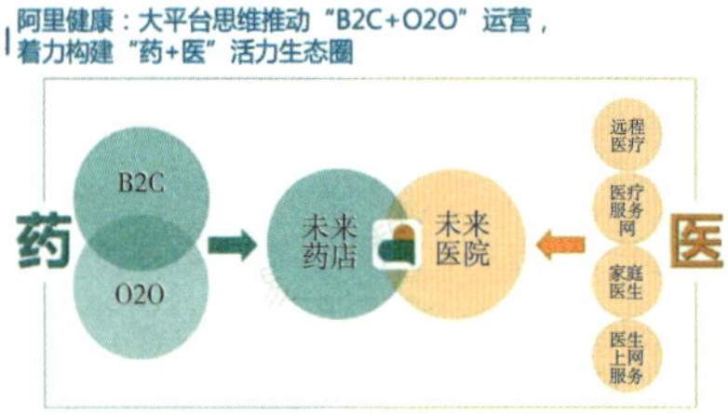 第三，讲解文化因素分析的内涵与涉及的要素。 第四，案例分析——故宫文创。  2018年“双11”当日，天猫平台上237个成交额破亿元（人民币，下同）品牌中，国货品牌占比过半。阿里研究院发布的《新国货大未来——2019中国消费品牌发展报告》显示，在阿里巴巴平台上，2018年与新国货（中国创造、创新的产品）相关的关键字累计搜索量超过126亿次，新国货成为“90后”消费新潮流	【时间：12分钟】 【举例＋幻灯片＋讲解＋启发思考】 以阿里健康为例说明社会因素对企业战略决策的影响，以故宫文创为例说明文化因素对企业战略决策的影响。在讲解案例过程中，引导学生关注社会老龄化、国货复兴等现实话题，并促使其关注健康中国战略与中华传统文化的价值，思考如何利用传统文化元素为产品与品牌赋能，坚定文化自信 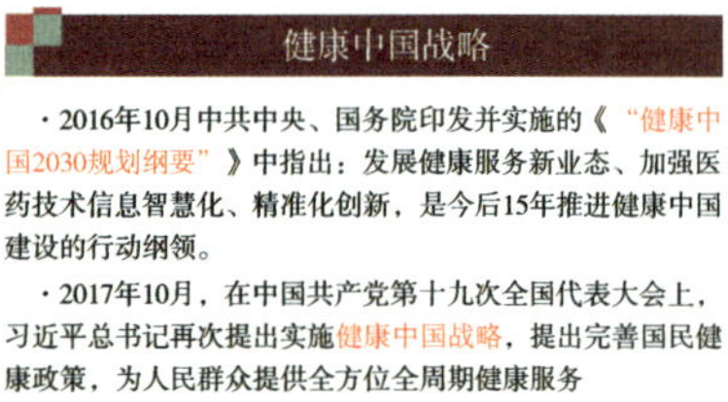 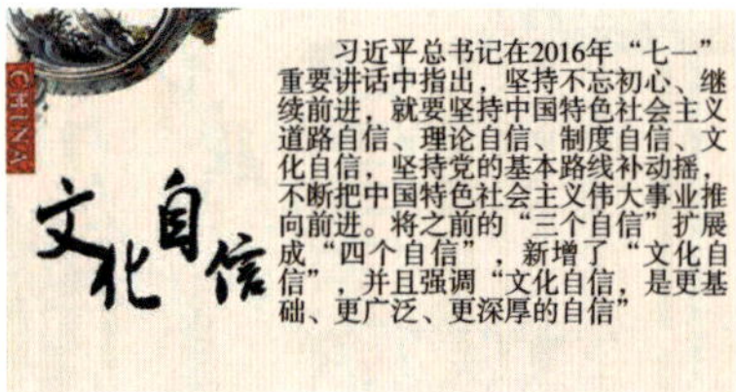

续表

课程知识点	教学内容	教学时间与教学方式
技术因素分析及其对企业战略的影响	1. 讲解技术因素分析的内涵与涉及的要素，引导学生关注近年来新技术的发展在零售领域中的应用 2. 案例分析——Amazon Go 无人便利店  3. 案例分析——盒马鲜生 案例：盒马鲜生 · 数据化会员管理系统，精准推荐、个性化促销 · 供应链管理数字化升级，提升生鲜商品品质 · 电子价签，线上线下价格一体化 · 全自动化悬挂链等职能物流设备，高效的配送系统 	【时间：9 分钟】 【举例 + 幻灯片 + 讲解】 以 Amazon Go 无人便利店、盒马鲜生为例说明技术因素对企业战略决策的影响。 【提问 + 启发思考】 提问引导学生思考 Amazon Go 无人便利店与盒马鲜生的出现需要具备怎样的技术条件，引导学生关注新技术的发展，并思考零售等传统行业如何利用这些新技术加速转型与创新 · 创新是引领发展的第一动力，是建设现代化经济体系的战略支撑。党的十九大报告进一步明确了创新在引领经济社会发展中的重要地位，指出要加快建设创新型国家，这标志着创新驱动作为一项基本国策，在新时代中国发展的行程上，将发挥越来越显著的战略支撑作用。 · 2016年11月，国务院发布《关于推动实体零售创新转型的意见》，提出“鼓励线上线下优势企业通过战略合作、交叉持股、并购重组等多种形式整合市场资源，培育线上线下融合发展的新型市场主体”
总结、课后思考与练习	1. 回顾本节知识，强化学生对课堂内容的掌握，同时强化学生对知识要点的记忆 2. 课后思考与练习题 第一，我国社会家庭结构变化会对哪些行业产生影响？尝试结合某一具体的企业 / 品牌，分析为应对家庭结构变化企业应制定的未来发展战略。 第二，运用 PEST 分析模型分析华为的外部宏观环境，在此基础上，思考华为未来的发展方向与战略选择 HUAWEI	【时间：5 分钟】 【提问】 提问本节课核心内容，并进行归纳总结；提出课后思考问题与练习作业

四、教学效果分析

在以课程思政为核心展开的课程建设过程中，通过充分结合市场营销学课程的特色，挖掘并凝练了本门课程中的思政元素，并且在课程体系中有机融入了思政教育内容。通过在本门课程中引入课程思政，实现了理论知识点与我国社会实际情况的结合，确保了课程内容的与时俱进，推动了教学方法的改革创新，总体上促进了课堂教学质量的提升。在教学过程中增加的思政元素与相关讨论话题，有助于吸引学生的注意力，拓展其知识边界，以社会实际问题促成跨学科知识的碰撞，从而促进学生综合实践能力的提升。

在育人方面，通过在课程体系中有机地融入思政教育内容，深度契合社会主义核心价值观，把家国情怀自然渗入课程的方方面面，做好价值引领，促使学生树立正确的人生观与价值观，坚定“四个自信”，厚植爱国主义情怀，牢记新时代青年的使命与担当，将个人发展与社会发展、国家发展结合起来，大幅提升了本门专业课程的育人成效。引入课程思政能够促使学生在学习专业知识的同时充分关注我国社会发展的实情，更深入地理解中国特色社会主义道路、新时代我国社会的主要矛盾及其对企业战略决策与经营管理的影响，更深入地思考绿色发展理念、低碳生活方式、企业社会责任、乡村振兴与精准扶贫等诸多社会热点话题，从而有助于培育具有高尚德性与素养、强烈责任感与使命感、能够胜任未来管理工作的优秀管理者。

企业资源规划（ERP）

陈蔚珠　刘柳　工商管理学院

一、课程简介

企业资源规划（ERP）是为工商管理大类专业学生开设的一门专业必修课程。通过本门课程的教学，学生将了解 ERP 的概念、发展历史、核心管理思想和基本功能模块；探索将所学工商管理专业知识运用于企业管理的实践过程中。在教学过程中，通过结合 SAP/ERP 软件对 ERP 各功能模块进行实践演练或 ERP 沙盘模拟运营，学生对企业的运营业务流程有更直观的感性认识，对各部分业务的集成有深入的了解，从而有助于更深刻地理解 ERP 的先进管理思想。在能力上，通过模拟企业经营，学生将所学的工商管理专业知识融会贯通，提高分析问题和解决问题的能力。在综合素质上，加强学生实践能力，提高学生的综合素质，以满足社会需要，也为学生进一步学习和研究企业管理高阶课程奠定基础。

本课程是一门工商管理综合类课程，它阐述了 ERP 的基本概念、发展历史、核心管理思想和企业管理核心业务流程，涉及企业管理的主要内容，并在主要内容中切入适当的课程思政内容，将“传授知识”和“立德树人”两者高效互通，为培养合格的社会主义建设者和接班人服务。

二、课程思政元素发掘

元素 1：辩证思维和历史思维。

辩证思维是指反映符合客观事物辩证发展过程及其规律性的思维。辩证思维的特点是从对象内在矛盾的运动变化中，从其各个方面的相互联系中进行考察，以便从整体上、本质上完整地认识对象。历史思维就是指以史为鉴、知古鉴今，善于运用历史眼光来认识发展规律。在教学过程中，着重引导学生辩证地思考和用历史发展的眼光来认识 ERP 本身的应用历史、演变与发展。

元素 2：系统思维和团结协作思维。

系统思维是指人们运用系统观点，把对象的互相联系的各个方面及其结构和功能进行系统认识的一种思维方法。ERP 本身就是一种管理信息系统，需要用系统思维来理解这个系统的结构和各个功能模块；同时，在 ERP 实训中，由于各业务功能是相互联系的，又需要学生具有团结协作精神。

元素 3：创新思维。

管理实践是一个不断创新的过程。ERP 本身就是管理实践、管理思想和技术不断发展的创新性结晶，但是在企业应用和实施 ERP 时又经常会面临新情况、新问题，比如新的竞争形势、创新态势，这就需要利用创新思维来解决问题。

元素 4：规则思维和诚信思维。

企业经营活动内容、方向以及方式的选择不仅要在道德和法律的框架内进行，而且其活动目标的确定要同时考虑期望达到的状况与水平及目标活动中可以接受的不利结果的范围和程度。企业在组织任何活动的过程中既可能会遇到希望达到的有利结果，也可能会面对不利情况出现的可能性，因此需要限定不利情况可以允许的范围和程度，超过这个范围、程度，就要对企业目标活动进行调整。只有充分预估了这种可能性并事先做好调整的准备，才能临危不乱，保证企业活动有序地进行。在 ERP 软件及沙盘使用过程中，需要按照一定的规则（逆序或顺序）操作，从而形成最优策略，整个过程都在一定的规则和约束条件下进行。诚信是个人的立身之本，也是社会主义核心价值观之一。ERP 各个功能模块的操作使用都需要以诚信为本。

元素 5：家国情怀。

拥有家国情怀是具有社会主义核心价值观的重要体现之一。爱国敬业是社会主义核心价值观的重要组成部分。爱国才能担负时代赋予的使命，敬业才能创造更大的人生价值。在讲授 ERP 应用的中外对比，以及 ERP 各业务模块的操作时，应有针对性地传授爱国敬业的精神。

三、教案设计

（一）教学目标

课程教学目标。通过本课程的理论与实践教学，学生了解 ERP 的概念、发展历史、核心管理思想和基本功能模块；探索将所学工商管理专业知识运用于企业管理的实践。在教学过程中，通过结合 SAP/ERP 软件对 ERP 各功能模块的实践演练或 ERP 沙盘模拟运营，学生对企业的运营业务流程有更直观的感性认识，对各部分业务的集成有深入的了解，从而有助于更深刻地理解 ERP 的先进管理思想。在能力上，通过模拟企业经营，学生将所学的工商管理专业知识融会贯通和综合运用，提高分析问题和解决问题的能力。在综合素质上，加强学生实践能力，提高学生的综合素质，以满足社会需要，也为学生进一步学习和研究企业管理高阶课程奠定基础。

课程思政教学目标。本课程采用案例、实际软件上机操作、企业经营情景模拟等方式融入抽象的思政内容，使思政教育变得更有趣味性、更加生动。在课程教学中帮助学生建立一种科学思维方式，用辩证唯物主义和历史唯物主义的观点去观察和分析问题，培养其规则意识和约束观念，以社会主义核心价值观来进行价值定位。将马克思主义的认识论、方法论和实践论融入专业知识的学习之中，培养学生认识、分析和解决问题的基本素养，提高学生运用马克思主义辩证观点去领悟科学研究内涵的能力，并逐步增强学生的道德品格、思想觉悟和政治信念，使之能正确应对和有效解决人生发展中遇到的各种问题，正确处理个人梦和中国梦之间的关系。高等学校的专业教师不仅要教会学生工作的技能和标准，更要让学生了解为人处世的道理，实现“传授知识”和“立德树人”的高效互通衔接。

（二）教学内容

主要内容。ERP 的基本概念、历史、现状与发展，企业核心管理思想和企业管理核心业务流程等 ERP 原理内容，ERP 系统的组成、使用以及 ERP 系统在企业中的应用与实施等，涵盖企业管理的核心业务功能模块和核心业务流程，主要包括销售管理、采购和库存管理、生产计划与控制、财务管理等管理模块。

重难点内容。ERP 计划体系和 ERP 计算逻辑（重点讲解内容），前者主要介绍 ERP 计划体系内容，包括经营规划、销售与运作计划、生产计划、物料需求计划、采购计划和车间计划等方面；后者主要介绍 ERP 的计算逻辑，包括数量的联动和时间的联动等方面。ERP 的实训部分，SAP/ERP 软件系统的实际操作或 ERP 沙盘运营模拟是难点。学生在实训过程中会出现各种各样的问题，教师要针对学生经常出现的运用知识方面的能力及认识实训的态度问题进行分析，帮助学生提升实践能力。

（三）教学手段与方法

主要运用理论教学、软件操作或沙盘模拟实训教学等教学手段与方法。理论教学提供 ERP 基本概念、核心管理思想、核心业务流程认知、ERP 系统的组成、使用以及 ERP 系统在企业中的应用与实施等方面的讲解；实训教学提供 SAP/ERP 软件系统的实际操作体验或 ERP 沙盘模拟企业全面运营过程。同时，在理论讲解、案例分析、实验软件操作或模拟运营的过程中融入课程思政内容：①理论与实践相结合，着重培养学生的辩证思维和历史思维；②在理论讲解时，着重培养学生的系统思维、团结协作思维、规则思维和诚信思维；③在进行案例讨论与分析时，着重培养学生的创新思维和家国情怀；④在实训部分，贯穿对学生遵纪守法、职业修养和职业道德的培养。

（四）教学过程

1. ERP 理论教学部分思政引入

（1）在讲解 ERP 基本概念、原理和系统的演变及各业务功能模块实际操作时着重引入辩证思维和历史思维

在理论讲述时引导学生使用辩证思维思考 ERP 原理和系统的演变，将马克思主义理论联系实际、实事求是、在实践中检验真理和发展真理的观点融入其中，培养学生的科技人文情怀，启发科学兴趣，培养职业素养和社会责任感。

（2）在讲解 ERP 的核心业务功能模块和核心业务流程特别是 ERP 计划体系和 ERP 计算逻辑时着重引入系统思维、团结协作思维、规则思维和诚信思维

ERP 各业务功能模块特别是生产计划与控制、财务管理模块受企业管理制度及国家法律法规的约束，需要按照一定的规则（逆序或顺序）操作，从而形成最优策略，整个过程都在一定的规则和约束条件下进行，这正符合马克思主义的价值观，现实世界任何事物的价值只有在一定规则和条件下才能实现。培养学生的系统思维，讲解规则意识和约束观点是系统优化的基本特征。

（3）在讲解 ERP 系统在企业中的应用与实施时着重引入创新思维

授课时，将企业应用与实施 ERP 系统时存在的问题以案例形式引入教学实践中，引导学生进行自由辩论，最终归纳、总结出见解独到的解决方案，在这个过程中提升学生分析问题和解决问题的创新思维能力。

（4）在讲述 ERP 应用中外对比时着重引入家国情怀

通过讲述 ERP 行业发展，对比中外 ERP 发展的重大事件，鼓励学生成长为新时代中国青年，既要有家国情怀，也要有人类关怀，发扬中华文化崇尚的四海一家、天下为公精神，为实现中华民族伟大复兴而奋斗。

在整个教学活动中要多留意学生思想状况的变化，与学生进行必要的沟通交流，建立起相互信任、和谐的师生关系，引导学生在追求个性化发展时注意与当前国家发展、社会进步保持一致，以更好地实现自己的人生目标。

2. ERP 实训教学部分思政引入

（1）SAP/ERP 系统软件操作实训部分思政引入

系统思维就是人们运用系统观点，把对象的互相联系的各个方面及其结构和功能进行系统认识的一种思维方法。ERP 本身就是一种管理信息系统，需要用系统思维来理解这个系统的结构和各个功能模块；同时，在 SAP/ERP 实训中，由

于各业务功能是相互联系的，又需要学生具有团结协作精神。

在上机操作的实践环节，融入马克思主义实践论当中从实践到认识，再从认识到实践如此实践、认识、再实践、再认识，循环往复以至无穷，逐步深化和提高的观点，不断认识和深化对 ERP 系统的认知。

将理论与实践相结合，启发科学思维，树立严谨的学习态度。

（2）ERP 沙盘模拟实训部分思政引入

ERP 沙盘模拟实训教学组织。将自然班分组为六个团队组建的公司，每个学生在公司中担当特定的角色，如总经理、财务总监、生产总监、采购总监和销售总监等。因此，学生在团队中合作经营一家企业就需要进行密切的沟通和协调，建立起标准的行为规范并承担起相应的岗位责任，培养独立自主、认真负责的工作态度，由此培养学生的团队合作精神。

ERP 沙盘模拟实训教学模式。由学生组织的六个公司，通过模拟企业经营过程，需要每个公司及其每个团队成员全程参与，并进行大量的日常运营和管理工作。因此，需要每个学生根据自己岗位决策所需要的信息进行情报收集、处理，并在团队内部战略规划指引下协同其他部门开展各项业务。这无疑锻炼了学生的实践动手能力和实际业务技能。

ERP 沙盘模拟实训经营策略。由于六家同质公司模拟参与竞争，整个市场竞争非常激烈。因此，各个团队和岗位的学生都处于高度紧张状态，需要投入大量的精力和时间对市场进行研究和预测，同时还要对企业的生产、采购和财务进行协同工作和管理，这对于缺乏企业实践工作的学生而言是极大的挑战。要获得较好的成绩并在激烈的竞争中获胜，就需要每个学生进行深入的探索创新，而不是照搬以前所学的教材内容。

ERP 沙盘模拟实训竞争目标：参与沙盘模拟组织的公司团队的竞争目标非常明确，即在规范经营的前提下，为企业股东增加利润和价值。这个目标被设计为整个沙盘模拟实训最终成绩衡量的唯一标准。因此，应在整个实训教学过程中贯穿对学生遵纪守法、职业修养和职业道德的培养。

四、教学效果分析

目前在 ERP 授课时特别是在实训教学中经常出现一些问题：个别学生对待实训学习态度不端正或是没有建立系统思维观念，实训中遇到问题就开始抱怨；同一个小组个别成员偷懒，等待同组的其他同学来完成作业；在系统数据录入时容易出现某个字母敲错、增加或缺少空格、缺少符号等现象，导致系统报错；在程序无法正常运行时，不是踏踏实实检查，而是一味地借助同学或老师的力量来解决问题；或者只顾埋头苦干，不思考现象背后的逻辑，等等。

针对学生对待实训的态度问题，教师会引用一些相关企业招聘对人员素质的要求条件来转变学生的认知，这时学生态度一般都会从嫌麻烦不做到自我驱动去做、去实践。

针对缺乏系统思维观念，通过结合 SAP/ERP 软件对 ERP 各功能模块的实践演练或 ERP 沙盘模拟运营，在学生建立对系统的组成以及各部分关联的整体认知之后，学生思考问题的角度发生明显的转变，系统思维、规则思维和团结协作思维明显提升。

ERP 各业务功能模块特别是生产计划与控制、财务管理模块受企业管理制度及国家法律法规的约束，实训设计都源于企业的相关岗位要求，实训资料都来自企业的真实案例，学生结合任务导入，根据任务描述去完成真实的工作项目和工作任务，从而实现职业技能的训练、专业知识的获取、职业能力的培养和职业素质的养成。因此，在实验实训课中融入专业思想、职业道德、规则思维、诚信思维、团结协作等重要的思政元素，不仅增强了教学的说服力、吸引力和感染力，还能引导学生积极思考、主动学习，在潜移默化中实现了良好的育人效果。

通过对世情国情的学习和把握，可以让大学生意识到创新的重要性，意识到全球化条件下创新精神和创新能力对国家综合国力竞争的重要性，以及自己确立职业方向、做好生涯规划、追求远大志向所应具备的专业素质与创新品质。通过实操训练、沙盘模拟等教学形式，提升了学生学习的主动性和参与性，激发了学生的创新意识和创新精神；课程思政的过程成为滋养学生创新精神、夯实创新底蕴、塑造创新品格的过程，从而助力大学生创新精神培养和创新品格养成，有利于创新型人才的成长。

总体而言，企业资源规划（ERP）课程教学中融入了课程思政元素，引入了多种教学方式，加强了理论与实践的融合。课堂中加入的新颖案例和实践，首先，丰富了该课程的思政教学资源，革新了传统的思政教育方式，使与专业课程教学有机融合的课程思政，相比传统思政课程有更明显的感染力和实效性，也更加贴近社会主义新时代的发展背景；其次，改变了传统的专业课程教学中重专业知识和技能、轻德育教育的现象，在专业知识和技能的教学过程中，融入爱国热情和民族自豪感及家国情怀、职业素养和科学探索精神等实例，学生获得专业知识的兴趣也更加浓厚，课堂参与度有明显提升；最后，通过修订课程教学大纲，有效融入课程思政教育元素，更新教学内容，促使教师更新和探索教学方法，进而达到提升教学水平的目的。

商务谈判

李研　王紫薇　工商管理学院

一、课程简介

商务谈判是工商管理体系中一门极具实践性和实用性的课程。对于管理者来说，谈判能力对于处理对内和对外的关系与事务都极为重要。因此，谈判课程是诸多世界领先大学 MBA 教育的必修课程。这一课程能够有效提高学生的领导力水平，培养其解决冲突实现双赢的能力，受到了很多同学的支持和喜爱。在课程设计过程中，我们深刻地意识到将思政教育融入课程建设的重要性。这门课不仅要向学生传授专业知识，还要注重能力和素质培养，对学生的人格和价值观塑造产生正面的引导作用。此课程还可以使学生了解涉外商务谈判中各国经贸政策制定的背景和原因，培养学生的使命感和社会责任感，引导学生思考如何进行跨文化沟通，增强文化自信，宣传中国道路、中国理论、中国制度和中国文化。

在课程内容的设计中，我们安排了众多思政内容融入点，将思政教育与专业教育紧密结合在一起。比如，在谈判本质部分，我们注重培养学生倾听和沟通的能力，引导学生积极了解不同立场中的不同需求，求同存异，用和谐有效的方式达成更好的结果，并鼓励学生将这种思维方式应用到更广泛的场景之中。在谈判团队部分，我们不断强调重视团队力量，带领同学们进行团队合作，注重培养学生的集体意识和团队意识，提高合作能力。在商谈过程部分，我们综合培养学生的多项能力，比如信息收集和整理、提前规划、合作分工、尊重规范、灵活应变、换位思考、应对威胁和僵局、解决冲突、有效表达、诚实守信等。在谈判心理部分，我们通过多种练习让学生了解谈判力量的形成，认识到国家力量等要素是谈判力量的重要来源，并展示多种常见的心理偏差，培养学生克服非理性的能力。在跨文化部分，我们引导学生理解和尊重不同文化，减弱自我中心水平。每个教学章节都有不同的思政教育侧重点，整门课程的设计有利于全方位培养积极稳定、健康向上、有健全人格和正确价值观的高素质人才。

二、思政元素

元素 1：国际谈判实力依赖于祖国的强大。

培养学生的爱国意识，树立为祖国的繁荣富强作贡献的决心。

元素 2：凡事预则立，不预则废。

谈判和做事之前都应该进行细致、周密的准备。

元素 3：培养团队意识。

在谈判等团队工作中要发挥团队的作用，讲究成员之间的配合和默契。

元素 4：具备良好的心态。

要从容面对并积极化解谈判中的威胁和僵局。对工作和生活中的困难也应如此。

元素 5：善于求同存异。

面对冲突和纠纷，应该求同存异，寻找双方互补交换的利益，找到创造性的解决方案以达成共识。

元素 6：时刻保持理性意识。

承诺升级、锚定效应等会造成个人在判断上的偏差，要校正个人认知偏差，规避非理性行为的产生。

元素 7：培养沟通艺术，创造和谐沟通。

非暴力沟通是一种谈判的艺术，依照它来谈话和聆听，能使人们情意相通、和谐相处。

元素 8：尊重文化差异。

谈判者应该对文化差异保持敏感性，尊重对方的文化习惯和风俗。

三、教案设计

（一）教学目标

商务谈判是营销、管理以及商务交流领域的专业技能课程之一，是一门知识与能力高度综合的行为艺术。本课程以“谈成且谈好”为宗旨，系统讲解商务谈判的核心理念、四个环节的技术要领，分析个体差异和国别差异，解读各种类型谈判的性质和实施方法。以模拟谈判教学模式为认知核心，贯彻“目标知识—案例模拟—讲评反馈—技能扩展”的教学手法，使学生理解和掌握每个教学阶段的知识要点，明确自己的努力方向。课程的主要任务之一是教会学生自主地吸收知识和运用知识的方法，培养学生团队协作和实现目标的能力，提高学生正确理解和胜任各种类型谈判的水平。为学生进入职场后有能力拓展合作平台奠定基础。围绕课程思政，我们在课程体系中实施了融合知识、能力和价值观的教学设计，有机地融入思政教育内容，目的在于实现谈判知识的传授、谈判能力的养成和社会主义核心价值观的引领。在课堂上讲好中国故事，在分析中融入中国经验与中国智慧。通过社会主义核心价值观的引领和驱动，培育具有正确价值观、能够胜任未来管理工作的优秀管理者。

（二）教学内容

商务谈判课程的教学内容主要涉及商务谈判的基本理论和流程、谈判技能与技巧、跨文化沟通等实际问题，具有很强的实践性、应用性和涉外性。课堂知识讲授环节力求系统简要，基础理论课时少于实践应用课时，全课程旨在提高学生谈判桌上解决问题的能力。第一章简述了商务谈判的基础理论，从第二章至第八章采取专题讲座形式，每章突出一个重点，循序渐进地解答以下难题。

第一，在谈成的前提下如何避免平庸的妥协？

第二，针对不同类型的谈判如何设计有效的预案？

第三，怎样在围绕单一目标的争夺中以小博大？

第四，如何化解谈判中的威胁和僵局？

第五，怎样运用一揽子谈判方案迂回实现多元化目标？

第六，如何培养胜过对手一筹的力量？

第七，怎样克服谈判中的分歧和障碍？

第八，如何面对谈判者的个体差异和国别差异？

为实现上述目的，教学实践环节采取三种形式加以配合：主题讨论三次；案例分析三次；模拟谈判三次。全班同学以四至五人为单位分成若干小组，根据老师布置的任务，学生需要在课外花大量时间进行课程准备，在课上统一完成讨论任务和模拟谈判任务。通过这些学生主导的课程实践环节，可以有效锻炼学生分析问题、解决问题的能力，取得事半功倍的学习效果。

考核方式服务于上述教学方式，总评成绩中，平时分占 70%（包括 10% 的考勤成绩），期末卷面分占 30%，期末试题由选择题、对策题、判断题、案例分析题综合组成。教学的难点在于有效调动学生参与课堂讨论和模拟谈判的积极性。学生自主学习能力的培养从正确解读案例开始，经过集体讨论，通过思维互动协作完成模拟谈判练习，这种教学方式要求教师在反馈环节予以差别化辅导。

（三）思政引入

1. 要求学生树立规范正确的职业操守

商务谈判并非处处以利益为最大化，因此要引导学生树立正确的世界观、人生观和价值观，坚持底线思维，遵纪守法，严守商业机密，具有法治思维和观念，树立正确的职业操守，培养学生求真务实、严谨勤奋的工作态度。提高学生的思想政治素养，才能保证学生在今后的工作中坚定信仰信念，无论面对何种诱惑都能以国家和集体的利益为先。

2. 构建理论联系实际的思维方法

提高学生对专业学习的兴趣，树立正确的学习态度。引导学生把生活中遇到的某些事件看成一种谈判，并将其与谈判理论原理链接，使其在生活中灵活应用谈判哲学，从而规避可能的冲突，积极解决问题化解矛盾。引导学生主动联系个人的社会生活实践，尝试运用谈判的原理、方法、技巧解释生活，增强学习的获得感。

3. 践行实践出真知的思想理念

商务谈判并非纯理性的过程，仅仅依靠理论是不行的。谈判的真谛需要亲身实践，决定谈判结果的细节要在实践中感悟、总结提炼，才能获得提高。为此本课程设置有多轮模拟谈判环节，以培养学生注重学思结合、知行合一，增强学生勇于探索的创新能力、善于解决问题的实践能力。培养学生的独立思考和创新意识、团队意识、协作精神。

4. 培养与人良好沟通的职业素质

商务谈判是商务沟通的一种类型，有效沟通是商务谈判的基础。在课程中引导学生学会应用非暴力沟通，善于应用共情的力量，在沟通交流中传递正能量，符合主流价值观，努力达到“三善境界”：善解人意、善于表达、善于合作，使谈判取得理想的效果，培养学生的综合性思维能力和处理信息、解决问题的能力。

（四）教学手段与方法

思政教育融入商务谈判课程，使课程内容更加生动，实现“寓道于教、寓德于教、寓乐于教”。在该课程的思政建设中，除了教师主导的理论讲授外，主要采用了中国故事的案例式教学、模拟谈判的体验式教学和时事新闻的主题讨论式教学等多种教学方式。

1. 融入思政元素，开展“中国故事”的案例式教学

在课程案例的构建中，我们采用了多个生动的实务案例，让同学们参与其中。角色扮演和谈判模拟的教学方式得到了很多同学的喜爱，寓教于乐，让原本略显枯燥的课程内容能够用更高效的方式深入学生心中。在案例选取过程中，我们也着重选择了很多“中国故事”，比如国共两党重庆谈判、我国的高铁招标谈判等。这些与中国发展有着密切联系的案例可以让同学们更了解中国历史和经济发展历程，并充分启发其爱国思想。我们希望通过这些案例让同学们既意识到谈判是解决问题的重要方式，又意识到强大的实力才是谈判力量的保证。希望同学们通过本课程学习，认识到自己现在的学习和努力都可以在未来为祖国作贡献，从一点

一滴中培养起强国理想。

2. 融入思政元素，开展模拟谈判的体验式教学

模拟谈判过程为学生提供了互动学习环境和自主学习平台。首先，学生在给定的谈判背景下分派角色、收集资料、研讨案例、设计谈判预案，完成准备阶段的专业学习。其次，在约定的时间、地点，谈判双方实施面对面的现场模拟环节。最后，在教师主导下，通过回放录像，从专业知识和谈判技巧两个方面检讨谈判过程的得失，使学生找到进一步学习的方向。在模拟谈判环节，我们选用了具有中国特色的模拟谈判案例，如丝绸之路商贸谈判、中国传统文化产品（如瓷器）的国际贸易谈判、中国企业国际化发展中的企业并购谈判等。这些模拟谈判的案例同样遵循“中国故事”的原则。在谈判过程中，学生需要发挥主观能动性，广泛收集谈判背景资料，充分了解我国产品、技术与资源等多个方面在国际领域的特色与优势。

3. 融入思政元素，开展时事新闻的主题讨论式教学

课程思政的一个重要任务，就是让学生了解党和国家重大方针政策、最新国内外形势、重点热点新闻等。开展有关时事新闻的主题讨论可以有效地把思政教学和时事政治结合在一起，增强课程思政的时效性和针对性。针对谈判相关的时事新闻，运用马克思主义的立场、观点和方法进行剖析，使学生从理论高度看待和认识事件，提高学生的科学思辨能力。在之前的授课时段，恰逢中美贸易谈判的多轮磋商。要求学生密切关注中美贸易谈判的磋商进展，积极参加课堂上的相关主题讨论。将爱国情怀、法制意识、谈判技巧等内容在基于时事新闻的主题讨论过程中渗透给学生，传达出作为每个人对自然、国家、家庭应尽的责任，在传授专业课知识的同时兼顾学生自我思考与“立志、立长志”的重要性。

（五）教学过程

下面以商务谈判第一章“商务谈判基础理论”为例，展示教学过程（表 1）。

表 1　商务谈判“商务谈判基础理论”教学单元课程思政内容与教学环节设计

商务谈判基础理论（100 分钟）		
教学意图	教学内容	环节设计
理解谈判无处不在，理解谈判的广义定义（5 分钟）	 这个世界就是一个巨大的谈判桌，谈判无时不在，无处不在。人人需沟通，处处有谈判。沟通改变生活，谈判创造价值	讨论：你觉得什么是谈判？ 你在生活中遇到过哪些谈判的情境？

续表

商务谈判基础理论（100 分钟）		
教学意图	教学内容	环节设计
理解谈判与沟通技能对管理者的重要意义（5 分钟）	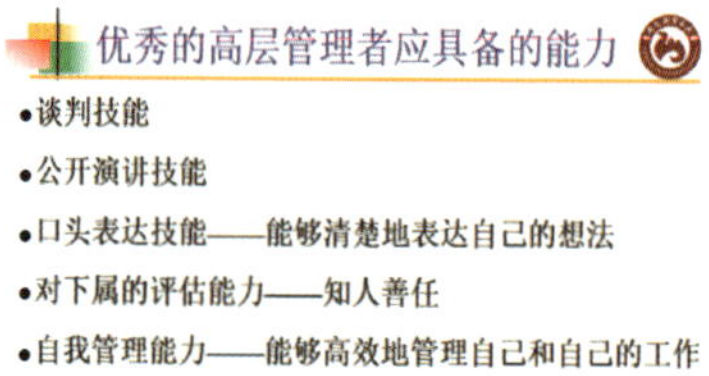 商业领域对谈判技能的需求是极大的。一项调查显示，管理人员最想要提升的能力中，战略决策能力排第一位，接着就是谈判和影响他人的能力。商业人员基本都能意识到谈判技能对于他们所在企业经营成败的重要性。然而，很多职场从业者都觉得自己在这方面有所不足。一项调查显示，60% 的商业人士认为自己不擅长谈判	通过讲授，让学生理解谈判对管理者的重要意义，并明确本课程对个人未来职业发展的价值
理解国家实力对国际谈判的意义所在（10 分钟）	两个辛丑年对比  国际谈判桌的背后是国家的实力。在 2021 年中美高层战略对话中，中方代表理直气壮、有理有利有节维护国家主权和尊严的举动，得民心、顺民意、长志气，也再次表明美国居高临下同中国说话的时代一去不复返了	讨论：谈判桌上气势的来源。 在国际谈判中国家实力的重要性。 培养学生的爱国意识，树立为祖国的繁荣富强作贡献的决心
初步了解谈判沟通技巧（5 分钟）	 生活类谈判模拟：以生活中买东西讨价还价为情境进行表演模拟，理解谈判沟通对个人生活的意义	学生参与情境模拟与讨论

续表

商务谈判基础理论（100 分钟）		
教学意图	教学内容	环节设计
掌握谈判的定义（5 分钟）	 定义：谈判是综合运用一个人的信息和力量，在多种力量所形成的结构网的张力范围之内去影响人们的惯常行为及反应。 理解：谈判所产生的影响力是有限的，它具有不可忽视的影响力，同时也并不是无所不能的	教师讲授
理解谈判中的双赢（15 分钟）	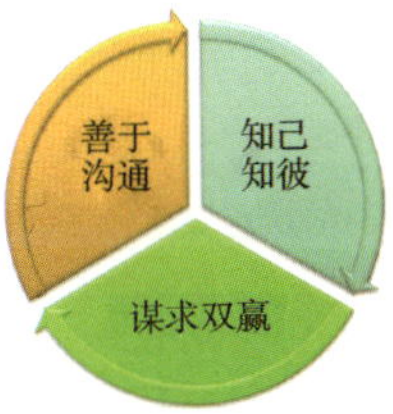  谈判的三大关键要素（左上图）。 一场圆满成功的谈判要使双方的利益要求都获得一定的满足。或者说，双方利益都获得一定程度的平衡。谈判是双方互利，谋求共赢的过程。在一场成功的谈判中，每一方都应该是胜利者。 案例 1：联想收购 IBM 台式机和笔记本业务（右上图） 案例 2：采购员的一次失误	案例引入 联想收购 IBM 台式机和笔记本业务；采购员的一次失误。 案例讲解和讨论
感受谈判氛围（10 分钟）	以电影《中国合伙人》中三个主角到美国谈判为例  · 营造良好的谈判氛围——送礼“月饼”。 · 论据充分具有说服力——成东青一系列令人叹为观止的记忆能力展示。 · 谈判以事为中心，即对事不对人——不是争吵，而是解决问题。 · 谈判团体要步调一致、口径统一——队友的重要性	观看视频片段，教师讲授视频情境中的谈判知识点

续表

<table>
<tr><th colspan="3">商务谈判基础理论（100 分钟）</th></tr>
<tr><th>教学意图</th><th>教学内容</th><th>环节设计</th></tr>
<tr><td>明确谈判立场与利益的区别
（5 分钟）</td><td>

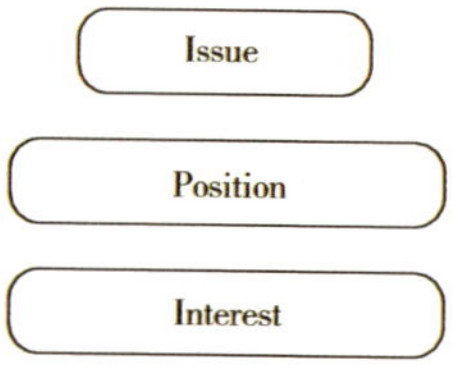

IPI分析模式
基于利益（interest）的观点，谈判就是要通过谈判立场抓住谈判利益、协调利益、实现双赢利益的过程。
所谓谈判立场（position），就是谈判者在谈判过程中表达出来的事实、观点和意见。
所谓谈判过程，谈判过程就是围绕谈判议题（issues）展开立场的交换</td><td>教师讲授</td></tr>
<tr><td>介绍原则式谈判
（5 分钟）</td><td>原则式谈判与其他类型谈判的区别
<table>
<tr><th>温和型</th><th>强硬型</th><th>原则谈判</th></tr>
<tr><td>对方是朋友
目标在于达成共识
为了友谊作出让步
对人和事采取温和态度
信任对方
容易改变立场
给予对方实惠
亮出底牌
为了达成协议愿意承受单方面损失
寻找对方可以接受的单方面解决方案
以达成共识为目的
避免意志的较量
迫于压力而妥协</td><td>对方是对手
目标在于胜利
要求对方让步作为维持双方关系的条件
对人和采取强硬态度
不信任对方
固守立场不动摇
威胁对方
掩饰自己的底线
把单方面优惠作为达成协议的条件
寻找自己可以接受的单方面解决方案
以坚守自己的立场为目的
试图在意志的较量中取胜
给对方施加压力</td><td>双方能解决问题
目标在于有效、愉快地取得明智的结果
把人和事分开
对人温和、对事强硬
谈判与信任无关
着眼于利益，而不是立场
探讨共同利益
避免谈底线
为共同利益创造选择方案
寻求多种解决方案，以后再作决定
坚持使用客观标准
争取基于客观标准而非主观意愿的结果
坚持并欢迎理性方法，只认道理，不屈服于压力</td></tr>
</table>
· 人：把人与事分开，对待问题很强硬，对待谈判对手很温和。
· 利益：着眼于利益而非立场。
· 选择：为共同利益创造选择方案。
· 标准：坚持使用客观标准</td><td>教师讲授
介绍谈判界知名的“原则式谈判”的主要内容，并理解其内涵</td></tr>
</table>

续表

商务谈判基础理论（100分钟）		
教学意图	教学内容	环节设计
模拟谈判（20分钟模拟；15分钟教师讲解）	模拟谈判“橘子的故事”。 ·呈现模拟情节。 ·谈判训练：每3人一小组，分别扮演林达、君安和刘易斯，3人进行模拟谈判（呈现给不同角色隐藏信息）。 ·时间安排：建议小组模拟20分钟。之后每组汇报模拟情况和结果。 模拟谈判的目的。 通过此案例模拟，学生将知道商务谈判包括了信息交流、信息的价值、双赢合作、利益冲突、双边或多边博弈、挑战中的机遇、主导与随从，理解商务谈判能够创造效益，明白创新对谈判的作用、和谐谈判和冲突谈判的形成	学生参与模拟谈判。教师根据谈判结果讲解其中的知识点

四、教学效果分析

在第一章“商务谈判基础理论”中，思政内容融入点为国家谈判实力有赖祖国的强大。预期教学效果为，让学生理解在国际谈判之中，想要获得谈判优势和最终的胜利，必须基于国家的强大实力。

在第二章“谈判的有效准备”中，思政内容融入点为凡事预则立，不预则废。谈判和做事之前都应该进行细致、周密的准备。预期教学效果为，让学生理解“上兵伐谋”，做任何涉及竞争和合作的事情之前都应该进行有效的准备。

在第三章“商务谈判常规技巧”中，思政内容融入点为在谈判等团队工作中要发挥团队的作用，讲求成员之间的配合和默契。预期教学效果为，让学生理解要时刻保持团队意识，重视群体和团队的力量，不应该以自我为中心。

在第四章“威胁和僵局”中，思政内容融入点为要从容面对并积极化解谈判中的威胁和僵局。对工作和生活中的困难也应如此。预期教学效果为，让学生理解遭遇困难在所难免，只要能够从容而积极地面对，主动化解困难，就可以赢得最终的胜利。

在第五章“应对不同类型的谈判”中，思政内容融入点为面对冲突和纠纷应该求同存异，寻找双方互补交换的利益，努力找到创造性的解决方案以达成共识。预期教学效果为，让学生理解“君子和而不同”，应该通过沟通了解彼此需求，求同存异，实现和谐共处。

在第六章“谈判心理”中，思政内容融入点为承诺升级、锚定效应等会造成个人在判断上的偏差，要校正个人认知偏差。预期教学效果为，让学生理解各种心理偏差形成的过程和机制，从而克服个人的非理性认知和行为的出现。

在第七章“谈判沟通”中，思政内容融入点为非暴力沟通是一种谈判的艺术，依照它来谈话和聆听，能使人们情意相通、和谐相处。预期教学效果为，让学生理解什么是暴力沟通和非暴力沟通，理解并学会如何进行非暴力沟通，从而全面提升个人沟通能力。

在第八章“跨文化谈判”中，思政内容融入点为谈判者应该对文化差异保持敏感性，尊重对方的文化习惯和风俗。预期教学效果为，让学生理解文化的差别没有优劣之分，承认文化的多样性和差异性，做到不以自我为中心。

总之，国家的繁荣发展与强大让我们拥有了更多与他人、与世界对话的机会，商务谈判也在经济发展过程中得到了越来越多的重视。这门课程不仅要让学生掌握更多的谈判技能，也要培养学生成为全面发展的有志青年，让学生在未来能够通过自己的学习和努力为企业、为社会、为国家创造更高的价值。

房地产市场理论与实务

徐虹　城市经济与公共管理学院

一、课程简介

房地产市场理论与实务是为土地资源管理专业学生开设的专业课程。学习该课程可以系统地了解和掌握房地产市场的发展、机制和运行规律，并在此基础上进一步掌握政府对房地产市场的干预，以及企业的市场策略。课程主要内容包括：房地产市场概述、房地产市场供求、房地产市场机制、房地产市场干预、房地产市场策略等。

房地产市场理论与实务课程理论结合实践，是掌握房地产市场理论、政府市场调控、企业房地产市场营销策划方法的重要课程。通过学习该课程，在思想政治上，学生应对我国在房地产市场领域的成绩和我国房地产市场制度与政策的选择有正确认知，激发爱国情怀、强化道路自信和制度自信，并能够认识到为推动房地产市场健康发展应自觉履行公民和企业责任；在知识和能力上，应掌握房地产市场发展机制和基本的运行规律，具备房地产市场分析、政府市场干预、企业市场策略等知识和能力。

二、课程思政元素发掘

本课程各个章节在授课时可能包含的思政元素如下。

元素 1：了解并认可改革开放后我国房地产市场领域的建设成就。

激发学生爱国情怀。

元素 2：对比我国和国外的房地产制度选择。

增强中国特色社会主义道路自信和制度自信。

元素 3：自觉贯彻我国房地产领域的方针政策。

践行房地产企业市场决策和个人决策中的道德约束和社会责任。

针对以上思政元素的特点，本课以“知行合一：房地产市场领域的制度自信与社会责任”为课程思政主题，在课程各章节通过视频、案例、讨论等方式，在讲授专业知识的同时，引入思想政治教育内容。思政内容按照“导入：住房建设成就”—“对比：建立制度自信”—“行动：贯彻中央方针”的切入手法，遵循章节安排，层层递进，使学生对专业知识和课程思政内容同步，逐步加深认识，以此完成专业知识教学和课程思政建设双重课程目标。课程思政引入路径与环节如图 1 所示。

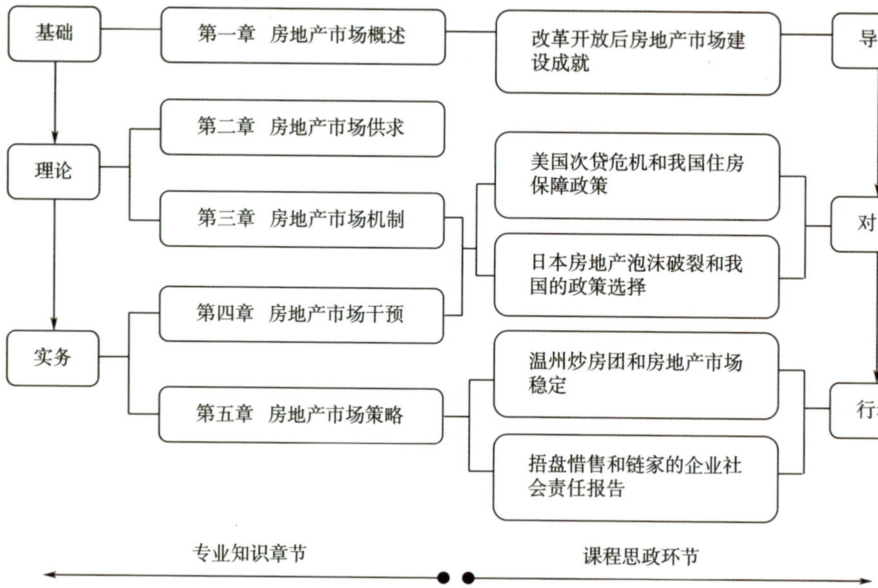

图 1　房地产市场理论与实务课程思政引入路径与环节

三、教案设计

（一）教学目标

房地产市场理论与实务课程以经济学、管理学、市场学、营销学为基础，主要阐述房地产市场的运行规律，以及在市场规律下政府的干预决策和企业的运作策略。该课程理论结合实践，是掌握房地产市场理论、政府市场干预和企业市场决策的重要课程。学习该课程可以系统地了解和掌握房地产市场的发展、机制和运行规律，并在此基础上进一步掌握政府市场干预的决策、房地产市场分析、房地产市场策略等方法。

本节课取自房地产市场理论与实务课程第三章“房地产市场机制”的部分内容。主要通过美国次贷危机和日本 20 世纪 90 年代房地产泡沫事件两大案例，阐释房地产泡沫发生的过程，分析总结发生的原因，并以此为基点，进行中外对比，分析在房地产市场中政府应该干预的环节和领域，从而引出第四章“房地产市场干预”。本节课的教学目标如下所示。

1. 知识目标

了解世界上著名的房地产泡沫事件，深化对房地产泡沫概念的认知。

2. 能力目标

通过案例展示，讨论总结房地产泡沫发生的现实原因，并认知在房地产市场中政府应该干预的两大领域。

3. 思政目标

通过中外对比，认识中国政府在房地产市场领域的制度选择和成绩，激发制度认同，建立制度自信。

（二）教学内容

1. 教学内容

本节课专业教学内容包括：①在复习房地产泡沫的概念和发生的理论原因的基础上，通过美、日两国房地产泡沫案例，分析房地产泡沫发生的现实原因。②通过上述原因分析和中外房地产干预政策的对比来揭示房地产市场干预最重要的两大领域：房价调控和住房保障。③分析思考政府干预房地产市场的理论原因——市场失灵，并以此引出本节课后的复习思考题。

本节课课程思政内容包括：①通过美国次贷危机案例的分析，指出如果将中低收入者住房问题交由市场解决可能会出现问题，所以住房保障主要是政府的责任，也是房地产干预的主要领域之一，并进一步说明我国住房保障领域的做法和成就，建立制度认同和制度自信。②通过 20 世纪 90 年代日本房地产泡沫的案例分析，通过原因对比，指出虽然两国住房价格快速上涨的原因较为相似，但目前我国房地产市场并未发生重大危机，主要源于我国政府的积极调控和对“房住不炒”调控基调的坚持，并且目前调控已取得良好成效，再次建立制度认同和制度自信。③进一步探讨对房价调控和住房保障这两大领域进行房地产市场干预的理论原因，从而有理有据地说明我国干预房地产市场的政策选择和原因，强化制度认同和制度自信。

本节课主要内容和框架思路如图 2 所示。

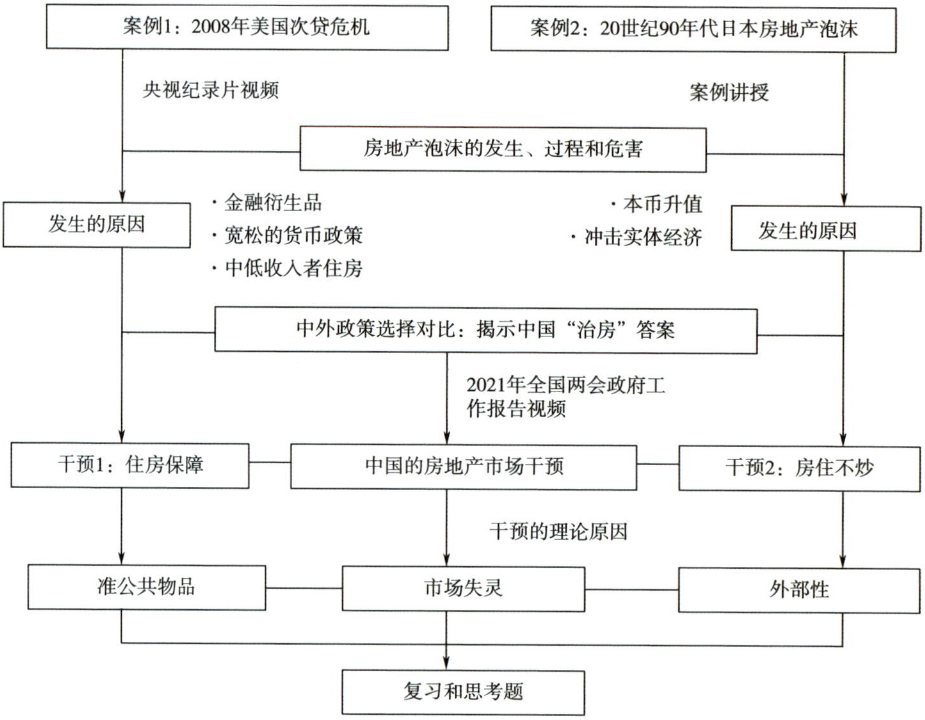

图 2　“房地产市场泡沫”教学单元内容框架

2. 教学的重点和难点

本节课的教学重点为：①通过案例分析总结房地产泡沫发生的现实原因。②分析政府干预房地产市场的领域。③通过中外对比建立我国房地产市场干预领域的制度认同和制度自信。

本节课的教学难点为：①分析对比房地产泡沫发生的现实原因并汲取经验教训。②建立房地产市场干预与现实原因和理论原因的联结。

（三）教学手段与方法

本节课融入课程思政主要有两大环节，分别采用如下教学方法。

1. 思政环节一：美国次贷危机和我国住房保障政策

（1）教学手段：视频教学

视频资料：美国次贷危机（央视出品）。该视频资料主要描述了美国次贷危机发生前、发生时和发生后，美国的社会经济环境以及政策选择。

（2）教学方法：发现式教学、互动式教学

通过观看视频，由学生发现并总结美国次贷危机发生的三大原因，其中在中低收入人群住房贷款领域放松监管是其危机发生的重要原因之一。虽然美国中低收入者住房状况由于次级贷款的存在而得到改善，但也引发了重大的金融危机。由此，引发学生探讨“住房保障是政府的责任还是市场的责任？”这一讨论主题，并最终指出中低收入者住房带有一定的公共物品性质，应该由政府更多保障。从而引出第四章“房地产市场干预”部分的内容，重点讲解我国住房保障的政策选择和取得的成绩。虽然建设大量保障性住房，地方政府会承担更多财政压力，但这是我国的政策选择，并且我国住房保障的成绩有目共睹。以此对比中美在住房政策上的选择，增强中国特色社会主义道路自信和制度自信。

2. 思政环节二：日本房地产泡沫破裂和我国的政策选择

（1）教学手段：案例教学

案例资料：20 世纪 90 年代日本房地产泡沫的发生与破裂。案例中重点对日本房地产泡沫发生的原因、表现，以及泡沫破裂后给社会经济造成的打击进行阐释。

（2）教学方法：启发式教学、讨论式教学

通过案例讲解，启发学生思考，对比中日房地产价格上涨的原因，在讨论发现两者有很多类似之处的基础上，进一步启发学生思考和讨论以下问题：中国房地产价格曾出现过快速上升，我国政府制定了哪些措施避免危机的发生？在总结中日社会经济背景不同的基础上，以日本房地产泡沫破裂给经济带来的长久冲击为警示，让学生正确认识到我国政府提出和坚持“房住不炒”调控政策的原因，引导制度认同和制度自信，并引出第四章“房地产市场干预”中房地产调控政策部分的教学内容。

（四）教学过程

见表 1。

表 1 “房地产市场泡沫”教学单元课程思政内容与教学环节设计

教学意图	教学内容及手段	环节设计
概念复习 课程导入	1. 复习房地产市场泡沫的概念和发生的理论原因 2. 以提问的方式了解学生是否知晓著名的房地产泡沫事件 3. 说明本节课的课程内容 （1）美日两国房地产泡沫案例 （2）分析房地产泡沫发生的原因 （3）思考政府应如何干预房地产市场	时间：3 分钟 在复习上节课重点知识的基础上，激发学习兴趣，导入本节课程案例

续表

教学意图	教学内容及手段	环节设计
案例教学	视频资料：美国次贷危机（央视纪录片）。该视频资料主要描述了美国次贷危机发生前、发生时和发生后，美国的社会经济环境以及政策选择。 重点内容：自 2000 年起美国降低利率并配合减税措施促进购房和消费，导致 2000 ~2006 年美国房价上升 80%。次级房贷于 2003 年推出，曾被认为是一项了不起的金融创新，因为它圆了没有充分财力置业且信用欠佳人的购房梦想。从 2004 年 6 月到 2006 年 6 月间美联储连续 17 次调高利率水平，基准利率从 1% 调到 5.25%，导致以浮动利率为主的次级抵押贷款利率不断提高。在还款压力不断增大的情况下，违约现象大量出现，房价泡沫破裂，引发金融危机	时间：10 分钟 了解美国次贷危机发生的过程，并思考其发生的原因
课堂讨论分析总结	讨论总结美国次贷危机发生的以下三大原因。 第一，宽松的货币政策。 第二，金融衍生品及放松金融监管。 第三，中低收入者住房问题	时间：2 分钟 总结美国次贷危机发生的原因
对比启发思政导入	第一，提问：中低收入者住房问题即住房保障是市场的责任还是政府的责任？ 第二，思考：中国政府在该领域是如何做出选择的	时间：2 分钟 通过中美不同的房地产政策选择，建立制度认同
思政强化	介绍我国在住房保障领域的成就。 第一，1994 年至 2007 年，全国共建设廉租住房、经济适用住房等保障性住房 1 000 多万套。自 2008 年大规模实施保障性安居工程以来，到 2018 年底，全国城镇保障性安居工程合计开工约 7 000 万套。 第二，通过住房保障工作，约 2 亿困难群众圆了“安居梦”，改善了住房条件，增强了获得感、幸福感、安全感。 第三，2018 年，我国城镇人均住房建筑面积达到 39 平方米，比 1949 年的 8.3 平方米增加了 3.7 倍（资料来源：《中国日报》2019 年 8 月 13 日）	时间：4 分钟 强化制度自信，并为第四章房地产市场干预做铺垫
案例教学	案例资料：20 世纪 90 年代日本房地产泡沫的发生与破裂。案例中重点对日本房地产泡沫发生的过程、表现，以及泡沫破裂后给社会经济造成的打击进行阐释。 重点内容：1985 年 9 月随着“广场协议”的签订，日元大幅升值，打击了日本制造业。1987 年在美国施压下，日本中央银行采取了非常宽松的货币政策。由此导致大量国内外资本进入日本房地产业，刺激房价上涨。1987~1991 年东京都的住宅土地资产总值大大高于当期的国内生产总值。1989 年日本地价市值总额相当于美国地价总额的 4 倍。1991 年后，随着国际资本撤离，日本房地产泡沫迅速破灭，房地产价格随即暴跌，和最高峰相比，房价下跌 70% 以上。受此影响，日本迎来历史上最为漫长的经济衰退，陷入了长达十余年的萧条和低迷	时间：10 分钟 了解日本房地产泡沫发生的过程，并思考其发生的原因

续表

教学意图	教学内容及手段	环节设计
课堂讨论分析总结	讨论总结日本房地产泡沫发生的如下三大原因。 第一，宽松的货币政策。 第二，广场协议：日元升值。 第三，实体经济受到冲击	时间：2 分钟 总结日本房地产泡沫发生的原因
对比启发思政导入	第一，以“网上房地产崩盘时间推导图”为引子，引发思考，为何前期我国房价快速上涨和日本房地产泡沫发生的原因较为类似，但我国房地产市场并没有“如期”崩盘? 第二，导入我国政府在房地产价格干预中的政策选择	时间：5 分钟 通过中日对比，建立房价调控中的制度认同
思政强化	第一，“房住不炒”政策基调的提出与坚持。 2016 年 12 月 14 日至 16 日召开的中央经济工作会议首次提出“房子是用来住的，不是用来炒的”的定位。此后“房住不炒”于 2018 年、2020 年和 2021 年 3 次出现在政府工作报告中。 第二，“房住不炒”的成绩：以北京为例。 根据北京市统计局数据，2015 ~2017 年北京市新建商品住房价格年增长率达到 22.6%，2017~2019 年北京市新建商品住房价格年增长率为 6.1%。从二手住房价格指数看，2017 年至 2020 年末共 48 个月中，环比价格小于等于 100 的有 26 个月，达到 54.2%。价格较为稳定，房价泡沫破裂风险大大降低	时间：5 分钟 强化制度自信，并为第四章“房地产市场干预”做铺垫
总结课程思政强化	第一，对比中日美房价上涨的原因。 第二，播放 2021 年全国两会政府工作报告住房部分截取视频，总结中国在房地产市场领域的制度选择。 第三，思考为何房价调控和住房保障是政府干预房地产市场的重要领域，并引导学生回答“外部性”和“公共物品”两大市场失灵领域	时间：5 分钟 通过总结对比深化课程内容，建立政府的市场干预与市场失灵之间的联结，并强化政策选择自信
课后作业导出章节	第一，复习学科基础课公共经济学中学习过的市场失灵，以及市场失灵存在的领域。 第二，思考房地产领域的市场失灵都存在于哪些方面。 第三，预告后续章节：第四章房地产市场干预	时间：2 分钟 通过课后复习和思考题的设定，引发学生预习后续章节内容

四、教学效果分析

第一，学生更加认可房地产市场领域的建设成就，增强了中国特色社会主义道路自信，爱国热情被进一步激发，同时对专业产生了更浓厚的学习兴趣，学生课堂投入度有所增加，学生课程成绩比往届学生有所提高。

第二，学生对我国房地产市场政策更加认同，期末考试中相关试题回答情况显示了学生对政策理解正确，增强了房地产领域的制度认同感和制度自信，从而为自觉贯彻党中央的相关方针政策打下了坚实的基础。

第三，学生对房地产企业和从业人员的社会责任有更深入的了解，进一步增强了其大局意识、政治意识，并促进学生做到知行合一，在思想上、行动上都始终与中央政策保持一致。

城市社区管理

王世强　城市经济与公共管理学院

一、课程简介

本课程的基本任务是从城市社区管理的学术理论与实践的双向角度出发，分析我国城市社区管理的主体与客体及其逻辑关系，介绍城市社区管理的相关内容及国内外城市社区管理的发展趋势，以此促进学生对我国城市社区管理的系统了解。

本课程较为系统地讲授城市社区环境、城市社区管理历史发展、城市社区管理体制与管理模式、城市社区民主政治建设、城市社区文化管理、城市社区卫生与体育管理、城市社区治安管理、城市社区服务、城市社区社会保障、城市社区管理方法、城市社区智能化建设与管理、城市社区发展与创新等内容。

本课程采取教师讲授、案例教学和课堂讨论相结合的教学方式，努力形成教师和学生双向互动、对称平衡的教学模式。

学生在完成本课程的学习后，应当掌握城市社区管理的基本概念和基本理论知识，掌握城市社区管理的不同主体概念界定及相互之间的逻辑关系，熟悉我国城市社区管理的发展阶段及其历史，掌握城市社区管理运行机制相关理论知识，掌握城市社区发展的基本趋势，具有城市社区事务管理与实践的初步能力。通过本课程的学习，增强学生的城市社区责任意识，提高城市社区管理能力。

二、课程思政元素发掘

本课程授课时包含的思政元素主要包括如下内容。

元素 1：社区权力结构问题——社区党组织对社区居委会的领导权。

中国共产党是中国特色社会主义事业的领导核心，也是中国现代化事业的引领者，这决定了党也必须在社会自治中发挥领导核心作用。政党的领导水平和执政能力决定了政党的执政基础。根据党的十九大新修订的党章，基层党组织领导本地区的基层社会治理，基层党支部承担组织群众、宣传群众、凝聚群众、服务群众的职责。社区党组织是基层先进生产力的代表，承担着决定社区建设和管理重要问题、组织党员和群众参加社区建设的职责。在社区权力结构中，社区党组织与社区居委会是领导与被领导的关系，社区居委会必须在党的领导下开展群众自我服务、自我管理、自我监督、自我教育。

元素 2：“服务型政党”——中国共产党的执政理念的重大转变。

我国的党－社关系经历了从同构到分野的过程。改革开放之后，党的治国理念逐步从过分凸显阶级性向更加注重社会性转变，从过分强调阶级分化向更加注重社会整体利益转变。党的社会性要求完善党的社会服务能力，提高党解决社会问题和整合社会资源的能力，发挥党在实现社会发展、社会建设和社会治理目标中的重要作用。党的十八大报告首次提出建设“服务型政党”，这标志着党的执政理念的重大转变，明确了中国共产党要全面实现执政为民和改善党群关系。习近平总书记指出，人民对美好生活的向往，就是中国共产党人的奋斗目标，其中必然包含了更高水平的政治生活和更美好的社区生活。党组织在服务群众、凝聚人心和组织协调等方面具有天然优势，在社区发展中发挥着不可替代的作用。与社区其他组织相比，社区党组织更能胜任社区管理的领导核心地位，在引领多元力量参与社区管理方面具有独特优势。

元素 3：党建引领社区管理是实现党的长期执政的需要。

社区是政权建设的根基，也是治国理政的基础。中共中央办公厅印发的《关于加强和改进城市基层党的建设工作的意见》指出，城市基层党组织是党在城市全部工作和战斗力的基础，进一步明确了基层工作在党建工作中的位置。社区党组织建设是党向基层延伸的内在要求，通过自身建设巩固党的领导地位和战斗堡垒作用。只有党的基层工作稳固，党的执政基础和执政地位才会稳固。因此，党建引领社区管理是实现党的长期执政的需要。社区工作是城市工作中最复杂、最紧迫的部分，也是基层政权建设的重要组成部分，党的工作必须扎根社会最基层。党建引领社区管理有助于提高党处理国家与社会关系问题的能力，不断扩大党组织的工作覆盖面，将新兴社会力量包容进社会治理体系范围，实现政党对社会的统合，从而巩固党的执政基础。促进执政党的发展必然要求执政党实现现代化，正确处理政党、国家和社会的关系，使党的执政能力适应国家现代化发展的客观需要，实现执政党管理国家事务的规范化、科学化和制度化，提高自身科学执政、民主执政和依法执政的能力。随着社会治理重心的下沉，党不断完善对社区管理的引领，推动“区域化党建”的发展，弥补传统体制下“单位党建”或“社区党建”的不足。通过推动党建向纵深发展，提高党组织在基层社会的领导力、影响力和控制力，使基层党组织从“管理型”党组织向“服务型”党组织转型发展。

元素 4：必须在基层贯彻落实党的群众路线。

基层群众自治制度是中国特色社会主义民主政治的重要内容，保障了人民群众依法管理自身事务和实现当家做主，社区自治是群众自治创新实践的发展目标。从国家与社会关系角度来看，社区自治是平衡国家权力、弥补国家不足的重要制度。中国共产党的执政理念是自上而下的管理和自下而上的民主相结合的“治理”。党建引领是居民有序参与社区管理和加强基层民主建设的保障。基层党组织除了具有政治功能以外，还具有鲜明的社会职能，只有充分发挥党组织服务群众的功能，才能获得群众的支持和信任。党要服务群众和联系群众，就要在社区管理中拉近与居民的距离，及时回应居民的诉求，维护居民的切身利益，解决群众的实际困难，从而有利于建设基层服务型党组织。党组织能够调和社区管理中各利益主体关系，协调社区中的矛盾冲突，促成多主体之间的合作。党建引领可以保障社区居民参与社区管理的民主权利，发挥社区居民在社区管理中的主体作用，实现社区管理持续性、稳定性和协调性的整体平衡。党能够凝聚社区各种力量参与社区管理，党凭借长期积累的强大社会号召力及在凝聚人心方面具有的独特优势，有利于构建共建共治共享的社区治理体系，提高社区管理的社会化水平。

元素 5：新时期社区管理的健康发展必须坚持党的引领。

在现代国家，政党的重要作用是强化人民的政治意识和公民意识，催化人民的政治热情，培养人民的参政议政能力。党建和社区管理在目标、路线和制度上具有高度契合性，这就决定了党建引领社区管理具有较强的可行性。当前中国社会结构正在发生深刻变化，要破解社区管理中遇到的各种难题，就必须发挥党的政治领导、价值导向、民主保障、资源整合和民生服务的功能。社区管理中涉及社区居民、社会组织、企事业单位等多主体的动员工作，要协调各社会方面力量共同参与，必须有一个强有力的组织来引领，这个角色只能由党组织来承担。党建引领是推进社区管理可持续发展的前提条件和重要保障，其原因主要在于：一方面，党的领导能保障社区管理发展的正确方向，确保社区管理体现党的意志和要求，使社区管理的走向不会违背党的基本路线，在社区管理中落实党和政府的方针政策。另一方面，党组织能保障社区居民的理性参与和法治参与，确保社区单位、社会组织在符合政治和法治规范框架下参与社区管理，避免社区管理产生混乱、失衡和不公，推动社区管理有序和健康发展，实现社区管理的成效。社区管理如果失去党的领导很可能会陷入政治动荡，民主选举过程中可能发生贿选、拉帮结派和黑恶势力操纵等问题。在社会转型期，社区内的各种矛盾冲突和利益纠纷日渐增多，党如果不巩固好社区这个阵地，很可能被敌对势力或其他反社会组织占据，从而危害社区健康发展。由此，党对社区管理的引领不仅是政治上的引领，也是解决当前社区治理困境的一种有效探索。这是因为中国共产党通过长期执政，党组织了解社区问题之所在，认识到社区需求供给和社区资源短缺的矛盾是推动社区发展和社区管理的重要问题。

三、教案设计

（一）教学目标

通过本课程的思政案例教学，学生将了解并掌握党建引领对城市社区管理的重要性和必要性；了解并掌握党对城市社区管理的逻辑起点、领导方式和领导机制；了解党对城市社区管理领导的内容，包括对城市社区人事管理、城市社区服务管理、城市社区自治管理和城市社区财产管理的领导；了解党对城市社区管理领导的现状、存在的不足及改进策略。

（二）教学内容

1. 课堂设计思路

本课堂设计分为以下两个步骤。

步骤 1。向学生介绍中国共产党在城市社区管理中的领导地位，从理论和实践两个方面进行分析。向学生讲解，党建引领不是单纯靠权力力量来推动，也不是对任何社区事务都进行直接干预，而是基于民主、自愿和协商的原则，以政治领导、组织领导和思想领导为主要方式，实现党对社区管理的领导。

步骤 2。以北京市东城区党建引领社区管理为例，分析北京市东城区党建引领社区管理的背景和主要做法。本部分内容为课题负责人实证调查收集的信息。

首先，向学生介绍北京市东城区社区管理的基本背景。东城区是北京市中心城区、首都功能核心区，是全国和北京市社会管理创新综合试点区。东城区面积 41.84 平方千米，常住人口 79.4 万人，其中常住外来人口 15.4 万人，户籍人口 98.8 万人。东城区下辖 17 个街道。截至 2020 年 11 月，东城区在街道备案管理的社区社会组织数量为 2 007 个。

其次，向学生介绍北京市东城区党建引领社区管理的主要做法。主要内容包括：一是重视顶层设计，完善党建引领社区自治的制度建设。具体做法是完善党建引领社区治理的制度建设，推进党建引领的制度化；细化推动社区治理与社区协商的实施方案，实现社区治理工作的操作化；明确社区治理的工作理念和工作方法，实现社区治理工作的体系化。二是推动参与式治理，促进社区多元主体参与治理。具体做法是创新“社区议事厅”运行机制，为多元主体平等参与社区议事协商提供支持；支持“家园规划师”参与院落营造，发挥居民在社区营造中的重要作用；推动“小巷管家”志愿服务队的发展，发挥居民及社会力量在社区治理中的主体作用；推进政府购买服务，发挥社会组织在社区治理中的专业作用。

三是党建凝聚多方力量，推动社区事务协同治理。具体做法是在物业服务企业和业主委员会中设立党组织，建立社区物业协同治理机制；党员引领群众共同参与，形成垃圾分类的社区自治机制；党建凝聚社区各方力量，组建社区疫情防控网络。

2. 教学重难点

教学重点。向学生介绍在社区推进社区管理，根本在于通过加强基层党组织建设，发挥基层党组织对增进公共利益和完善政治生态的作用，将党的领导扎根于群众自治之中，实现在党组织的带领下开展社区管理。

教学难点。以北京市东城区为例，从“制度、组织、机制、行动、保障”五个方面对党建引领社区管理进行剖析。在加强城市社区治理的背景下，针对当前党建引领社区管理实践中存在的问题，迫切需要总结已有经验，夯实党的工作基础。社区党组织要突破传统社区治理的理念和模式，创新社区管理制度，将党建工作嵌入和融入社区治理中，不断提升社区管理的水平，切实做好党建引领社区管理工作。

（三）思政引入

在教学内容中，通过以下两个步骤在教学内容中引入课程思政。

步骤 1。带领学生分析北京市东城区的社区管理之所以能够取得显著成效，最重要的原因就是坚持党建引领。向学生讲解：北京市东城区党建引领社区治理的工作经验表明，社区党组织要突破传统社区治理的理念和模式，创新社区治理机制，将党建工作嵌入和融入社区治理中，不断提升社区治理的水平，切实做好党建引领社区治理工作。

步骤 2。带领学生进一步分析北京市东城区党建引领社区治理的启示，主要包括：一是明确功能定位，推进社区治理理念创新。具体对以下内容进行分析：明确社区各主体在社区治理中的角色定位；协调好党的领导与社区治理的关系，把党建全面融入社区治理体系之中。二是构建协同关系，建立党建引领工作制度。具体对以下内容进行分析：建立社区治理共同体，推动社会各子系统优化和系统间耦合关系；实现社区居委会自治功能的回归。三是设立治理平台，完善社区民主治理制度。具体对以下内容进行分析：完善社区治理各项制度，形成社区多元共治格局；搭建治理平台，构建包括社区居委会、社区组织、居民三方共同参与的开放式平台；完善社区议事协商听证评议制度，明确议事协商听证评议流程规范。四是推动组织架构嵌入，提高社区组织化程度。具体对以下内容进行分析：创新社区基层党组织的建设路径；促进社区基层党建的规范化和标准化；推动非公有制经济组织和社会组织党建。五是加强组织能力建设，提升党组织领导力。具体对以下内容进行分析：提高党组织的领导力；重塑基层社区的政治核心，巩固党在社区的执政基础，提升社区党组织的组织力和战斗力；增强党员干部的思想政治素质；强化对党员自我成长的激励措施。

（四）教学手段与方法

本课程融入思政综合使用以下四种手段与方法。

第一，以案例分析加强学生对党建引领的理解。以北京市东城区党建引领社区治理的经验模式作为案例。近年来，东城区持续推动提升社区治理体系和治理能力现代化，始终坚持发挥党建引领作用，将党的政治优势、组织优势转化为基层治理工作优势，精心谋划社区治理创新的方向和布局，并于 2017 年出台了《关于在城市治理中强化党建引领推动共建共享的意见》，2018 年出台了《东城区关于党建引领街道管理体制机制创新实现“街道吹哨、部门报到”的实施意见》，为基层党建引领基层治理提供了有益经验。东城区不断探索和总结推进社区治理的创新实践，有效地实现了政府治理、社会自我调节和居民自治的良性互动。

第二，以情景模拟式教学加强与学生的互动交流。作为城市社区管理教学实践的一种具体方法，情景模拟式教学法突破了城市社区管理教学的传统方法，增强了学生在课堂教学中的主动参与。本方法通过角色扮演等方式形成亲身体验，使得学生在体验情景的过程中思考如何将党建引领城市社区管理的理论知识运用到实践当中去。通过对情景模拟式教学法的特点、优势、环节的研究，建立和完善党建引领城市社区管理的实践性教学方法。着重研究情景设计、情景准备、情景模拟、现场互动的方法，在高度仿真的情景中将理论付诸实践，从而快速提升理论知识的学习效果。

第三，以实地参观提高学生对党建引领的系统思考。借助多种途径拓宽实践性教学环节的开展，组织学生到东城区建国门街道办事处参观交流，深入了解调研东城区建国门街道党建引领城市社区管理的现状和发展过程。通过与相关部门人员的深入沟通，了解党建引领城市社区管理内在的运行本质，使参与观摩的学生受到启发，巩固所学的理论和知识。在开展参观活动之前，与建国门街道相关负责人进行前期沟通，明确相关调研内容和交流主题；在调研现场，积极组织学生与街道相关工作人员进行交流；调研结束后，组织学生进行报告撰写和课程研讨。

第四，以多媒体教学提高学生对党建引领的感性认知。带领学生观看真实反映北京市东城区新冠肺炎疫情防控的专题纪录片《我们在一起》，该纪录片由中共北京市东城区委宣传部与北京广播电视台新闻节目中心《这里是北京》栏目组共同策划制作，主要收看其中的《社工当先》一集内容，时间为 20 分钟，该集内容展现了“东城社工”值守社区一线的执着担当、各部门为保障百姓生活和城市运转所付出的艰辛努力。观看纪录片之后，带领学生共同讨论党组织在引领居民共同防范新冠肺炎疫情中所起到的重要作用。

四、教学效果分析

本课程思政预期将达到以下效果。

第一，有效地丰富党建理论的教学内容且与我国城市社区管理最新实践相结合。党的十八届三中全会提出“推进国家治理体系和治理能力现代化”的总目标，并从创新社会治理体制层面明确要求必须加强党的领导。本课程思政体现了中央的这一政策要求，并结合北京市东城区的实际案例，使学生对党建在城市社区治理中的重要作用有了更加深刻的认识。

第二，加强了城市社区管理的课程建设。城市社区管理是公共事业管理及相关专业的核心专业课程，该课程的知识实践性极强，必须加强实践课程的建设，促进知识能力的转化吸收，才能真正提高学生对城市社区管理的理解能力。在该课程的设计中，加入了党对城市社区管理的领导的讲解，使课程的教学体系更加完整，更能够反映当前中国城市社区管理的现实要求和实际情况。

第三，使学生形成对党建引领的感性认知和深刻理解。在课程中，要求学生必须明确中国共产党既是中国特色社会主义事业的领导核心，也是中国现代化事业的引领者，这决定了党也必须在社会管理中发挥领导核心作用。课程综合使用案例分析法、情景模拟式教学法、实地参观法和多媒体教学法等多种方法，便于学生对理论知识的学习理解，让学生在实践中提升认知水平，从而有效提升对党建引领重要性的认识。

人力资源管理

尹智　商务学院

一、课程简介

人力资源管理作为工商管理专业的一门重要专业课程，其教学改革、学科建设等受到了各个院校的重视。在工商管理专业的人才培养方案中，这门课程能够使学生正确认识课程的性质、任务及其研究对象，全面了解课程的体系、结构，对人力资源管理有一个总体的认识，掌握人力资源管理的基本概念、基本原理、基本知识，学会用人力资源管理理论分析和解决企业实际问题的方法。本课程的教学目标是让学生了解、理解、掌握人力资源管理六大模块内容，能够密切联系实际，将所学的对人才“选、育、用、留”的具体理论知识和操作技能运用到工作实践和社会实践中去，弘扬工匠精神，体现商务学院本科职业教育的特点。

二、思政元素

元素 1：引导学生树立新时代“人才观”。

习近平总书记在 2013 年 5 月 4 日同各界优秀青年代表座谈时的讲话中指出：“广大青年要坚持面向现代化、面向世界、面向未来，增强知识更新的紧迫感，如饥似渴学习，既扎实打牢基础知识又及时更新知识，既刻苦钻研理论又积极掌握技能，不断提高与时代发展和事业要求相适应的素质和能力。要坚持学以致用，深入基层、深入群众，在改革开放和社会主义现代化建设的大熔炉中，在社会的大学校里，掌握真才实学，增益其所不能，努力成为可堪大用、能担重任的栋梁之材。”本课程的育人目标是培育和践行社会主义核心价值观——此为冰山模型胜任素质中特质的重要组成部分，让学生掌握专业知识的同时，学习中华优秀传统艺术文化和传统美德，使学生具备在冰山模型胜任力素质中强调的综合素养，培养正确的人生观、价值观，尤其是人才观，成为复合型人才，结合专业优势，成为优秀的管理者，成为社会主义事业的建设者和接班人，成为可堪大用、能担重任的栋梁之材。

元素 2：从历史文物理解传统文化，增强“四个自信”。

鲁迅先生说过“越是民族的，就越是世界的”，民族文化的自信源于对民族优秀传统文化的充分了解。党的十八大以来，习近平总书记在多个场合表达了对优秀传统文化、传统思想价值体系的认同与尊崇。2015 年 5 月 4 日，习近平总书记在北京大学与学子们座谈时也多次提到社会主义核心价值观和文化自信。习近平总书记在党的十九大报告中指出：“中国特色源自中华民族五千多年文明历史所孕育的中华优秀传统文化。”随着党和国家的号召与引领，越来越多的人尤其是年青一代更加关注中国传统文化，《国家宝藏》节目热播、故宫文创热卖等都是上述现象的具体表现。在这样的时代背景下，人力资源管理课程本身是一门以人为本的专业课程，在专业知识中有机地融入对中国传统文化的学习，引入中华传统文化中的优秀作品，能够帮助学生了解那些具象的文化艺术，进而理解抽象的民族精神；通过嵌入历史文物——唐代韩滉的《五牛图》，帮助学生理解胜任力素质冰山模型的层次逻辑关系，培养和激发学生的文化自信，包括文化认同、核心价值、责任使命和民族自豪感；以先进人物成长路径的导向作用来培育和践行社会主义核心价值观，是树立“四个自信”中的“文化自信”的有效途径。

三、教案设计

本教学单元“招聘管理”的教案设计，主要包括如下方面。

（一）教学目标

1. 知识目标

招聘管理是人才“选、育、用、留”等环节中聚焦“选”的主要内容，这一章中的人员甄别理论依据，需要学生从招聘者和应聘者两个角度进行充分理解，其中麦克利兰的胜任力素质冰山模型理论提出的历史背景及现实意义，如何运用这一理论是本教学单元要求学生重点掌握的内容。

2. 能力目标

在本教学单元中，学生通过课堂模拟掌握招聘基础实务，明白胜任素质冰山模型理论对于人才选拔乃至培训的实践意义，能够在未来的人力资源管理中灵活运用该理论。

3. 育人目标

在招聘管理的人员甄选时，不仅要注重考察应聘者水面之上基准性胜任特征，还要注重考察应聘者水面之下鉴别性胜任特征；课程体现全员育人、全过程育人、全方位育人的理念，对学生本身的素质培养注重通过丰富其文化、历史、哲学、艺术等综合素养，特别是价值观与成就动机作为鉴别性胜任特征中的重要组成要素，全面构建符合社会主义核心价值体系的胜任力素质，培养企业所需、时代所需、社会所需的复合型人才。

（二）教学内容分析

1. 教学内容

第一，人员甄别的核心依据。

第二，胜任力理论的正式提出。

第三，基准性胜任特征与鉴别性胜任特征。

第四，胜任素质冰山模型。

第五，冰山模型的逻辑关系。

第六，胜任素质冰山模型的应用。

2. 教学重点

胜任素质的概念，基准性胜任特征与鉴别性胜任特征，冰山模型的逻辑关系。

3. 教学难点

胜任素质冰山模型在招聘中的应用——行为面试法。

（三）教学对象分析

1. 知识基础分析

商务学院的学生在第一学期进行了管理学、职业生涯规划等基础课程的学习之后，开始进行专业课程的学习。通过学习先导课程，学生已经具备了一定的管理理论基础，养成了一定的系统思维意识，在此基础上进行专业课程学习能够更好地对知识进行理解与融合，并有针对性地进行应用。

2. 学习特点分析

商务学院学生主要来自职业学院、由高职转段而来，从学年阶段看相当于其他本科的大学三年级，学生在转段前曾受过职业教育训练，案例分析能力和多媒体运用能力强，思维活跃，能够积极参与，但理论基础和学术能力较薄弱。

（四）教学手段与方法

1. 情景模拟——增强学生参与度

在讲授教材内容的基础上，为了让学生体验胜任素质冰山模型在实际工作中的应用，课上组织学生情景模拟校园招聘，让学生亲身体验，理解胜任力素质的构成，以此为依据进行人员甄选。提高参与度，丰富课堂形式，活跃课堂氛围。

2. 润物无声——讲解与渗透结合

教学过程中注重启发引导，在导入及举例中选取中国传统文化中的韩滉《五牛图》，帮助学生理解胜任素质冰山模型的层次逻辑关系，培养和激发学生的文化自信；选取钟南山事迹帮助学生理解胜任素质冰山模型中自我认知的重要组成部分——价值观的重要意义，使价值引领春风化雨般渗透到知识内容中。

3. 学以致用——理论与案例结合

理论讲述注重实用性，讲述胜任素质冰山模型对于人员甄别的重要性，正反两方面举例说明；讲述胜任素质在人员招聘中的应用，以宝洁公司面试题目为例，让学生理解行为面试法在校园招聘中的具体应用，从人力资源（HR）操作层面讲解如何提取胜任素质。

4. 形式设计——板书与 PPT 结合

课堂教学使用黑板，书写拓展关键词，以思维导图的方式梳理逻辑关系，让学生思路清晰，作为对 PPT 内容的补充，PPT 设计动画，图文并茂，避免给学生理论枯燥的刻板印象，吸引学生，灵活应用两种形式，取得更好的教学效果。

（五）教学过程

1. 教学设计思路

首先，通过一首已亥杂诗引出本单元的主题——人才，回顾前面章节内容，人力资源规划中出现供需缺口，业务部门提出招聘需求，人力资源部门当如何进行招聘，提出问题让同学们思考如何招聘，如何选拔人才，依据是什么，做好知识衔接。

其次，介绍胜任力理论提出的历史背景，详细讲解胜任素质冰山模型理论内容。

再次，突出重点，以韩滉《五牛图》为例诠释冰山模型胜任素质之间的层次逻辑关系。其中，对于社会主义核心价值观在胜任素质中的重要性，以钟南山事迹为例，以李一男为反例，正反对比让学生理解透彻，讲解胜任素质在人员甄选中的意义。

最后，穿插案例，宝洁公司校园招聘，互动环节，模拟面试，让学生通过操作，从应聘者与招聘专员两种角色的角度体会胜任素质冰山模型在招聘管理中的应用，强调学习优秀的传统文化对于成为复合型人才的重要性。

2. 教学过程安排

根据教学要求和教学计划，对教学进程进行系统安排，本着循序渐进的规律不断深入，增强学生参与度，变被动为主动，达到预期的教学目标。教学进程安排见表 1。

表 1　人力资源管理“胜任素质”教学单元课程思政内容与教学环节设计

<table>
<tr><th colspan="3">胜任素质“冰山模型”与人员甄选（50 分钟）</th></tr>
<tr><th>教学意图</th><th>教学内容及手段</th><th>环节设计</th></tr>
<tr><td>温故知新</td><td>回顾前一章节招聘管理的基本概念、流程等知识</td><td>时间：1 分钟
前后衔接，承上启下</td></tr>
<tr><td>导入</td><td>以清代龚自珍的一首已亥杂诗导入，反映时代对人才的呼唤。
九州生气恃风雷，
万马齐喑究可哀。
我劝天公重抖擞，
不拘一格降人才。
在现代管理中，人才选拔是企业生存和发展的持续动力。如何选拔人才，是招聘管理这一人力资源管理领域的重要内容。

现代人力资源管理汲取了大量前人研究理论成果，在招聘管理中，无论是简单的面试还是多重测试组合，其人员甄选的核心依据都是“胜任力”理论及由其衍生出来的“素质模型”</td><td>时间：3 分钟
与学生互动：这首诗反映了作者什么主题思想？
与学生互动：人才选拔又以什么为依据呢？
为什么从众多应聘者中选择了他？</td></tr>
<tr><td>胜任力理论的正式提出
核心概念</td><td>历史背景：20 世纪 60 年代后期，美国国务院选拔外交官以智力因素为基础得到的效果并不理想，因此麦克利兰博士应邀帮助美国国务院设计一种能够有效预测实际工作业绩的人员选拔方法，以此项目为基础的系列研究，奠定了麦克利兰关于胜任力素质的理论基础。

1973 年，麦克利兰在《美国心理学家》杂志发表了其著名文章《测试胜任力而非智力》，指出传统的智力和能力测试无法预测职业成功或生活中的其他重要成就。因此，他强调回归现实，直接发掘那些影响绩效水平的个人条件和行为特征，即胜任力（Competency），也称为胜任素质、胜任力素质，作为能够为组织提高效率并促进个人事业成功的人员甄选依据</td><td>时间：1 分钟
启发：
选外交官应当选什么样的？
以什么为标准选拔？智商？情商？</td></tr>
</table>

续表

<table>
<tr><th colspan="3">胜任素质“冰山模型”与人员甄选（50 分钟）</th></tr>
<tr><th>教学意图</th><th>教学内容及手段</th><th>环节设计</th></tr>
<tr><td>教学重点 -1</td><td>胜任力素质“冰山模型”。
根据麦克利兰的观点，一个人的素质主要包含以下六个方面的因素。
第一，知识（Knowledge）：指个人在某一特定领域拥有的事实型与经验型信息。
第二，技能（Skill）：指结构化地运用知识完成某项具体工作的能力，即对某一特定领域所需技术与知识的掌握情况。
第三，社会角色（Social roles）：指一个人基于态度和价值观的行为方式与风格。
第四，自我认知（Self-concept）：指一个人的态度、价值观和自我印象。
第五，特质（Traits）：指个性、身体特征对环境和各种信息所表现出来的持续反应。品质与动机可以预测个人在长期无人监督下的工作状态。
第六，动机（Motives）：指在一个特定领域的自然而持续的想法和偏好（如成就、亲和、影响力），它们将驱动、引导和决定一个人的外在行动</td><td>时间：2 分钟
使学生了解冰山模型理论的具体内容</td></tr>
<tr><td>教学重点 -2</td><td>冰山模型的逻辑关系
以上六种因素之间并非并列关系，而是有一定的内在逻辑，如下图所示，从下往上，是层层驱动的关系，水面以上是知识、技能，这两种因素大部分与工作所要求的直接资质相关，称为基准性素质（Threshold Competence），我们能够在比较短的时间内使用一定的手段进行测量。可以通过考察资质证书、考试、面谈、简历等具体形式来测量，也可以通过培训、锻炼等办法来提高这些素质。
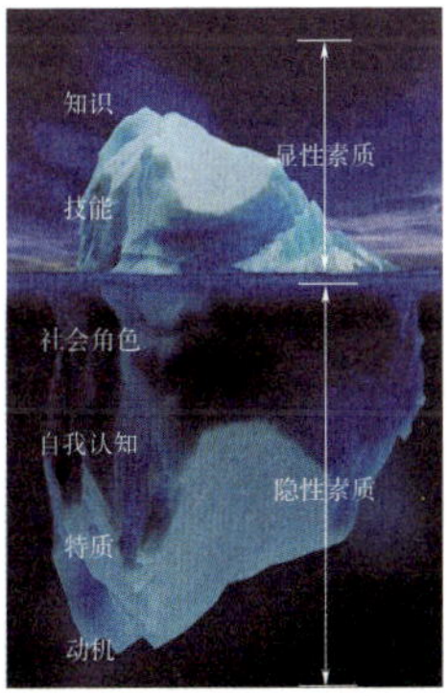

水面以下的因素称为鉴别性素质（Differentiating Competencies），它是区分绩效优异者与平平者的关键因素；职位越高，鉴别性素质的作用比例就越大。相对于知识和技能而言，鉴别性素质不容易被观察和测量，也难以改变和评价</td><td>时间：2 分钟
让学生形象地理解冰山模型不同层次间的逻辑关系</td></tr>
</table>

续表

胜任素质“冰山模型”与人员甄选（50 分钟）		
教学意图	教学内容及手段	环节设计
教学重点 -2	举例说明，这个层层驱动的逻辑关系。2021 年恰逢牛年，珍藏于故宫博物院的唐代《五牛图》，纵 20.8 厘米，横 139.8 厘米，是现存最早的传世纸本卷轴画，作于麻纸上，也是韩滉的传世孤本之作。  韩滉（723~787），字太冲，长安（今陕西西安）人。唐代贵胄和著名画家，官金紫光禄大夫、左仆射同平章事，德宗（李适）朝历任宰相、浙东西两道节度使，封晋国公。他任职期间，注重农业发展，以耕牛入画表达了其朴素的重农思想。韩滉擅画人物和畜兽，以绘田家风俗和牛羊著称。《五牛图》卷是他的传世名作，造型准确，形态各别，用线粗劲质朴，设色轻淡沉着，具有典型的唐代风范。我们用冰山模型的六种因素来分析他，可以推断他是一个具备综合素质的复合型人才。具体而言，他的主要动机——可以确定为其“成就导向”，要画出该作品，以物喻人，抒发思想；由这一动机出发，加之他的个性、品质，敏感的观察、执着的性格——构成了他的特质；加上他的自我认知——他的自信心，对家国天下的责任感；身为宰相，社会角色影响他重视发展农业的价值观；自我认知与角色定位进一步促进他汲取相关知识和经验，又将生活与事业以及政治生涯中的感悟与价值观自然地融入绘画技能当中。由此，他的作品震撼世界，流芳百世	时间：2 分钟 利用 PPT 展示，介绍韩滉生平，让学生理解在画家与画作中体现出来的六种不同层次的胜任特征
启发思考	中国画家众多，此处以韩滉为例，不仅是由于他的技法、画工，而是其作品背后的思想，折射出画家的价值观和优秀品质，让我们看到胜任素质中更深层次、更为重要的元素。麦克利兰的冰山模型为人力资源管理中人员甄选的实践提供了一个全新的视角和一种更为有利的工具，它不仅能够满足现代人力资源管理的要求，构建了某种岗位的胜任素质模型，对担任某项工作所应具备的胜任特征进行了明确的说明，而且成为进行人员素质测评的重要依据，为人力资源管理的发展提供了科学的前提	时间：1 分钟 启发学生思考：中国画家众多，为什么以韩滉举例？

续表

胜任素质“冰山模型”与人员甄选（50 分钟）		
教学意图	教学内容及手段	环节设计
从两个角度理解胜任素质冰山模型理论的应用	·从人力资源管理者角度： 在进行招聘管理的时候，在面试中不仅要考察应聘者的知识、技能，更应当注重考察应聘者的社会角色、自我认知、特质和动机。可以通过行为面试法、心理测试等方法来甄别其这几种隐蔽的因素，首先，考察其价值观是否符合社会主义价值体系和企业的价值观；其次，具体岗位各有不同侧重考察的胜任素质，例如招聘岗位为政府部门的公务员，则要甄别应聘者除知识和技能外，是否具备政治敏锐性和民族责任感等。下面以正、反两个事例来说明冰山模型中水面以下的鉴别性素质的重要性。 反例——有才干但缺少正确价值观的人从古至今比比皆是，古有和珅，精通蒙、满、藏、汉四种语言，熟读经史子集，头脑精明做事干练，但其价值观非为公，动机不正，乃钻营权术、中饱私囊；今有李一男，凭借技术和能力在华为迅速晋升，后曾在百度、中国移动等企业担任高管，专业知识与技术发挥得淋漓尽致，几次跳出这几家大型企业，都是由于无法融入企业文化，2017 年因涉嫌内幕交易入狱。 正面事例——共和国勋章获得者钟南山（下图），武汉抗疫中最著名的一句话：“所有的危重病人，有较强传染性的应集中治疗，把最重的病人都送到我这里来！”体现了他的责任意识、担当意识。疫情虽然得到了初步控制，但是仍然缺少特效药和疫苗。作为国家新冠疫情应急科研攻关组组长，钟南山和他的团队夜以继日地开展科研攻关工作。以这样的高成就动机作为内驱力，钟南山院士在科研领域和人才培养方面作出了卓越的贡献，获得了多项国家级荣誉。“他以科学家实事求是的科学态度，应对灾难。他以令人敬仰的学术勇气、高尚的医德和深入的科学探索，给予了人们战胜疫情的力量。” 	时间：8 分钟 在招聘管理工作中，不能只看重学历、能力，胜任素质冰山模型理论提示：作为人力资源管理者，在招聘中更应当注重考察应聘者的社会角色、自我认知、特质和动机。 通过正反举例，再次强调价值观符合社会主义核心价值体系的重要意义

续表

胜任素质“冰山模型”与人员甄选（50 分钟）		
教学意图	教学内容及手段	环节设计
从两个角度理解胜任素质冰山模型理论的应用	 ·从应聘者角度： 不仅应当在面试中，更应当在日常学习积累中，树立正确的价值观，符合社会主义核心价值体系的价值观念——富强、民主、文明、和谐，自由、平等、公正、法治，爱国、敬业、诚信、友善；树立正确的人才观。习近平总书记在 2016 年 4 月 26 日知识分子、劳动模范、青年代表座谈会上的讲话中对青年寄予厚望，他说：“广大青年要自觉践行社会主义核心价值观，不断养成高尚品格。要以国家富强、人民幸福为己任，胸怀理想、志存高远，投身中国特色社会主义伟大实践，并为之终生奋斗。”在成长中明确自己的成就动机，这是激励自己学习专业知识、锤炼专业技能、不断进取的原动力和内驱力；注重自身修养和个性养成，多了解中国优秀的传统历史文化，汲取精神力量和精神滋养；以史为鉴，对自我认知常常做到反躬自省，促进自我意识成熟，培养自己管理团队勇于担当的责任意识；在面临职业选择与职业生涯规划时能够找准社会角色的定位，能够用文化、艺术的修养激发身为管理者的人文关怀；进而持续推动自己不断学习管理知识和获取管理技能的行为，成为企业所需、社会所需、时代所需的复合型人才	时间：7 分钟 具有什么样的价值观的人才，才是企业所需、社会所需、时代所需？ 强调不仅要符合组织的价值观念，更应当符合社会主义核心价值体系
教学难点理论的实际应用	胜任素质冰山模型理论的实际应用——行为面试法 STAR 提问法：SITUATION（背景）；TASK（任务）；ACTION（行动）；RESULT（结果）	时间：2 分钟 讲解什么是行为面试法
	案例：宝洁公司面试题目 ·请你举一个具体的例子，说明你是如何设定一个目标然后达到它。 ·请举例说明你在一项团队活动中如何采取主动性，并且起到领导者的作用，最终获得你所希望的结果。 ·请你描述一种情形，在这种情形中你必须去寻找相关的信息，发现关键的问题并且自己决定依照一些步骤来获得期望的结果。 ·请你举一个例子说明你是怎样通过事实来履行你对他人的承诺的。 ·请你举一个例子，说明在完成一项重要任务时，你是怎样和他人进行有效合作的。 ·请你举一个例子，说明你的一个有创意的建议曾经对 1 项计划的成功起到了重要的作用	时间：5 分钟 阐释宝洁公司面试题目，以及宝洁具体是如何运用行为面试法的

续表

胜任素质“冰山模型”与人员甄选（50 分钟）		
教学意图	教学内容及手段	环节设计
	·请你举一个具体的例子，说明你是怎样对你所处的环境进行评估，并且能将注意力集中于最重要的事情上以便获得你所期望的结果。 ·请你举一个具体的例子，说明你是怎样学习一门技术并且怎样将它用于实际工作中	时间：5 分钟 阐释宝洁公司面试题目，以及宝洁具体是如何运用行为面试法的
教学难点理论的实际应用	模拟演示双方如何考察应聘者的六种因素，面试题目如下。 （1）请简单做自我介绍 回答涵盖基本的个人情况、家庭情况、专业技术情况等。 （2）最大的优点与缺点 可以评估应聘者对自我的认知，能够观察到通过描述投射出的信念、勇气、意志、工作态度等。 （3）你的人生规划是什么 可以看出应聘者是否清楚自己的社会角色定位。 （4）为什么来应聘本企业、本岗位 可以考察其动机，初步判断对工作的价值取向。 （5）看你考过托福和雅思，将来的志向是否意味着你更愿意到国外学习工作？ 可以看出对于出国与否的偏好，同时能够得知其是否具有民族认同感的价值观、民族自信心的态度和民族自豪感的情感。 （6）你希望工作中的人际关系是什么样的？如果与想象中不符，会如何做 能够判断其作为社会人对于人际关系的要求、价值观。 （7）有什么爱好？ 考察除知识和技能外的个性、性格等特质。如回答中有爱好旅游的，此时进一步提问：爱去什么地方旅游？ 回答 1：喜欢参观各地博物馆（推断其热爱中国传统文化）。 回答 2：喜欢书法、国画（推断其热爱中国传统艺术）。 回答 3：爱读书。进一步提问：喜欢读什么书？ 回答 4：喜欢读二月河的著作（推断其热爱学习历史文化）…… （8）你比较崇拜哪位人物？ 如回答：钟南山院士（推断其认同民族责任感，具有一定的成就动机）。 （9）最喜欢的课程是哪门？ 进一步印证其专业知识与个性匹配度。 （10）大学期间最大的收获是什么？ 评估其思维方式偏理性还是偏人文，观察其追求创新、敬业精神等方面。 （11）请列举大学期间做得最成功的一件事，详述过程 继续追问，采用 STAR 提问法	时间：12 分钟 现场请同学们分组，模拟面试情景，感受校园招聘，体会行为面试法的应用。 一方面，体会面试官所应当具备的甄选能力，如何在面试中考察应聘者 6 个层次的胜任特征；另一方面，从应聘者角度，对照 6 个层次的胜任特征，应当如何培养自身素质，增强综合素养，做复合型人才

续表

胜任素质“冰山模型”与人员甄选（50 分钟）		
教学意图	教学内容及手段	环节设计
讨论反思总结	启发学生思考并发言，分析自己在求职中参加的面试经历，是否遇到过行为面试法。 行为面试法的意义与局限性：行为面试法的基本假设是通过一个人过去的行为可以预测这个人将来的行为。通过行为面试法，综合评估除知识、技能这两项基准性素质之外的胜任素质，尤其是价值观这一因素，必须与招聘企业的战略、企业的价值观、企业的文化相匹配、相契合、相适应。通过过去的行为预测未来这一人员甄别的方法，能够判断其稳定的因素，如价值取向、道德规范、思想观念、人文精神、创新思维等。  任何的招聘管理的方法都具有局限性，当环境等外部因素发生变化时，应聘者未来行为也可能发生变化，这一点无法预测	时间：3 分钟 同学们分组讨论，对照扮演面试官角色对应聘者的评价与面试者对自身的评价，审视是否存在很大偏差；面试官之间审视各自评价是否与他人存在很大偏差，并总结反思
课后作业	分组进行。 查找企业招聘管理中对于某一岗位招聘的案例，分析其是如何运用人员甄选理论依据——胜任素质冰山模型的	时间：1 分钟 让学生练习自主将所学知识用于实际的能力

四、教学效果分析

高校教育的人才培养目标，就是培养社会主义事业的建设者和接班人。人力资源管理课程作为专业课，本教学单元在强调知识和技能的过程中，阐述什么样的人才是企业所需、时代所需、社会所需，讲授如何进行人才的“选、育、用、留”，更强调在人力资源管理实际应用中，在培养人才和选拔人才的衡量标准中，除了专业知识、专业技能的考察——这两种素质是必要条件，更注重对于充分条件的甄别——冰山模型中的鉴别性特征，是否具备综合素养，是否具有清晰、成熟的自我认知，其价值观与成就动机是否符合社会主义核心价值观、符合组织文化，授课中突出育人目标。

习近平总书记在第十三届全国人大第一次会议上谈道：“中国人民的特征、禀赋不仅铸就了绵延几千年发展至今的中华文明，而且深刻影响着当代中国的发展进步，深刻影响着当代中国人的精神世界。”在人力资源管理的教学单元中运用中华优秀传统文化中的事例融入课程，深入发掘中华优秀传统文化中蕴藏的思想观念、人文精神、道德规范，而这些因素也正是人力资源管理中对复合型人才选人、用人衡量标准中的重要组成部分。本教学单元从导入环节到举例阐述，从案例选取到情景模拟，引入的课程思政元素贯穿授课过程。教学手段与方法丰富多样，学生易理解、易接受，实用性、趣味性强。

大学英语（1）

张东芹　外国语学院

一、课程简介

大学英语面向全校低年级非英语专业学生，是以英语语言知识与应用技能、学习策略和跨文化交际为主要教学内容，以外语语言学和教学理论为指导，并集多种教学模式和教学手段于一体的教学体系，具有课时多、周期长，受众面广的特点，兼具工具性和人文性。本课程既注重打好语言基础，又重视应用能力的培养，旨在全面提高学生的英语综合运用能力，即听说读写译，使他们在今后工作和社会交往中能用英语有效地进行口头和书面信息交流，同时增强其自主学习能力，为今后进一步提高英语的交际能力打下基础，并提高其综合文化素养，以适应我国社会发展和国际交流的需要。

本案例授课内容出自《全新版大学英语综合教程 3》第六单元课文《最后一片叶子》。《最后一片叶子》是美国短篇小说家欧·亨利的代表作之一，讲述了几位穷苦画家之间凄凉又温暖的故事。为了给患病女画家琼西生的信念，生活窘迫的老画家贝尔曼顶着风雨创作了这“不凋零”的常春藤叶，最终患上肺炎牺牲了自己，拯救了年轻的生命，展现了一位普通小人物的高尚灵魂，歌颂了生死关头人性的光辉。本课教学除了讲授知识点以外，还深入挖掘课文中富有人文内涵和思政教育的语言内容，以此为“附着点”，引领学生树立正确的价值观念，丰富大学英语课程内涵，实现大学英语课程思政的知识目标、能力目标和情感目标。

二、思政元素

元素 1：从交友观和做人观看君子之行。

通过故事复述的课堂活动，引导学生发现，真正打动我们的不是叶子的逼真，不是叶子的艺术价值，而是叶子带给琼西以生命的希望，真正打动人心的是贝尔曼的人性光辉。同时进一步阐释 the human touch（人情味）和 random acts of kindness（予人玫瑰，手有余香）的内涵。正是有贝尔曼这样的人，世界才温暖。引导学生在讨论中感悟小说的内涵——弘扬人性美，体会普通小人物的高尚灵魂和生死关头人性的光辉，使学生能够主动思考并形成自己的交友观和做人观。

元素 2：小人物也有大情怀，树立正确的英雄观。

小说《最后一片叶子》让我们从普通人身上看到了伟大的心灵，从人生的苦难中见到了人性的光辉。结合课文内容以“小人物也有大情怀”为话题，组织学生分享身边平凡人的不平凡事。小说中提到肺炎，同学们自然会联想到当前新冠肺炎疫情常态化现状，以图片、新闻、视频形式向学生们展示新型肺炎疫情阻击战中，除了在一线冲锋陷阵的医护人员外，还有许多普普通通的“小人物”，这些“小人物”都以一颗赤诚的爱国之心演绎着打动人心的“大故事”。其中，我们好多同学都做过大学生志愿者，在做好自我防护的前提下，以多种方式参与到防控工作中去，成为抗疫队伍中的重要力量。用身边人身边事引导学生思考“在这个时代，什么是真正的英雄，什么才是我们该追的星”，引导学生树立正确的英雄观。

元素 3：奋斗是青春最亮丽的底色。

《最后一片叶子》中，无论是贫困潦倒为理想而奋斗的年轻画家，还是追梦 25 年却一事无成的年老画家贝尔曼，他们都在为各自的梦想而奋斗，无论梦想之路多么崎岖坎坷，从不轻言放弃。通过对小说人物性格的分析，引导学生意识到奋斗和梦想的可贵，对于青年学生来说，奋斗才是青春最亮丽的底色。正如党的第十九次全国代表大会报告中所说：“青年兴则国家兴，青年强则国家强。青年一代有理想、有本领、有担当，国家就有前途，民族就有希望。中国梦是历史的、现实的，也是未来的；是我们这一代的，更是青年一代的。中华民族伟大复兴的中国梦终将在一代代青年的接力奋斗中变为现实。”

元素 4：品鉴汉语之美，了解中国历史文化，增强民族自信心和自豪感。

由这篇短篇小说主人公身患肺炎、友人互帮互助的故事情节，引出疫情防控的学习和探讨，结合日本捐赠抗疫物资上的那些绝美诗句“山川异域，风月同天”“岂曰无衣，与子同裳”，进行翻译学习，让学生在感受日本友人的支持之外，也能体味到中国传统诗词的隽永和厚重，品鉴汉语之美，了解中国历史文化，增强民族自信心和自豪感。

元素 5：中国梦和美国梦的区别。

在《最后一片叶子》中，欧·亨利既表达了对底层人民的同情，也描述了美国资本主义社会的某些真实现象，是对其社会现状的猛烈抨击，由此引出美国梦的话题，并以视听说练习形式给出中国梦的概念，引导学生找出中国梦和美国梦的主要区别。中国梦是人民的梦，如今，每个中国人都在疫情打击后的经济环境下努力奋斗，为自己的生活，也为了国家的经济复苏努力着。

三、教案设计

（一）教学目标

1. 知识目标

使学生熟练掌握课文重点词汇和句型，了解小说基础知识。

2. 能力目标

使学生能够感悟英语小说的内涵，能够主动思考并形成自己的观点，进一步落实到英语的听说读写译上。

3. 情感目标

将交友做人、英雄观、奋斗、中国梦和传统诗词的内涵融入课堂教学，鼓励学生独立思考，树立正确的价值观，增强民族自信心和自豪感。

（二）教学内容

本课堂（50 分钟）设计思路如下。

1. 课程导入（5 分钟）

让学生结合图片复述故事，引导学生体会最后一片叶子这一线索在情节发展中的作用，思考问题“《最后一片叶子》真正打动我们的是什么？”（What really touches us deeply in *The Last Leaf*？）

教师总结：真正打动我们的不是叶子的逼真，不是叶子的艺术价值，而是叶子带给琼西以生命的希望，真正打动人心的是贝尔曼的人性光辉。

思政要点：从交友观和做人观看君子之行。

2. 小组讨论（5 分钟）

通过课程导入的故事复述，组织学生对故事细节进行讨论，引领学生感悟小说的内涵——弘扬人性美，体会普通小人物的高尚灵魂和生死关头人性的光辉。同时进一步阐释 the human touch（人情味） 和 random acts of kindness（予人玫瑰，手有余香）的内涵。思考问题“老画家贝尔曼是否是个失败者？”（Is old Behrman a failure as a painter？），使学生能够主动思考身边人身边事并形成自己的观点。

教师总结：小说中提到肺炎，同学们自然会联想到当前新冠肺炎疫情常态化现状，以图片、新闻、视频形式向学生们展示新型肺炎疫情阻击战中，除了在一线冲锋陷阵的医护人员外，还有许多普普通通的“小人物”，这些“小人物”都以一颗赤诚的爱国之心演绎着打动人心的“大故事”。

思政要点：小人物也有大情怀。

3. 语言学习与课文赏析（20 分钟）

（1）重点句型词汇讲解

Words & Expressions:

stalk; subtract; dreary; stream; persistent; mingle; flutter;

one chance in ten; ten to one; turn loose one’s hold on everything;

for the rest; wear away; cling to.

Difficult Sentences:

· I will do all that science can accomplish. But whenever my patient begins to count the carriages in her funeral procession I subtract 50 per cent from the curative power of medicines.

· I’ll not be gone a minute.

（2）阅读文章思考问题

窘迫失意的老画家贝尔曼象征着同样贫困潦倒甚至生命垂危的年轻画家一眼望到头的未来，那么“是什么在支撑年轻画家在绘画道路上一路前行？”（What encouraged Johnsy to regain the will to live and how?）。

教师总结：从小说人物的性格分析上看，无论是贫困潦倒为理想而奋斗的年轻画家，还是追梦 25 年却一事无成的年老画家贝尔曼，他们都在为各自的梦想而奋斗，无论梦想之路多么崎岖坎坷，从不轻言放弃。对于青年学生来说，奋斗和梦想尤为可贵。

思政要点：奋斗才是青春最亮丽的底色（Hard work paints a bright backdrop for a young life）。

（3）角色扮演

根据第 19 段句子 “She told him of Johnsy’s fancy, and how she feared she would, indeed, light and fragile as a leaf herself, float away, when her slight hold upon the world grew weaker”揣摩人物性格特点，完成苏珊和贝尔曼之间的对话。

4. 学习拓展（17 分钟）

借助故事情节中的“肺炎”“小人物”“舍己救人”细节，把我国疫情防控与英语教学相融合，培育家国情怀，弘扬英雄正气，品鉴汉语之美，了解中国历史文化，增强民族自信心和自豪感。具体思路如下。

（1）通过大家熟知的图片和新闻视频展示，让学生清楚地看到是谁在抵挡灾难，谁在拯危济困

同时，讲授疫情防控英语高频词汇，和学生共同探讨“谁是真正的时代英

雄”（Who are the true heroes? Is it worthwhile to save others in the cost of one’s own life？）。

· SARI：severe acute respiratory infection

· activate first-level public health emergency response （mechanism）

· confirmed cases of（pneumonia caused by the novel coronavirus）

· suspected cases

· super-spreader

· trace close contacts

· incidence rate

· fatality/mortality/death rate

· fever clinics &fever patients

· epidemic prevention and control

· quarantine oneself

· monitor/check body temperature

· conduct epidemiological investigations

· early detection and early isolation

· contain the epidemic

教师总结：全国千万医护人员、军人、志愿者和海内外社会各界人士，不计报酬，无论生死，用实际行动告诉我们什么是责任担当，什么是家国情怀，他们才是值得我们学习崇敬和追崇的大明星。

思政要点：树立正确的英雄观。

（2）从疫情看英汉语言翻译，借由新型冠状病毒性肺炎的命名问题，展现翻译原则和挖掘译文背后的故事

关于新冠肺炎的命名既要“易读”，又要与“地域”“动物”“个体或群体”脱钩，避免引起不必要的联想。结合日本捐赠抗疫物资上的那些绝美诗句“山川异域，风月同天”“岂曰无衣，与子同裳”，介绍诗词出处和历史背景，并附上英文译文，让学生感受中国传统诗词的厚重，领略汉语之美，增强民族自信心和自豪感。

· NCP：Novel Coronavirus Pneumonia（新冠肺炎）

· SARS-CoV-2：Severe Acute Respiratory Syndrome Coronavirus 2（病毒名称）

· COVID-19：Corona Virus Disease 2019（疾病名称）

绣袈裟衣缘	Embroidering a Cassock
（唐）长屋	By Chang Wu
	Tr. Zhao Yanchun（赵彦春译）
山川异域，风月同天。	Rivers low, mountains high,

寄诸佛子，共结来缘。

The same moon in the sky.
All those who chant Sutra
Wend in and out Dharma.

秦风·无衣
（先秦）佚名

岂曰无衣？与子同袍。王于兴师，修我戈矛。与子同仇！
岂曰无衣？与子同泽。王于兴师，修我矛戟。与子偕作！
岂曰无衣？与子同裳。王于兴师，修我甲兵。与子偕行！

I will share my lower garments with you.

How can it be said that you have nothing to wear? My lower garments are there that we can share.

Together we stand, my armors thine.

教师总结：中国古典诗词博大精深，言简意赅，神韵幽远，值得每个中国人学习和研究。“文化自信是一个国家、一个民族发展中更基本、更深沉、更持久的力量。”

思政要点：品鉴汉语之美，了解中国历史文化，增强民族自信心和自豪感。

5. 作业（2 分钟）

（1）写作练习

《最后一片叶子》让我们从平凡人身上看到了伟大的心灵，从人生的苦难中见到了人性的光辉。请同学们上网查阅平凡人不平凡的事，写一写自己对《最后一片叶子》的感想；希望我们每个人都能在生命的历程中弘扬人性美，使人间充满温情。

（2）听写练习

如今，每个中国人都在疫情打击后的经济环境下努力奋斗，为自己的生活，也为了国家的经济复苏努力着。请观看视频材料 *The Chinese Dream*（出自《解读习近平关键词：中国梦》），总结中国梦概念，思考中国梦和美国梦的主要区别。

6. 课程结尾（1 分钟）

1665 年伦敦暴发瘟疫，剑桥大学也被迫停课，在剑桥三一学院就读的牛顿也不能幸免，他到乡下躲避瘟疫。但就在这 18 个月的独处岁月里，他不仅创立了二项式定理、光的分解、流数法，还确定了第一、第二定律和万有引力定律的基本思想，成就了他人生的高光时刻。希望同学们也能在后疫情时代珍惜好时光，为明日绽放活力积蓄能量。

教学重点：语言知识学习；让学生掌握与小说文本进行深入对话的方法，感受人世情怀，把对小说的感悟与现实生活相结合。

教学难点：深入挖掘课程中富有人文内涵的语言内容，找准课程思政的“附着点”，实现语言教学与思政目标的无缝对接。

（三）思政引入

第一，思政要点要自然融入教学主线中，在讲授知识点的同时，深入挖掘课文中富有人文内涵和思政教育的语言内容。

第二，在课堂活动的问题设置上进行价值观的引导。

第三，紧扣课文知识点和主题，精心选择听说读写译的学习拓展材料。

思政内容紧扣教学主线。首先，以对话方式（故事复述、角色扮演等），努力为每个学生的主动参与教学提供广泛的可能性，鼓励学生说出自己对作品的感受，融入交友观、做人观，和国家对青年一代的期望；其次，对整篇文章进行赏析，重点仍旧是语言的学习和阅读能力的提高，但是教师不仅要讲授、指导，更要学会倾听，以提问为主，把注意力主要放在学生身上，并及时做出合适的应答，扮演好信息的“重组者”的角色，教师在提问讨论互动中，逐渐引导学生思考的方向，让学生自己切实感受到家国情怀和正确的人生观、世界观和价值观；再次，在总结全文的学习内容之后进行相关知识拓展，从课文内容引出疫情防控，从疫情防控看英汉语言翻译，引导学生在对国家现实的关注中，把爱国情、强国志、报国行自觉融入实现中华民族伟大复兴的奋斗之中；最后，在作业环节，在听力材料的选取和写作主题的设定上融入中国梦是人民的梦的思考。由此，课堂教学既完整展现课文知识，涵盖英语学习的听说读写译五个方面，又潜移默化地将思政元素融入其中，教学内容清晰，体系完整。

（四）教学手段与方法

大学英语教学坚持“教师为主导、学生为主体”，根据课程内容、特点，采用灵活多变的教学方法，如教师讲授、场景教学、任务驱动、小组讨论、角色扮演、多人合作等，塑造学生的合作意识，增强主动性和参与性。大学英语教学重视现代教学技术手段的作用，除多媒体课件之外，还广泛利用网站视频短片、学习强国新闻报道、*China Daily*、习近平总书记十九大报告、2020 年政府工作报告、纪录片等、结合大学英语教学实际，引导青年学子以批判的眼光学习西方文化，取其所长，培养青年学子对民族文化的自信，更好地构筑中国精神、中国价值、中国力量。

四、教学效果分析

大学英语课程兼具工具性和教育性双重属性，本身就是课程思政较为理想的载体。从短篇小说《最后一片叶子》人物性格塑造来看，可以自然融入交友观、做人观及对青年人的期待；从其主题分析来看，弘扬人性美，歌颂平凡人的伟大心灵，可以融入小人物也有大情怀，树立正确的英雄观；从文化差异来看，比较中国梦和美国梦的主要区别，指出“中国梦是人民的梦”“中华民族伟大复兴的中国梦终将在一代代青年的接力奋斗中变为现实”；从语言学习拓展的角度来看，由小说主人公身患肺炎、友人互帮互助的故事情节，引出疫情防控的学习和探讨，学习我国疫情防控相关英语词汇、新冠肺炎的命名原则，并对捐赠抗疫物资上的诗句进行翻译学习，让学生感受中国传统诗词的隽永和厚重，了解中国历史文化，增强民族自信心和自豪感。从教育者角度来看，大学英语课程思政教学要求教师以身作则，做好言传身教，同时精心选取合适素材以拓展教学内容，发挥大学英语课程在知识、思想和技能上的功能，既提升了教师的责任感，又解决了英语教材内容和中国国情现状脱节的问题；从受教育者的角度来看，大学英语教材多是“原汁原味”的英美国家文章，涉及西方历史、文化和意识形态等各个方面，课程思政融入其中，能够正确引导青年学子以批判的眼光学习西方文化，同时培养青年学子对民族文化的自信。

以《最后一片叶子》为例，深入挖掘思政元素并将其有效融入教学内容主线，更新了教师的教学方法，促进教师教学水平的提高，引导学生在小说中既能看到人性美，也能联系中国实际，构筑中国精神，讲述中国故事，达到开拓大学生的视野、内化其理想信念的目标。

大学英语（2）

李双燕　孙桐　外国语学院

一、课程简介

本课程面向非英语专业大学生，以培养学生的语言交际能力为目标，从课文入手，对学生进行读、听、说、写、译综合训练，全面提高学生实际应用语言知识和语言技能的能力，达到学以致用的目的，从而培养出更多的既有家国情怀、关心人类社会发展，又全面掌握英语、善于以英语为工具进行专业研究和工作的各行业高端人才，适应国家和社会对高层次专业人才的需求。

二、思政元素

本课程包含丰富的课程思政元素，具体如下。

元素 1：古今中外贤者伟人的价值追求，启发学生见贤思齐，树立高远的人生理想，奋发图强。

例如：孟子“独善其身与兼济天下”的人生理想；杜甫“大庇天下寒士俱欢颜”的博大胸襟；范仲淹“先天下之忧而忧，后天下之乐而乐”的政治情怀；周恩来同志“为中华之崛起而读书”的远大抱负；习近平总书记“我将无我，服务人民”的奉献境界；钟南山英勇抗疫的无畏气魄与担当精神；罗素（Bertrand Russell）在 *What I Have Lived for* 中阐释的人生三大目标，包括对知识的渴望、对受难者的深切同情等。

元素 2：古今中外有关教育目的的论述，引导学生理解教育本质，增强文化自信与民族自豪感。

例如：《论语》中孔子的教育思想，“志于道，据于德，依于仁，游于艺”，教育的目标在于树立远大理想，行“道”于天下，培养人的高尚道德情操，增强人的仁爱意识，落实在具体科目“六艺”上；《大学》中曾子的治学理想：“格物、致知、修身、齐家、治国、平天下”，涵盖了专业学习、个人修为、服务社会三个维度；夸美纽斯认为教育要培养具有“学问、德行和虔信”的人；卢梭认为教育要培养忠诚的爱国者；乌申斯基认为教育要培养全面发展的人，将个人与祖国命运结合；马丁·路德·金认为教育要教人进行有深度有批判性的思考。

元素 3：疫情期间，国内外共克时艰，让学生理解“人类命运共同体”；关注全球自然灾害以及世界地球日，培养国际视野与天下情怀。

国内平凡人士英勇抗疫的事迹与逆行者形象；国际社会援助中国以及中国援助其他国家的新闻报道；中东等地蝗灾、澳洲山火、印尼泥石流等全球自然灾害；2020 年第 51 个世界地球日：“珍爱地球 人与自然和谐共生”。

元素 4：有关教育与人类未来的相关论述，明确时代赋予大学生的历史责任。

联合国教科文组织有关教育愿景的阐述；2018 年耶鲁大学校长致辞新生 *Our Yale Citizenship*，提出 4 种责任：保持求知好奇心、聆听他人、尊重不同的文化、服务社会；历史学家尤瓦尔（Yuval Harari）的著作 *A Brief History of Tomorrow* 及其最新文章 *The World after Coronavirus*，深刻理解人类未来命运，全球相互依存，和平与团结是必然选择。

三、教案设计

本教学单元 *From Competence to Commitment*（从能力到奉献）的教案设计，主要包括如下方面。

（一）教学目标

1. 知识目标

（1）词汇知识

结合语境理解重点词汇，掌握教育类相关词汇的英文表达。

（2）句法知识

分析长难句的语法结构，能够用英语释义并进行翻译。

（3）语篇知识

把握英语议论文的文体风格，厘清文章的脉络结构。

（4）文化背景知识

了解古今中外的教育理念、教科文组织的教育愿景等。

2. 技能目标

（1）语言交际能力

能够用英语表达自己的教育经历、对教育目的的理解，讨论“能力”与“奉献”的含义及二者之间的关系，探讨中西与教育相关的理念、人物或著作等，能够针对本章中的主要观点进行讨论。

（2）快速阅读能力

快速通读文章，理清文章的逻辑结构，划分段落层次，概括各部分要点，归纳核心思想。

（3）文体分析能力

分析英语议论文的论点、论据和论证过程，把握英语议论文的结构与文体特征，为本单元的写作练习奠定基础。

3. 育人目标

（1）培养奉献精神

结合古今中外仁人志士奉献社会的案例，让学生理解教育的目的，不仅要学好专业知识，提升各方面能力，还要服务社会，关心他人，为国家建设献言献策。

（2）开拓全球视野

结合全球新冠肺炎疫情背景下，全国人民万众一心，各国之间互帮互助，理解个体与社会、人类与自然的和谐共生关系，深刻把握“人类命运共同体”的精髓，明确新时代大学生肩负的责任和使命。

（3）树立文化自信

结合中华典籍对“为学”目的的论述，让学生比较中西教育在根本目标上的契合，一方面深刻把握教育服务社会这一宗旨，另一方面增强文化自信和民族自豪感，不要妄自菲薄。

（4）锻炼思辨能力

理解“能力”与“奉献”相辅相成的辩证关系。

（二）教学内容

1. 教学重点

与教学目标相对应，本节课教学重点可以分为知识、技能和育人三个层面。包括：①知识层面：通过上下文语境，以及在线英语语料库、我国政府工作报告双语文献等，查证、核实并深刻理解“commitment”（奉献）的确切含义。②技能层面：能够在快速阅读文章的基础上，梳理全篇行文脉络，把握议论文的写作逻辑，学习作者如何论证“能力”与“奉献”二者之间的辩证关系。③育人层面：在培养大学生奉献精神、全球视野、文化自信的同时，还要重点培养其思辨能力，结合自身成长经历及新时代的使命和需求，深入思考“能力”与“奉献”之间相辅相成的辩证关系。

2. 教学难点

培养学生的思辨能力（critical thinking）既是本节课的重点，也是难点。所谓“思辨”，即以正确方式思考的能力，学界对其最初的解读与认知层面的逻辑思维是等同的（黄源深，1998/2010）。在当今大数据和自媒体时代，虚假信息充斥着网络，真假难分。如果大学生没有正确的世界观、人生观和价值观，很容易被不良信息误导，陷入思维误区难以自拔。因此，如何通过课堂活动，引导学生对某些问题或现象进行辩证思考，从而形成立体化思维，避免片面甚至偏激，既是重中之重，也是难中之难。

本课程以“社会认知”（sociocognitive）的双重视角对其进行审视，以社会建构主义（social constructivism）为理论视角（Jones & Saville，2016/2019；Thornbury，2017/2019），通过具体的教学任务及全面的互动，引导学生主动学习英语知识，并深入思考领会课文的核心思想，提升自身的思想境界。当然，这也对教师提出了更高的要求，教师首先要能辩证看待问题，逻辑思维要圆融，然后才能高屋建瓴，润物细无声地提升学生思维品质。

（三）教学手段与方法

本课程按照“自主、探究、合作”的原则，采取线上＋线下的混合模式，配以多种教学法多层递进开展教学，具体方法如下。

第一，线上教学（课前）：采取任务驱动和探究式教学，请学生预习课文，通过泛雅平台观看视频，总结大学生的 4 种责任，引入主题。

第二，线下教学（课中）：通过师生、生生互动启发式教学，深入主题。

包括：①听说归纳：针对课前预习任务中的问题进行总结归纳；②头脑风暴：以个人或小组形式探讨大学生需具备哪些能力；③思辨研讨：思考能力培养是否是教育的全部，还需要什么；④案例枚举：列举古今中外仁人志士的求学理想、教育理念等；⑤文本细读：阅读课文，把握文章主体结构，归纳主旨大意，理解“commitment”的含义，学习作者论证过程，提高思辨能力。

第三，线上线下作业（课后）：双线并行进行巩固拓展，强化育人效果。

线上围绕各类自然灾害进行小组探讨；线下通过文献阅读或调查访谈等，考察家乡、社区、各自研究领域乃至社会的现存问题，提出解决方案，撰写调查报告，将知识学习与实践有机结合，潜移默化地提升学生保护自然、关心社会、奉献他人的使命感。

（四）教学过程

本课程内容基于一个完整的课时设计，包含了 5 个循序渐进、环环相扣的教学步骤（图 1）。授课内容为课文讲解，主要分为三个阶段，分别为话题引入阶段（主题导入、题目解释、主题深化）、课文研读阶段（课文分析）和课后反思阶段（总结及课后拓展），具体如下。

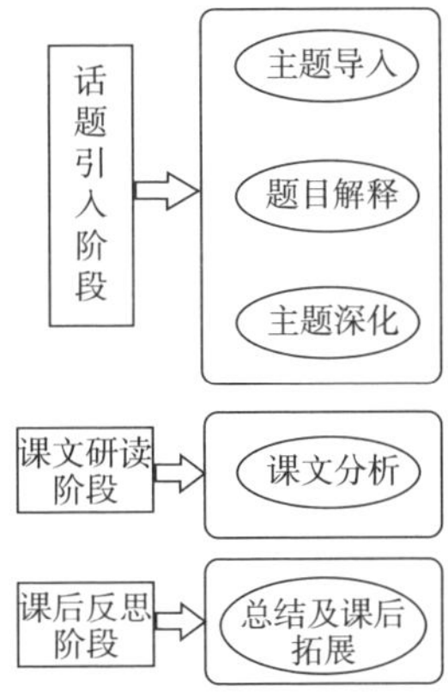

图 1　大学英语课程 *From Competence to Commitment* 教学单元教学思路设计

1. 主题导入

教师围绕“competence”和“commitment”这两个关键词，引导学生探讨教育目的，并结合自身思考大学阶段的学习规划。该步骤旨在引导学生理解“competence”和“commitment”的含义及两者的区别和联系，并通过对大学阶段学习目标的思考，初步领会课文的主题及重点探讨的人文精神。

2. 题目解释

教师请学生猜测关键词“commitment”的含义，以及课文的主题思想，并让学生亲自检索权威语料库（比如美国当代英语语料库 COCA），通过该词出现的上下文语境准确把握其含义，同时列举常见的翻译错误，提醒学生切忌望文生义。该步骤旨在承接先前的环节，激发学生的问题意识，使其主动思考并试图领会文章传达的重要精神。

3. 主题深化

教师通过列举古今中外伟人的人生理想和价值追求的案例，深度阐释教育的真正目的和人生的崇高理想。该步骤旨在进一步深化主题，启发学生见贤思齐，志存高远，奋发图强。

4. 课文分析

教师带领学生通读课文，首先归纳文章中心思想，然后总结课文每一部分的主要内容，按照“指出问题→分析问题→解决问题”的思路，梳理其内在逻辑关系，并指出作者力图在文中传达的重要思想和精神。该步骤旨在帮助学生掌握课文中的谋篇布局、段落结构和重要知识点，及其传达的核心思想。

5. 总结及课后拓展

教师在课程即将结束时总结授课内容，布置一系列课后任务，通过线上与线下相结合的形式展开。线下任务引导学生进行专业或社区调研，发现问题、思考问题并尝试提出解决方案；线上任务鼓励学生自主阅读，自由研讨，巩固课文知识，深入思考教育的真正目的，并结合当前的新冠肺炎疫情，思考人类命运共同体的问题，为人类社会贡献自己的力量与智慧。该环节是本节课内容的总结、延伸和扩展，双线并行，学以致用，旨在帮助学生复习巩固已学知识，强化训练各项英语技能，并激励其思考全球视域下的人文关怀，树立社会主义核心价值观。

整个教学过程重点提升大学生对教育目的的深刻认知，培养奉献和担当精神，具有全球视野、树立民族文化自信，并锻炼思辨能力。这四个方面贯穿整个教学流程的始终，具体结合方式见表 1。

表 1　*From Competence to Commitment* 教学单元课程思政内容与教学环节设计

教学步骤	教学任务描述	对应的教学目标	思政要点	时间控制（共计 50 分钟）
第一步：主题导入	主要内容：在课前预习相关视频的基础上，引导学生探讨教育的目的，以及个人大学阶段的学习规划和目标。 方法和举措：头脑风暴与思辨研讨，分组呈现结果。 教师引导及反馈：将学生回答的内容分为“competence”和“commitment”两类，并启发学生审视思考教育的目的	训练口语交际能力（技能目标） 培养奉献精神（育人目标） 锻炼思辨能力（育人目标）	探索“能力”与“奉献”之间相辅相成的辩证关系	10 分钟
第二步：题目解释	主要内容：请学生猜测题目关键词“commitment”的含义，并结合课文的语境帮助其领悟“奉献”的含义。 方法和举措：推荐学生选用在线语料库和在线词典查找并筛选信息。 教师引导及反馈：在学生已搜索信息并充分思考的基础上，提供符合课文语境的“commitment”的中英文释义	强化词汇知识（知识目标） 培养快速阅读能力（技能目标） 培养奉献精神（育人目标）	从社会奉献的视角探求教育目的	5 分钟
第三步：主题深化	主要内容：结合名人案例，列举古今中外伟人的人生理想，以及对教育目的的论述。 方法和举措：以头脑风暴的形式小组讨论、案例的列举和分析。 教师引导及反馈：在引导学生讨论的基础上，教师再给出一些古今中外的案例，包括名人的人生理想及其对教育目的的论述	学习文化背景知识（知识目标） 训练口语交际能力（技能目标） 培养奉献精神（育人目标） 树立文化自信（育人目标）	启发学生见贤思齐，志存高远	10 分钟

续表

教学步骤	教学任务描述	对应的教学目标	思政要点	时间控制（共计 50 分钟）
第四步：课文分析	主要内容：引领学生通读课文，领会文章的中心思想及每一部分的主旨大意，梳理语篇层面的逻辑关系。 方法和举措：通过思维导图帮助学生缕清课文的结构和主要观点，每部分按照“指出问题→分析问题→解决问题”的思路展开论述。 教师引导及反馈：通过课文的讲解，学生主动领会当今大学生的困惑及其成因，认识到其应具备的视野和能力及应承担的社会责任	・强化句法知识（知识目标） ・把握语篇知识（知识目标） ・培养快速阅读能力（技能目标） ・培养文体分析能力（技能目标） ・培养奉献精神（育人目标） ・开拓全球视野（育人目标） ・锻炼思辨能力（育人目标）	鼓励学生运用思辨能力，通过课文阅读深刻领会自己应承担的社会责任和应具备的全球视野	20 分钟
第五步：总结及课后拓展	主要内容：总结本课学习内容，重申主题思想，引导学生反思在灾难面前应当承担的责任，最后布置作业。 课后任务：①相关研究性调研任务；②主题自由研讨；③拓展阅读。 拓展目标：通过不同形式的课后作业激励学生积极主动地巩固语言知识和技能，并在实践中进一步深入学习本课传达的思政精神	・培养语言交际能力（技能目标） ・培养快速阅读能力（技能目标） ・锻炼思辨能力（育人目标） ・培养奉献意识（育人目标）	强化学生思辨能力，树立社会主义核心价值观	5 分钟

四、教学效果分析

本节课讲授的文章由美国前教育部长欧内斯特・博耶（Ernest Boyer）于 20 世纪末撰写，论述教育这一深刻话题，对于帮助大学生树立正确的教育观、世界观和价值观，确立大学生涯学习目标及整个人生规划都非常重要。本节课是本门课程第一单元的第一节课，在启发思考、价值引领、融合传统文化、梳理文章逻辑、分析重点字词、师生互动等方面取得了不错的效果，达到了预期教学目标。

（一）强化语言运用

通过语境分析，能够准确理解主题词；通过快速阅读，能够把握文章逻辑结构、提炼中心思想，进行探究式学习，而且可以举一反三，结合时事用英文发表观点。

（二）提升思辨能力

通过课文阅读与研讨，能够逐步理清“能力”与“奉献”之间相辅相成的关系，理解大学生既要仰望星空、胸怀大志、奉献社会，又要脚踏实地、格物致知、提升自我，成为“又红又专”的社会主义建设者和接班人。

（三）落实思政效果

大学英语课程不仅要加强语言知识和技能训练，更应将语言学习与专业研究、社会服务相结合。本节课的课后拓展任务，要求学生围绕实践问题开展调研，用英语撰写调研报告，在巩固语言知识和技能的同时，培养学生关心社会、服务社会的责任意识，学习思政与践行思政相结合，落实育人效果。

（四）启发教育工作者

欧内斯特的这篇文章不仅写给学生，也写给所有的教育工作者，包括管理者和一线教师，它启发我们思考“教育何为”，培养什么样的人，怎么培养人，怎么评价培养效果等一系列根本性问题。在发展智力与培养各项技能的基础上，教育更应注重德育，培养会思考、善判断、有理想、有担当、胸怀天下的人才。这些品质虽然无形，似不可测，但却往往以有形的方式体现出来，是衡量教育质量的关键。

大学英语（3）

孙桐　李双燕　外国语学院

一、课程简介

大学阶段一般是学生树立三观的关键时期，也是教学思政不可失守的一片“责任田”，其中外语课程中的学习策略教学既是目的也是手段：一方面，是对精神品质的培养和价值观的塑造；另一方面，也是对学习效率的提升和语言技能的培养。正如《高等学校课程思政建设指导纲要》指出，课程思政的落实要“让学生通过学习，掌握事物发展规律，通晓天下道理，丰富学识，增长见识，塑造品格”（教育部，2020）。在我国大学生外语课程思政建设中，如何将学习策略教学与思政精神融会贯通，使两者形成协同效应，既是当前鲜有涉及的话题，也是颇具挑战性的任务。这要求教师不但要对语言学习策略本身理解透彻，还要在策略教学中将思政精神、外语教学理论和教学实践三者融合起来，力求达到“润物细无声”的效果。

基于上述背景，本案例力图探索课程思政教学体系之下外语学习策略教学的实施路径和实践方法。为此，笔者以一个课时的大学英语听力元认知策略教学为例，参考名为“一颗红心，六手准备”（Six Strings to One Bow）的外语策略教学实践路径框架，设计了一个完整的教学案例，以探索课程思政视域下大学英语策略教学的实践工作。

这一听力元认知策略教学案例选取了 The School of Life 系列科普视频中一段名为“业精于勤而荒于嬉”的素材，采用 Vandergrift 和 Goh（2012）提出的名为“元认知教学模式”（Metacognitive Pedagogical Sequence）的听力教学模式进行授课，旨在培养学生在英语学习听说中的策略意识和运用能力，全方位训练思辨能力，引导学生深刻领会思政育人精神。

二、思政元素

本案例重点涉及 5 个方面的思政元素（参考第三部分中的“教学目标”）：

元素 1：构建学习共同体意识。
元素 2：培养奉献精神。
元素 3：启发科学探求精神。
元素 4：树立文化自信。
元素 5：培养奋斗精神。

本案例思政元素的引入参照“一颗红心”的模式，该模式展现了外语学习策略教学中思政育人目标的构成和实现方式。图 1 以“靶子”的形象象征思政目标的内涵与实现形式，它涵盖可操作化的具体育人目标、思辨能力的运用和目标实现的环境及条件，反映为若干相对独立又彼此依存的结构层次。

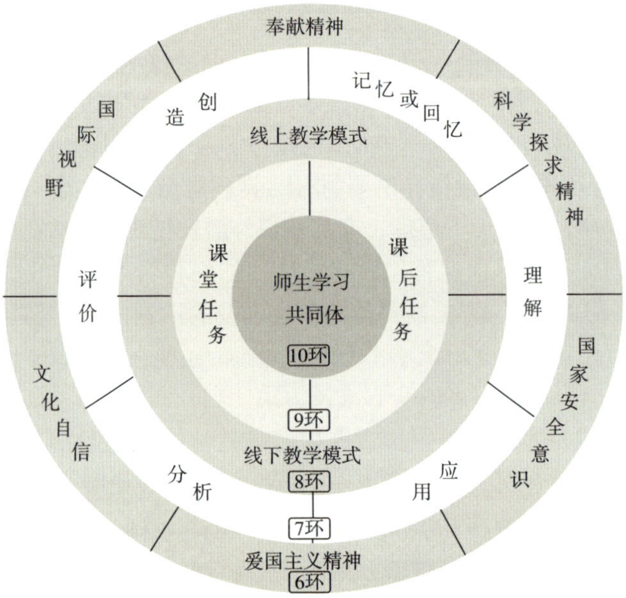

图 1 “一颗红心”——外语学习策略教学思政目标的引入模式

图 1 中的“靶子”从中心到边缘分为 5 层，正中心的区间命名为 10 环，向外逐级递减，边缘的区间命名为 6 环。10 环为思政目标中的核心环节，即“师生学习共同体”，它由外语策略教学中师生和生生之间的互动形成的整体构成，超越了个体独立学习的方式，是学生领悟思政精神的根本前提。9 环是师生学习共同体的学习方式，即基于任务的体验式教学，须兼顾课堂任务和课后任务。8 环为基于任务的教学发生的环境，对于当今信息时代的教育，应兼顾线上教学模式和线下教学模式，使两者协同促学。7 环是布卢姆教育分类学（修订版）（安德森等，2009）中认知维度六个层次的思维过程，反映了教学环境中学生思辨能力的运用，是积极主动的思考过程，也是具体的思政目标实现的必由之路。

最外围的6环则是一些具体的思政目标，反映了学生思考的成果，通过“策略”与“思政”直接或间接的联系皆可实现。

根据“一颗红心”的模式，本案例的听力元认知策略教学应做好三个方面的工作，分别为设立明确的育人目标（参考“教学目标”中的“育人维度”），分析学生当前英语学习的思想状态（参考“教学内容”中的“学情分析”）和选择符合思政育人导向的外语学习策略听力材料（参考“教学内容”中的“听力材料”）。

三、教案设计

（一）教学目标

本案例以听力元认知策略教学为重点，以立德树人为根本目的。其教学目标应全面考虑三个维度：语言知识维度、思辨能力维度和育人维度（参见“教学内容”中“第三手准备”的内容）（表1）。

表1 “听力元认知策略”教学目标分类

维度名称	功能	具体目标分类	编码
语言知识维度［X］	教学思政的根基和起点	听力理解认知策略	X1
		听力元认知策略（教学重点）	X2
		口语表达策略	X3
思辨能力维度［Y］（安德森等，2009）	教学思政的桥梁和途径	记忆/回忆	Y1
		理解	Y2
		应用	Y3
		分析	Y4
		评价	Y5
		创造	Y6
育人维度［Z］	教学思政的最终目标	构建学习共同体意识	Z1
		培养奉献精神	Z2
		启发科学探求精神	Z3
		树立文化自信	Z4
		培养奋斗精神	Z5

表1中的三个教学目标维度虽然在概念上相互独立，但在外语教学思政中是紧密联系、相互依存的，共同构成一个整体。语言策略知识的学习是外语教学思政的前提条件和基础（X1~X3）；思辨能力是学生在学习语言知识的基础上，

运用认知能力处理信息并内化、升华的水平（Y1~Y6）；育人是课程思政立德树人的根本任务，也是教学的最终目标，根据授课的具体需要分为多个方面的品质（Z1~Z5）。

（二）教学内容

1. 学情分析

本研究的案例拟定为大学英语中一个课时的听说课，以听力元认知策略教学为重点。学生及课程基本情况如表 2 所示。

表 2 “听力元认知策略”学生及课程基本情况

类别	情况简述
学生基本信息	· 年级：大学二年级 · 专业：金融专业学生 · 英语水平：介于 CET-4 与 CET-6 级之间（大致对应 CSE 5~CSE6 级） · 班级规模：45 人
学生学习情况	优势： · 学习动机较强 · 重视英语的实用价值 · 大多数学生知识基础较为牢固，阅读和语法相对较好 不足之处： · 缺乏外语学习的策略意识 · 语言学习视野局限，倾向于从个人出发考虑问题 · 听说技能较为薄弱
授课内容	课程类型：大学英语（听说课） 授课案例时长：1 课时（50 分钟） 授课主题：Learning, Entertainment & Achievements 授课重点： · 启发学生思考学习和教育的目的，培养自律、勤奋、志存高远的品质 · 培养学生英语学习的策略意识（听力元认知策略和其他类别） · 强化学生的听说技能

表 2 展示了授课案例中有关学生和课程的基本情况。依据上述信息，所授听说课程有三个方面的难点。首先，学生对外语学习的认识和视野比较局限，特别需要在学习中培养良好品质，树立正确的价值观。为此，教师应该在教学思政理念的指导下，为课程设定明确的育人目标，并且基于教材内容，适当选择可挖掘思政元素的补充材料。其次，学生在学英语的过程中缺乏策略意识，学习方法往往效果不佳。这就需要教师在教学中将“策略”和“思政”有机结合，引起学生对策略的关注，组织其在课程中操练有效的学习策略，以领悟把握规律的智慧。

最后，多数学生的英语技能发展不均衡，听力和口语相对薄弱。这可能由多种原因导致，但学习时间投入不足、策略运用不得当无疑是学生进步的最大障碍。因此，本案例从一段围绕勤奋学习展开的视听材料中截取了两个片段，利用一个课时的听说课，通过课堂练习和讨论，训练学生的听说能力，培养策略意识。

2. 听力材料

案例所选的听力材料名为“业精于勤而荒于嬉”，是 *The School of Life* 系列科普视频中一段完整的材料，时长 12 分钟，说话者使用标准英音，语速略偏慢于正常讲话，英文表达平易近人。该视频资料分为 7 个小模块，围绕勤奋学习的话题，讨论了专心学习的重要意义及获得成功的方法和原则。视频内容采用动态图片和笔记的形式，与语音内容同步配合。该视听材料的题材有利于从学习策略出发挖掘思政元素，可用作听说课的补充材料，结合教育、娱乐、学习策略、人生理想等话题设置课堂任务。但由于材料较长，课堂教学时间有限，需对各模块内容进行不同处理，如表 3 所示。

表 3　视听材料各部分特征及加工处理方法

顺序	模块主题	时长	词数	处理方式
模块 1	Introduction: the Significance of Learning and Education	1′ 20″	191 词	模块 1 和模块 2 作为一个整体，单独剪切并用作课堂中的主要训练材料
模块 2	The Quality of Your Learning Determines the Quality of Your Success	1′ 40″	226 词	
模块 3	We Attract the Things That Reflect Who We Are	2′	273 词	不作处理，作为课后作业将整个材料发给学生
模块 4	Step Forward into Growth or Backwards Into Security	1′ 45″	229 词	
模块 5	Most People Won’t Ever Experience True Success	1′ 48″	254 词	单独剪切并用作课堂中的拓展讨论材料
模块 6	If You Want to Live an Extraordinary Life, You Need to Give Up a Normal One	2′ 3″	271 词	不作处理，作为课后作业将整个材料发给学生
模块 7	Conclusion	1′ 23″	169 词	

表 3 记录了视听材料中 7 个模块的主题、时长、词数及其在教学中的处理方式。其中，前两个模块合起来共 3 分钟，将作为一个整体在课堂的不同环节中重复播放。模块 5 单独用作拓展讨论环节的材料。其余部分不做特殊处理，直接在

课后作业中使用 12 分钟的完整材料。

3. 教学设计的“六手准备”

对应“一颗红心”代表的外语教学思政目标，“六手准备”是课程设计及教学实践中六个层面的具体原则。这好比配备一把弓去射箭，只准备一根弦显然准备不够充分，因此射手打造了六根不同的弦，以应对目标的不同需求，防范意外情况。

“第一手准备”是科学的教学理念，从整体性视角看待二语习得的“社会认知主义”（Socio-cognitive Approach）（Atkinson，2002；Atkinson et al.，2007；Mislevy，2018），这是外语学习策略教学宏观上应秉承的理念，与“社会建构主义”（social constructivism）的核心观点契合。

“第二手准备”是合理的教学原则，指的是外语学习策略的教学中所遵循的原则，为合理的教学设计提供指导，以便学生通过任务把握学习规律，领会思政精神，提倡在“体验式教学”（Experiential Learning）（王海啸，2014）和“作为测评的学习”（Learning as Assessment）（Dann，2014；Chong，2017）两个原则指导下实施策略教学。

“第三手准备”是明确设定教学目标，这是任何形式的教学准备中的首要任务。对于从外语学习策略教学出发的思政教学，在设定教学目标时应全面考虑三个维度：语言知识维度（Dimension of Language Competence）、思辨能力维度（Dimension of Critical Thinking）（借鉴安德森等的认知维度框架）和育人维度（Dimension of Commitments）。

“第四手准备”是启发式的问题导向。本文推荐“6 位朋友”引导的特殊疑问句帮助学生思考：什么（what）、为什么（why）、如何（how）、何人（who）、何时（when）和哪里（where）。例如，请学生反思有关听力理解策略的问题，可以问“How did you grasp the main idea from the previous TED lecture?”甚至“Which visual contents you’ve used in the video helped you understand better? Why were they useful?”这样的联合多个“朋友”的提问。

“第五手准备”是多功能的教学任务设计。本文根据外语课堂教学的基本思路和学习策略教学的需要，提出了“BRIGHT 模式”。较之任务设计形式上的多样化，功能上的多样化对教学的实效更为关键。“BRIGHT”本身有光明和快乐之意，象征着启迪和领悟，是由以下六个概念的首字母合成的缩写词。

B=Brainstorming（头脑风暴）；

R=Reinforcement（强化）；

I=Identifying problems（问题识别）；

G=Giving feedback（提供反馈）；

H=Horizon broadening（视野拓展）；

T=Testing（测试）。

“第六手准备”是对未来工作的展望，需要教师跳出当下教授的外语课程，对外语学习策略教学和教学思政的工作进行反思和规划，体现为“四个方向”。第一个方向是对教师发展的规划。第二个方向是对学生发展的期待。第三个方向是师生学习共同体的发展。第四个方向是教学思政科研的发展。

本案例在做好学情分析、选好教学材料的基础上，依据“六手准备”的模式，完善教学设计（表4）。

表4 大学英语“听力元认知策略”教学设计的“六手准备”

准备事项	设计规划纲要
科学的 教学理念	指导理念：社会认知主义。 ·社会维度的考虑：在听力教学中引导学生结合视听材料的内容，反思教育的目的、学习的规律、成功的秘诀，以及勤奋努力的品质。要引导学生在个人反思、小组讨论及课后作业中积极思考，主动内化教学思政的育人目标。 ·认知维度的考虑：在听力教学中培养学生外语学习的元认知策略意识（如计划、注意力支配、反思自我、问题解决），锻炼思辨能力，同时强化英语听说水平
合理的 教学原则	·体验式教学：通过一系列环环相扣的教学任务（课上+课后），引导学生主动思考，通过讨论及小组合作，在问题解决中巩固语言技能，培养策略意识，领悟思政育人目标，切忌强行灌输知识。 ·作为测评的学习：将形式多样的课堂测评融入各个课堂环节中，并及时提供反馈，促进学生保持思维活跃，提高学习效率。但要特别注意，测评应紧扣教学目标，难度适中，且避免引起学生的负面情绪
明确的 教学目标	本课时从三个维度设立教学目标。 ·维度1。语言知识（聚焦策略知识）：①听力理解认知策略；②听力元认知策略（教学重点）；③口语表达策略。 ·维度2。思辨能力（安德森等，2009）：①回忆；②理解；③应用；④分析；⑤评价；⑥创造。 ·维度3。育人目标：①构建学习共同体意识；②培养奉献精神；③启发科学探求精神；④树立文化自信；⑤培养奋斗精神
启发式的 问题导向	利用6种特殊疑问词（“6位朋友”）提问并引发思考和讨论。 ·形式：由 what、why、how、who、when 和 where 引导的六类问题。 ·目的：针对每个授课环节设计有深度的问题，使各教学任务的主题在逻辑上环环相扣，从学习策略的培养出发，逐步引导学生领会外语教学的育人目标

续表

准备事项	设计规划纲要
多功能的教学任务	·任务编排形式：在 Vandergrift 和 Goh（2012）提出的“元认知教学模式”（Metacognitive Pedagogical Sequence）的基础上改编。 ·任务功能：借鉴“BRIGHT”模式，安排具有“头脑风暴”（Brainstorming）、“强化”（Reinforcement）、“问题识别”（Identifying problems）、“提供反馈”（Giving feedback）、“视野拓展”（Horizon broadening）和“测试”（Testing）六种职能的任务。 ·核心任务：在小组研讨的基础上，学生先复述听力语篇，再围绕“勤奋学习”的话题，回答具有一定深度的拓展性问题（课上最后一个环节）。 ·编排思路：任务编排围绕同一语篇的内容，按先易后难的顺序设置，任务之间逻辑上环环相扣，排在前边的任务均可为核心任务提供线索和启示，课后作业则是该任务的拓展和延伸
全面的工作方向	·教师发展：重视外语学习策略教学，提升教学素养，提高自身思政觉悟。 ·学生发展：学习策略知识，提高学习效率，培养科学精神，树立正确三观。 ·学习共同体发展：师生通过互动、合作学习等形式解决问题，培养集体意识。 ·未来科研方向：思政视域下外语学习策略教学的实证研究

表 4 是基于“六手准备”拟定的教学设计纲要，旨在为听力元认知策略教学案例的教案设计和课前准备提供全面的指导。其具体内容反映了教学思路的系统性整理，不但在理论和实践方面都有清晰的参考事项，而且设定了明确的教学目标和未来工作方向。在教学环节编排和课堂任务设计中，表 4 的要点将作为重要依据，确保教学实践不偏离设计初衷。

（三）教学流程及方法手段

本案例是时长为 1 课时（50 分钟）的大学英语听说课，以视频听力材料“业精于勤而荒于嬉”贯穿所有 7 个教学环节。该课时参考“六手准备”框架，以听力元认知策略的教学为重点。除最后一个环节为课后任务，其余 6 个环节均为课堂教学环节（图 2）。

图 2 展示了案例中教学环节的操作顺序及其之间的逻辑联系。该课时由 7 个教学环节组成，其中环节 6“听力语篇总结及反思”为核心任务，环节 1~5 的内容可视为准备和铺垫。环节 7 为课后任务，是核心任务的拓展，学生以学习小组的形式在课后完成，教师在后续课程中提供反馈。

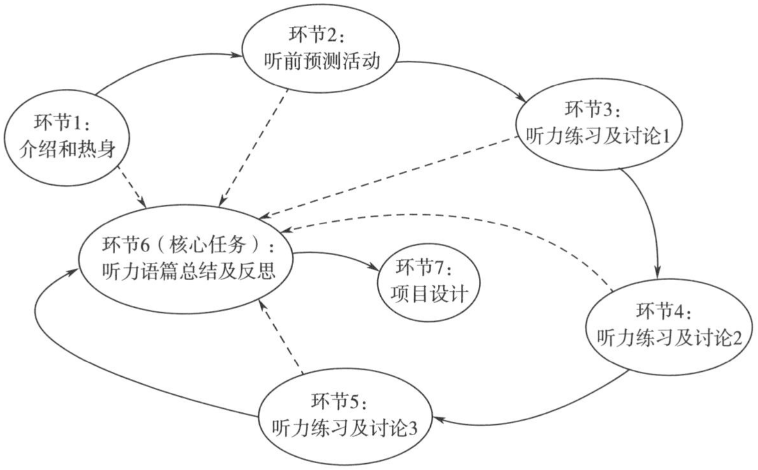

图 2　大学英语听说课案例教学步骤

第一个环节为“介绍和热身”。这一环节时长约 5 分钟，旨在介绍授课主题，明确核心任务，帮助学生进入积极思考的学习状态。教师首先展示一张学生学习分心的图片，并提问：“What’s the problem with this student?”这个问题不难回答，教师紧接着追问：“What can possibly distract people when they are learning?”请学生进行头脑风暴，讨论或写出关键词（如：playing mobile phones, surfing the internet）。在学生展示和教师反馈之后，教师简单介绍视听材料的主题，提前告知学生在上课的最后阶段，学生需要能够复述材料的主要观点，并且表达自己的体会。

第二个环节是“听前预测活动”。这一环节时长约 5 分钟，旨在通过运用“预测”的听力元认知策略，引导学生在听力开始前主动建立有关语篇的知识和图示，为其后的听力练习做好准备。教师首先讲解听力材料中的重点概念“mediocre/mediocrity”，然后给出一个未完成的句子：“The speaker thinks that the problems in the life of the mediocre majority are __________.”学生通过小组讨论，猜测听力材料中的正确答案，并给出尽可能多的可能性。讨论结束后，教师随机向学生提问，并对回答做简短评论。

第三个环节是“听力练习及讨论 1”。该环节首次播放视听材料，时长约 8 分钟，旨在请学生核对并思考先前的预测，训练学生把握听力语篇中细节性信息的能力，并在讨论中反思自己的作答。教师先向学生布置两个任务：①布置一个句子听写任务（练习题以纸质形式发放），由 11 个题项组成，题干为语篇中的原句（如：Most people spend more money on entertainment and gadgets than __________. 答案：self-education）；②告诉学生第一遍观看视频的同时要核对自己猜测的答案，可以利用习题中填好的句子获得信息。视频播放完毕，教师展示习题答案，请学生核对答案并展开小组讨论，随后随机提问学生对作答的感受及对听前预测的准确程度，给出适当的反馈。

第四个环节是“听力练习及讨论 2”。该环节第二次播放视听材料，时长约 8 分钟，旨在为上一环节的句子听写任务提供反馈，并引导学生解释和讨论句子的观点，深刻思考学习的意义。首先，教师第二次播放视听材料，与学生核对句子听写任务的正确答案。随后，请学生以小组讨论的形式，仔细阅读每个句子的准确意义（翻译或复述），并尝试解释说话者表达该观点的原因。其次，教师请一些学生解释每个句子，并解释原因。例如，对于环节 3 中的例句，学生可能会回答：“People choose entertainment because it’s fun and easy, but learning is not so.”这样的回答虽然正确，但尚需继续引导，教师应该针对学习的问题继续追问，最后，指出若想通过学习取得成就，就必须离开个人的舒适区，过多的娱乐会使人荒废。

第五个环节是“听力练习及讨论 3”。这一环节第三次播放视听材料，时长约 9 分钟，旨在延续上一环节讨论的问题，通过开放性问题深入探讨教育与成功及娱乐的关系。教师首先向学生提出两个问题：“① Why does the quality of your learning determine the quality of our success？ ② How should we balance learning and entertainment in our daily lives?”这两个问题需要学生结合对听力语篇的理解和自己的认识作答。第三次播放视听材料后，教师请学生分组讨论，然后选择部分学生表达想法，并提供反馈，适当引导，使学生理解重视学习和合理安排时间是成功的必要条件。

第六个环节是“听力语篇总结及反思”。该环节即核心任务的实施，旨在强化学生的听说能力，培养自我反思能力和学习策略意识，时长约 15 分钟。教师告知学生综合热身、听前活动和三轮听力练习所获得的全部信息（包括听力笔记、练习题和讨论的问题），以口头的形式总结语篇主要观点，并在此基础上对一个问题表达观点：“What should a college student do to become a truly successful English learner, reaching the top 5–10 percent?”这是一个有关英语学习策略的开放性问题，需要“Most People Won’t Ever Experience True Success”（模块 5）这段材料补充信息。因此，教师先播放模块 5，学生边观看边做笔记，然后以 4~5 人小组合作的形式总结语篇信息（模块 1+ 模块 2），并对问题作答。小组讨论完成后，随机选出部分小组，请每组派出至少一名代表完成复述并回答问题。在学生汇报的过程中，教师应注意及时提供反馈，并加以适当引导。

第七个环节是“项目设计”。该环节是课后作业的布置，旨在通过拓展性阅读和讨论，将课上的主题拔高和升华，培养学生的学习策略意识、科学精神、文化自信，以及学习共同体意识。项目于课后发布，不占用上课时间。项目内容为小组合作的演示任务（每组约 5 分钟），学生以 4~5 人的小组为单位，选读《英语世界》杂志社主编的《如何学好英语——专家、教授谈英语学习方法》（2018）中的篇目，并以“What can we learn from truly successful English learners?”为主题，以 PPT 展示和演讲的形式，介绍其中一位名家及此人的英语学习策略，并总结阅读文章的收获。教师请学生建立学习小组，为项目的汇报制作安排时间表，学习小组的演示可分散在整个学期不同时段进行。学生报告完毕，教师应正面鼓励小组的努力，并根据汇报内容临场提问（教师或在座学生皆可），最后简要总结。

四、教学效果分析

本案例通过一个课时的听力元认知策略教学和课后小组合作任务的完成，预期达到以下四个方面的目标：①通过听说课的学习，巩固强化学生的听力理解和口语表达技能；②通过听力材料的反复播放和形式多样的课堂任务，培养学生的听力元认知策略意识；③通过环环相扣的任务和有深度的问题，唤醒学生的主动思考和意义建构；④通过一系列课上和课下的活动，学生能够领悟教学目标中的思政元素。

综合英语Ⅱ

赵海永　外国语学院

一、课程简介

综合英语Ⅱ是法语专业学生的必修课，亦是法语专业学生培养的基础语言课程。该课程的建设不仅有助于突出“法语－英语”专业的办学特色、提升专业影响，亦有助于提升“法语－英语”专业学生的语言专业基本功、核心竞争力、专业人才培养质量，该课程对法语专业学生打好专业学习基础起到至关重要的作用。

通过该课程不同主题单元和话题的学习，采用不同形式的教学活动，学生能够提升自身的英语专业素养和语言运用能力，能够运用英语进行国际交流和表达，能够运用语言学科知识解读语言文化现象、提出相应解决方案。该课程的内容不仅包括英语语言基本知识，还承担跨文化知识、沟通和表达能力、学习能力、思维品质的培养和提升。通过对该课程系统的学习，学生能够熟练地运用英语进行交流和写作，能够提升文化意识，能够运用英语交流国内外的经济、政治、科技、教育的发展，学会使用英语讲述中国故事，能够提升批判性思维与创新能力，能够学会独立思考，能够提升自主学习和终身学习的能力。通过对文本的解读、案例的分析，结合我国国情，培养学生的社会责任感，增强学生的民族自信心。

二、思政元素

本课程通过系统的教授和学生的深度参与提升学生的英语语言能力，同时加强文化意识、思维品质和学习能力的培养。通过循序渐进、潜移默化的方式提升学生综合语言能力和英语学科核心素养。本课程可能包含的思政元素如下。

元素 1：增强文化意识，尊重各国间的文化差异。

文化教学是外语教育的重要构成。为了探索不断发展的跨文化和多文化世界，我们必须发展学生的跨文化能力，客观地对待自我文化和目标文化，做全球化世界的文化中介（Kramsch, 2013），培养跨语言和跨文化能力概念（Kramsch, 2010）。文化意识指“学生在全球化背景下表现出的跨文化认知、态度和行为取向”。文化意识必须反映中国特色社会主义思想文化和国际视野。在外语教学中，我们必须加强学生国家身份认同及为国家服务的意识，建构文化自信，提升共同体意识。致力培养学生成为有文化、有社会责任感的公民。

元素 2：发展思维品质，提升批判新思维能力。

语言与思维的关系极为密切。Pinker（2007）认为，语言是认识人类本质的窗口。然而，传统英语教育重视四项分割的技能（听、说、读、写），长期以来忽视了逻辑、批判和创造性思维。教师必须培养学生的逻辑思维，允许学生质问听读内容、使用证据为自己辩护、支持观点和意见。学生进行推理、批判和评价将有助于学生使用语言解决问题，发展创造力。因此，英语教育不仅有关语言，更有关将个体培养为思考者（Cheng, 2011）。通过该课程的学习，培养和提升学生的批判性思维能力，主要包括识记、理解、运用、分析、评价、创造等能力。

元素 3：培养学习意识，培养终身学习能力。

学习能力指学生投入语言学习、主动监督自我学习和使用不同学习策略提升学习效率的能力（Gao，2011）。使用策略能力为学生语言能力的发展起着重要作用（Gao & Zhang，2011：26）。通过该课程的培养和学习，提升学生自主、合作和探索学习能力，并引导学生在实践中发展和运用。通过课程内容和学习活动的设计，加强学生学习能力，帮助学生自主学习，养成良好学习习惯，培养终身学习意识和能力。

元素 4：讲好中国故事，提升民族自豪感和使命感。

语言既是硬实力，也是软实力。随着我国对外开放程度的加大、“一带一路”倡议的落实，为了让世界更好地了解中国、让中国更好地走向世界，我们可以创新对外传播方式、探索对外话语体系，讲好中国故事、传播中国声音。通过该课程的学习，引导学生用英语讲好中国故事，将中国的文化故事、中国人民奋斗的故事、中国和平发展的故事等用英语表述出来、传播出去。提升学生的民族自信心、民族自豪感。

综上，本课程以语言能力为基础，通过潜移默化和润物细无声的方式，培养和提升学生的文化意识、思维品质、学习能力、社会责任感。

三、教案设计

本教学单元 *The Man in the Water* 的教案设计，主要包括如下方面。

（一）教学目标

1. 知识目标

通过本节课程的学习，能够掌握 *The Man in the Water* 这一文章的背景知识、写作结构、描写“英雄”的词汇和表达，并结合文章分析、总结“英雄”的意义、特质。

2. 能力目标

通过知识的学习，充分理解“英雄”的意义，并能够用英语描述心中的“英雄”、讲述“英雄”的故事、感受“英雄”的事迹，同时意识到语言的力量。

3. 价值目标

第一，锻炼学生用英语表达、理解、分析、评价的能力。

第二，通过分享“英雄”的故事，树立爱国主义价值观，增强民族自豪感。

第三，使用英语讲述中国故事，培养学生的社会责任感和历史使命感。

（二）教学内容

1. 教学重点

第一，掌握该篇文章的语篇结构、写作特点，帮助学生提升写作和表达能力；第二，鼓励学生通过卷入学习、认真思考、分析判断，比较中外“英雄”形象；第三，促使学生用英语讲述自己心中“英雄”的故事，感受语言的力量、榜样的作用。

2. 教学难点

第一，如何让学生卷入学习、独立思考、积极进行语言产出。

第二，如何引导学生正确评判中外“英雄”形象、增强民族自豪感、提升民族文化认同感。

第三，让学生用恰当的英语讲述自己心中“英雄”的故事。

（三）教学手段与方法

本课程的教学内容组织以教师讲授、学生自主学习思考、团队合作讨论相结合的方式进行，促使学生卷入学习、发挥学生的主体作用。基于文章语篇内容，给予学生不同的任务，并结合我国实际情况，帮助学生基于文本、深入文本、超越文本。通过该课程的学习，提升学生的语言能力，并以潜移默化、润物细无声的形式提升学生的核心素养。

具体的教学手段和方法如下。

1. 教师引领，学生自主学习，发挥学生主体作用

该课程的教学以教师讲授、引领和提问、学生自学和小组讨论相结合等方式，

充分利用课本、网络资源，发挥学生的主观能动性。在课堂教学中，教师从课堂的主导者，转变为组织者、引导者、观察者、促进者，教师在课堂上给学生提供“支架”，引导学生敢于自由表达，引导学生思考、分析、评价、应用。学生在课堂上发挥主观能动性，通过课下预习、思考、查找资料，课上分享、交流、讨论，积极参与到学习中来。在该课程教学过程中，教师基于单元主题、篇章内容，给予学生不同的任务和活动，激发学生的兴趣，让学生在完成任务的过程中，掌握语言知识、提升思维品质、增强核心素养。

2. 运用“阅读圈”，通过小组讨论，提升核心素养

本课程主要通过个人思考、小组讨论和班级分享，让学生自己感悟和提升核心素养。本课程采取“阅读圈”活动。“阅读圈”是一种小组活动，小组成员以不同的身份进行合作完成。阅读时，学生根据自己的角色，经过独立思考、小组讨论、全班汇报、整理任务的过程，完成自己的角色任务。每个角色有一个任务表，包括角色名称、故事名称、职责介绍和写作空间。通过多次“阅读圈”任务、多次不同角色的练习，促使学生的语言理解和产出，培养学生的综合语言运用能力、批判性思维能力，从而提升学生的文化意识和思维品质，提升学生的学习能力。具体角色如下。

阅读组长。负责针对阅读材料进行提问，组织小组成员进行讨论；

总结概括者。负责对阅读材料进行总结；

文化连接者。负责寻找并对比阅读材料中出现的、与中国文化的异同之处；

实际生活联结者。负责从阅读材料中探寻与实际生活或自身生活相关的现象；

单词大师。负责解决阅读材料中重难点及具有重要或特殊意义的单词和短语，并阐述原因；

篇章解读者。负责探寻并阐释阅读材料中具有重要或特殊意义或写得漂亮的段落。

3. 注重使用案例，运用任务型教学法，增强社会责任感

在该课程教学中，结合单元主题和篇章特点，给予学生多种案例，让学生理解案例、分析案例、运用案例知识。并给予学生不同的任务，让学生在“做中学”，体验真实情境下的语言使用，感悟语言的力量、榜样的力量。在 *The Man in the Water* 一课中，教师给学生展示了各行各业的“英雄”，让学生感受到中国人的精神、祖国的发展、祖国的伟大，感悟到普通人也可以成为“英雄”，增强民族自豪感。

4. 多种教学手段相融合，鼓励语言产出，增强自信心

除了学生的自主学习、讨论外，在英语课程教授时，教师在课程伊始，将会结合单元主题，引导学生进行批判性思维、加强与中国元素（人、事、物等）对比、引导学生的正确价值观。在学生小组讨论、班级分享后，教师

会结合学生所感、所想、所展示的情况，总结与核心素养（语言能力、文化意识、思维品质、学习能力）相关的要点，并与现实生活实践相联系，拓宽学生的思考范围。

教师都会提前安排一名同学在每节课课前做 News Report，促使学生多读 / 听 / 看新闻，加强自主学习，关注国家发展。在一年级第二学期，学生所做的 News Report 的主题有：新疆棉、中美高层对话、日本核废水排放、湖北全球推介活动、中小学生禁用手机等。在课前报道中，学生可以感受到语言的力量、中国的伟大、发展中遇到的困难、国人的责任等。

（四）教学过程

1. 教学设计思路

第一，基于该课内容，运用问题引起学生思考。

该课的主题是“英雄”，因此课程伊始教师以“What makes a hero？ Can you name some heroes? What do you think that makes them heroes？ Do you think every ordinary person can be a hero if he wants to? ”等问题引起学生的兴趣和思考，通过同学们的讨论，为后面的教学做好铺垫。

课程思政体现。通过思考心中的“英雄”、讨论“英雄”具备的特质，促使学生思考“英雄”的意义，回忆这些“英雄”的事迹，让学生感受榜样的力量、学会感恩。

第二，基于课文篇章，通过提出问题、分析问题、解决问题的思路加强学生对该篇文章的主题理解、分析，使学生对文章的整体进行把握。

课程思政体现。通过对文章结构、主旨大意的设问，让学生运用理解、分析、判断能力，对文章进行分析，从而把握文章结构。基本文本，提出多个不同类型的开放性问题考查学生对文本的了解。通过这些问题，培养学生的识别、理解、分析、判断、评价和运用等认知能力，同时通过学生的讨论提升学生的批判性思维能力。基于此，培养学生对国外文化的鉴别，加深中外文化的对比，增强文化自信。

第三，运用“阅读圈”活动，培养学生的团队合作、提升学生的核心素养。

将学生分组（5~6 人 / 组），通过在“阅读圈”中分别扮演不同角色，进行个人思考、小组讨论、班级分享，完成对文章重点词汇、段落的理解，同时总结该文的特点、主旨，比较中外“英雄”的异同、讨论“英雄”的特质，培养学生的文化意识、思维品质。

课程思政的体现。通过小组讨论找出文中重点词语、有意义的段落，培养学生理解、分析、判断能力。通过分析中外“英雄”的异同，归纳出“英雄”的特质，总结出中外文化的异同，从而能够增强学生的文化自信、民族自豪感。同时，基于文本，学生联系生活实际，讲述生活中的“英雄”，进一步认识、了解“英雄”，树立社会责任感。

（4）根据主题目 *Who are the real heroes in our time*？展开讨论和分享，进一步深入了解各行各业“英雄”的事迹、形象，让学生领悟到“英雄”的意义，学习榜样，感受来之不易的和平发展，增强民族使命感

课程思政的体现。通过学生思考、讨论、分享心中的“英雄”，我们发现这些“英雄”有父母、抗疫医护人员、戍边战士、抗战烈士、公安民警、科学家、党员干部、人民教师，也有帮助贫困儿童读书的社会人士、跳河救人的小伙、脱贫攻坚的工作人员、默默奉献的工人等。通过一个个鲜活的实例，让学生感受到祖国发展的来之不易，领略到“英雄”们的高贵品质，感受到民族自豪感、社会使命感。只要为家庭、社会、国家作过贡献，每个普通人都可称为“英雄”，祖国都不会忘记。

（5）课后作业，深读课文，思考文中“英雄”的意义，进一步了解文本，找出中外文化的不同

2. 教学过程安排

见表 1。

表 1　综合英语 Ⅱ *The Man in the Water* 教学单元课程思政内容与教学环节设计

The Man in the Water（50 分钟）		
教学步骤	教学设计	时长
Warm-up activity	· What makes a hero? · Can you name some heroes? What do you think that makes them heroes? · Do you think every ordinary person can be a hero if he wants to? 教师引导，学生思考、联想实际、语言产出，为下面内容做好铺垫。运用问题，引发学生思考，激起学习兴趣	2 分钟
Background Information	· The Author · The Air Crash · Presidential Monument 教师讲授，介绍文章有关的背景知识，并与中国的文化情境相比对，为学生深入了解文本提供背景信息	2 分钟
Text Analysis	· The Theme of the Passage · The Structure of the Passage · Further Discussion: ※Who is the greatest hero? Why? ※In the author’s view, do people feel proud or sad about the disaster? Why? ※The fight between the man in the water and the natural forces ended up with the death of the man. Why does the author say he is not a loser? ※What do you think are the strongest human powers endowed with by nature? 通过学生讨论，总结文章的主旨、结构，并结合文章内容，回答相应的问题，有助于培养学生理解、分析、总结、判断等能力	9 分钟

续表

The Man in the Water（50 分钟）		
教学步骤	教学设计	时长
Oral Work	· Who are the real “heroes” in our time? ※ 父母 ※ 戍边战士 ※ 抗疫医护人员 ※ 公安民警 ※ 抗战烈士 ※ 科学家 ※ 党员干部，如焦裕禄 ※ 人民教师，如张桂梅 ※ 脱贫攻坚的工作人员，如黄文秀 ※ 跳河救人的小伙，如魏青刚 ………… 通过自我思考、学生讲述、集体讨论，分享心中“英雄”的形象，并通过 PPT 展示一些“英雄”的图片，让学生感受“英雄”的力量、品质，理解中国来之不易的发展，增强社会责任感、民族责任感	15 分钟
Reading Circles	· 阅读组长：负责针对文章进行提问，组织小组成员进行讨论； · 总结概括者：负责对文章进行总结； · 文化连接者：负责寻找并对比文章中出现的、与中国文化的异同之处； · 实际生活联结者：负责从文章中探寻与实际生活或自身生活相关的现象； · 单词大师：负责解决文章中重难点及具有重要或特殊意义的单词和短语，并阐述原因； · 篇章解读者：负责探寻并阐释文章中具有重要或特殊意义或写得漂亮的段落。 通过阅读圈任务让学生扮演不同角色，从不同角度分析文章，培养学生个人思考、团队合作、总结概括、评价判断、思维品质、文化认同等方面的知识，提升学生核心素养	20 分钟
总结	对本节课的内容进行总结，包括文章大意、“英雄”的理解，认为每一位为家庭、国家、社会作出贡献的人，都可称为“英雄”，祖国不会忘记任何一位	1 分钟
课后作业	· 深读文章，基于文章、深入文章、超越文章，并学以致用； · 思考更多“英雄”的例子，思考如何做一个有责任担当、有民族使命的当代大学生	1 分钟

四、教学效果分析

该课程的教学内容和课程设计符合法语专业一年级学生的知识水平和认知水

平。该课程采用多种教学活动，通过学生自己思考、小组讨论、班级分享促进学生语言产出，采用案例展示、任务型活动让学生在“做中学”。该课程能很好地激发学生的学习兴趣,有助于学生运用语言知识进行产出,提升学生的理解、分析、判断、评价、运用等的能力，同时通过“阅读圈”活动促进学生核心素养的提升。

通过该节课学习，取得以下效果。

1. 学生的综合语言能力得到提高

本节课以学生自我思考、小组讨论、班级分享的形式，鼓励学生语言产出。

通过对文章的理解、分析、总结，阐述文章的主要内容，加深对文章的理解。通过对心中“英雄”形象的思考，用英语讲述他们的故事，锻炼了学生用英语讲中国故事的能力。

2. 学生的文化意识和思维品质得到提升

本课中使用“阅读圈”活动鼓励学生主动探索、主动发现、主动建构。学生个人思考、小组讨论、班级分享相结合，将课文文本知识与现实生活、文化知识相联系，进行创造性的思维活动，提升了学生的思维品质。通过学习和对比中外文化，加强对中国文化的理解，提升文化自信。

3. 学生的社会责任感、历史使命感、民族自豪感得到提升

本节课让学生个人思考、讨论自己心中的“英雄”，通过描述“英雄”形象、讲述“英雄”故事，学生了解到这些“英雄”既有抗战烈士、抗疫医护人员、人民警察、科学家、党员干部，也有父母、人民教师、脱贫攻坚工作人员、跳水救人小伙等。通过进一步讨论，学生认识到所谓的“英雄”其实很多都是在平凡岗位的普通人，但是他们做了很多很不平凡的事情；学生也认识到国家的发展来之不易，无数“英雄”为之默默奉献甚至牺牲生命；学生感受到了榜样的力量。这些故事增强了学生的社会责任感、历史使命感以及民族自豪感。

4. 学生对讲好中国故事的意义有了深刻的认识

通过本节课的学习，学生意识到了语言的力量，也意识到了中国有丰富的故事。为了让世界更好地了解中国，应该将中国故事传播出去，让世界听到中国的声音。因此，用英语讲好中国故事很有意义，也很有必要，尤其是语言专业的学生，更应承担起这个责任。这进一步增强了学生的专业使命感。

该课程通过多种教学手段和教学活动，以语言能力培养为基础，提升学生的核心素养，达到全面育人的目的。

综合英语Ⅲ

郝莉　外国语学院

一、课程简介

综合英语Ⅲ是商务英语专业二年级的核心课程，教材选用普通高等教育“十一五”国家级规划教材《现代大学英语精读》的第三册。其基本教学目标在于培养学生英语的实用技能，进一步巩固学生的英语基本功，全面提高学生对语言的综合运用能力，为后续高年级专业课程打好扎实的基础。

综合英语课程具有学习跨度大、课时多、覆盖面广等特征，其课程内容涉及教育、文学、哲学、历史、法律、环境保护、全球化等议题。在传统英语专业教学中，较为重视学生的语言运用能力与英语文学赏析能力的培养，而人文素养、思辨能力等综合性能力则较受忽视。综合英语Ⅲ课程的人文性与思政教育的多项目标高度契合，具有很强的思政教育优势。将思政教育元素融入综合英语Ⅲ的教学当中，让学生在提高专业能力的同时围绕立德树人这个目标进行学习，以期在学完本课程后，能够具有较强的英语语言基本功，拥有良好的人文素养和较强的思辨能力，兼具中国情怀和国际视野，成长为国家社会发展和对外交流合作所需要的国际化复合人才。

二、课程思政元素发掘

课程思政是近几年来高等教育教学改革的一个热点，其教育理念为教学改革提供了一种新型的教育教学模式。课程思政的核心是立德树人，是将思政内容与专业课程内容有机结合，融会贯通，以达到润物细无声的效果。显然，注重人才的全面培养，突出价值塑造，提高培养人才的能力已经成为新时代高校的责任和使命。

结合当前课程思政的理念，我们应对教学目标进行调整，深入挖掘课程具有的育人元素和思政结合点，在培养语言能力的基础上，改进课堂的教学设计，将学科知识、能力培养和价值引领充分有机结合。具体来说，在综合英语的课堂教学实践中，思政元素主要体现在两个方面，即培养学生的思维能力和提高学生的职业胜任能力。思维能力主要包括批判性思维能力和系统性思维能力，职业胜任能力则包括解决实际问题的能力、社会责任感和团队合作精神。

元素 1：思维能力的养成。

课程思政教育的核心在于价值观的培养，而思维能力是形成正确的价值观的基础。在人工智能高度发展的今天，思维能力的培养尤显重要。大学教育曾经的主要目标是为社会输送专业技术人才，但随着机器人与人工智能的发展，在某些专业技术方面机器已经或正在逐步取代人工。为了防止被自动化取代，成长为社会真正需要的高素质人才，美国高等教育的领导者、美国教育委员会主席约瑟夫・E. 奥恩指出，大学生需要重视培养机器所不具有的批判性思维能力和系统性思维能力。

第一，批判性思维能力。批判性思维能力是对观点进行深入分析，然后有效地运用它们的能力。培养批判性思维能力，教师首先应从逻辑学的基础知识入手，帮助学生分辨事实与观点，了解逻辑谬误。比如，在第二课《阅读如何改变了我的生活》（*How Reading Changed My Life*）的授课中，教师可以指导学生了解事实与观点的区别，并对文中的事实与观点进行区分，明确哪些是客观的事实，哪些是作者提出的观点，这些观点是否有足够的说服力，如果学生持有不同观点，应如何为自己的观点寻找具有说服力的论据。第十六单元《十二怒汉》（*12 Angry Men*）讲述陪审团成员针对一桩刑事案件进行辩论，最终通过合理怀疑逆转了最初对嫌疑人的有罪认定，文中涉及了多项逻辑谬误的实例。在授课过程中，教师应较为系统地给学生普及常见的逻辑谬误，并结合课文分析逻辑谬误实例，帮助学生深入理解剧情。在讲授逻辑性思维基础知识的基础上，教师可进一步引导学生应用所学知识对观点进行分析，并运用观点解释相关情境。例如，通过学习第三课短篇小说《莳萝泡菜》（*A Dill Pickle*），教师可以帮助学生了解 20 世纪 20 年代西方的女性主义思想，然后通过让学生阅读同时期的另一篇小说，请他们对其中体现的女性主义思想进行挖掘和分析，也可以对同时期世界不同国家的作品中体现的女性主义思想进行比较，或者对不同时期的女性主义思想作纵向的比较。在分析和比较的过程中，学生的批判性思维能力可以得到充分锻炼。

第二，系统性思维能力。约瑟夫・E. 奥恩认为，系统性思维能力能够帮助我们跳出特定领域的思考价值，综合运用不同领域的知识从不同角度分析问题。在分析问题时，应充分认识到问题的复杂性，将其看作由相互联系的主题组成的问题，同时注意细节和全局，锻炼我们对多重想法的把握的能力。比如，在第四单元《第欧根尼和亚历山大》（*Diogenes and Alexander*）一文中，作者介绍了犬儒主义以自然、简单和独立为核心的哲学思想，通过第欧根尼和亚历山大两人之间的巨大反差凸显他们的共同之处，探讨了幸福与人生的意义。在授课过程中，教师应梳理社会中不同人群对幸福与人生的意义的理解，帮助学生就相关哲学命题的不同观点进行深入思考与分析，并通过辩论加深理解，从而逐渐形成自己的看法。这个思考与总结的过程便是对系统性思维能力的锻炼过程。

元素 2：职业胜任能力的养成。

国家和社会健康发展离不开具有高度职业胜任能力的优秀人才，因此在专业教学中，教师应有意识地引导学生应用所学的专业知识，分析并尝试解决社会问题，培养学生的职业胜任能力。其中包括解决实际问题的能力、社会责任感和团队合作精神。

第一，解决实际问题的能力。在课文讲解的过程中，教师应根据课文的相关议题，努力创设相关情境，鼓励学生运用所学知识解决实际问题。第九单元《全球化的双重力量》（*Globalization's Dual Power*）一文写于 20 世纪末，文章分析了全球化的优点和缺点，并解释了东南亚金融危机的起因与解决过程。文章的内容虽然在今天看来有些过时，但其中的某些观点仍具有很强的现实意义。在授课过程中，教师可引导学生结合课文内容了解新世纪以来二十多年全球化的发展状况，并分析当前的国际经济局势，针对目前新冠肺炎疫情影响下各国经济发展面临的巨大挑战提出建设性的意见。

第二，社会责任感。培养大学生的社会责任感是建设社会主义和谐社会的基础，更是践行社会主义核心价值观的体现。大学生普遍在单一的学校环境中长大，对社会接触非常有限，而且目前的教育内容较多重视知识传授与技能训练，学生对象牙塔外的社会现状和问题关注与认识严重不足，缺乏应有的社会责任感与奉献精神。这就要求教师在授课的过程中，联系社会实际，引导学生关注社会，对社会中的问题进行深入思考，将自我价值的实现与肩负的社会责任使命结合起来，以服务社会、改善社会为己任，真正成长为社会所需要的高素质人才。课文中涉及的道德高尚、努力推动社会公平正义与和谐健康发展的人物则可直接作为具有社会责任感的典范，供学生们讨论与学习。比如第四单元《第欧根尼和亚历山大》（*Diogenes and Alexander*）一文中的两位主人公，第五单元《寂静的春天》（*Silent Spring*）一文的作者瑞秋·卡森，以及第十六单元《十二怒汉》（12 *Angry Men*）中的主人公 8 号等。

3. 团队合作精神

团队合作精神是学生进入社会从事专业性工作必需的素质。在教学过程中，团队合作精神主要通过小组合作学习的方式进行培养，使学生在合作中积极参与，从而培养相互理解和沟通的能力。教师应设置若干与教学内容相关的议题，然后结合学生的不同兴趣与特点，采取教师指导与学生自愿组合的方式，将学生分成相应的合作学习小组。各合作小组查阅相关资料并进行讨论，充分交流之后对核心观点与论据进行提炼总结，撰写合作学习提纲与结论，并在课堂上进行展示。教师根据小组的展示汇报，对理解不够充分的问题进行补充，并对合作学习的情况作出评价，以增强学生进一步合作学习的信心。

三、教案设计

为了进一步阐述课程思政目标在综合英语Ⅲ中的实践路径，下面以第五单元《寂静的春天》（*Silent Spring*）为例，详细分述具体的教学步骤和内容。

（一）教学目标

在课程思政理念的引领下，在语法词汇学习与内容理解的基础上，有机融入批判性思维能力和系统性思维能力的内容，提升学生的综合素养，使学生拥有更强的思维灵活性和思维创造力。紧密结合社会实践，增强学生的社会责任感，培养学生解决实际问题的能力和团队合作精神。

（二）教学内容

第五单元的主题是生态环境保护。文章节选自美国著名环境保护学家瑞秋·卡森的同名专著《寂静的春天》（*Silent Spring*），通过一个寓言故事，引出对人类生存的生态环境所面临的重大危机的思考。文中卡森对人类的某些行为进行了深入反思，指出了人与自然和谐相处的重要性。课文的主体部分可以分为六个部分。在第一部分，作者为读者生动描绘了一个美丽的美国小镇，像中了魔咒一般突然陷入一片死寂。在第二部分，作者进一步解释造成悲剧的真实原因并非魔咒，而是对杀虫剂的滥用。在第三部分，作者追溯了人类历史的发展历程，深入分析了人类发明的各种化学物质对自然的破坏和负面影响。在第四部分，作者解释了为什么杀虫剂并不能解决害虫问题。在第五部分，作者分析了害虫问题产生的两大原因，即农作物集中种植与进出口作物伴随的外来昆虫物种的侵袭，并提出了中肯的解决方案。第六部分为结论，作者对其主要观点进行了总结。通过课文的学习，学生一方面应掌握相关核心词汇与短语，理解文章句子与段落内容，了解文章结构及内在逻辑关系，掌握文章写作特点；另一方面，应理解环境保护相关的重要概念，认识到环境问题面临的挑战与机遇，并对环境保护中的实际问题进行分析与思考。

（三）教学手段与方法

教师在教学过程中主要采用体验式教学的方法，以学生为主体，将课堂与真实世界紧密相连，让整个世界成为潜在的学习空间；学习主要基于不同的项目和主题展开，鼓励学生充分发挥主观能动性，在主题的参与过程中呈现出自己的个性，并依据自身经验对所学知识进行创新性的拓展与应用。教学过程中通过提问与小组讨论启发学生对相关问题进行深入思考。采用小组合作学习模式，培养学生的团队合作精神。教师更加注重对学习过程（而不是结果）的反思，对学生在实践中的参与程度及体现出的批判性思维能力和系统性思维能力进行评价与反馈，促进学生的综合认知能力发展。为了使教学内容更加生动有趣，达到预期的教学目标，教学中采用多媒体教学手段，如 PPT、图片、视频等。

（四）教学过程

本节课教学的整体过程分为课前准备、课堂展示与讨论、课后总结三个部分。在课前准备阶段，学生须分小组确定研究对象，搜集相关资料，制作 PPT，并观看相关英文 TED 演讲。在课堂上，学生需对研究课题进行展示，了解相关背景知识，并对课文相关议题进行多层次讨论。课后进行总结与写作，强化对讨论内容的理解。在教学过程中，培养学生的思维能力与职业胜任能力的思政目标将有机融入各项教学活动中，以润物细无声的形式塑造学生正确的人生观与世界观。具体教学步骤如下。

1. 关于环境污染问题的讨论

第五单元的中心议题是环境保护。在课前准备阶段，教师先询问学生是否了解目前有哪些主要的环境污染问题，引入生态环境保护的主题。学生普遍对空气污染与水污染了解较多，能够初步分析造成空气污染与水污染的原因，并且了解目前国家治理空气污染与水污染的基本措施，但是对于其他类型的污染知之甚少。经过讨论，确定六项主要的环境污染问题，分别为空气污染、水污染、土壤污染、视觉污染、噪声污染与热污染。然后，依据学生的个人兴趣对其进行分组，每组选择一个主题，要求学生针对相关主题在网络上搜索相关信息，对相关文字、图片及视频进行充分讨论，然后进行整合提炼，制作成完整的 PPT，分析污染问题的现状、成因和目前已有的应对措施，并在课堂进行 3 分钟左右的展示。在此基础上请学生总结环境污染给人类社会带来的危害。本环节主要考查学生对信息的整合能力，并且通过小组合作学习，培养学生的团队合作精神。本环节整体大约需要 20 分钟。

2. 了解作者生平和研究背景

对本文作者的生平与研究背景进行简要介绍，用榜样的力量激发学生的社会责任感。瑞秋·卡森是美国环境保护主义的奠基人。第二次世界大战之后，越来越多不同品种且毒性越来越强的杀虫剂开始投入民用，其造成的环境问题引起了卡森的注意，于是她花费五年时间深入研究杀虫剂对环境造成的不可逆转的危害与深远影响，在大量的事实与论据基础上，完成了《寂静的春天》这部具有里程碑意义的著作，在美国社会引起巨大反响，最终促使肯尼迪政府开始严格审查杀虫剂的使用范围并禁止使用某些具有严重毒性的杀虫剂。然而卡森的环保之路远非一帆风顺，从研究伊始便遇到重重阻力。因为触及多家化学工业大企业的相关利益，她早期撰写的相关文章多次被杂志拒稿，但她并不气馁，继续深入研究最终出版专著。著作出版之后，她受到多方质疑，认为她的研究背景不具有说服力，她书中的观点言过其实，禁用杀虫剂将使世界陷入更深的黑暗，甚至有些是针对卡森的人身攻击，质疑她的正直品质，认为她已失去理智。进入21世纪以来，仍然有包括《自然》这样的权威杂志刊登质疑卡森观点的文章，认为她的这部著作有一定的误导性。在这些阻力和争议面前，卡森的坚持和勇气更显可贵，而她这种坚持信仰、坚韧不拔的精神也正是值得青年学生学习的榜样。卡森所做的一切并非为了一己私利，而是真正为了人类的生存，为了地球的未来，她身上表现出的这种非同寻常的社会责任感与奉献精神亦是激励年青一代的精神食粮。本环节大约需要6分钟。

3. 基于TED演讲的讨论

近年来，越来越多的国内的英语教学工作者开始注意到TED演讲的国际影响力，它短小精悍，关注教育、科技等前沿问题，论点新颖且有深度，具有很强的说服力和启发性，是英语课堂教学的绝佳素材。本课程选择的TED演讲是与环境保护相关的《四个关于环境的“异说”》（*4 Environmental Heresies*），演讲中涉及四个颇有争议的话题：城市化、核能源、转基因与气候工程。演讲者对这四个方面均表示出支持的态度，并且给出了较有说服力的论据。教师先与学生总结文中的主要观点，并与学生讨论演讲者提出的环境问题解决方案的可行性，鼓励学生提出不同观点，并为自己的观点寻找可靠的有说服力的论据，让学生在不同观点的辩论之中培养批判性思维能力。本环节大约需要8分钟。

4. 新冠肺炎疫情下的现状分析

课堂的教学不应仅仅围绕理论与思辨，也应与实际紧密结合。目前的新冠肺炎疫情已持续了一年有余，对全世界的发展产生了深远的影响。教师可通过新冠肺炎疫情与学生探讨人与自然和谐相处的重要性。新冠病毒的源头尚不明确，但是通过这次疫情，我们已经深刻认识到野生动物保护的重要性。疫情暴发后的2020年2月，第十三届全国人大常委会第十六次会议表决通过全面禁止非法野生动物交易、革除滥食野生动物陋习、切实保障人民群众生命健康安全的决定。

这是改善动物生存环境、促进自然和谐发展的一项重要举措。然而，病毒的不断变异和进化也给疫情防控带来了不确定因素。课文中讲到杀虫剂的滥用造成害虫耐药性增强，害虫的问题不但得不到解决，反而可能造成更严重的后果。同理，抗生素的滥用造成了细菌的耐药性增强而产生超级细菌；病毒的进化也有可能为现有疫苗的有效性带来挑战。我们坚信，在这次与病毒的作战中，人类会获得最终的胜利，但是同时我们也应对相关问题进行更深层次的思考，探索人与自然和谐相处的深度解决方法。从不同视角与层次对疫情现状进行分析，有助于培养学生结合时事分析问题的系统性思维能力。本环节大约需要 8 分钟。

5. 探讨环境问题的解决方案

在深入分析了目前人类面临的环境问题之后，学生应深刻认识到环境保护的必要性与紧迫性，教师可随之引导学生共同探讨环境问题的解决方案。首先，请学生从个人角度列举自己为环境保护所做的努力，如减少垃圾的产出、对垃圾进行分类、爱护野生动植物等，提升个人的主观能动性与社会责任感。其次，鼓励学生站在社会、国家及人类社会的更高层次，为生态环境保护提出切实可行的想法和建议，以培养学生的系统性思维能力与解决实际问题的能力。本环节大约需要 8 分钟。课后要求学生总结并整理自己的观点，写成 200 字左右的演讲词，并在随后的课堂中进行选择性展示。

四、教学效果分析

通过以上教学设计与方法手段的运用，教师得以超越传统英语课堂的语言技能训练模式，将思政元素有机融入英语教学中，在思维层面深入理解目前严峻的环境危机，探讨人类与自然的关系，针对不同的方案提出自己的观点，达到培养批判性思维能力与系统性思维能力的目的。在实践方面紧密联系实际，结合新冠肺炎疫情对时事进行分析，使学生深刻意识到生态环境保护的重要性，提升社会责任感。在实践中努力做到爱护环境，与环境和谐相处，并能站在更为宏观的角度提出关于环境问题的切实可行的解决方案，提高解决实际问题的能力。小组合作学习的模式使学生成为真正的学习主体，师生之间的互动增多，学生的学习体验增强，从而获得良好的学习效果。大量的英文材料、图片、视频等丰富了课程内容，增加了教学内容的趣味性、广度与深度，亦使学习效果得到增强。

高级法语

毕研婧　外国语学院

一、课程简介

根据教育部普通高等学校本科法语专业教学指南的要求，法语专业旨在培养具有良好的综合素养、扎实的法语基本功和专业知识与能力，掌握相关专业知识，适应我国对外交流、国家与地方经济社会发展、各类涉外行业、法语教育与学术研究需要的法语专业人才和复合型法语人才。

高级法语课程根据指南设定，是法语专业高年级阶段的专业必修课和本专业人才培养的专业核心课程。本课程针对法语零基础入门，并学习了两年法语基础知识后进入高年级的学生，是法语课程继初级法语和中级法语课程后在高层次上的延续，是学生深入学习法语语言文化知识的必要课程。本课程旨在继续提高学生综合运用法语语言知识和技能的能力，使学生具备扎实的语言基本功和较强的语言交际能力。通过课程学习，学生应能熟知各种词类及其语法形式、熟练掌握词法及主要句型和句法结构的用法，识别不同文体语体；熟练使用各类句型、掌握常用修辞手法、不同文体的写作技巧及复合句难句的转换、释义和翻译方法；运用所学知识和技能进行批判性思考，并结合现实生活中的实际问题或热点问题展开讨论，表达观点，培养思辨能力；了解法语国家与地区的社会文化风俗，具备跨文化交际的能力。

二、课程思政元素发掘

本课程基于但不限于教材来组织教学主题，教学内容集语言、文化、翻译、时政等知识于一体，通过语言交际任务促进听、说、读、写、译技能的综合运用和全面发展。通过教学把语言知识教学部分，包括词汇、句法、语篇等，与文学、文化、时政等知识有机融合起来；用经典题材透视法语国家的历史和文化，同时对比中国历史和文化，理性、辩证地对待中西文化的异同，尊重各国的文化差异；培育学生的家国情怀，增强学生的文化自信。

本课程共设 10 个教学主题，根据每个教学主题，授课时相应设计契合的思政元素，以下列举三个有代表性的例子。

元素 1：中国作家与法国作家比较——鲁迅与莫泊桑。

本课程主题一为法国作家莫泊桑的《我的叔叔于勒》。莫泊桑一生创作了 350 多部中短篇小说，在揭露上层统治者及其毒化下的社会风气的同时，对被侮辱被损害的小人物寄予深切同情，这与中国作家鲁迅有类似之处。在这一单元的学习中，可将中法两个作家予以比较。

元素 2：传统孝道。

第二课的学习内容为法式亲子关系，通过对教学文本和教学影视材料的学习，让学生了解法国注重家庭关系、强调父母权威的文化，了解法国父母与子女的相处模式，学习法国父母对孩子权益的尊重和独立性的培养。同时，对比我国父母与子女的亲密关系，弘扬我国的孝道文化，增强大学生的孝道意识，倡导学生践行“老吾老以及人之老幼，幼吾幼以及人之幼”的优秀传统文化。

元素 3：汉语发展史。

本课的内容为法语演变史，通过本课的学习，学生将掌握相关语言知识及法语发展演变史的文化知识。但是学生对我们的母语，汉藏语系的代表语言——汉语的发展史却不了解。针对这一现象，教师巧妙引导学生思考汉语与法语的语系图谱对比、语言结构对比、语言发展演变史的对比来了解母语的发展，让学生加强对中国语言文化知识的熟悉。

三、教案设计

本课程思政案例设计书以高级法语第四课时“温室效应下的法国森林”为例，本节课设定为两个课时，100 分钟。

（一）教学目标

1. 知识目标

词汇上。掌握气候变化、温室效应等词汇法语表达方式；掌握“两山论”等相关时政用词法语表达。

语法上。掌握法语长句常用结构，学会分析法语长句。

语篇上。掌握文本总体结构和思路。

2. 能力目标

具体指出法国森林在温室效应下遇到的危害；利用所学知识，总结提炼出本文中心思想；能够有理有据地说出中国在生态文明建设中做出的努力和具体举措，如落实垃圾分类、中国带头落实温室气体减排承诺、坚定支持气候变化《巴黎协定》等。

3. 思政目标

了解当今世界面临环境污染、气候变化、生物多样性减少的严峻挑战，引导青年学生对如何保护生态环境做出思考，从我做起，付诸实践；提升学生生态环境保护的使命感和荣誉感，培养学生的人文情怀；了解习近平总书记提出的“两山论”，了解中国在生态文明建设方面所做出的行动和承担的社会责任，让学生以法语为媒介，了解我国的环保政策，发出中国的声音，传播中华正能量，增强学生的民族自信心和自豪感。例如：

——以上海、北京为代表城市，实施垃圾分类新政；

——中国打响史无前例的蓝天保卫战，成为世界上治理大气污染速度最快的国家；

——2019 年 11 月，中国已提前达到 2020 年比 2005 年下降 40%~50% 的碳排放目标等。

（二）教学内容

第一，温室效应的概念和含义。

第二，温室效应的成因。

第三，温室效应对法国森林的危害。

第四，温室效应对全球环境的影响。

第五，法国与中国在环境保护和应对气候变化方面所做出的努力。

教学重点：温室效应、环境保护相关词汇、句型、语法知识；温室效应和气候变化的危害。

教学难点：各类易混淆的生态用语的法语听力理解和口语表达；中国在环境保护方面所做努力和行动的法语表达。

（三）教学手段与方法

本课程为高年级法语精读课，教学内容的组织充分发挥教师的主导作用和学生的主体作用，充分调动学生的主观能动性，让学生积极参与课堂教学活动。本课本着“自主、探究、合作”的原则，采取“线上＋线下”的混合模式配以多种教学法多层递进开展教学，具体方法如下。

1. 线上教学

采取任务驱动法和探究式教学法，课前要求学生完成对篇章的预习，观看视频，引入主题。

2. 线下教学

通过师生互动、生生互动、听说教学法、归纳法等，引导学生以个人回答及小组讨论的方式总结教师在课前设置的任务答案，教师对相关语言知识进行归纳、总结，对文本进行讲解。课堂不再是教师的一言堂，而是以学生为中心，教师组织课堂，把控课堂的进展思路和进度。

3. 关于课程思政内容

采取“课中”与“课下”教学活动相结合的方法，课上教师进行适当的引导，课下学生独立思考、自主学习。通过春风化雨、润物无声的方法，在专业知识传授过程中潜移默化地提升学生生态环境保护的使命感和荣誉感，以及对我国在生态保护方面所付出的努力保持民族自豪感、荣誉感，培养学生的人文情怀。

4. 教学手段多样化

充分利用互联网资源，采用多媒体手段，如 PPT、视频、音频、歌曲、相关影视内容等吸引学生注意力，打造更加活跃的课堂气氛，提高学生的学习兴趣。

（四）教学过程

教学设计思路：本次教学主要采用 BOPPPS（即导入、学习目标、前测、参与式学习、后测和总结）的教学策略。具体教学过程分为课前、课中、课后三个阶段。具体实施过程如下：①课前：利用线上平台，进行导学（1~2h）。本阶段提出的四个探究性问题分别针对线下教学的四个步骤，为线下教学做好铺垫，并让学生做好充分的准备，保证课堂的推进。②课中：线下教学，进行教学目标分解，有层次性、有针对性地逐步完成教学目标。学习法语文本，实现本节课教学目标中的语言技能目标。从教学文本自然过渡到思政内容，实现本节课思政课程建设的课上目标，完成本节课课中任务。③课后：通过任务教学法，让学生融合语言学习与知识学习，以能力运用为导向，培养学生用法语表达“绿色中国”，讲好中国故事，传播中华正能量。

教学过程安排：根据教学大纲的要求和教学计划，对本节课进行整体系统的把握和安排。具体教学进程安排见表 1。

表 1　高级法语“温室效应下的法国森林”教学单元课程思政内容与教学环节设计

<table>
<tr><td colspan="3">温室效应下的法国森林
La forêt française à l'épreuve du réchauffement climatique
线下教学两课时，总时长：100 分钟</td></tr>
<tr><td>教学意图</td><td>教学内容及手段</td><td>环节设计</td></tr>
<tr><td>线上导学</td><td>采用一看二分析的方法，第一步，将视频 1（2 分钟左右）上传至泛雅平台并设置为任务点，教师通过后台查看学生的学习进度并进行督促，以便于学生对本节课内容做初步了解。第二步，利用案例教学法，提出探究性问题，引导学生主动思考、查找问题的答案：①视频谈论的是什么主题？（亚马孙森林的重要性以及过度砍伐）；②视频的行为会导致哪些后果？（生态环境破坏）；③人类还有哪些类似的行为？（列举一系列破坏生态环境的行为）；④人类应该怎样保护生态环境？（列举保护措施）</td><td>时间：30 分钟 ~1 小时
采用任务驱动法和探究式教学法，利用线上平台进行导学。本阶段提出的四个探究性问题分别针对线下教学的四个步骤，为线下教学做好铺垫，并让学生做好充分的准备，保证课堂的推进</td></tr>
<tr><td>线下教学</td><td>课堂教学，进行教学目标分解，有层次性、有针对性地逐步完成教学目标</td><td>总时间：100 分钟</td></tr>
<tr><td>课题导入</td><td>重新观看教学视频，引导学生回答问题①、②、③，教师进行汇总、补充</td><td>时间：10 分钟</td></tr>
<tr><td>过渡到本节课话题</td><td>目前法国在这方面面临什么问题（A l'heure où l'Amazonie brûle, ou en sont les forêts françaises）
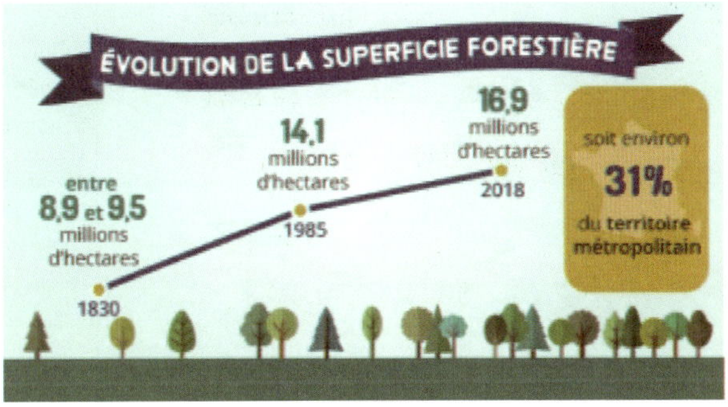
</td><td>时间：2 分钟</td></tr>
<tr><td>总体框架结构</td><td>· 学习本节课文本：温室效应及其成因；
· 温室效应对法国森林的危害；
· 法国森林种植历史，森林的生态、经济作用，以及面临的问题和威胁；
· 思考温室效应对全球环境的影响；
· 思考法国与中国在环境保护和应对气候变化方面所做出的努力</td><td>采用师生互动、生生互动、听说教学法、归纳法等</td></tr>
</table>

续表

<table>
<tr><td colspan="3">温室效应下的法国森林
La forêt française à l'épreuve du réchauffement climatique
线下教学两课时，总时长：100 分钟</td></tr>
<tr><th>教学意图</th><th>教学内容及手段</th><th>环节设计</th></tr>
<tr><td>教学文本分析</td><td>· 温室效应及其成因；
· 教师指导学生分析教学文本，学习法语表达</td><td>时间：10 分钟
利用教学图片、PPT、板书，帮助学生学习法语语言知识</td></tr>
<tr><td>教学重点 1</td><td>· 分析文本，温室效应对法国森林的危害；
· 讲解重点词汇；
· 分析个别会造成理解困难的法语长句</td><td>时间：20 分钟
通过师生互动、生生互动，引导学生口语表述，参与课堂，实现教学交际目标和部分词汇目标</td></tr>
<tr><td>教学重点 2</td><td>· 教师归纳、总结本课重点法语词汇和表达</td><td>时间：8 分钟</td></tr>
<tr><td>教学重点 3</td><td>· 总结文本篇章结构；
· 一句话对文本进行综述</td><td>时间：10 分钟</td></tr>
<tr><td>课上思政内容引入
教学难点 1</td><td>· 思考 1：温室效应对全球环境的影响；
· 思考 2：针对学习文本，人类应该怎样保护生态环境？

</td><td>时间：30 分钟
小组讨论
实现本节课思政课程建设的课上目标，并完成本节课交际任务</td></tr>
<tr><td>教学难点 2</td><td>· 各小组发言阐述小组观点；
· 教师进行总结陈词</td><td>时间：10 分钟</td></tr>
<tr><td>课后思考和巩固</td><td>· 课后：小组作业。课程思政隐性融入。学生在这一部分通过课下搜索、总结相关材料，自发、自主地了解到我国在环保方面所做的努力，而不是采取教师说教的方式，从而潜移默化地提升学生生态环境保护的使命感和荣誉感。</td><td>时间：30 分钟 ~1 小时
布置课下任务，完成本节课思政目标的线下部分：小组作业，</td></tr>
</table>

续表

温室效应下的法国森林 *La forêt française à l'épreuve du réchauffement climatique* 线下教学两课时，总时长：100 分钟		
教学意图	教学内容及手段	环节设计
课后思考和巩固	大三法语 25 名学生，随机分为 5 组，请以小组的形式完成以下作业。请拍摄 10 分钟左右的视频或者带讲解的 PPT。 您作为杰出大学生代表受邀参加 2021 年第五届联合国环境大会，请您介绍中国历年来对生态环境保护做出的行动和努力，并请您阐述：作为大学生，我们个人可以为生态环境保护做出哪些努力？  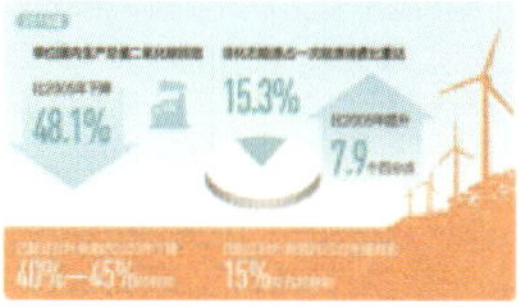  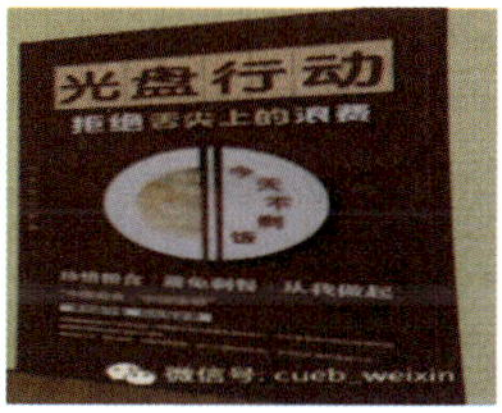	团队合作，引发学生思考，使用外语讲好中国故事

四、教学效果分析

习近平总书记在 2019 年 3 月 18 日召开的学校思想政治理论课教师座谈会上指出："要坚持显性教育和隐性教育相统一，挖掘其他课程和教学方式中蕴含的思想政治教育资源，实现全员全程全方位育人。"本课的课程思政体现为教师引导，学生自主查阅资料，总结我国在生态环境保护方面做出的努力和成绩，取得的教学效果如下。

第一，以教学活动中的真实语料，贴近学生生活的案例，提高学生的学习兴趣和课堂参与度，让学生掌握生态环境领域相应的法语语言知识，并熟悉相应的文化知识。

第二，加强学生在该领域的语言运用能力，能够熟练运用生态环境领域的相关法语表达，达到中法互译的目标。实现能够有理有据地说出中国在生态文明建设中做出的努力和具体举措的交际目标。

第三，课程思政融入学生自主学习过程中，学生学习相关知识法语表达，实现显性教育和隐性教育的统一，把价值塑造、知识传授和能力培养三者融为一体；避免教师“灌输”，增强可信度和客观度；努力营造“以学生为主体，以教师为主导”的教学环境，努力挖掘课程中隐藏的时政内容。

第四，通过春风化雨、润物无声的方法，在专业知识传授过程中潜移默化地提升学生生态环境保护的使命感和荣誉感，对我国在生态保护方面所做的努力保持民族自豪感、荣誉感，培养学生的人文情怀。

中法文化交流史

于晨琦　外国语学院

一、课程简介

中法文化交流史是法语专业学生的专业提升课。本课程以习近平总书记在“十三五”规划纲要中提出的“讲好中国故事，传播中国文化”理念为基础，依托法语专业学生的专业优势，通过讲授与实践相结合的方式，带领学生了解中国与法国在文化交流方面的历史沿革与当今现状，启发学生思考中国文化的优越性及其面向国际传播的方式与方法。本课程以年代为基础组织教学单元，从中世纪到 21 世纪，按时间顺序梳理中法文化交流的历史及重要事件，启发学生思考文化交流过程中的方向性和依托形式。

本课程作为法语专业人才培养方案中的重要跨文化课程，在加强学生专业素养的同时，旨在帮助学生树立民族文化自信，强化学生的表达能力和思辨能力，培养学生自主自信对外传播中国文化的意识。通过课程学习，学生应掌握中国与法国在文化交流方面的历史和现状，洞悉中国文化的优越性和影响力，加强自身文化自觉与文化素养，全面提高听、说、读、写、译等语言能力，并能够达到用法语讲好中国故事、传播中国优秀文化之目的。

二、课程思政元素发掘

元素 1：弘扬爱国主义精神，传播社会主义核心价值观。

在 2014 年的文艺工作座谈会上，习近平总书记曾谈道：“求木之长者，必固其根本；欲流之远者，必浚其泉源。中华优秀传统文化是中华民族的精神命脉，是涵养社会主义核心价值观的重要源泉，也是我们在世界文化激荡中站稳脚跟的坚实根基。” 弘扬爱国主义精神，必须尊重和传承中华民族历史和文化。对祖国悠久历史、深厚文化的理解和接受，是人们爱国主义情感培育和发展的重要条件。

本课程将带领学生了解中国与法国在文化交流方面的历史沿革与当今现状，启发学生思考中国文化的优越性及其面向国际传播的方式与方法。通过本门课程的学习，学生将切身感受到我国在世界范围内日益增强的影响力和日益增大的话语权。中国在文化软实力上已跻身世界前列，实现了文化强国的梦想。

元素 2：引导学生树立民族文化自信心和自豪感。

习近平总书记明确指出："中国有坚定的道路自信、理论自信、制度自信，其本质是建立在五千多年文明传承基础上的文化自信。文化自信，是更基础、更广泛、更深厚的自信，其语境更为庄严，观点更为鲜明，态度更为坚决。只有坚持从历史走向未来，从延续民族文化血脉中开拓前进，我们才能做好今天的事业。没有文明的继承和发展，没有文化的弘扬和繁荣，就没有中国梦的实现。"

通过本门课程的学习，学生将了解中国与法国在文化交流方面的历史和现状，洞悉中国文化的优越性和影响力，同时加强自身文化自觉与文化素养。法国对中国文化的追捧从物质层面到精神层面，表明我国的文化软实力日益增强。

元素 3：讲好中国故事，传播优秀文化。

习近平总书记在"十三五"规划纲要中提出：要讲好中国故事，传播中国文化。正所谓少年智则国智，少年强则国强，少年进步则国进步，少年雄于地球，则国雄于地球。值此建党一百周年之际，作为在中国共产党领导下茁壮成长的一代青年人，我们有责任和义务用自己的语言，发出中国声音，传承红色基因，让世界了解真正的中国。

通过本门课程的学习，学生在树立民族文化自信的同时，能够产生"以我口述我心"的使命感，为讲好中国故事、传播优秀文化贡献当代青年的力量。

元素 4：培养跨文化视野，做有世界观的中国人。

本课程是法语专业人才培养方案中的重要跨文化课程，旨在帮助学生树立民族文化自信的同时，兼顾培养学生的跨文化视野，引导学生正确理解和认识不同国家之间的文化差异，做有大世界观的中国人。

三、教案设计

本教学单元"17~18 世纪中法两国文化交流"的教案设计，主要包括如下方面。

（一）教学目标

1. 知识目标

通过本节课程的学习，学生能够掌握欧洲"中国热"的历史背景及其在启蒙时期法国的表现形式，并能够通过跨文化比较分析中法文化在各方面的差异。

2. 能力目标

通过知识的学习，学生能够独立思考 18 世纪中国文化在对外传播过程中的优点和不足，及其对当代中国文化国际传播的借鉴意义。

3. 价值目标

第一，通过了解启蒙时期中国文化的传播方式及其对法国的影响，树立学生的民族文化自信心和自豪感。

第二，通过思考 18 世纪中国文化在对外传播过程中的优点和不足，及其对当代青年“讲好中国故事”，尤其是讲好新时代中国抗疫故事的借鉴意义，锻炼学生的思辨能力。

第三，结合武汉封城一周年及我国当今的抗疫成果，用法语简要讲述中国的抗疫故事，培养学生的法语表达能力。

（二）教学内容

1. 教学内容

第一，中法文化交流的历史背景。

第二，17~18 世纪中国与法国文化的比较。

第三，启蒙时期法国的“中国热”。

第四，关于“中国热”的总结与思考。

2. 教学重点

17~18 世纪中国与法国文化的比较，启蒙时期法国的“中国热”及其主要表现形式。

3. 教学难点

总结与思考 18 世纪中国文化在对外传播过程中的优点和不足，及其对当代中国文化国际传播的借鉴意义。

（三）教学手段与方法

本课程作为法语专业人才培养方案中的重要跨文化课程，旨在向学生传授相关知识的同时，着重培养学生对课程内容的兴趣。因此，与传统以教师讲授为主的课堂不同，本节课程主要采用以学生探索为主、教师讲授为辅的教学方法，具体如下。

1. 采用翻转课堂、角色扮演等多种方法，启发学生自主对所学内容进行探索，激发学生的学习兴趣

教师在课前为学生布置学习任务，引导学生对相关学习内容进行搜索与查阅。课上教师首先检查学生的预习情况，请学生将自己在课前获得的知识通过学生讲

述和情景剧表演等多种形式，与其他同学分享。这种教学方法既避免了教师全程讲授的枯燥无味，又能运用喜闻乐见的形式活跃课堂氛围。同时，学生在课堂上向全班展示自己了解的知识，也可以借此机会对思路进行梳理，加强对相关知识的印象。

2. 采用视听动触多模态教学法

在教学过程中，利用多种教学手段调动学生的多感官协作，以加深对所学内容的记忆。得益于现代科学技术的发展，多模态教学于2000年被首次提出，之后便被迅速运用至课堂教学当中。传统的课堂讲授较少运用多媒体等电子设备，本节课程通过多种教学手段相结合，如观看视频、聆听法语采访、鉴赏图片等，调动学生的视觉、听觉等多种感官，在引起学生兴趣的同时，帮助学生加强记忆并对所学内容产生更深刻的印象。

3. 采用教师讲述法与课堂讨论法相结合的方式

两种教学方法相辅相成，既能活跃课堂氛围，又达到了传授知识之目的。本节课程的教学内容与中国文化西传欧洲相关，学生对这个话题有许多自己的见解和看法。所以，在传统教师讲授的基础上，本节课程大量加入学生之间的小组讨论，以最大限度地激发学生的思想和灵感，使其表达自己对于课堂内容的见解与对中国文化的对外传播等充满思政元素的问题的看法。教师讲授作为课堂讨论的延伸，主要作用在于引导学生讨论的思政方向并根据学生的回答补充相关知识点。

（四）教学过程

1. 教学设计思路

第一，课前为学生布置预习任务，引导学生自主探索15~17世纪中法文化交流的历史背景。

采用翻转课堂及情景剧的形式，引起学生的兴趣并激发学生的探索欲望。

课程思政体现。中国与法国的商业交流古已有之，从中世纪丝绸之路的陆路运输，发展到17世纪初荷兰东印度公司的海陆运输，这期间中国的丝绸、茶叶、瓷器等商品被法国追捧，通过各种方式源源不断地运往法国。这说明我国的一些商品自古代起就在世界上享有盛名，树立学生的民族自豪感。

第二，以法国前总统希拉克关于中国的采访视频引入课程，激发学生兴趣并启发讨论。

课程思政体现。希拉克作为一位有浓厚中国情结的法国总统，被誉为“中国人民的老朋友和好朋友”。他在采访中谈道：“启蒙思想家在中国看到了一个理性、和谐的世界，这个世界听命于自然法则且又体现了宇宙之大秩序。他们从这种对世界的看法中汲取了很多思想，通过启蒙运动的宣传，这些思想导致了法国大革命。”可见，18世纪的法国在多方面受到了中国文化的影响，这些影响甚至改变了法国的历史进程。帮助学生树立民族文化自信心和自豪感。

第三，以小游戏进行主题展开，采用个人阐述与小组讨论相结合的形式，引导学生将 17~18 世纪的中国与法国进行跨文化比较。

课程思政体现。将中国与法国在历史时期、室内装饰艺术、绘画艺术、园林艺术和哲学与宗教五个方面进行跨文化比较，引导学生正确认识不同国家间的文化差异，培养学生的跨文化视野和意识。

第四，从艺术、文学和哲学与宗教三个方面，探讨启蒙时期中国文化对法国的影响。通过图片展示等多种形式，强化学生的直观印象。

课程思政体现。启蒙时期法国的“中国热”在各个领域都有很多表现，表明中国文化在 18 世纪对法国产生了深远的影响，使学生洞悉中国文化的优越性和影响力

第五，通过几个问题对本节课程进行总结并启发学生思考，巩固学生课上所学知识。

课程思政体现。通过本节课程的学习与思考，激发当代青年“讲好中国故事”的责任感和使命感。

2. 教学过程安排

根据以上教学设计思路，具体教学进程安排见表 1。

表 1 中法文化交流史“17~18 世纪中法两国文化交流”教学单元课程思政内容与教学环节设计

具体环节	讲授内容	讲授时长
课前预习检查	中法文化交流的历史背景。 1. 商业交流 翻转课堂，以学生为主体讲解 15 ~ 17 世纪中法商业交流的历史 2. 文化交流 情景剧，学生以小组为单位展示 15 ~ 17 世纪中法文化交流的历史 3. 讨论、点评及总结 中法之间的商业交流形式从中世纪丝绸之路的陆路运输，发展到 17 世纪初荷兰东印度公司的海陆运输，这期间中国的丝绸、茶叶、瓷器等商品被法国追捧，通过各种方式源源不断地运往法国；中国与欧洲的文化交流最早起源于意大利传教士利玛窦来华，他在中国采取了因地制宜的传教方式。利玛窦入乡随俗，不仅着汉服并积极学习中国文化，而且为了迎合中国的传统习俗，改变了基督教的有关教义。利玛窦的这种传教方式被之后大多数来华的法国传教士所采用，他们以路易十四派遣的“国王数学家”使团为代表，在抵达中国之后积极融入当地生活，并在寄回巴黎的书信和手稿中将中国的方方面面介绍至法国	10 分钟

续表

具体环节	讲授内容	讲授时长
课程引入	法国前总统希拉克的中国情结。 第一，观看法国前总统希拉克关于中国的采访视频，理解大意并回答以下问题。 ·希拉克总统对中国的评价如何？ ·他在采访中特别提到了哪个时代的中国对法国思想的影响？ ·这些思想和影响最终导致了法国的哪项运动？ 第二，教师根据以上问题做出总结并引入本节课程——启蒙时期法国的“中国热”，简单介绍课程内容分布	5 分钟
主题展开	17 ~ 18 世纪的中国与法国。 第一，师生互动：以小游戏作为引入，学生观察课件所展示的关于 17 ~ 18 世纪中国与法国的多张图片，以个人为单位对图片进行描述并分类。教师根据学生的回答进行总结并补充——课件展示的图片可分为历史时期、室内装饰艺术、绘画艺术、园林艺术和哲学与宗教五个类别。 第二，生生互动：根据上述分类，学生以小组为单位，基于展示图片探讨以下问题并进行跨文化比较。 ·17 ~ 18 世纪的中国与法国分别处于哪个历史时期？两国当时的君主分别是谁？二者有哪些共同点？ ·17 ~ 18 世纪的中国与法国在室内装饰艺术、绘画艺术及园林艺术方面的品位有哪些区别？ ·17 ~ 18 世纪的中国与法国在哲学与宗教信仰方面有什么不同？ 第三，学生阐述，教师点评及总结。 ·17 ~ 18 世纪的中国处于清朝康熙年间，而当时的法国正在太阳王路易十四的统治下，两位君主在治内都对中法文化的交流作出了巨大贡献。康熙皇帝勤勉好学，对来华的传教士使团传授的科学知识很感兴趣，因此他对传教士实行宗教宽容政策，在一定程度上促进了中国文化的对外传播；路易十四在任期间非常重视艺术和文化的发展，曾向中国派遣多批文化交流使团，拓宽了中法文化交流的渠道。 ·在室内装饰艺术方面，中国清朝的装饰讲究简洁和对称，而法国当时正从巴洛克风格过渡到洛可可风格，室内装饰相对华丽和烦琐；在绘画艺术方面，当时的中国依然流行传统山水画，讲究留白，而法国与欧洲一样，盛行材质和笔法皆与山水画不同的油画风格；在园林艺术方面，中国的园林讲究巧夺天工、因势自然，而当时的法国园林以凡尔赛宫为例，讲究人工与对称。 ·在哲学和宗教方面，中国人自古信奉孔子的道德伦理观，而当时的法国依然处于基督教的统治下。这也能从侧面说明为何法国传教士在中国必须采取因地制宜的传教策略，因为中国人信奉的是《论语》等道德伦理观和哲学观，在中国其实并不存在大规模的宗教信仰	15 分钟

续表

具体环节	讲授内容	讲授时长
主题深入及升华	启蒙时期法国的“中国热”。 1. 教师讲授 引导学生观察“中国热”（la chinoiserie）一词的构成，并讲解该词词义的历史变迁。la chinoiserie 中含有 chinois（中国的）一词的词根，原指来源于中国或带有中国特色的小商品、小玩意；后来随着中国与欧洲文化交流的不断深入，又引申出“欧洲 18 世纪对中国风和中国文化的追捧和摹仿”之意。 2. 师生互动 启蒙时期在艺术方面中国文化对法国的影响。学生观察课件展示的图片，并依据上一环节的中法文化比较结论，阐述图片所展示内容在哪些方面受到了中国文化的影响。 3. 教师讲授 启蒙时期在文学和哲学与宗教方面，中国文化对法国的影响	14 分钟
课堂总结与思考	关于中国文化对外传播的几点思考。 第一，师生互动：回顾本节课的内容，请学生思考并讨论以下几个问题。 · 在 18 世纪，将中国文化介绍到法国的使者是哪些人？中国及中国人民在这次“东学西传”中起到了怎样的作用？ · 康熙和路易十四两位君主分别对启蒙时期的“中国热”作出了哪些贡献？ · 在法国的这场“中国热”中，是否存在对中国文化的误解？这些误解产生的原因是什么？ · 通过本节课的学习与思考，你对当代中国文化的对外传播，以及对当代青年“讲好中国故事”有什么建议？ 第二，教师总结，思政引导：通过学生的回答及教师启发，激发当代青年“讲好中国故事”的责任感和使命感	5 分钟
课后作业布置	用法语讲述中国当代抗疫故事。 引导学生从自己的视角向世界展示我国的抗疫故事，同时训练学生的法语口语表达	1 分钟

四、教学效果分析

作为法语专业学生人才培养方案中的重要跨文化课程，本课程在加强学生专业素养的同时，有利于帮助学生树立民族文化自信，强化学生的表达能力和思辨能力，并培养学生自主对外传播中国文化的意识。众所周知，语言具有承载、传播文化价值和意识形态的功能，教学实践表明，长期接触西方文化的外语专业学生在某种程度上缺乏一定的文化自信和制度自信。此外，法语专业学生低年级的课程以培养语言能力为主，较少涉及与本课相似的文化类课程，因此对相关内容，特别是对中国文化外传法国的历史不甚了解，难以树立民族文化自信心和传播中国文化的使命感。基于以上几点，本节课程运用多种教学手段与方法，深入浅出，寓教于乐，在轻松活跃的氛围中融入课程思政，其教学效果主要体现在以下几个方面。

第一，强化学生的民族文化自信心。通过本节课程的学习，学生了解到在 18 世纪，中国文化对法国产生了深远的影响，甚至在一定程度上改变了法国的历史进程，由此对中国文化的强大影响力产生新的认识，加强文化自信心和自豪感。

第二，激发学生讲好中国故事的使命感。通过本节课程的学习，学生对中国文化在 18 世纪向法国传播过程中的问题进行思考，认识到当时法国对中国文化的误解多源于信息获取途径的不便和意识形态的影响。学生由此对本国文化产生“以我口述我心”的责任感，以及向世界展示真实中国的使命感。

第三，为展示真实中国贡献当代青年力量。通过本节课程的课后作业，引导学生用法语讲述中国抗疫故事，让世界听到当代中国青年的声音，向世界传播优秀文化，展示真实中国。

大学语文

李培涛　文化与传播学院

一、课程简介

大学语文是首都经济贸易大学文法类专业的通识教育必修课，着眼于提高学生的阅读理解和书面表达能力，为其他课程的学习提供支撑，具有明显的基础性。同时，本课程更是培养学生审美能力、提升学生思想道德、影响学生价值观念的重要课程，具有强烈的人文性。

本课程开设一学期，周课时为 2 学时，共 32 学时。课程目前使用的教材是本校教师自编的《大学语文新教程》，教学内容上以中国古典文史哲经典为主，以中国现当代文学和外国文学经典为补充，形式上以时代为宏观框架，开设北风南骚、诸子争鸣等十六个人文专题，宏观与微观兼顾，理论与具体文本结合，使学生在阅读经典的基础上认识中国古典文学、哲学发生演变的规律，理解中国人文经典的一些重要特点，以更成熟的心智解读文本、理解中国文化，同时在学习过程中拓宽视野、陶冶情操、提升审美趣味，树立传承弘扬中华优秀传统文化的自觉意识，成为合格的德智体美劳全面发展的社会主义建设者。

二、课程思政元素发掘

我国很早就有“文以载道”“文如其人”“以文识人”这样的认识和传统，古代文学经典经过历史的检验，其中蕴含着丰富的人情事理，具有重要的思想教育功能，是先天的课程思政资源。我们在教学中挖掘并利用的主要思政元素如下。

元素 1：正确的爱情观。

这一元素在许多文学经典中都有体现，我们以《诗经·周南·关雎》为例。《关雎》是一首男女恋爱的情歌，主人公的情感纯粹而美好，“君子”钟情于“淑女”，思念她以至于“辗转反侧”，但是追求淑女时的一举一动、一言一行都合乎当时的礼乐制度。这样的恋爱对于当代大学生形成正确的爱情观不无裨益：爱情面前人人平等，爱他人是权利，拒绝他人的爱也是权利，不能因为爱他人就把这种爱强加给他人，爱也需要节制。

元素2：民族文化自信。

古代经典之所以能够跨越千年传承至今，很重要的原因就是她始终扎根于民族文化的土壤之中，其中所蕴含的普遍事理对于当今世界的发展具有重要价值，学习古代经典有助于重新认识这些价值，增强文化自信。以社会治理的方式方法为例，我国先秦时期就强调礼治、德治的重要性，提出“礼，国之干也”“为政以德”等认识和主张，时至今日，“礼”和“德”也在我国社会的运转中发挥着独特的作用，礼治、德治越来越体现出它的优越性。学习和理解这些内容是培养当代大学生文化自信、制度自信的重要一环。

元素3：科学创新精神。

回到经典产生的时代，我们发现经典于当时而言也是创新，在传承中创新，才能形成新的传统，为不同时代的人们所接受。以《史记》的创作为例，这本著作之所以能够居于二十四史之首，获得“史家之绝唱，无韵之离骚”的赞誉，与作者司马迁的创新精神有密切关系，司马迁独特的人生经历使得他敢于质疑天道，正是他敢于大胆“究天人之际，通古今之变”，才成就了《史记》的“一家之言”。阅读和理解《史记》首先需要了解和理解司马迁的这种创新精神。

元素4：积极向上的人生观。

大学是人生观形成和发展的重要阶段，消除享乐主义、厌世主义等消极人生观的影响，培养积极向上的人生观是大学教育的重要内容，中国古代经典中不乏这方面的教育资源。以《世说新语》为例，这部刘宋时期撰写的笔记小说，记述了自汉末到刘宋时期许多名士贵族的逸闻轶事，这些名士贵族饮酒、服药，看起来无不及时行乐，实际上大多具有严肃的人生态度和高雅的审美趣味，看似超然的背后是深刻的忧愤。欣赏和理解《世说新语》所描绘的时代画卷，反思魏晋名士的人生，有助于引导当代大学生形成积极向上的人生观。

元素5：忧国忧民的爱国情怀。

爱国是我国文学中的一个传统主题，许多文学大家都在作品中抒发出他们的爱国热情，诗圣杜甫就是其中的代表人物。从《三吏》到《三别》，从《春望》到《北征》，从《闻官军收河南河北》到《兵车行》，杜甫无不将眼光聚焦在民生疾苦和社稷安危上，正是这种“济时肯杀身”“穷年忧黎元”的可贵品格使他跻身于群星璀璨的唐代诗坛，成为留名青史的伟大诗人。杜甫身上的这种精神对于当代大学生思考小我与大我的关系，培养爱国主义精神无疑具有积极的作用。

三、教案设计

本教学单元《关雎》的教案设计，主要包括如下方面。

（一）教学目标

1. 知识目标

通过本节课的学习，正确理解《关雎》中生僻词语“流”“芼”“思”“服”的意义，正确理解重点词语“君子”“淑女”等词语的意义；正确把握全诗的基本思想内容和艺术特色。

2. 能力目标

深入理解“君子”“淑女”在《诗经》时代的文化内涵，对诗歌人物及其情感的认识更加丰满、更加具体；初步掌握“通训诂、明诗旨”的诗经鉴赏方法，并尝试将这一方法运用到阅读实践中去。

3. 价值目标

体验诗中人物的思想情感，丰盈自我精神世界；正确认识“理性”“责任”是“君子”“淑女”的重要内涵；反思自身在恋爱交往等人际关系中是否有失当行为，建立正确的爱情观、人际观。

（二）教学内容

1. 主要内容

第一，解释《诗经·周南·关雎》的生僻词语，梳理全诗大意。

第二，立足文本，赏析诗歌的思想内容和艺术特色。

第三，结合重点词语的训释，重新分析诗歌的人物和情节。

2. 教学重点

《关雎》的思想内容和艺术特色。

3. 教学难点

通过训释重点词语，重新认识人物和情节。

（三）教学手段与方法

大学语文课程以中国古典文学经典为主要教学载体，学习内容具有较强的人文属性，学习文学作品既是理解其中的人物、故事的过程，更是学习者反思自我人格、生活的过程，重鉴赏、重体验是课程的重要特点。大学语文课的教学对象是一年级本科生，大学阶段是学生人格形成的重要阶段，他们对自己的未来、对社会的发展等问题都充满好奇，中学阶段的语文学习也为他们学习大学语文打下了基础；但是同时又必须看到，学生在理解文学作品时，笼统认识较多、具体认识较少，刻板的理性评价有余、鲜活的感性体验不足，甚至有的时候原来的学习还会成为目前学习的障碍。

基于这样的课程特点和学生特点，教学中就必须以学生为主体，充分发挥学生的积极性。为此，我们在教学中采取了相应的手段与方法。首先是在课程思政的整体设计上，坚持德育与美育相结合。道德之美是文学之美的重要构成内容，大学语文课程通过生动的文学形象和故事情节去自然展现道德之美，寓德育于美育，学生在文学欣赏中浸染道德之美，自然树立起正确的价值观，润物无声。其次是在教学内容的安排上，我们选择贴近学生生活、符合学生成长需求的内容作为教学切入点，课程所提炼出的思政元素，不论是正确的爱情观、积极的人生态度，还是大胆创新的科学精神，都是大学生成长中的重要课题，这些课题对学生有吸引力，较好地调动了学生的学习积极性。最后是在教学过程的组织上，我们把学生阅读作为学习的前提，把讨论作为重要的课堂教学手段，把作业作为巩固学习成果的环节，学生阅读前教师提前设置好问题，让学生带着问题阅读，这样课堂讨论也更加有效，作业主要是以阅读和讨论为基础进行写作，通过写作实现深入思考，使学生既有感性体验，又有理性认知。

（四）教学过程

本节课程主要运用通训诂、明诗旨的方法解释具体诗篇中的词语，使学生对诗歌的理解更加具体准确，同时将思政元素融入这一教学过程，在美育过程中开展德育。总体教学思路和具体教学过程如表 1 所示。

表 1　大学语文《关雎》教学单元课程思政内容与教学环节设计

<table>
<tr><th colspan="5">教学思路</th></tr>
<tr><th>教学内容</th><th colspan="3">教学目标</th><th>教学方法</th></tr>
<tr><td>解释词语</td><td>理解文本</td><td>掌握方法</td><td>体验思政</td><td rowspan="3">讲授法
讨论法</td></tr>
<tr><td>流、思、服、芼</td><td>理解诗歌大意</td><td rowspan="2">通训诂
明诗旨</td><td rowspan="2">建立正确的爱情观、人际观</td></tr>
<tr><td>君、淑、窈窕</td><td>人物形象更丰满</td></tr>
</table>

<table>
<tr><th colspan="4">教学过程</th></tr>
<tr><th>教学意图</th><th>教师活动</th><th>教学内容</th><th>教学设计</th></tr>
<tr><td>导入（2 分钟）</td><td>导入情景，要求学生谈谈对这一事件的看法</td><td>2011 年 9 月 17 日下午，安徽合肥某中学学生陶某因求爱同学周某不成，携带打火机油来到周家，趁周某不备，拿出准备好的油浇到受害人头上并点燃，整栋楼响彻周某的尖叫</td><td>提出问题
引起思考</td></tr>
</table>

续表

教学过程			
教学意图	教师活动	教学内容	教学设计
导入（2分钟）	导入情景，要求学生谈谈对这一事件的看法	周某在安徽医科大学附院重症病房经抢救脱离生命危险，但伤势极为严重，全身烧伤面积28%、身体多部位Ⅱ度、Ⅲ度烧伤、呼吸道烧伤、左耳部分缺失、双手功能受限	提出问题 引起思考
明确新的教学目标（5分钟）	·播放《关雎》朗诵视频，请学生谈谈对《关雎》的理解。 ·在学生回答的基础上提出问题：诗歌写的是谁的爱情？请思考他们是什么样的人物	诗经·周南·关雎 关关雎鸠，在河之洲。 窈窕淑女，君子好逑。 参差荇菜，左右流之。 窈窕淑女，寤寐求之。 求之不得，寤寐思服。 悠哉悠哉，辗转反侧。 参差荇菜，左右采之。 窈窕淑女，琴瑟友之。 参差荇菜，左右芼之。 窈窕淑女，钟鼓乐之	通过新问题使学生认识学习的必要性
解释主要的生僻词语（3分钟）	请学生查阅“流”等词的意义	·流，《毛传》：“求也。” ·思，语助词。 ·服，思念	从简单问题出发，打消学生的畏难心理
重新认识“君子”，融入思政元素（8分钟）	·组织学生讨论：诗中的“君子”是一个什么人？证据是什么？ ·分析学生的讨论结果，引导学生结合时代背景和整首诗歌进行新的思考。 ·给出正确答案并分析	“君子”在诗中指贵族男子。 《魏风·伐檀》：“彼君子兮，不素餐兮。” 《孟子·滕文公》：“无君子莫治野人，无野人莫养君子。” 《论语·宪问》：“君子之道者三，我无能焉。仁者不忧、知者不惑、勇者不惧。” 《论语·里仁》：“君子喻于义，小人喻于利。”	通过词语训释，学生认识到“君子”既是拥有权力的人，更是承担责任的人，引导学生思考如何成为君子

续表

教学过程			
教学意图	教师活动	教学内容	教学设计
重新认识“淑女”，融入思政元素（8分钟）	·组织学生讨论“淑女”是什么样的女子？ ·分析学生的讨论，引导学生利用辞书找到“淑”的词义演变过程	“淑”的本义是清湛。 《说文》：“淑，清湛也。” 刘向《说苑》：“淑淑渊渊深不可测，其似圣者。” ·清湛—干净—干净且安静。 ·淑静—文静—举止得体。 ·贤淑—德性美好—处事得体	通过词语训释，学生认识到“淑女”的可贵之处主要在于其“理性”特质
更加具体地认识“淑女”（10分钟）	·组织讨论什么样的女子是“窈窕”女子。 ·从先秦文献中寻找例证，证明“窈窕”的含义。 ·结合上一个问题的答案，归纳“淑女”的特征	·“窈窕”和“高、遥、辽”等词有同源关系。 ·红山文化遗址女神像的证据。 ·文献用例的证据	“窈窕”一词的解释最为复杂，通过这一部分的教学，学生进一步掌握通训诂、明诗旨的方法
课堂小结（1分钟）	通过“君”“淑”“窈窕”三个词词义的探讨，我们对“君子”和“淑女”这两个人物形象的认识由抽象模糊到感性具体	君子：拥有权力+富有德性。 淑女：行为举止如清澈宁静的湖水+处事得体。 北京大学吴小如：讲诗三百篇中的作品，首先必须通训诂，其次还要明诗旨。因为风、雅、颂距今已远，其可赏析处往往即在字、词的训诂之中。加以旧时奉诗三百篇为经典，古人说诗每多附会；不明诗旨便如皓天白日为云霾笼罩，必须拨云见日，始能领会诗情	通过总结，回答课堂开始时提出的问题
讨论，强化思政元素（13分钟）	回到课堂导入的话题，再次组织讨论	《论语》中孔子评价《关雎》这首诗“乐而不淫，哀而不伤”，对比这首诗中的人物和材料中的人物，结合自身经历重新谈一谈自己对这件事情的认识	通过学生的切身思考，思政元素进一步融入学习过程

参考文献

[1] 周振甫. 诗经译注 [M]. 北京：中华书局，2016.

[2] 向熹. 诗经词典 [M]. 北京：商务印书馆，2014.

[3] 许慎. 说文解字 [M]. 北京：中华书局，2013.

[4] 蔡英杰. 从同源关系看“窈窕”一词的释义 [J]. 中国语文，2012（3）.

四、教学效果分析

大学语文在首都经济贸易大学开设已有30余年历史，数十位教师先后参与该课程的教学工作。目前，文化与传播学院汉语系6名教授带队，共11位教师共同参与建设课程，师资队伍合理。他们坚持“以研究促建设、以建设促教学”的优良传统，近年来注重加强课程思政研究，丰富教学资源，改进教学方法，教学效果得到学生好评。编写并4次修订教材，相应的题库也随之多次更新，录制了教学视频，编辑出版了教辅读物和教学研究论文集，许多教师也获得成长，多人次获得教学新秀奖、优秀主讲教师等荣誉。来自全校各个学院不同专业的学生都从这门课程中汲取人文营养，在这门课程中建立起传承弘扬优秀传统文化的兴趣，可以说大学语文是首都经济贸易大学实施人文教育、开展课程思政最重要的课程之一。

公关营销实战

王水　文化与传播学院

一、课程简介

公关营销实战是文化与传播学院广告学专业的专业提升课。作为学生进入正式工作岗位前的实践型衔接课程，该课程主要面向大四本科生讲授。随着新媒体环境下“所有人对所有人传播”模式的出现，广告行业面临着边界扩展和敏捷响应的挑战。在这个过程中，公共关系与营销的融合成为必然，将公共关系的基本原理作用于广告与营销传播环节成为广告学专业学生必须掌握的知识点。本课程采用与外部公司合作的方式展开，由外部公司给出真实的公关营销需求，学生在教师指导下于规定时间内给出可以落地实行的方案。借助这种实战型教学的模式，学生将全面掌握公共关系领域的基础知识点和前沿趋势；熟悉和掌握将基本公关原理应用于商业传播实践的手段和方法；能够运用相关理论应对舆情危机等突发事件；提前适应工作环境和业务场景，并能够有针对性地培养全方位实务能力，大幅提升未来在职场中的核心竞争力。

二、课程思政元素发掘

元素 1：引导学生树立“为人民服务”的意识，建立正确的公关伦理观。

由于广告介于信息与商业的交汇点，因此需要在三方面建立自身正当性：面向行政力量的规范正当性、面向社会力量的价值正当性和面向市场力量的绩效正当性。但长久以来，广告产业往往偏重以绩效（效率）证明自身正当性，忽略了规范正当性和价值正当性的必要，由此衍生出包括虚假广告、黑公关、营销号等在内的众多不当现象。由于行业建基于从业者个体，在专业学生中树立正确的伦理观在当前变得格外重要。

具体到公关业，公关到底应该偏向“为企业服务”还是“为消费者服务”，对于这个议题长久以来存在争议。但随着整个市场结构从卖方市场向买方市场迁移，消费者在产业链条中的话语权和主动性显著提升。在这一背景下，有必要结合行业发展历程和实际案例向学生传输正确的行业伦理观念。1944 年 9 月，毛泽东同志在张思德同志追悼会上提出“为人民服务”，这正是公关营销行业当前发展所必需的。只有“心中有人民，干事为人民”，才能让产业的生命力在人民群众的簇拥下稳定、长期、可持续地延续下去。

元素 2：引导学生建立和培养高质量的媒介素养与沟通策略。

在由互联网引发的后真相时代，假新闻、信息茧房、回音壁效应等问题日益严重，受众的媒介素养在良莠不齐的信息环境中显得格外重要。尤其考虑到互联网虚拟空间中围绕信息、认知和舆论的争夺日渐激烈，在这一背景下，通过公关营销实战的相关授课内容提高学生媒介素养、提升他们的假新闻防御能力，无论对个体还是对社会都显得异常重要。

在公共关系的基础理论中，宣传、说服和双向沟通等不同传播模式都对应着不同的策略，而相关的谣言、小道消息或假新闻想要发挥作用也需要依赖这些理论的指导及铺垫。因此，通过对相关知识点的详细讲授（例如，在宣传中强化对重复、渲染等策略要素的深化分析），能够切实提升学生的媒介素养。不论是在接收信息还是对外沟通传播的过程中，都能够让学生建立起良性的沟通意识。

元素 3：通过小组作业的实战授课模式，强化学生间的协同效应和集体意识。

本实战课程授课采用小组作业的模式，由 3 至 4 名学生组成团队模拟广告公司运作，接受外部公司提出的实际业务需求并通过相互协作提出对应方案。由于小组作业模式贯穿该课程全程，因此对学生之间的协作、配合和组织能力提出了较高要求，需要学生在推进项目过程中迅速找准自身定位、确定相互沟通和协作模式并能够快速解决团队磨合中可能出现的各种问题。

在本科教育中，除了课程知识点的相关传授之外，强化学生间的协同效应和集体意识也是教学应有之义。由于该课程是大四学生走向真实社会岗位前的衔接类课程，因此这种协同效应和集体意识的培养对走出“象牙塔”、融入社会的他们而言非常关键。在本课程授课全程中，这一层面的重要性将被反复强调。

三、教案设计

本教学单元“中外公关史”的教案设计，主要包括如下方面。

（一）教学目标

1. 知识目标

通过本节课程的学习，学生能够掌握古代中国和古希腊、古罗马、中世纪、文艺复兴等阶段公关意识的萌芽，并详细掌握现代公关历史三个分期的各自特点。

2. 能力目标

通过本节课程的学习，学生能够充分理解公共关系发展史中的代表性观点，树立正确的公关伦理观，并能够应用正确的伦理观指导接续课程的实践。

3. 价值目标

第一，建立正确的公关伦理观，认同可信的修辞对人安身立命的重要性。

第二，认同倾听人民声音的重要性，强化“为人民服务”的觉悟。

第三，结合中国古代传统典故中涉及公共关系的论述，理解中国古人思想的博大精深。

第四，在课堂案例分析与互动中锤炼学生的语言表达能力和综合分析能力。

（二）教学内容

1. 教学内容

第一，古希腊、古罗马、中世纪、文艺复兴等各阶段涉及公共关系的典型论述。

第二，古代中国各朝代涉及公共关系的典型论述。

第三，现代公共关系发展过程中的三阶段典型分期及其特点。

2. 教学重点

公共关系前史和现代发展历史中涉及公关的各项代表性表述，以及其中蕴含的各种价值观。

3. 教学难点

解析历史上与公关有关的典型表述中所体现出的价值观，并能够将解析出的价值观用学生易于接受的方式传递。

（三）教学手段与方法

本课程的教学内容组织以“理论讲述 + 课堂讨论 + 项目实战”相结合的混合式教学方式进行安排，力图发挥学生的主体作用。其中，理论讲述由教师完成，主要负责课程基础知识点的传授；课堂讨论由教师引导学生完成，在给定案例和场景下进行小组讨论并相互分享讨论成果；项目实战主要由学生完成，基于外部公司实际业务需求给出相对应的可操作性方案。通过这种混合式教学手段，能够充分发挥学生在学习中的主观能动性，创造出将理论融合于实践的自然学习情境。

（四）教学过程

1. 教学思路

第一，由“提到公关，你会想到什么”的问题切入，要求每位学生用简明扼要的语言作答。通过这种方式拉近师生距离，激发思想火花，并由此了解学生对公共关系行业的初步印象，为后续的教学内容进行前期铺垫。

课程思政的体现。在与学生交流回答的过程中适时纠正错误的从业观念，矫正并传递正确的行业伦理观，潜移默化中帮助学生树立诚实守信的品格。

第二，带领学生观看并讨论电视剧《金牌律师》的部分片段，引导学生理解传播媒体制造拟态环境的意识，由此引出提升媒介素养的重要性。

课程思政的体现。在带领学生观看并讨论电视剧的过程中，适时传递争夺舆论高地的重要性，同时建议学生增强自身媒介素养，避免被假新闻或恶意讯息干扰判断或操纵立场。

第三，在前述铺垫环节引发学生对公关的好奇心后，带领学生了解古希腊、古罗马、中世纪、文艺复兴等不同时期的典型公关论述，尤其着重阐述舆论、修辞三要素模型、三种公关实践主导力量等重要知识点。

课程思政的体现。结合修辞三要素模型指出品格、情感和逻辑对修辞的成功同等重要，引出说服者的信誉资本决定公关效果的判断，由此凸显人格在公关实践中的重要性；同时，结合不同时代政治家的观点帮助学生建立起对人民群众和舆论力量的敬畏感。

第四，结合《尚书》《论语》《周易》等著述以及诸葛亮“七擒孟获”、唐太宗“以人为镜”等典故，对古代中国不同朝代的公关论述进行盘点。

课程思政的体现。结合古代中国的传统文化瑰宝带领学生了解古人博大精深的智慧，由此引导学生建立起充分的民族自豪感和自信心。

第五，对现代公共关系发展的三阶段分期（“公众该死”“公众理应知晓”“公关双行道”）进行详细阐述，结合 1906 年宾夕法尼亚铁路公司严重车祸的实际案例讨论，引导学生建立正确的公关伦理观。

课程思政的体现。在实际案例讨论中引导学生认识到“人民已经登基为王”的正确观念，提醒学生诚实守信、公开透明的重要性，并提示学生个体的追求必须顺应“共同的善意”。

第六，最后结合北京某高校和广东某高校在处理教师性骚扰事件中的危机公关应对文案，引导学生进行对比讨论，进一步夯实此前教学过程中传授的价值观。

课程思政的体现。通过引导学生讨论真实案例检测本次课程的学习效果，适时夯实和强化此前课程中传授的价值观，向学生再次明确建立正确从业伦理观的重要价值。

2. 教学过程详细安排

见表 1。

表 1　公共营销实战“中外公关史”教学单元课程思政内容与教学设计案例

教学意图	教学内容及手段	思政引入
课堂讨论	提出讨论问题“提到公关，你会想到什么”，引导学生给出真实回答，全面了解所教授班级学生对公共关系的初步印象	时间：10 分钟 在课堂初始通过问题讨论调动学生思考的主观能动性

续表

<table>
<tr><th>教学意图</th><th>教学内容及手段</th><th>思政引入</th></tr>
<tr><td>观看影片</td><td>观看电视剧《金牌律师》的部分片段，使学生了解传播媒体制造拟态环境的基本规律，提醒学生提升媒介素养</td><td>时间：10 分钟
通过观看影片和衍生讨论进一步调动学生学习积极性</td></tr>
<tr><td>古代西方公关理念之一</td><td>以亚里士多德为例，介绍古希腊与公关有关的相关论述。重点介绍“修辞三要素”模型，明确品格、情感和逻辑对说服效果的重要性
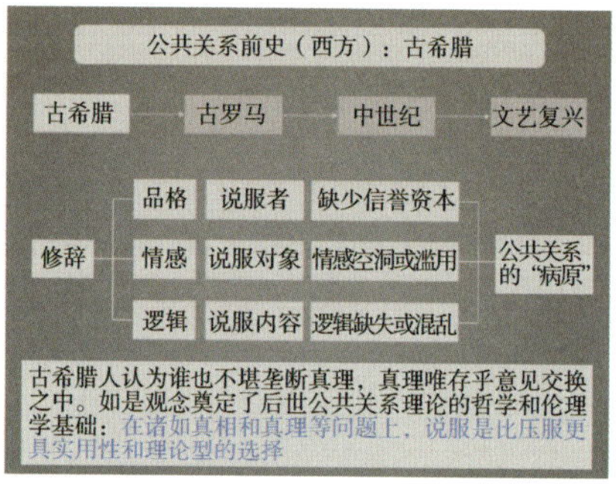
</td><td>时间：10 分钟
通过讲授古希腊“修辞三要素”模型，引导学生意识到说服者品格在说服过程中的重要效用，建立“唯有守正，才能出奇”的从业意识</td></tr>
<tr><td>古代西方公关理念之二</td><td>以马基雅维利、恺撒等为代表，介绍古罗马、中世纪、文艺复兴等时期与公关有关的相关论述，通过讨论拉斐尔画作《圣母与圣子》指出民众的意见正日益得到重视的事实</td><td>时间：5 分钟
通过讲授不同历史阶段的代表性观点，提升学生对人民群众的敬畏感</td></tr>
<tr><td>古代中国公关理念之一</td><td>以著述和典故切入分别介绍先秦、春秋战国及后续朝代与公关有关的相关论述，带领学生从古代政治家与哲人的智慧中汲取营养并指导当下的公关实践
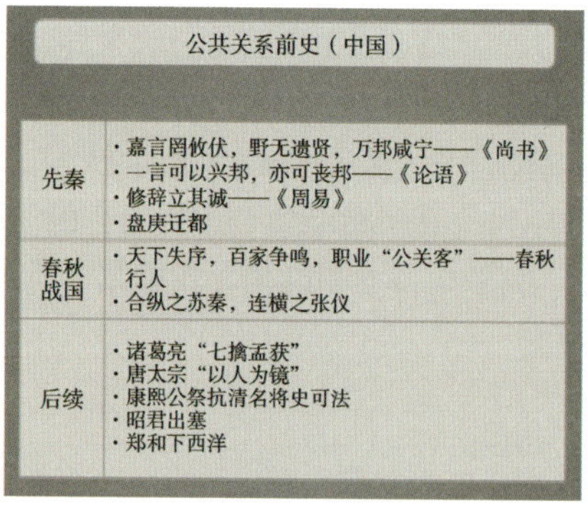
</td><td>时间：10 分钟
通过讲授中国古代不同朝代与公关相关的代表性论述，提升学生对中国传统历史文化的了解，并着重增强他们的民族自豪感与自信心</td></tr>
<tr><td>古代中国公关理念之二</td><td>发起讨论，让学生思考还有哪些中国传统著述和典故展现出了古人的公关智慧</td><td>时间：10 分钟
引导学生完成发散性思维，并在发散的过程中进一步体悟中华民族的文化底蕴</td></tr>
</table>

续表

<table>
<tr><th>教学意图</th><th>教学内容及手段</th><th>思政引入</th></tr>
<tr><td>现代公关发展之一</td><td>介绍以巴纳姆为代表的现代公关发展第一阶段“公众该死”阶段。对此时西方公关业通过假新闻操纵舆论的做法进行大力批判和驳斥，并深刻分析其缺陷所在</td><td>时间：5 分钟
通过讲授公关业初期探索的弯路，引导学生树立正确的价值观</td></tr>
<tr><td>现代公关发展之二</td><td>由 1906 年宾夕法尼亚铁路公司严重车祸的真实危机公关案例切入，引导学生们开展讨论，并分别基于问题给出讨论结果
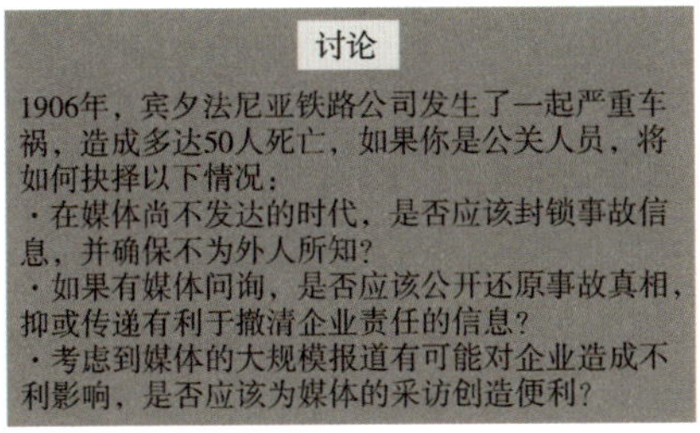
</td><td>时间：10 分钟
通过引导学生针对实际案例展开讨论并适时加以评判，了解危机公关中诚实守信、公开透明的重要性</td></tr>
<tr><td>现代公关发展之三</td><td>由以上案例引出以艾维·李为代表的现代公关发展第二阶段“公众理应知晓”阶段。借助《原则宣言》帮助学生建立“讲真话”“开明互惠”“言行一致”的正确从业伦理观
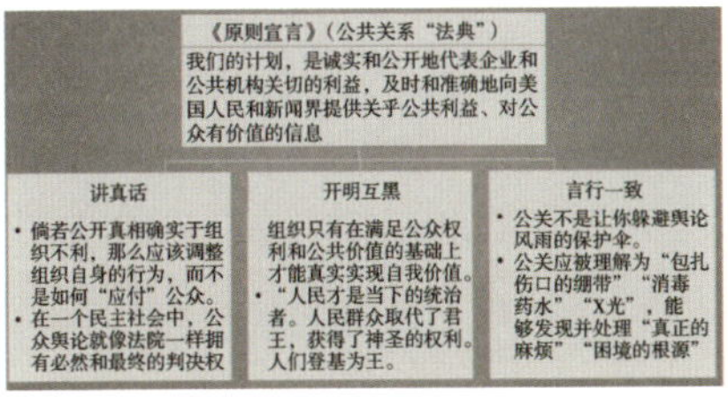
</td><td>时间：10 分钟
通过对《原则宣言》等内容的详细介绍，为学生树立正确的公关行业从业规范</td></tr>
<tr><td>现代公关发展之四</td><td>介绍以伯内斯为代表的现代公关发展第三阶段“公关双行道”阶段，带领学生建立起“公关职志在于促进公众与组织的相互理解”，强调个体追求需顺应共同善意</td><td>时间：5 分钟
引导学生了解公关理念的发展前沿，理解公关的价值在于协调多方，并着重强调集体意识的重要性</td></tr>
</table>

续表

教学意图	教学内容及手段	思政引入
课末讨论	向学生展示北京某高校和广东某高校在处理教师性骚扰事件中的危机公关应对文案，引导学生结合课堂所学进行对比讨论	时间：15 分钟 引导学生结合案例进行小组讨论和讨论成果分享，要求学生基于课堂所学进行意见发表，进一步夯实学生在学习过程中树立起的正确价值观

四、教学效果分析

本课程的教学内容和课程设计符合广告学专业本科四年级学生的知识水平和认知规律，通过采用多种教学手段结合的方式提升学生学习的主观能动性。从先导讨论、影片观看、课堂讨论到案例分析，教学过程中涉及的几乎所有知识点均由师生共创完成，这种教学模式有助于学生掌握相关理论并应用于实践，从而达到学以致用、融会贯通的终极目标。

本课程始终贯穿着对学生树立正确价值观、从业伦理观的重视。由于价值观和伦理观是个体、公司乃至整个行业的安身立命之本，能否树立起正确的相应观念将与个体职业生涯乃至行业命运发展息息相关。通过将相关思政元素巧妙融入课堂，能够使学生在潜移默化中接受相关理念，建立起对人民群众的敬畏感、对中国传统文化的敬重感、对正确价值观的敬仰感。

新闻学概论

王冲　文化与传播学院

一、课程简介

新闻学概论（又称新闻学原理、新闻理论等）是新闻传播类专业的学科基础课。本课程通过聚焦新闻事业的基本现象，讲授新闻传播的基本规律，引导学生用理论来阐释、解决现实问题，培养学生在新闻传播领域的专业意识和职业敏感，帮助学生获得基本的媒介传播素养，为其接下来学习传播理论、新闻史、新闻采写、媒介经营管理、传播法等课程奠定学科基础。

课程由三个部分组成：一是新闻学的基本理论，包括新闻、新闻真实、新闻价值、新闻客观性等概念和理论；二是大众传播媒介和新闻的关系，即对大众传播媒介职能的认识及对新闻工作的操作理念和新闻工作者地位的认识；三是新闻媒介的社会系统关系，即新闻媒介的社会支持因素，包括法规与道德。

学生在学完本课程后，能够初步掌握马克思主义新闻观，把握新闻传播活动的本质和规律，具备一定的政治素质和理论基础，适应日益复杂的媒介环境和不断变动的媒介格局，成为“讲好中国故事”的传媒后备人才。

二、课程思政元素发掘

本课程各个章节在授课时可能包含以下思政元素。

元素 1：夯实马克思主义新闻观。

以马克思主义新闻观为准绳，介绍马克思、恩格斯、列宁等人有关新闻学基本原理的论述，兼顾毛泽东、邓小平、江泽民、胡锦涛等历任我国党和国家领导人对马克思主义新闻观的继承与发展，结合新时期习近平总书记对加强和改进新闻舆论工作所提出的一系列新观点、新论断、新要求。例如，在讲解《新闻真实》这一章时，介绍各种虚假新闻的代表性案例之后，引入习近平同志在 1989 年所作的《把握好新闻工作的基点》的讲话要点，让学生意识到新闻、宣传也需要尊重客观规律。

课程中还会引介中国共产党历史上有关新闻定义的重要文献。例如，中国共产主义运动的先驱李大钊对新闻的定义、延安《解放日报》总编辑陆定一提出的新闻定义，以及提出该定义的文献《我们对于新闻学的基本观点》。

元素 2：继承优秀新闻工作者的优良作风传统。

以新华社、中央电视台、经济日报、中国青年报等媒体的新闻实践为案例，以范长江、邵飘萍、萧乾、陈杰等著名新闻工作者为标杆，引导学生了解、继承优秀新闻工作者的优良作风传统。例如，在讲授“新闻真实”这一章时，通过介绍新华社记者汤计对“呼格案”锲而不舍的追踪报道，对照“呼格案”的原始报道，让学生意识到恪守新闻真实的重要性。

元素 3：紧跟时事热点，捕捉社会动态。

课程注重理论联系实际，不回避网络热点，在引介案例的时候，针对青年学生容易产生的思维误区、人生困扰进行分析、引导，帮助学生建立积极向上的人生观、择业观、求学观。

2020 年授课期间，恰逢网络上出现关于“上海名媛”的热点话题，针对青年的消费观、教育观容易出现偏差的现状，结合燕京大学毕业生郭婉莹、萧乾等人的人生经历，告诉学生受教育的目的应该是获得真理，进而获得思想上的自由，最终为社会提供服务。

元素 4：提升学生的媒介素养。

汲取国内外新闻传播领域的经典案例，包括成功经验、失败教训，提升学生的媒介素养，应对负责的媒介信息环境，辨别虚假新闻、错误信息。例如，通过引入《新快报》对“女孩为清洁工撑伞”的报道，让学生意识到“善意的假新闻”也是一种假新闻。

元素 5：寓通识教育于专业教育之中。

传播学专业需要学生具有广博的知识面，因此要在专业教育中注入通识教育。文学、历史、艺术、科技，都可以借助案例，进入课堂。例如，在介绍新闻活动的由来时，借助甘肃博物馆的著名文物《彩绘驿使图》，讲授新闻活动变迁的同时，帮助学生了解中华文化的源远流长以及古代艺术的美妙，彰显文化自信。

三、教案设计

本教学单元“新闻职业道德”的教案设计，主要包括如下方面。

（一）教学目标

1. 知识目标

帮助学生认识记者的职业角色与社会角色之间的冲突，引导学生掌握平衡二者之间的关系，汲取人文主义素养。

2. 能力目标

锻炼学生多角度分析问题的能力，提高思辨能力，激发批判性思考，打破二元对立的应试思维模式。

3. 价值目标

第一，树立正确的职业观、人生观、世界观。

第二，避免过度的工具理性和无节制的同情心。

第三，培养学生的社会责任感和性别意识。

（二）教学内容

本章重点在于让学生意识到新闻职业道德的重要性，难点在于如何引导学生树立正确的新闻职业理念和规范。

（三）教学手段与方法

1. 案例式教学

新闻学概论课程有一个得天独厚的优势，即案例层出不穷，因此教师所要做的就是建立一个案例资源库，不断累积，优化组合。在选取案例时，除了要有专业层面的典型性，还要兼顾课程思政的需要，能够成为学生了解社会、思考人生的窗口与抓手。

2. 对话式教学

对话式教学，意味着教师和学生是课堂的双主体，学生拥有与教师平等对话的权利。教师通过案例激发学生的表达欲，在与学生对话的过程中，不断深化思考。事实上，多年的教学经验表明，学生往往能够提供一些迥异于教师的视角。因此，教师要保护学生的表达欲望，即便学生的观点有所偏颇，也不要轻易否定。

3. 课前预习与课后观摩

由于课程主要面对的是一二年级的本科生，考虑到“00”后学生形象化思维比较突出的特点，在课前和课后，通过布置影视作品观摩作业，让学生预习、反刍课堂知识点。例如，在讲解“新闻客观性”一章时，让学生观摩中央电视台和凤凰卫视对“钱云会之死”这一事件的报道，感悟客观性的内涵与外延，分析新闻客观性所受到的因素制约，更能激发学生的思考。

4. 设置常识类考题

通过近几年的观察，发现不少学生在经历高考之后，比较偏重书本上的知识，不关心社会的变动。一些学生认为，大学的文科课程只需要考前突击即可，不需要平时的积累。针对这种情况，在授课之初，就要强调日常积累的重要性，明确告知学生，考题中会包含 30% 左右的常识题，范围来自这一学期的新闻热点，从而督促学生注重学习过程和日常积累，最终达到“风声雨声读书声，声声入耳；家事国事天下事，事事关心”的目标。

（四）教学过程

1. 教学的总体思路

（1）组合案例，导入问题

如何激发学生的多元化思考，是本科课堂经常面临的一个问题。单一的案例，往往意味着角度单一，缺乏冲突性，因此如果能够选取一组具有对照性的案例，让学生通过比较、联想等方式去思考问题，更容易激发课堂的气氛。

课程思政的体现。两个案例中，一个是记者在镜头前给采访对象擦眼泪引发争议，另一个是记者在镜头前没有给采访对象擦眼泪引发争议，时间上相差 12 年，折射出媒介环境变革过程中，受众对新闻职业道德的理解也在不断变化。

（2）层层推进，提出问题

在引介案例之后，通过分析案例，提出与课程目标相关的问题。注意问题之间的逻辑关联，引导学生抽丝剥茧，层层深入。

课程思政的体现。作为社会个体，擦眼泪是一种自然情感的流露，但是在职业角色面前，擦眼泪是否突破了记者与采访对象之间的界限？既要让学生保有可贵的同理心，又要让学生建立职业底线。

（3）自由讨论，不拘一格

在讨论环节，可以检测出学生之前是否预习了课前布置的阅读或者观摩材料。在这个阶段，充分发挥学生的主体性，教师更多的是起到穿针引线的作用，不轻易表明立场，不偏袒任何一方的观点，让学生相互碰撞思维的火花。

课程思政的体现。锻炼学生的语言表达能力。

（4）梳理观点，正反兼顾

在这一阶段，梳理学生比较集中的观点，正反兼顾，凝聚焦点，从不同角度回应问题。适时地延伸一些话题，帮助学生深化之前的讨论。

课程思政的体现。由记者与采访对象之间的关系，延伸到社会其他领域，如支教等公益行为，是为了谋取个体的社会资本，还是真正为对方考虑？要让学生明白，过度的工具理性，对社会无益。

（5）总结提炼，深化思考

在梳理不同的观点之后，提炼出课程的核心内容，秉承求同存异的原则，追求最大公约数，让学生能够有进一步的思考。

课程思政的体现。让学生建立社会责任感，平衡好职业角色与社会角色的关系。

2. 教学过程的详细描述（表 1）

表 1　新闻学概论“新闻职业道德”教学单元课程思政内容与教学设计案例

教学意图	教学内容及手段	环节设计
导入	案例 1：2003 年 5 月，甘肃武威一所小学发生六年级学生连续服毒事件，名叫苗苗的小女孩自杀身亡，其余四名孩子被抢救过来。关于自杀的原因，当地说法不一，甚至传言与邪教有关。刚刚做完“非典”报道的央视《新闻调查》记者柴静和她的同事范铭接手了这个选题，试图寻找出小学生自杀的真相。 在后来播出的这期名为《双城的创伤》的报道中，有这样一个片段：柴静为苗苗的表弟擦去眼泪。这个举动引发了业界的争议。 案例 2：2015 年，记者易立竞在她本人制作的访谈节目《易时间》中采访了歌手韩红，韩红在节目中哭泣，引发了网友对易立竞的不满，指责记者过于冷漠，没有为韩红擦眼泪。事实上，现场易立竞停下来安慰韩红，但是后期编辑时剪掉了这个片段	时间：6 分钟 观摩视频 3 分钟；介绍背景 3 分钟
提出问题	（1）记者可以给采访对象擦眼泪吗？ 擦眼泪不仅仅是一个举动，更代表了记者对自己角色的认知。 （2）同情心是客观报道的死敌吗？ 客观报道是全世界通行的新闻准则，同情心是人在面对弱者或不幸的人的时候的一种本能，二者是否构成矛盾？ （3）记者和采访对象之间是什么关系？ 柴静在后来出版的书籍《看见》中披露，她安慰其中一个男孩，给对方写信，“像是写给十四岁的自己”。 当记者把自己的情感投射到采访对象身上的时候，是否改变了二者的关系？ （4）作为职业的记者和作为社会个体的普通人，二者之间如何协调？ 当我们认同“医生面对患者时不能仅仅是陪着哭泣，而是应该解决问题”这个观点时，作为职业的记者是否应该把普通人的情感置于职业角色之上？ 事实上，在《双城的创伤》播出后，就有媒体同行批评柴静在节目中的表现是“表演性主持”。 针对这个问题，我们要思考的问题是“记者可不可以表演？”如果同情是一种表演，压抑同情是不是另外一种表演？ 延伸：2018 年两会期间，全美电视台执行台长张慧君在提问时招致同行的白眼，事后社交媒体上一片嘲讽声。 （5）由此引发思考 如果表演不是问题，请分析什么样的表演才是有问题的	时间：10 分钟 以讲授为主。通过 PPT 演示，不断抛出问题，延伸案例，引导学生深入思考
讨论	引导学生逐一讨论上述问题	时间：15 分钟

续表

教学意图	教学内容及手段	环节设计
梳理	（1）赞同一方的理由Ⅰ 同情他人是一种本能。 “我第一次看到真实的伤口。我有我的反应。” ——《看见》第52页 潜藏的危险：记者站到了哭泣的一方。 延伸：“唐慧案”的思考。 （2）赞同一方的理由Ⅱ 给予采访对象适当的关怀，可以让采访对象更信任记者，从而获得更多的信息。 潜藏的危险：把采访对象视为工具。 延伸：《记者与谋杀案》。 （3）反对一方的理由Ⅰ 凭什么我要接受一个陌生人对我如此亲昵的举动？ 如果我接受了你的亲昵表达，把信任给了你，回头的遗忘是不是一种伤害？ 延伸：仅仅为了获得国外高校的录取证书，而去乡村支教，或者去养老院慰问，是否符合道德？ （4）反对一方的理由Ⅱ 来自异性的身体碰触，对于未成年人来说有可能是一种困扰	时间：3分钟
总结答疑	第一，记者在履行职业角色的时候，应该承担以下五类义务。 对自己负责，听从良心的召唤； 对自己服务的对象负责； 对自己供职的机构负责； 对自己的同事负责； 对社会负责。 第二，在充分衡量这五类义务之后，我们需要注意如下几点：①记者作为一种职业，意味着区别于一般的社会人角色。②记者和采访对象之间应保持适当的距离。③真相不能湮没在涕泗横流之中。④不要把采访对象视为工具。⑤关怀采访对象的前提是真相基本清晰，且发自真心。⑥记者应该有起码的性别意识	时间：7分钟 以讲授为主。总结课堂讨论的内容
课后阅读与观摩	第一，美国电影《三块广告牌》。 第二，珍妮特·马尔科姆：《记者与谋杀犯》，新华出版社，2014年11月第1版	通过布置课后的阅读、观摩作业，进一步巩固课堂所学知识，深化认知

四、教学效果分析

新闻职业道德是新闻学概论课程的核心内容之一，通过引入典型案例，让学生在讨论中逐步理解记者这一职业角色与个体的社会角色之间的冲突，建立起正确的职业理念，避免过度的工具理性，拥有适度的同理心，以及符合规范的性别意识。

在授课过程中，尽量避免教师直接给出答案。事实证明，学生们热衷于表达自己的观点，哪怕观点有所偏颇。教师需要做的是寻找恰当的案例，保持耐心，把握住基本的价值观底线，引导学生不断思考，最终双方都会受益。

媒介经营与管理

陆彦明　高亢　文化与传播学院

一、课程简介

媒介经营与管理课程是文化与传播学院传播学专业学生的专业必修课程。该课程在新闻学、传播学、经济学原理、市场营销学等课程的基础上，从更高的层次培养具备传媒经营管理知识与业务基础，能在国家传媒管理机构、政策研究部门以及传媒、广告、文化管理等组织、机构、企事业单位从事媒介产业分析、发展预测、管理规划、策划运营等方面工作的复合型人才。

该课程已经开设了 15 年，课程的基本理论架构已趋于成熟。主要授课模式是以课堂讲授为主，针对课程中出现的重点难点问题，学生们在老师的指导下以分组的形式进行案例研究和专题讨论，并在小组汇报中以多媒体形式展示思考的成果和路径。

此外，为了避免单一教师授课的弊端，该课程由两位教师共同备课，教学方法和教学资源共享，且在适当的时机邀请与课程内容相关的资深行业专家走进课堂，结合鲜活的传媒实践案例和媒介经营管理的实战经验拓宽学生们的视野，触发其就如何运用课堂所学知识指导传媒实践，从而更好地将课上与课下打通，将理论与实际结合进行思考和体悟。

二、课程思政元素发掘

习近平总书记指出，要把做人做事的基本道理、把社会主义核心价值观的要求、把实现民族复兴的理想和责任融入各类课程教学之中，使各类课程与思想政治理论课同向同行，形成协同效应。为了较好地落实思政育人的任务，本课程在案例的选择上，特别考虑到以下三个方面的具体要求：①做人做事的基本道理；②社会主义核心价值观；③实现民族复兴的理想和责任。具体来说，主要包括以下几点。

元素 1："想法"和"理想"在一个人生命中的重要性。

在讲到管理的基本职能中的"计划"这一职能时，先引用哈罗德·孔茨的话："计划工作是一座桥梁，它把我们所处的这岸和我们要去的对岸连接起来，以克服这一天堑。"然后引用马克思在《资本论》中的一段名言：人间最蹩脚的建筑师也比最灵巧的蜜蜂一开始就高明的地方在于：人间的建筑师在实际完成建筑物之前，已经在头脑中完成了。然后提出一个事实：我们人类做任何事，实际上都是做两遍，一遍是在头脑中完成，一遍是把头脑中的想法"物化"为现实。由此可见"想法"和"理想"在一个人生命中的重要性，也自然引申出理想教育的重要性。

元素 2：信仰才是人世间最伟大的力量。

在讲到"领导"职能时，会提出一个问题：有人说，中国共产党是史上最牛的创业团队，为什么？答案是：中国共产党的成功靠的是用信仰吸引到一流人才。当年为什么广大青年爱国学生从国统区的西安走向解放区的延安？答案是信仰的力量。信仰才是人世间最伟大的力量。所谓的领导，主要是吸引人、选拔人、使用人、培养人。

元素 3：社会主义核心价值观为什么很重要。

在讲到"管理的本质"时，提出"管理的本质"就是降低委托代理成本，因此，关键是人与人之间的"信任"关系的建立。好社会与坏社会的根本区别在于人与人之间的关系。由此引导学生树立社会主义核心价值观，如"诚信""友善"等。

元素 4：党性和人民性的内在统一。

在讲到"媒介经营管理与普通企业经营管理的区别"时，会提问：既然我国媒体在经营管理中，要把党的宣传任务纳入自己的目标系统并予以优先考虑，那么，如何正确理解党性和人民性的关系？让学生深刻理解在我国党性与人民性的内在统一性。

元素 5：为他人或社会作贡献才能实现媒体的价值。

媒体要想挣钱，本质上就是要为他人或社会做贡献，媒体的目的绝不是追求所谓的"利润最大化"。

元素 6：媒体应当肩负起社会责任。

最好的"挣钱"方式就是肩负起社会责任，越是承担社会责任的媒体，从长远看越能赢利。

元素 7：媒体的价值取决于对他人和社会的贡献度。

有意义的人生与有价值的媒体一样，根本上取决于对他人和社会的贡献度。

元素 5 至元素 7 来自这门课程中每学期都必有的讨论课案例：媒介的市场化、产业化与媒体社会责任之间的关系。通过同学们独立思考、针锋相对的辩论和教师的点评及最后的总结，让学生懂得真正的经营管理就是为社会作贡献的技巧、方法和艺术。

元素 8：理论必须要与具体的国情相结合才有生命力和价值。

这门课程的重要参考书是美国人麦克马那斯写的《市场新闻业：公民自行小心？》，书中的主要观点是批判美国传媒业过度市场化、产业化。但是中国的情况恰恰相反，我们从根本上说，是产业化、市场化发育不足。学生通过讨论，深刻认识到理论只能来自实践，不应该脱离具体的国情去盲目推崇。我们既要大力吸收人类文明发展中的共识，也要小心区别理论的适用性。

三、教案设计

本教学单元“媒体市场化、产业化与媒体社会责任之间的关系”的教案设计，主要包括如下方面。

（一）教学目标

1. 知识目标

了解媒体社会责任、媒体市场化、产业化的具体含义及其辩证关系。

2. 能力目标

懂得从根本上说，在我国媒介经营管理的实质是实现媒体经济效益与社会效益的统一；懂得媒体的市场化、产业化与媒体社会责任之间的统一性和矛盾性。

3. 价值目标

赢利是媒体承担社会责任后的自然结果，而不应该是刻意追求的唯一目的；有意义的人生与有价值的媒体一样，从根本上取决于对他人和社会的贡献度。

（二）教学内容

1. 具体内容

媒体市场化、产业化与媒体社会责任之间的关系。

2. 教学重点

为什么说媒体的市场化、产业化与媒体要承担的社会责任，在我国它们的一致性大于冲突性？媒体的经济效益与社会效益是如何实现统一的？

3. 教学难点

怎么看待媒体市场化、产业化带来的负面影响？

（三）教学手段与方法

经营管理学起源于德鲁克严谨的治学精神，并具有缜密的理论体系，其宗旨是为了验证工业社会能否成为一个人人幸福的社会。经营管理学是一门高雅的学问，并不是什么赚钱的技巧，也不是一味玩弄公式和数据而令人眼花缭乱的游戏。经营管理学并不是手段的堆积，而是一种思考问题的方法。上述观点为我们教授媒介经营管理这门课时融入“课程思政”元素提供了思想基础。

在融入手段方面，本课程中所使用的“课程思政”的融入方式，大致可分为画龙点睛式、专题嵌入式、元素化合式、隐形渗透式。画龙点睛式为专业内容画龙，思政元素点睛。在讲授专业课知识点时，自然而然地加入思政元素，起到点睛作用。专题嵌入式是将某一思政内容嵌入专业课的知识点讲授之中。元素化合式是将专业课与思政课元素有机融合。隐形渗透式重点是指通过教师的为人师表、严谨治学、精益求精等来感染学生，影响学生。

课程思政最终要达到的目标就是向学生传授专业知识的同时，教会学生做人，使学生能够树立正确的人生观、世界观、价值观。因此，在融入方法方面，特别注意以下几点。

1. 在育人氛围上，强调独立思考而不是灌输

全面推进课程思政建设，必须坚持以学生为中心，激发学生学习兴趣，引导学生深入思考，综合运用第一课堂和第二课堂，不断提升学生的课程学习体验和学习效果。而“以学生为中心”就要坚持教育是“为了人”与“由于人”的统一。要在课程思政中真正做到“由于人”，就必须尊重并鼓励学生的独立思考，用民主的方法而不是压服的方法，通过学生的自由思考、自由讨论来做出自由的选择。

在这门课程中，每学期都必有的讨论课案例是：媒介的市场化、产业化与媒体社会责任之间的关系。通过同学们独立思考、针锋相对的辩论和教师的点评及最后的总结，让学生懂得真正的经营管理就是为社会作贡献的技巧和方法。把以下思政元素很自然地融入：①媒体要想挣钱，本质上就是要为他人或社会作贡献，媒体的目的绝不是追求所谓的“利润最大化”；②最好的“挣钱”方式就是肩负起社会责任，越是承担社会责任的媒体，从长远看越能赢利；③有意义的人生与有价值的媒体一样，根本上取决于对他人和社会的贡献度。

2. 在育人内容上，强调不得不发而不是“硬植入”

长达 25 年的教学经历证明，思政元素如果不能做到“自然而然”和“润物无声”，就不如不做。“硬植入”的思政不仅效果差，也会拖累学生对专业知识的认同感，可以说，后果很严重。因此，在具体教学实践中，不得不慎之又慎，这对教师提出了很高的要求。

3. 在育人策略上，强调“身教重于言教”

近年来，互联网和移动互联网的快速普及，导致媒介经营管理课程知识内容本身快速迭代，之前所谓的媒介经营管理，其实主要是报纸和电视的经营管理，但现在学生基本不看报纸和电视，这给授课带来了巨大的挑战。备课本身成为一个巨大的压力。必须把有关新媒体最新进展的知识及时传递给学生，才有开启学

生思政教育的资格。这就是上面所说的“隐形渗透式”方法。

专业课教师把专业课上好，可以说是“最大的课程思政”。“学为人师，行为世范”，教师个人本身就是最好的课程思政，并且无可替代。好的课程思政，必须处理好“有言之教”与“不言之教”的关系。如果专业课教师自己的课都讲不好，学生不愿意听，怎么让学生去体会什么是社会主义核心价值观中的“敬业”？教师如果不能跟学生交朋友，公正平等对待每一个学生，怎么让学生去体会社会主义核心价值观中的“平等”“公正”“友善”？如果学生从老师那里没有得到“爱”，我们如何指望他将来走上社会以后会把“爱”传递给他人和社会？

从这个意义上说，上好专业课，是课程思政的根，没有了这个根，其他的也就不存在了。专业课上得不专业，必然就丧失了进行课程思政的资格。但上好专业课，学生喜欢听你的课，只是进行课程思政的基础和前提，或者说是门槛或入场券。教师还必须在知识传授和能力培养的基础上，有意识地、恰到好处地进行价值观的塑造。

4. 在育人时机上，强调“贴近性”

这种贴近性，具体包括两个方面：一方面是专业知识的贴近性，你不能还是老讲报纸和电视的经营管理，学生没有感觉。另一方面，举例时要有贴近性，也就是最好举最近发生的事情，比较容易引发学生的兴趣和认同。比如，在这次新冠肺炎疫情的抗疫斗争中，新闻人的表现同样可歌可泣。结合新闻人的抗疫表现来讲媒体的管理，同学们就很容易产生共鸣。

总之，一句话，千方百计，用真情实感打动学生，很自然地让学生“服下”思政元素这颗思想“钙片”。

（四）教学过程

1. 教学设计思路

（1）前期准备环节

在上这堂课之前，已经完成了布置阅读参考书目和文献、课堂讨论两个环节。把全班同学进行了分组，每组同学都进行了发言，不同观点进行了激烈的交锋，同学们在讨论过程中，也都提出了一些自己感到困惑的问题。

这部分课程思政体现在：让同学们学会如何汲取文献和书籍中的材料为我所用，学会小组合作及观点呈现与表达，学会包容持不同观点的同学，训练并养成同理心。

（2）教师自己观点的正面逻辑陈述

通过总述和分述，结合学生之前所学基本理论，阐明在我国，媒体的市场化、产业化与媒体社会责任之间，总体上“一致性”大于“冲突性”，从而说明在我国，媒体的社会效益与经济效益应该也能够实现统一，从而坚定媒体走市场化、产业化之路的信心。

这部分课程思政体现在：媒体要想挣钱，本质上就是要为他人或社会作贡献，媒体的目的绝不是追求所谓的“利润最大化”； 最好的“挣钱”方式就是肩负起社会责任，越是承担社会责任的媒体，从长远看越能赢利；有意义的人生与有价值的媒体一样，根本上取决于对他人和社会的贡献度。

（3）针对学生的疑惑，有针对性地进行解惑

主要是两个问题：①为什么媒体越想着“挣钱”这种私人的事，越有助于实现媒体作为社会公器所承担的社会责任这种公益的事？②作为主要参考书的《市场新闻业》一书中的核心观点是二者的“冲突性”大于“一致性”，该如何理解？

这部分课程思政体现在：任何理论的落地，都必须结合自己的国情，绝不能照搬照抄国外的理论。在美国是苦于过度的“市场化、产业化”，在中国则苦于“市场化、产业化”的不足。

2. 教学过程安排

见表 1。

表 1　媒介经营与管理“媒体市场化、产业化与媒体社会责任之间的关系”教学单元课程思政内容与教学设计案例

媒体市场化、产业化与媒体社会责任之间的关系		
教学意图	教学内容	环节设计
引子	崔永元曾说过：“如果我们的电视台都是公共电视台的话，那我们的电视台就是全世界最脏的公共电视台；如果我们的电视台都是商业电视台的话，那我们的电视台就是全世界最差的商业电视台。”如何正确评价这段话？	时间：2 分钟 说明媒体“挣钱”与媒体承担社会责任之间的关系是一重大问题，是媒介经营与管理课程的一块基石，必须正确对待
明确讨论的主题	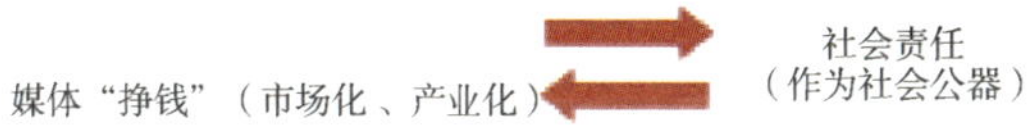	时间：2 分钟 明确媒体“市场化、产业化”的本质是“挣钱”
明确基本概念	什么是媒体的“社会责任”？	时间：5 分钟 传播学中媒体社会责任的具体含义
本节课的总的观点	总论：为什么二者“一致性” > “冲突性” 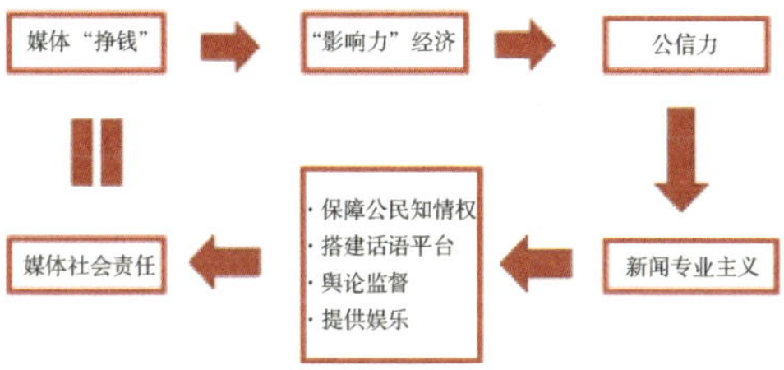	时间：5 分钟 充分利用之前所学媒介产业的本质理论和新闻专业主义理论，搭建起理解问题的总逻辑链条

续表

媒体市场化、产业化与媒体社会责任之间的关系		
教学意图	教学内容	环节设计
分论点一	为什么说市场化、产业化更有助于保障公民的知情权？	时间：5分钟
分论点二	为什么说市场化、产业化更有助于舆论监督？ 舆论监督很重要 要把权力关进制度的笼子里，一个重要手段就是发挥舆论监督包括互联网监督作用。这一条，各级党政机关和领导干部特别要注意，首先要做好。（习近平《在网络安全和信息化工作座谈会上的讲话》人民出版社2016年版，第9页） 正确对待网络舆论监督 对网上那些出于善意的批评，对互联网监督，不论是对党和政府工作提的还是对领导干部个人提的，不论是和风细雨的还是忠言逆耳的，我们不仅要欢迎，而且要认真研究和吸取。（习近平《在网络安全和信息化工作座谈会上的讲话》，人民出版社2016年版，第9页） 哪怕错误的批评，也要理性对待 网民大多数是普通群众，来自四面八方，各自经历不同，观点和想法肯定是五花八门的，不能要求他们对所有问题都看得那么准、说得那么对。（习近平《在网络安全和信息化工作座谈会上的讲话》，人民出版社2016年版，第9页）	时间：6分钟 引用习近平总书记关于正确对待“舆论监督”的三段著名的论述
分论点三	为什么说市场化、产业化更有助于搭建“话语平台”？	时间：6分钟
分论点四	为什么说市场化、产业化更有助于娱乐功能的实现？	时间：4分钟
疑问一	为什么媒体越想着“挣钱”这种私人的事，越有助于实现媒体作为社会公器所承担的社会责任这种公益的事？	时间：5分钟
疑问二	《市场新闻业》一书中的核心观点是二者的“冲突性”大于“一致性”，该如何理解？	时间：5分钟

四、教学效果分析

本课程为传播学专业必修课。自 2006 年开课至今，如果说本课程有一些创新的话，那就体现在把知识传授、能力培养与价值塑造融为一体。知识传授是“引子”；能力培养是“关键”；价值塑造是能力培养过程中的伴随物。

课程思政要体现专业对所培养人才核心素养的共性要求，即规定性。例如，经管类专业强调“企业家精神”，财会类专业强调 “诚信” ，那么新闻传播学专业应该更多地强调“担当”或“家国情怀”，即所谓“妙手著文章，铁肩担道义”。最好能把本专业的课程思政与专业内具体课程的课程思政打通，形成同向、共振的效果。

国际法（1）

谢海霞　法学院

一、课程简介

国际法课程是面向法学本科专业开设的专业基础课，主要讲授国际法基础理论和基本法律制度。通过本课程的学习，学生能够熟悉并掌握国际法的基本原理和制度，掌握国际法的特点和体系框架，了解当前的国际法最新实践，逐步学习运用国际法理论和知识分析问题，并提出解决问题的建议。该课程注重理论结合实践，关注中国问题，研究中国实践，逐步深化学生对国际法治的认知和对于依法治国的理解，深化学生对习近平总书记提出的人类命运共同体思想的认识，培养学生的责任意识，强化学生对国家利益的维护。该课程曾被评为校级精品课程、校级双语课程。任课教师曾获评北京市教学名师。

本课程的建设目标是要体现涉外法治人才培养对国际法课程的需要，体现现代教学方式对国际法课程建设的影响及提升，以综合的方法实现线下课程的现代化内容。国际法课程改革是涉外法治人才培养的需要。以中国特色社会主义法治思想为指导，推进涉外法治人才培养是当前人才培养中的重要任务。2017 年 1 月，习近平总书记在联合国日内瓦总部的演讲中特别指出中国将推动构建人类命运共同体，促进国际关系法治化。党的十九届四中全会明确了中国要推进国家治理体系和治理能力现代化，坚持和完善中国特色社会主义法治体系，提高党依法治国、依法执政能力。要加强涉外法治工作，建立涉外工作法务制度，加强国际法研究和运用，提高涉外工作法治化水平。党的十九届五中全会提出，法院在提高司法裁判的国际公信力方面，要做到准确适用国际条约和惯例。要深入研究各国与我国缔结或共同参加的贸易、投资、金融、海运等国际条约，严格依照《维也纳条约法公约》的规定，根据条约用语通常所具有的含义按其上下文并参照条约的目的及宗旨进行善意解释，增强案件审判中国际条约和惯例适用的统一性、稳定性和可预见性。

当前，国家对于高校的法治人才培养已经提出了明确的要求。首都经济贸易大学以立德树人为根本，把努力培养政治立场坚定、专业素质过硬、跨学科跨领域、善于破解实践难题的涉外法治人才作为人才培养目标，结合财经院校的特色，以服务国家战略为目标，以为国家在全球治理方面贡献话语权和影响力作出人才培养的方案。涉外法治人才培养依靠综合性、多学科的共同努力，其中毫无疑问的是国际法作为一门学科基础课，在涉外法治人才培养中起着基础性作用。国际法教学的开展水平影响着涉外法治人才理解和运用国际法的水平。就国际法教学而言，从国家治理能力和治理水平现代化出发，将当前丰富的国际法的理论和实践纳入教学内容，注重中国问题研究，体现中国视角，贡献中国方案，是当下国际法教学需要研究和探索的重要内容。即便是线下课程，也要依靠现代技术手段，将国际法教学资源立体化、具象化，为国际法教学提供立体全面的教学资源。

二、课程蕴含的思政元素

元素1：引导学生深刻理解人类命运共同体思想在发展国际法上的意义。

习近平总书记在联合国日内瓦总部所做的题为《共同构建人类命运共同体》演讲中指出，构建人类命运共同体是一个美好的目标，中国将推动构建人类命运共同体，实现共赢共享。2018年我国将“推动人类命运共同体构建”写入宪法修正案。党的十九大报告中两次提到了人类命运共同体构建：一是倡导构建人类命运共同体，促进全球治理体系变革；二是统筹国内国际两个大局，始终不渝走和平发展道路，推动构建人类命运共同体，始终做世界和平的建设者、全球发展的贡献者、国际秩序的维护者。人类命运共同体以推动国际关系法治化为目标，国际法治是法治理念的国际实施，在国际层面促进法治的努力也促进了国内层面的法治。结合法治国家的具体实践，将“法治”国家建设与国家治理体系和治理能力现代化紧密结合，将法治国家建设与人类命运共同体的构建紧密结合。通过研究中国问题，引导学生理解和深化法治国家的内涵，引导学生对法治国家的责任担当。通过指导学生用国际法分析当下问题，引导学生理解人类命运共同体对于国际法发展的影响，引导学生学习用中国实践为国际法治贡献中国智慧，提供中国解决方案。

元素2：深化学生对“一带一路”的认识。

“一带一路”是我国为国际社会提供的国际公共产品，是我国对国际法“国际合作原则”的发展和实际推进。通过结合涉“一带一路”案例分析国际法在中国的适用，分析涉“一带一路”案件中的国际法问题，引导学生学习和运用国际法解决实践问题，正确理解和解释国际公约和国际习惯法，加强我国司法的国际公信力，培养学生对当前的依法治国的“法”形成更全面清晰的认识，将国家治理体系和治理能力现代化的实现路径转化成专业认知和实践，对人类命运共同体思想对国际法的发展开启专业上的思考，发挥法学专业的特点和优势，将涉外法治、依法治国、法治国家统一起来。

元素3：强化法学专业学生在国家治理体系和治理能力现代化中肩负的历史使命和责任担当。

中共中央在《关于坚持和完善中国特色社会主义制度，推进国家治理体系和治理能力现代化若干重大问题的决定》中明确提出要加强涉外法治工作，建立涉外工作法务制度，加强国际法研究和运用，提高涉外工作法治化水平。法学专业学生作为法律共同体的一员，肩负着推进法治国家的历史使命。本讲课程通过对典型案例的分析，引导学生深刻认识和理解国际法对于我国司法实践的影响，深化学生对于国际法的解释和运用，指导学生总结推动形成和完善区域性及全球性商事法律规则，理解“法治”在国家治理体系和治理能力现代化中的意义，从而强化学生对于法治国家的认知及对于历史使命的承担。

三、教案设计

本教学单元“国际法在我国的适用”的教案设计，主要包括如下方面。

（一）教学目标

本节内容主要围绕国际法在国内适用的国际法理论，结合我国相关实践，尤其是“一带一路”案件审判实践，采用案例分析、比较分析、历史分析等方法分析国际法在我国的运用实践，培养学生充分认识我国对于国际法的尊重，掌握我国运用和发展国际法的实践，引导学生充分认识到国内法治和国际法治紧密相关，认识到国家实践对国际法治的贡献，对形成更广泛范围以规则为基础的稳定公平透明可预期的国际化法治化便利化营商环境的作用，认识到司法裁判公信力对于国家治理体系和治理能力现代化的积极作用。

1. 知识目标

了解国际法在国内的法律地位的理论，了解国际法在他国适用的实践，熟悉并掌握国际法在我国的适用理论和相关实践。

2. 能力目标

培养学生运用国际法基本制度分析问题、提出解决方案的能力，要能结合中国实践，解决中国问题，为国际化法治化贡献出中国智慧、中国方案。

3. 情感目标

结合我国当前国际法实践，研究总结我国当前国际法实践中的经验，分析存在的不足，用国际化法治化的实践为维护国家利益提供可复制的经验，将爱国、担当、民族复兴的责任落实到专业的行动中。

4. 价值目标

培养学生的使命意识和责任担当，将国家治理体系和治理能力现代化落实到国家法治进程中，将法治国家和国际法治紧密联系，和人类命运共同体的构建落到实处。

（二）教学内容

1. 教学设计思路

见表 1。

表 1　“国际法在我国的适用”教学单元课程思政内容与教学设计思路

授课内容	思政融入点	教学内容和教学方法运用
国际法在中国的适用	第一，法治国家中的“法”。 第二，人类命运共同体构建与国际法治。 第三，国际法治与国内法治的关系。 第四，中国问题、中国方案	一、教学内容 ·案例导读。 ·我国的相关法律规定（知识梳理）。 ·国际法和国内法关系理论（理论分析）。 ·条约在中国的适用、条约在其他国家的适用实践（中国问题分析，中国方案）。 ·习惯国际法在中国的适用、一般法律原则在中国的适用（中国实践解读与思考）。 ·国际“软”法与中国实践（内容拓展与思考）。 二、教学方法 （一）问题为导向的研讨方法 第一，围绕典型案例中涉及的公约在我国的适用，展开中国案例分析，提出中国问题解决思路。 第二，围绕不同国家实践展开分析，比较不同国家的做法，拓展学生的研究视野和研究思路。 第三，结合我国国家治理体系和治理能力现代化的要求，结合涉外法治的要求，结合法治国家的要求，引导学生思考现实问题，培养学生对法治的深度思考，增强学生对法治国家建设的责任意识。 第四，围绕国际“软”法、国际强行法的发展，培养学生对于当前前沿问题和热点问题的思考，并引导学生提出自己的主张，培养学生批判性思维的意识。 （二）问题讨论 问题 1：条约在我国的适用实践有几类情况？对于条约在我国的适用，我国宪法有无规定？是否需要作出规定？ 问题 2：条约在我国的适用实践是否反映出我国对条约义务的遵守？我国的司法实践如何做到准确地适用条约？你认为我国还应该做什么，才能将条约的准确适用落到实处？我国涉“一带一路”案件为条约的准确适用提供了哪些可复制的经验？ 问题 3：作为国家治理体系和治理能力现代化的一部分，我国目前的哪些实践为国际社会贡献了中国智慧？请举例说明

续表

授课内容	思政融入点	教学内容和教学方法运用
国际法在中国的适用	第一，法治国家中的“法”。 第二，人类命运共同体构建与国际法治。 第三，国际法治与国内法治的关系。 第四，中国问题、中国方案	通过对以上问题的分析和讨论，引导学生将专业知识的学习落到实处，将当代国际法、中国问题、中国方案和法治国家的建设紧密结合，将专业知识的学习和国家利益的保护、国际义务的履行紧密联系，从思想上认识到人类命运共同体的构建对国际法的发展。 这部分内容也是本节教学中的重点内容和难点内容，学生需要查找资料、阅读分析并提出自己的见解。对于教师而言，如何将具体问题和理论问题结合、将专业知识和实践紧密结合是需要精心组织和引导的，要注意培养学生开阔的研究视野、深厚的家国情怀，使学生学会用专业知识维护国家利益。 （三）比较分析法，进一步拓展学生的国际视野，把握当代问题 通过开展比较分析，进一步梳理当前国际法在各国适用的情况，并就特定问题鼓励学生结合实践案例开展专门研究，厘清某个条约的适用路径及当前实践的发展，寻找问题并试图提出解决方案。 在这个部分，鼓励学生结合“一带一路”案例开展研究，从实践中发现问题，从比较分析中寻找解题思路，从理论指引中提出解决方案

2. 教学重点和难点

本部分内容是国际法学课堂教学中的重点内容，涉及的问题广泛，可研究和讨论的内容非常多，在教学方法上要注重学生自学和老师教学的有机统一、线下授课和线上资源使用的有机统一、教师讲授和学生讨论的有机统一。在课堂组织教学中，将条约在我国的实践作为授课重点，采用案例研究、比较研究等方法，通过讨论式教学推进教学过程，培养学生运用国际法分析问题、解决问题的思路（表 2）。

3. 教学过程的展开

见表 2。

表 2 “国际法在我国的适用”教学单元教学设计案例

国际法在我国的适用（50 分钟）		
教学设计	教学内容	教学设计
课程回顾	第一，条约在国内适用的理论。 第二，相关国家的实践	回顾上节课学习和讨论的内容，引入本节课学习的知识（5 分钟）

续表

国际法在我国的适用（50 分钟）		
教学设计	教学内容	教学设计
本节课内容设计	问题提出与解决。 第一，法治国家建设中的“法”的含义。 第二，涉“一带一路”案件审判对我国法院司法公信力提高的要求。 第三，我国立法、司法和执法中如何适用了国际法	以解决问题为着手点，培养学生独立思考的能力，将课程的学习与法治国家建设的需要紧密结合，培养学生的自觉意识（3 分钟）
教学重点（一）：条约在我国的直接适用	第一，以 MH370 航空事故案为切入点，就其中涉及的问题引导学生思考：法院是否应当在本案中适用国际条约？如何适用本案中涉及的国际条约？ 第二，就专门案例展开分析，讨论法院具体是如何适用条约的？我国目前的立法又是如何做出具体规定的？	以案例导入，提出问题，引导学生思考，梳理课程学习的基本思路（3 分钟）
教学环节的展开 1	从一个指导性案例、一个最高人民法院公报案例、“一带一路”案例中看一类条约在我国的适用实践： 陆红诉美国联合航空公司国际航空旅客运输损害赔偿案； 指导案例 51 号：阿卜杜勒·瓦希德诉中国东方航空股份有限公司航空旅客运输合同纠纷案； 朗力（武汉）注塑系统有限公司与天地国际运输代理（中国）有限公司武汉分公司航空货物运输合同纠纷案	围绕这一类公约，展开中国案例分析，提出中国问题的解决思路（9 分钟）
教学环节的展开 2	其他类型的条约：其他民商事类条约（结合我国民诉法等法律法规的规定）。 小结	结合我国的具体规定，讨论学生课前作业中梳理的内容，得出一个较为清晰的结论（5 分钟）
教学重点（二）：条约在我国的转化适用	第一，WTO 条约在我国如何适用：以中美知识产权案为背景讨论；结合我国法律法规的内容，分析知识产权类的条约在我国是如何适用的。 第二，结合我国人权白皮书的内容分析我国是如何履行我国承担的保护人权的义务的。 第三，结论	这部分内容一是要讲解基本知识点：条约在我国的转化适用；二是要引导学生融会贯通，将以前学过的课程内容有机统一起来，理解我国对于国际义务的承担（9 分钟）
教学重点（三）：条约在我国法律体系中的位阶	问题思考： 我国立法中是否要规定条约在我国的适用？从我国现有的立法、司法实践看，条约在我国法律体系中的地位是什么？ 我国是否需要制定相关的立法来明确条约的适用问题？ 其他国家的实践对于我国有无借鉴意义，具体可以借鉴什么	这部分是前沿讨论问题，引导学生独立分析问题、提出解决问题的思路，培养学生的责任意识（9 分钟）

续表

国际法在我国的适用（50 分钟）		
教学设计	教学内容	教学设计
教学中需要进一步研究的问题	问题之一： 习惯国际法在我国如何适用？如何理解我国司法实践中对一些商事规则的解释？ 问题之二： 我国是否在司法实践中引入了一般法律原则？请思考有无相关案例	授人以鱼不如授人以渔。提出问题的目的是启发学生做进一步思考，同时要求学生课后整理资料，学习检索法律和案例，分析案例提出问题，阅读相关指定文献并提出自己的建议（5 分钟）
教学中的难题	国际强行法的发展对于国际法在一国的适用会有哪些影响？请思考	该内容属于前沿内容，引发学生的思考，同时给学生提供相应的书目，引导有兴趣的学生展开深入研究（2 分钟）

（三）思政元素引入点

第一，通过分析和讨论国际条约和国际习惯在我国的适用，深刻理解国际法治和国内法治的关系，深化对法治国家和法治政府的理解。

通过分析我国现有的立法、司法实践情况，结合习近平主席的“人类命运共同体”思想，将推动国际关系法治化和国际法治紧密联系，进一步思考和深化对国际法治和国内法治关系的理解。

第二，通过分析和研读条约及国际习惯在我国的适用的典型案例，尤其是指导性案例和涉及“一带一路”的典型案例，进一步思考和分析作为国际公共产品的“一带一路”对于我国的司法产生了哪些影响，我国通过国内实践如何推进了国内法治，我国国内法治对于国际法治贡献了哪些成果，国际法治对于国内法治提出了哪些要求。

第三，结合本章内容讨论，如何从法治的角度推动形成更广范围以规则为基础的稳定公平透明可预期的国际化法治化便利化营商环境。

（四）教学手段与方法

本课程注重从国际法教学的现代性出发，以现代化的角度革新国际法教学的内容，利用现代技术解决线下课程面临的难题，将线下课程和线上资源有机结合起来。该课程采用课堂讲授、课堂讨论和学生自学相结合的方式，通过案例研究、比较研究、小组讨论等方式，就课程中涉及的问题展开充分的讨论并提供解决问题的方案，为学生研究中国问题提供思路和指引。该课程在教学中注重过程评价，注重学生学习能力培养，主张采用真实性评价替代传统评价。

本课程充分利用现代技术，将线下教学与线上平台资源的使用紧密结合，将理论研究与实践案例紧密结合，利用线上学习平台建设学习资源库、学习案例库、学习试题库，结合实践问题、中国问题，针对学生学习中遇到的疑难问题和教学作业中发现的共性问题录制专门有针对性的课程，将思政元素和课堂教学紧密融合，赋予线下课程以可延展性，拓宽课堂的容量范围，拓展学生学习的空间。

四、教学效果分析

首先，明确了课程的专业目标和人才培养的价值目标，将专业内容和国家的外交思想、国家政策以及国家实践紧密结合，对深刻理解习近平人类命运共同体思想对国际法发展具有突出的意义，对学生将专业课程的学习和依法治国的国家实践紧密结合具有现实价值，对学生理解和深化国家治理体系和治理能力现代化具有引导作用和示范效果。同时，对学生专业知识的训练和对学生“德”的培养紧密结合，才能培养“全”人，国家治理体系和治理能力现代化才有可依托的后备人才。

其次，课程内容设计具有高阶性、现代性、综合性，体现了当前的国际法理论和实践发展，课程挑战度高，学生获得感强。

最后，课程教学方式多样，注重学生的自主学习主动性、课堂活动互动性、课程作业挑战性的养成和训练，培养政治立场坚定、具有国际视野、通晓国际规则、能够参与国际实务的涉外法治人才，服务于国家治理体系和治理能力现代化对人才培养的要求。

国际法（2）

魏庆坡　法学院

一、课程简介

本课程属于法学专业必修课，也是教育部全国高等学校法学类专业教学指导委员会所确立的核心主干课程之一，是为培养复合型和应用型专门法律人才，满足我国改革开放和社会主义法治建设的需要而设置的。本课程在全面、系统介绍国际法基本原理、法律规范和相关教学案例的基础上，结合国际法最新发展理论和具体实践，使学生能够融会贯通，形成系统的国际法知识体系。课程旨在帮助学生了解并掌握国际法的基础知识、基本原理和主要制度，同时引导学生理解我国的对外政策，捍卫我国主权及国家利益，并使其在此基础上能够将国际法知识运用于实际，用来分析和解决现实中的国际法问题。

国际法课程讲授的内容较为广泛，具体包括：国际法概念、性质、渊源，国际法的主体，国家及政府的承认和继承，国家责任，以及其他实体或个体在国际法上的地位。同时，还包括关于领土、海洋、航空、外空等领域的法律制度及其部门法，如国际条约法、国际组织法、国际环境法、外交和领事关系法、国际争端和平解决及国际司法制度等。

完成本课程学习后，学生在知识上能够熟练掌握国际法的概念、规则及框架体系，理解国际法与国内法的关系、国家领土的变更、领海及专属经济区和大陆架法律制度，了解国际法历史发展、南极与北极的法律制度以及区域性国际组织等。在能力上具备构建国际法的知识体系和逻辑构造能力，能够从国际法角度分析解决中国面临的各种国际问题，包括国家主权、领土完整和海洋争议，以及中国在崛起过程中面临的其他国际问题。在思想上能够清醒认识到当前国内外形势，理解国际法规则背后的理念、逻辑和价值取向，秉承“人类命运共同体”的理念，具有强烈的民族自豪感、大国荣誉感、强国仪式感，坚定“四个自信”，自觉维护我国对外政策，捍卫我国主权及国家利益。

当今世界正经历百年未有之大变局，国际力量格局深刻调整、全球治理体系深刻重塑。本课程能够培育新时代大学生的国际法专业素养，理解和捍卫我国外交立场和观点，不仅涵盖对国家人文精神的号召，将“知识传授”与“价值引领”相融合，更为“法治中国”培养“德法兼修”的建设者和接班人。

二、课程思政元素发掘

自清末近代西方法学思想传入中国以来，中国国际法课程主要沿袭了西方主流国际法理论。当前，中国国际法实践不断丰富，新时代背景下“两个构建”的提出体现了中国的法治观和价值取向。结合国际法课程特点和学生实际，本课程包含的思政元素主要包括以下几个方面。

元素 1：党的领导、民族复兴。

用马克思历史唯物主义和辩证主义观点看待国际法问题。辩证唯物主义构成了马克思主义的哲学理论基础，也构成了马克思主义的国际法观和研究方法。在教学中，坚持用马克思历史唯物主义观点看待国际法发展的历史，用马克思辩证唯物主义观点看待国际法与国内法的关系。

依据马克思唯物主义辩证法，作为主要调整国家间关系、建立和维持国际秩序的国际法，必须适应不同时期国际关系的需要。近代国际法反映的是欧洲列强间“实力均衡”的国际关系，体现的是欧洲统治阶级的意志。当前国际关系正处于深刻变革的关键期，中国要积极参与国际规则制定，做全球治理变革和新型国际关系构建的参与者、推动者、引领者。

元素 2：和平发展、战略自信。

坚定中国文化自信，讲好中国的国际法故事。中国在 1953 年提出和平共处五项原则，高度概括了相互尊重、公平正义、合作共赢的新型国际关系的本质特征，集中体现了主权、正义、民主、法治、和平与共赢等核心价值观。和平共处五项原则含有四个“互”字、一个“共”字，体现了各国权利、义务和责任相统一的精神，与《联合国宪章》的宗旨和基本原则具有高度契合性。

和平共处五项原则是中国对现代国际法的重大贡献，是“亚洲性国际法”的典型代表，丰富和发展了国际法的基本原则，体现了中华传统文化的“和为贵”“和而不同”“协和万邦”“兼爱非攻”等思想。

元素 3：维护主权、和平发展。

尊重国家主权，不干涉他国内政是国际法的基本原则。中国于 1984 年鲜明地提出国家主权是第一位的，是实现人权的前提和保障。国家主权所包括的最显见的内容是领土主权和对自然资源的永久主权，领土主权也意味着领土完整，将领土完整与国家主权联系在一起是中国的一个创新。国家主权受到限制是国际法同意的结果，未经国家同意而强加的外部干预是无效的，根据我国宪法第 2 条，中国的主权是人民主权。

不干涉内政原则是国家主权平等原则的引申，是指每个国家享有不受外部干扰地处理其内外事务的权利。它是一项习惯国际法和强行法，是确保各国和睦相处的主要条件之一。例如，香港问题完全是中国内部事务，应由中国自行处理，外国势力无权干涉。美国罔顾事实，公然违背国际法基本原则和国际关系基本准则，通过所谓“香港人权与民主法案”，以人权、民主为名，行霸权干涉之实，用国内法干涉中国内政。

元素 4：维护主权、祖国统一。

从国际法关于国家基本要素看，台湾自古以来就是中国的领土。在国际法中构成一个国家需要四个要素：领土、居民、政权、主权，四个要素缺一不可。其中，主权是一个国家自主地处理对内对外事务的最高权力，是国家的基本要素中最重要的因素，指对内最高权和对外的独立权。台湾当局虽像中国的一个省那样有前三个要素，却没有国家主权。

判定一个国家对某一领土拥有主权，必然要在法律上取得证据。作为国家领土取得方式之一的“先占”原则决定了台湾自古以来就是中国的领土；国际法对于领土变更的条件要求决定了“台独”诉求没有足够的法理支撑；而对我们国家的承认是政府承认的事实及国际社会对“一个中国”原则的广泛认可，又从另一侧面证明了台湾是中国领土不可分割的一部分。

元素 5：维护主权、战略自信。

中国在国际法上的承认与继承。国际法上的承认，指既有国家及国际组织以一定方式对某一社会团体的存在从国际法上予以确认，表明愿意与其交往并导致权利义务关系的国家行为。由于大陆和台湾暂未实现统一，中华人民共和国在被承认问题上始终坚持如下立场：①一个中国的原则，台湾是中国的一部分；②中华人民共和国政府是中国唯一合法政府；③对中华人民共和国的承认是对新政府的承认。

从 19 世纪中叶起，帝国主义国家通过各种侵略手段同中国订立了一系列不平等条约，新中国则彻底改变了这一局面。对于国家的财产、档案、权益和国际组织的地位等，新中国有权加以全部继承；对于不平等条约和恶债（如“湖广铁路债券案”等），有权拒绝继承。

元素 6：党的领导、和平发展。

中国与陆地邻国和平解决边界领土问题。在国际法上，领陆是指国家疆界以内的全部陆地，是领土的最基本部分。国家对领陆行使完全的主权。中国是世界上陆地邻国最多的两个国家之一，共有 14 个陆地邻国，中国陆地边界总长 22 000 多千米，且中国已经与绝大多数陆地邻国和平解决了边界领土问题。

几十年来，中印边界问题一直是影响两国关系的主要问题。近年来，印度不断挑起边境之争，不断试探中国，完全违背国际法的基本准则和《联合国宪章》。对此，中国不会主动采取使事态复杂化、扩大化的举动，但也有信心坚定维护自身的主权和领土完整。

《联合国海洋法公约》确定各海域的法律地位并调整各国在海洋利用各个领域中的关系的原则、规则和规章、制度的总体。中国也是世界上海洋邻国最多的两个国家之一，有 8 个海洋邻国。在东海，中国与日本存在钓鱼岛主权争端问题。从国际法的先占理论来看，中国对于钓鱼岛的占有是一种合法占有。日本不能根据时效原则来取得钓鱼岛的主权，因为日本的行为是非法行为，“非法行为不能创设权利”是世界通行的法律原则。

在南海，中国与周边越南、菲律宾、马来西亚等海洋邻国存在南海岛屿归属争端。南海诸岛自古以来就是中国领土的一部分，中国对这些岛屿及其附近岛屿拥有无可争辩的主权。南海争端很大程度上与“九段断续线”（简称“九段线”）有关，其最早时是“十一段线”，这是 1947 年“中华民国”政府方域司划定并对外宣布的。当时，美国、英国、法国、苏联这四个联合国安理会常任理事国都承认并予以接受。在“中菲南海仲裁案”中，菲律宾强推国际仲裁，无助于争议的解决，不会改变中国对南沙诸岛及其附近海域拥有主权的事实，也不会动摇中国政府维护国家主权和海域权益的意志和决心。

元素 7：国际治理、大国风范。

中国在国际抗击疫情中展现负责任大国形象。国际法上的国家责任，是指国家对其国际不法行为所应承担的国际法律责任。国际法上的国家责任主要有国际不法行为责任和国际损害行为责任两种。国际不法行为责任是指一个国家违反自己承担的国际义务，给其他国际法主体造成损害时所应承担的法律责任。

新冠肺炎疫情发生后，美国一些政客漠视生命，不仅没有集中精力进行疫情防控，反而忙于党争和互相攻讦、忙于“甩锅”他国，并威胁退出世界卫生组织。同时，利用新冠肺炎疫情在美国法院起诉中国政府不仅在国际法上是站不住脚的，而且严重违反国际法、侵犯中国主权。这是对第二次世界大战后建立起来的以联合国为核心的国际体系的极大破坏。

元素 8：党的领导、制度自信。

强大的祖国是我们永远的坚强后盾。国际法上的居民是指居住在一国境内并受该国管辖的人，国籍是指一个人属于某一国家的国民或公民的法律资格，它表明一个人同某一特定国家之间的固定的法律联系。引渡指一国应外国的请求把在其境内指控为犯罪或判刑的外国人，移交给请求国审理或处罚的一种国际司法协助行为（以条约为据）。

随着中国公民每年出国人数的增多，中国政府越来越重视保护境外的公民和企业。2015 年也门撤侨行动充分展示了中国政府以人为本的理念和对人权的重视与保护。“天网 2020”行动共追回外逃人员 1 421 人，其中“红通人员”28 人，监察对象 314 人，追回赃款 29.5 亿元。中国坚持法治思维法治方式，提升追逃追赃工作规范化法治化专业化水平，一直是推动反腐败国际追逃追赃工作高质量发展的内在要求。

元素 9：战略自信、人类命运共同体。

空间法是适用于空气空间和外层空间领域的国际法原则、规则和制度的总称。空间分为空气空间和外层空间。我国民用航空法第 2 条规定，“中华人民共和国对领空享有完全、排他的主权”。2013 年 11 月中国政府宣布设立东海防空识别区，这符合国际通行做法，是根据国家防空要求和维护空中飞行秩序需要而确定的。

“北斗”“天宫”“天问”“嫦娥”“墨子”等的成功，标志着中国航天开始引领方向、融入主流和造福人类。同时，中国积极推动“一带一路”空间信息走廊建设，与金砖国家航天机构共同推动建设遥感卫星星座，支持亚太空间合作组织成员国共同构建多任务小卫星星座。

元素 10：国际治理、“一带一路”。

国际组织对新中国的态度经历了由敌视排斥到接纳欢迎的转化，而新中国对国际组织的态度也经历了从怀疑观望到参加出席、从消极被动到积极主动的演变历程。

中国在主要国际组织中合法席位的恢复，如联合国、国际红十字会、国际民航组织、世界卫生组织、国际奥委会、国际货币基金组织和世界银行，“复关”努力和正式加入世界贸易组织，有助于中国在国际组织和全球治理体系中发挥积极的作用。同时，中国广泛参加多个国际组织，积极参与创建、发展和扩大上海合作组织，出任众多国际组织的高级负责官员，为国际社会提供了“一带一路”和亚洲基础设施投资银行（亚投行）等公共品，有效推动了全球治理的发展。

三、教案设计

本教学单元“国家主权原则与航行自由”的教案设计，主要包括如下方面。

（一）教学目标

1. 知识层次

根据学生的认知规律，通过美国军舰在南海航行的时事新闻介绍导入本次课程。帮助学生了解在受沿海国主权支配和管辖的领海区域，获得群岛水域以外邻接的一定宽度的海域，其他国家船舶拥有通行权。作为一种制度，无害通过是交通必要性与沿海国利益之间平衡的一种产物。帮助学生理解和掌握领海的概念、宽度，以及无害通过制度的规则等知识体系。

2. 能力层次

培养学生构建领海制度的知识体系和逻辑构造能力，从沿海国权利和海洋通行必要性两个角度进行分析，培养学生法律分析和推理能力。结合“科孚海峡案”案例，把已学过的领海的制度知识体系创新性地运用到中国主张和实践当中，帮助学生理解我国当前的海洋主张，锻炼学生理论联系实际的能力和独立思考的思维能力。

3. 价值层次

在知识层次和能力层次的基础上，培养学生的理性思考精神。结合历史发展，引导学生通过领海及其法律制度科学、全面认识其背后的理念、逻辑和价值取向。秉承“人类命运共同体”的理念，提升对领海制度和无害通过权的理解和思考，理解并掌握我国海洋权益主张的规则条款和价值理念。

（二）教学内容

1. 教学内容

第一，无害通过的概念。

第二，“通过”与“无害”的含义。

第三，沿海国的权利与义务。

第四，军舰的无害通过问题。

2. 教学重点

无害通过的概念及含义、沿海国的权利与义务，以及国际法院在“科孚海峡案”中的观点及分析。

3. 教学难点

借助新闻事件和《联合国海洋法公约》规定分析我国主张外国军舰在中国领海行使无害通过权须经批准的正当性与合法性。

（三）教学手段与方法

1. 教学手段

第一，国际法课程的知识点较为抽象，学生容易分神走思。

学生如何准确快速掌握领海无害通过制度的基本规则，并厘清权利的来源、性质、内容和行使条件之间的关系，同时整合这些知识构建领海制度的基本知识框架和逻辑体系。

教学方法应对：①通过图片、数字、动画演示、视频等帮助学生快速了解和掌握领海制度的知识体系架构和基本规则（如领海从基线算起，每个国家可以自由决定，但最大限度不应超过 12 海里）。②运用幽默风趣的语言，帮助学生快速构建对领海无害通过制度的初步印象和准确理解（如通过“领海宽度学说游戏”“军舰通行分组辩论”“知识抢答”等具体包括如下内容：领海的宽度历史上有航程说、视力说和大炮射程说；支持和反对军舰通行的两方分别阐述自己的理由；对沿海国的权利和义务进行问答，设计判断对错或简答来帮助学生构建知识体系和框架结构）。③领海的宽度确定之后，可以获得一个有关沿海国领海的大致轮廓。在课后习题中，引导学生了解和掌握领海外部界限的位置和范围，包括交圆法、共同正切法和平行线法。

第二，在学生未能接触实践的情况下，如何让学生将所学知识点进行消化吸收，并可以灵活运用到实践当中。

教学方法应对：借助不同海域图例和法理分析，帮助学生理解重要制度规则。结合领海制度的发展历史，如关于领海宽度的航程说、视力说和大炮射程说，其中大炮射程说对国家的影响较大，帮助学生构建无害通过制度的背景知识。同时，结合“科孚海峡案”和《联合国海洋法公约》，以及美苏 1989 年条约实践做法，从权利的来源、权利的性质、权利的内容等方面进行阐述分析。

此时，让学生研读“科孚海峡案”，运用所学知识进行探讨：若无害通过的权利被剥夺，国家能否使用武力，是否有限制？鼓励学生在问题分析过程中提高自己，完善知识体系，促进学生全面发展。

第三，如何通过领海无害通过制度学习培养学生独立思考和理性分析能力，提升其国际法学素养和国际法能力素质。

教学方法应对：通过对领海无害通过制度规则和原则的了解掌握，以及经典案例的研读分析，透视无害通过制度背后设计的价值因素和利益平衡，如通过权是对沿海国的国家主权和船舶通过权保护的平衡，并通过行动学习让学生了解不同国家和地区的法律差异，帮助学生掌握各国国际法实践的差异性是对其利益诉求的一种反应。国际法上的领海通过制度是一种国际习惯法，是国际法公认的规则，旨在维护国际航行自由和平衡沿海国领海主权与国际社会的航行利益的关系。平衡会因领海制度下具体内容的不同而有所偏重，在领海的无害通过制度中，强调通过船舶的“无害”性、不受妨碍性，侧重国际贸易和航行利益的维护。在领海的宽度确定中，强调沿海国的自主性、单方性，侧重领海主权的维护。结合我国对领海的规定和声明，让学生认识并思考当前国际领海制度和我国领海制度的问题，深入理解条约和实践背后的缘由、逻辑及内在价值等要素。

2. 教学方法

（1）知识点精讲教学法

结合当前大学生思维灵活和发散的特点，授课教师应避免填鸭式的满堂灌教学方式，而应遵循帮助学生从国际公法的学科特点和学科体系进行启发性和互动性教学，积极引导学生参与归纳和构建知识体系和逻辑结构。结合经典案例和新闻事实，鼓励进行分析和研究。

首先，课堂精讲知识点，运用多媒体技术，将图形、文字、视频、音频、动画等直接作用于学生的多种感官，借助“变色”“闪烁”等手段突出重点，同时将抽象的道理具体化，突出重点，化难为易。进而激发学生的学习兴趣，确保学生能够持续集中注意力，保持主动学习，提高学生多方面能力。

其次，引导学生利用已学到的领海制度中的法学理论和基础知识去分析关于领海无害通过权的案例和时事新闻，让学生了解和研究现实中领海法律制度面临的一些问题和做法，加深其对领海无害通过制度的规则和适用的认识，将抽象理论知识转化为生动的案例事实，从而提升学生兴趣和培养研究精神，提高学生分析和研究领海无害通过制度的能力。

最后，通过课堂上积极的启发式提问和小组讨论等，让学生在主体意识中构建知识体系；在复习回顾过程中，借助正确引导，提示学生关注本节课的重点和难点内容。同时布置课后思考题和阅读材料，激发学生对下节课学习的兴趣。

（2）行动学习教学法

国际法教学中侧重基础理论理解，也注重对具体法律规制和制度的分析。因此，课堂教学要借助小组讨论帮助学生掌握领海无害通过制度的规则和实践的具体处理思路和方式。

在课堂教学中，授课教师发挥主导作用，让学生扮演主体角色，以了解和掌握规则为导向，以行动学习讨论为载体，通过讨论分析提升对领海无害通过制度的规则和实践的理解和分析能力。

1982 年《联合国海洋法公约》规定了船舶的无害通过权，但现实中对于军舰是否有无害通过权存在较大分歧。在了解领海无害通过权的概念和规则后，将学生分为两个组别，分别赋予他们支持和反对角色，寻找各自“身份”后的军舰无害通过的历史渊源、理论和实践支持，对差异性进行对比讨论，并对当前和未来军舰无害通过可能面临的问题进行分析，鼓励学生提出一些建议，进而在参与过程中获得无害通过制度的相关知识。因此，通过课前准备和集体协作，行动学习能够锻炼学生的沟通协调能力和文献检索能力，提高学生对 1982 年《联合国海洋法公约》中领海无害通过制度规则差异和问题的认识和理解。

（3）案例研讨教学法

案例教学能够赋予枯燥理论趣味性和吸引力，侧重开放性和互动性。通过讨论与争论，互动与交流，结合理论分析，将案例中的信息和知识与各种观点碰撞，引发学生的共鸣与兴趣，进而得出富有启发性的理论或思维，提高学生对领海无害通过制度规则的理解以及分析运用能力。

在领海制度开讲之前，借助中国海军的一艘船舶于 2016 年 6 月 9 日进入鹿儿岛县口永良部岛以西的日本领海，以及中日双方的表态导入领海法律制度。沿海国在领海享有国家主权，为什么其他国家的船舶可以通过？紧接着引入领海的海域范围多大，非沿海国如何行使无害通过权，什么叫“无害”，什么叫“通过”，顺势引出本节课内容“领海和毗连区”，完成课程导入。

对领海无害通过的法律制度规则的理解，援引“科孚海峡案”，分析权利的来源、权利性质、权利内容和如何行使，帮助学生快速准确理解领海无害通过制度的基本规则和要求。在 1958 年《领海及毗连区公约》和 1982 年《联合国海洋法公约》没有对军舰通过问题进行规定情形下，现实中对此问题一般只能通过推论来解决。同时，借助 1989 年美苏在“黑海撞船事件”后签署的《关于无害通过的国际法规则的联合解释》，探讨军舰无害通过的历史实践和做法，在确保军舰无害通过权的基础上，必须遵守沿海国的法律和规章，否则必须立即离开沿海国的领海。除无害通过权外，军舰还有一项特有的权利——豁免权。这是国家根据国家主权和国家平等原则对其财产或行为不接受他国管辖的特权。军舰是其所属国主权的象征，所以，不论其在公海上或在另一国管辖水域中，都享有豁免权。

借助 1958 年《领海及毗连区公约》第 18 条和 1982 年《联合国海洋法公约》第 25 条讲述沿海国的义务，包括不得以其通过领海为由征收任何费用，仅可以就给予该船舶的特定服务征收费用。同时，借助 1995 年法国停止南太平洋穆鲁路及方加陶法环礁周边领海的航行的案例，讲述沿海国可以在特定区域内临时停止船舶的无害通过，制定外国船舶应遵守的法律和规章，但这些规章制度不得剥夺非沿海国的通过权利。在结束阶段，让同学们结合本节课学习的领海无害通过法律制度的知识体系和逻辑结构，分析我国对无害通过权的主张和立场。下一节课进行课堂展示和讨论分析。

（四）教学过程

1. 教学设计思路

本课程以国际上“国家主权”原则和“航行自由”作为切入点，通过科学的课程设计和有效的教学环节，既要在价值传播中凝聚知识底蕴，又要在知识传播中强调价值引领，实现相互糅合、互为促进。

（1）选题原因

之所以选取“国家主权原则”与“航行自由”作为本节课思政教育的切入点，其原因在于以下方面。

首先，“国家主权原则”是国际法的基本原则，也是联合国宪章原则体系的原则。国际法基本原则是国际社会的主要成员——国家所公认，是国际社会的宪法性原则，体现了国际法律秩序的基本价值，也代表了国际交往的基本标准和最重要的法律标准，不仅是国际法体系的法律基础，而且构成了整个国际法大厦的顶梁柱。因此，国家主权原则关涉国际法的理论基础，意义重大。

其次，“国家主权原则”与“航行自由”的关系协调性问题。一方面，国家主权原则赋予了各国维护其主权的正当性，因而在争端解决过程中各当事国就会穷尽一切方法来维护各自的国家主权。另一方面，内生于海洋自由理论的航行自由原则是公海自由中最为主要和基本的内容，包括商船和军舰在内的船舶都有权悬挂旗帜在公海上自由航行。但是，随着社会的发展，在领海和其他海域可以看见海洋自由理论的影子，尤其是公海航行自由在领海的延伸。因此，在这两方面原则的要求下，如何在维护国家主权与和航行自由之间进行取舍成为沿海国的重要问题。

最后，长期以来，美国军舰多次到南海巡航，多次侵犯中国领海，严重危害中国的领土安全。沿海国国家主权原则与国际社会航行自由原则的协调问题一直是无法回避和备受困扰的问题，同时，也是国际法领域容易产生困扰的关键与难点所在。

（2）设计思路

首先，通过美国军舰通过中国领海的新闻引导学生“发现”中国领海“国家主权”与美国主张“国际社会航行自由”在国际法理论上的分歧，并以问题为抓手，带领学生展开深入的探讨。

其次，在案例阐述之后，系统讲解领海制度中无害通过权中“无害”的含义及“通过”的要求，并分析沿海国享有的防止非无害通过的权利，以及公布相关资料的义务。

再次，引导学生将思考重点置于中国对领海“国家主权原则”与美国主张“国际社会航行自由”关系的处理上。其实，就两者关系而言，既有对立和冲突的一面，也有互动和协调的一面。其难点和重点在于如何辩证处理两者发生冲突时的关系。

最后，通过使学生切实地感受到两者关系难以协调，重点引入“价值评判体系”的讲解，结合国际法案例和实践，从而“授人以渔”地促使学生建立起辩证的认知体系，使两大原则的冲突问题迎刃而解。

2. 教学过程安排

见表1。

表1　“国家主权原则与航行自由”教学单元课程思政内容与教学环节设计

教学要求	教学内容	教学手段与学生活动
（一）上节课内容回顾与本节话题导入		
回顾上节课内容，并通过新闻报道引出教学内容，激	1. 上节课内容简要回顾 简要回顾上节课内容，帮助学生回忆起海洋法的概念及基线和内水	讲解，启发式提问，帮助学生回顾上节课内容，并导入领海无害通过权的背景材料

续表

教学要求	教学内容	教学手段与学生活动
发学生对新课程内容的兴趣，提升其学习积极性	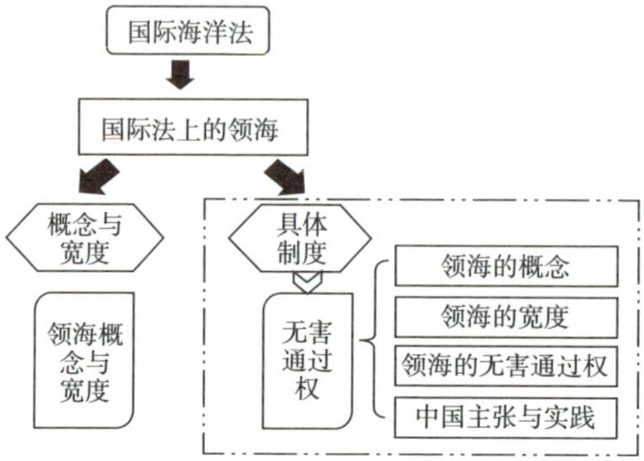 依据《联合国海洋法公约》，整个海洋被分为九大海域，依次是内水、领海、毗连区、专属经济区、大陆架、公海、国际海底区域、群岛水域和用于国际航行的海峡 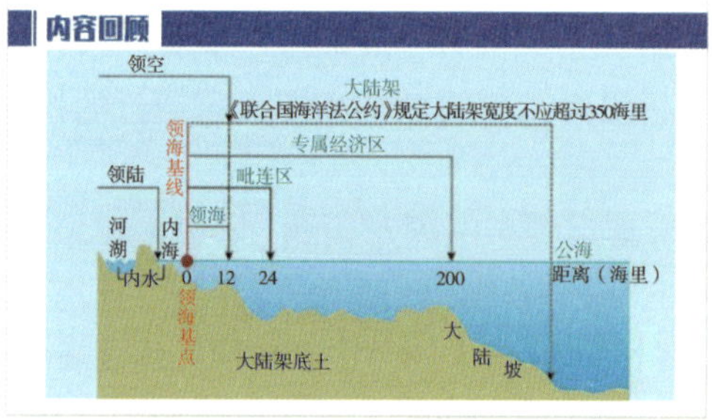	讲解，启发式提问，帮助学生回顾上节课内容，并导入领海无害通过权的背景材料
以视频导入新的讲课内容	2. 视频导入 2020 年 4 月，美军“马斯廷”号导弹驱逐舰擅自闯入中国西沙领海，中国人民解放军南部战区组织海空兵力全程对其跟踪监视、查证识别，并予以警告驱离。  对于此事件，美国认为其军舰行为是基于国际法中的“无害通过权”，那么在中国的西沙领海，美国船舶是否有航行权？美国的军舰是否有航行权？中美双方的法理分歧在什么地方呢？带着这些问题，我们一起来看一下相关的内容	视频播放，根据视频中的美国军舰擅自闯入中国领海引出本节课的内容

续表

<table>
<tr><th>教学要求</th><th>教学内容</th><th>教学手段与学生活动</th></tr>
<tr><td>以视频导入新的讲课内容</td><td>

</td><td>视频播放，根据视频中的美国军舰擅自闯入中国领海引出本节课的内容</td></tr>
<tr><td colspan="3">（二）主体知识体系的构建——无害通过制度</td></tr>
<tr><td>吸引学生对本部分所讲知识点的兴趣，同时引导学生关注无害通过权</td><td>
领海是国家领土的组成部分，沿海国对领海享有完全和排他的主权，但是大家回忆一下刚才的时事新闻，虽然西沙是中国的领海，美国却宣称拥有“无害通过”，这就是领海中的一个重要制度——无害通过制度，强调的是其他国家的船舶的通过权利。

引导学生回忆领海的定义，强调沿海国对于领海享有领海主权。同时，航行自由是公海自由中最为主要和基本的内容，包括商船和军舰在内的船舶都有权悬挂旗帜在公海上自由航行。但是，随着社会的发展，在领海和其他海域可以看见海洋自由理论的影子，尤其是公海航行自由在领海的延伸。两者的动态平衡产生了无害通过制度

</td><td>借助 PPT 讲解领海中的重要制度。

PPT 展示、内容讲解，启发式提问和课堂互动讨论</td></tr>
</table>

续表

<table>
<tr><th>教学要求</th><th>教学内容</th><th>教学手段与学生活动</th></tr>
<tr><td></td><td>1. 无害通过
“无害通过”是指外国船舶在不损害沿海国安全和良好秩序的前提下，迅速地和连续不停地通过沿海国的领海而无须事先通知或取得沿海国的许可的制度。
（1）权利的来源
无害通过权是领海主权与航行自由的平衡。最早起源于国际礼让，属于一项公认的国际习惯法规则，随后被国际条约所确认。

</td><td>PPT 展示和动画展示、内容讲解</td></tr>
<tr><td>从习惯法角度帮助学生理解无害通过权的权利来源</td><td>对于无害通过权，1958 年《领海及毗连区公约》第 14 条和 1982 年《联合国海洋法公约》第 17 条先后都给予了明确规定。
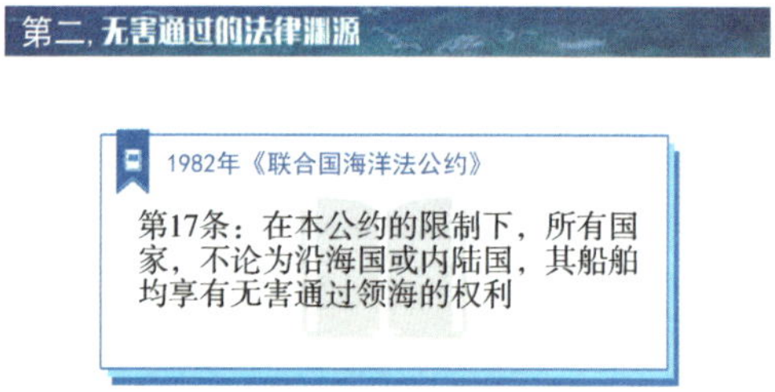
</td><td>PPT 展示、内容讲解</td></tr>
<tr><td>讲解“通过”的含义，帮助学生理解权利的准确内涵</td><td>（2）权利的内涵
“通过”：无须通知、无须取得许可、连续不停迅速通过（不可抗力、遇难、救助的除外）、潜水艇须上浮并展旗
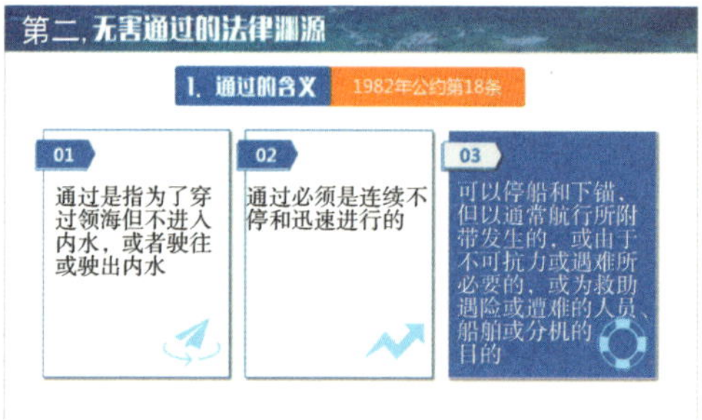
</td><td>PPT 动画展示、内容讲解</td></tr>
</table>

续表

<table>
<tr><th>教学要求</th><th>教学内容</th><th>教学手段与学生活动</th></tr>
<tr>
<td>讲解“无害”的含义，帮助学生理解权利的准确内涵</td>
<td>

·通过须是“继续不停”和“迅速前进”：①穿过领海但不进入内水；②从内水驶出或进入内水。

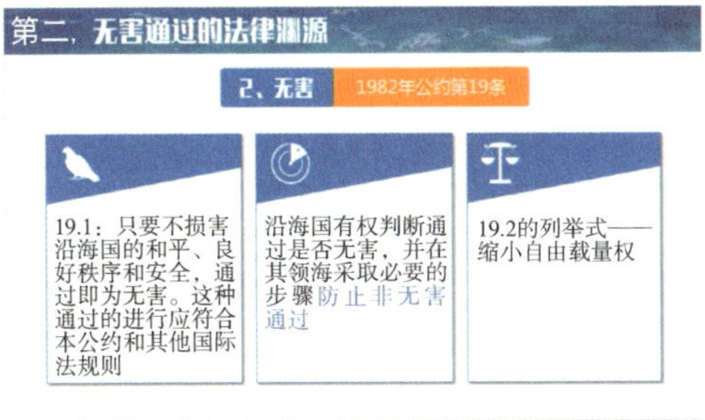

“无害”——外国船舶在通过领海时，不损害沿海国的和平、安全和良好秩序，并遵守沿海国制定的规章制度。

·注意：无害通过不适用领海上空的飞机飞越

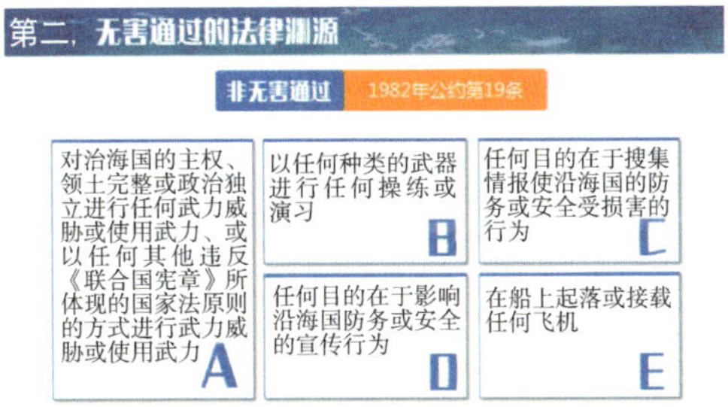

依据1982年《联合国海洋法公约》第19条，“有害”：任何武器操练、船上起降飞机、违反沿海国规定上下人员货币货物、故意严重污染、捕鱼、科研测量、其他与通过无关的行为。

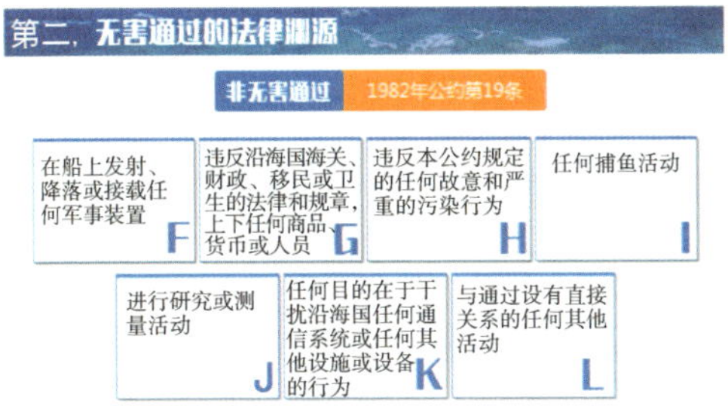

2. 沿海国的角色

根据权利义务统一性，非沿海国享有无害通过的权利，对于沿海国则意味着存在一种保障无害通行的义务

</td>
<td>PPT 和动画展示，互动式提问与学生的互动

讲解和多媒体展示

PPT 展示和动画展示，对无害通过权进行分析</td>
</tr>
</table>

续表

教学要求	教学内容	教学手段与学生活动
讲解“非无害”的含义，帮助学生理解权利的准确内涵	（1）沿海国的权利 沿海国有防止非无害通过的权利。 为防止外国船舶的非无害通过，《联合国海洋法公约》第 25 条第 1 款规定：“沿海国可在其领海内采取必要的步骤以防止非无害的通过。” 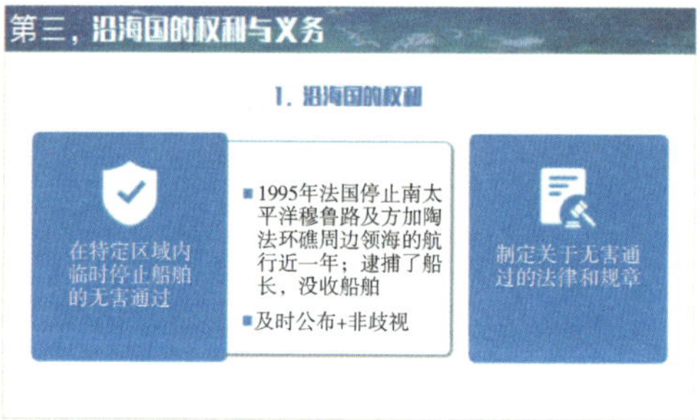 “必要的步骤”： · 暂时停止外国船舶的无害通过（第 25 条第 3 款）； · 就有关事项制定法律和规章（第 21 条）； · 指定或规定海道和分道通航制（第 22 条）； · 要求军舰立即离开领海（第 30 条）； · 在特定的情况下，行使刑事管辖权（第 27 条） 但是，《联合国海洋法公约》对沿海国行使暂时停止外国船舶无害通过权利也做出了一定的限制。 例如：《联合国海洋法公约》第 25 条第 3 款规定，沿海国行使这项权利，除“为保护国家安全（包括武器演习在内）而有必要”外，还应遵守下列三个条件。①停止只能是暂时的；②暂停只能在其领海特定区域内；③暂停在对外国船舶之间在形式上或事实上不加歧视。 对于上述“暂停”只有在正式公布后方发生效力。 同时，沿海国还可制定相关的法律和规章 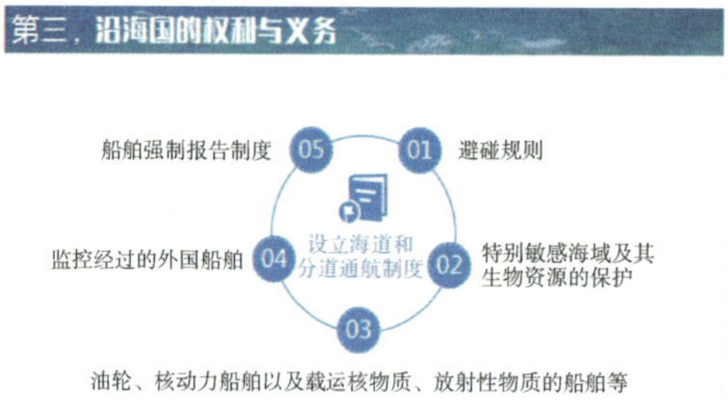 	PPT 展示和内容精讲 多媒体、动画展示，内容讲解

续表

教学要求	教学内容	教学手段与学生活动
理解并掌握沿海国的义务，帮助理解无害通过是对沿海国的一种“限制”。 理解并掌握沿海国的权利，帮助学生构建无害通过的完整知识体系	（2）沿海国的义务 依据《联合国海洋法公约》第 21 条和 24 条，沿海国不应妨碍外国船舶无害通过领海，不应对外国船舶强加其实际后果等于否定或损坏无害通过的要求，也不应对任何国家的船舶有形式上或事实上的歧视。沿海国还应将其所知的在其领海内对航行有危险的任何情况妥为公布。 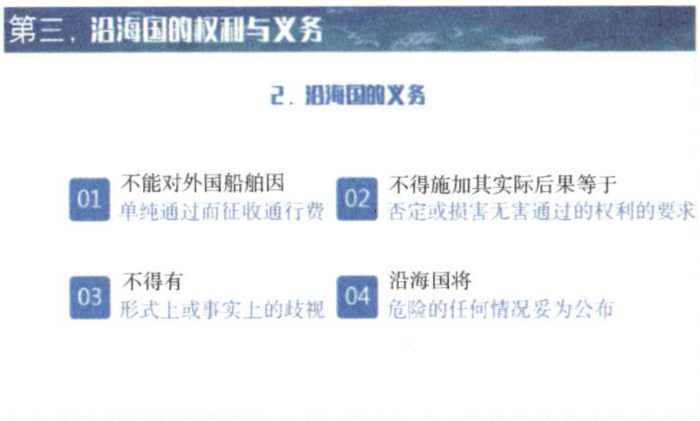 沿海国所负担公布相关资料的义务主要包括： ·沿海国应将其依据公约和其他国际法规则而制定的关于无害通过的法律和规章妥为公布。 ·沿海国应在海图上清楚地标出为外国船舶无害通过而指定的海道和为便利船舶通过而实施的分道通航制度。 ·沿海国应将所知晓的、在其领海内对航行有危险的任何情况妥为公布。 其中，最后一条涉及“科孚海峡案”中阿尔巴尼亚的义务。 【内容小结】 沿海国的义务为“三不一公”：不妨碍、不歧视、不收费、危险情况公布。 【案例分析】 1946 年 10 月 22 日，英国为试探阿尔巴尼亚的态度，派出一队由两艘巡洋舰和两艘驱逐舰组成的英国舰队又通过该海峡时，造成其中两艘驱逐舰触雷，死 40 人，伤 42 人的巨大损失  	PPT、动画展示，精讲内容 学生互动提问，PPT 和动画展示，精讲内容

续表

<table>
<tr><th>教学要求</th><th>教学内容</th><th>教学手段与学生活动</th></tr>
<tr>
<td>理解并掌握双方主张，借助案例讲解知识点。

对于法院判决，引导学生参与讨论，鼓励开放性思维</td>
<td>同年 11 月 13 日，英国海军未经阿尔巴尼亚同意，单方面强行到海峡属于阿尔巴尼亚领水去扫雷，发现有 22 颗水雷。但英国海军的行动遭到阿尔巴尼亚的强烈抗议。紧接着，英国政府将这一事件提交联合国安全理事会，控告阿尔巴尼亚在盟国海军当局已经进行过扫雷工作之后，又敷设水雷或允许第三国敷设了水雷，要求追究责任。1947 年 4 月 9 日安理会通过一项决议，建议有关国家应立即根据《国际法院规约》的规定将争端提交国际法院来解决。1947 年 5 月 22 日，英国单方面向国际法院起诉。法院于 1948 年到 1949 年对该案进行过三次判决，最后英国政府胜诉。
【程序事项】
英国以请求书向国际法院起诉后，阿尔巴尼亚向国际法院提出初步反对主张，反对国际法院对本案的管辖权。国际法院在 1948 年 3 月 25 日作出第一个判决，驳回阿尔巴尼亚的初步反对主张，国际法院认为阿尔巴尼亚给法院的信已表明愿意接受法院的管辖，尽管阿尔巴尼亚当时不是联合国会员国，根据默示接受管辖原则（Forum Prorogantum），法院有权行使管辖权。
接着，阿英双方签订特别协定，请求国际法院审理下面两个问题。
· 根据国际法，阿尔巴尼亚是否应对 1946 年 10 月 22 日在其领海内发生的水雷爆炸事件承担责任？是否应对该事件造成的损失和伤亡负责和承担赔偿责任?
· 根据国际法，英国皇家海军于 1946 年 10 月 22 日在阿尔巴尼亚领海内的行为和 1946 年 11 月 12~13 日的扫雷行为是否侵犯了阿尔巴尼亚的主权？是否有赔偿责任?

【法院判决】
经过审理，法院判决如下：
· 阿尔巴尼亚应对其领海上的水雷爆炸事件负责，应对事件造成的后果负赔偿责任。
· 英国军舰通过海峡，没有侵犯阿尔巴尼亚的主权，但英国军舰在 11 月 13 日的扫雷活动则构成侵犯阿尔巴尼亚主权的行为</td>
<td>PPT 和动画展示，学生互动提问

PPT 和动画展示，讲解双方主张

PPT 和动画展示，讲解法院判决</td>
</tr>
</table>

续表

<table>
<tr><th>教学要求</th><th>教学内容</th><th>教学手段与学生活动</th></tr>
<tr>
<td>借助领海主权和航行利益引导学生分析法院判决。

分析条约规定，引导学生思考解决方案</td>
<td>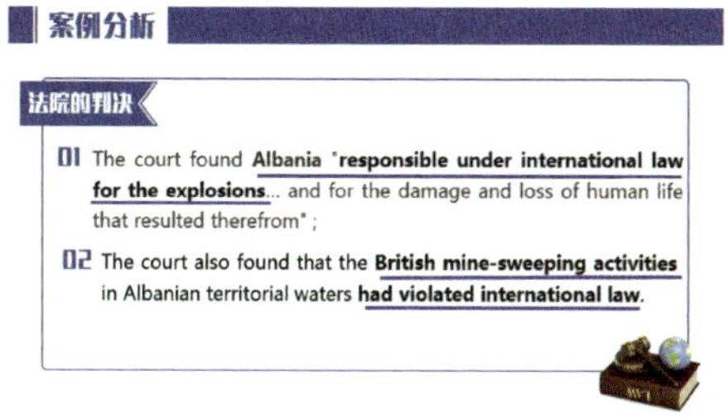

3. 通过的主体
（1）公约规定
《联合国海洋法公约》将船舶分为以下两大类。
· 商船和用于商业目的的政府船舶；
· 军舰（存在争议）和其他用于非商业目的的政府船舶。
由于 1958 年《领海及毗连区公约》和 1982 年《联合国海洋法公约》都未对军舰的无害通过权作出任何明确的规定，因此对无害通过的适用主体可以有以下三种不同的理解：①无害通过权条款中表述的“船舶”应包括军舰。②“船舶”的表述应该仅指商船。③认为两个公约没有就军舰的无害通过问题作出规定，准备资料也都表明就此问题未能达成协议，因此，该问题没有为协定法所规定。在这种情况下，应以习惯法为准。
争议的焦点：军舰是否适用无害通过制度

（2）具体实践
苏联曾经主张非沿海国军舰进入沿海国领海应提前获得批准，反对军舰的“无害通过权”。后来，随着苏联海军力量的逐渐强大，其立场有所转变。美国则一直坚持国际航行自由，认为军舰享有无害通过权。
1988 年 2 月 12 日，美军两艘舰艇闯入了黑海的苏联领海宣示所谓的航行自由。面对美军的巡洋舰“约克城”号和驱逐舰“卡隆”号，苏联海军派出了“无私”号护卫舰和SKR-6号警戒舰前去拦截。虽然苏联舰艇吨位数远远小于美军舰只，但是苏联船员背后就是整个苏联黑海舰队，于是一句“我舰奉命撞击你舰”后便冲向美舰，然后美军被迫撤离</td>
<td>PPT 和动画展示，讲解条约对军舰双方享有无害通过权规定的问题

PPT 和动画展示，讲解美苏两国从对抗到达成共识</td>
</tr>
</table>

续表

教学要求	教学内容	教学手段与学生活动
分析典型案例，引导学生理解国家立场背后的价值取向。 分析当前立场，帮助学生完善知识体系。 阐述中国立场	1989 年，美苏两国签署了《避免危险军事行动协议》和《领海无害通过协定》，规定两国海军无须事先通知或批准，就可以无害通过对方的领海。 虽然这两个条约仅对美苏两个缔约方有效，但其他一些国家在实践中也开始效仿，支持军舰的无害通过 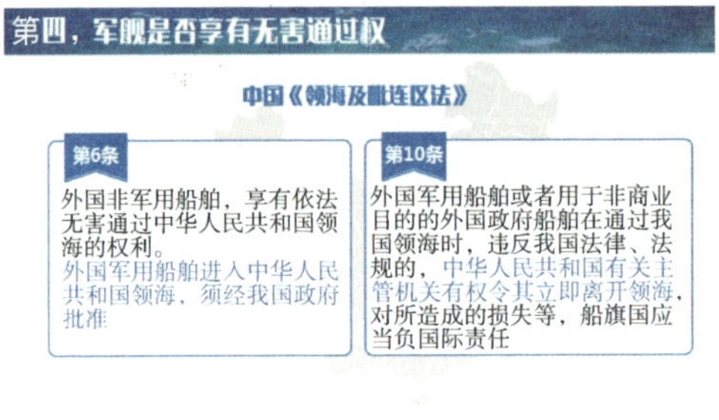 【中国立场】 中国《海上交通安全法》和《领海及毗连区法》对外国军用船舶通过领海规定了批准制度。后者第 6 条规定：“外国军用船舶进入中华人民共和国领海，须经中华人民共和国政府批准。”这一立场与 1996 年中国在批准《联合国海洋法公约》时所作的入下声明有所区别：该公约有关领海内无害通过的规定，不妨碍沿海国按其法律规章要求外国军舰通过领海必须事先得到该国许可或通知该国的权利。 【中国问题】 从上述我国领海法的规定可以看出，外国军用舰艇进入我国领海须经批准似乎是一项绝对条件。 但是，我国领海法没有相应的实施细则，导致现行的批准制度缺乏可操作性。 同时，对于船舶违反无害通过要求，沿海国享有刑事管辖权和民事管辖权。但对于军舰违反无害通过要求，是否有管辖权呢？需要注意的是，军舰享有除其船旗国以外的任何管辖的豁免权 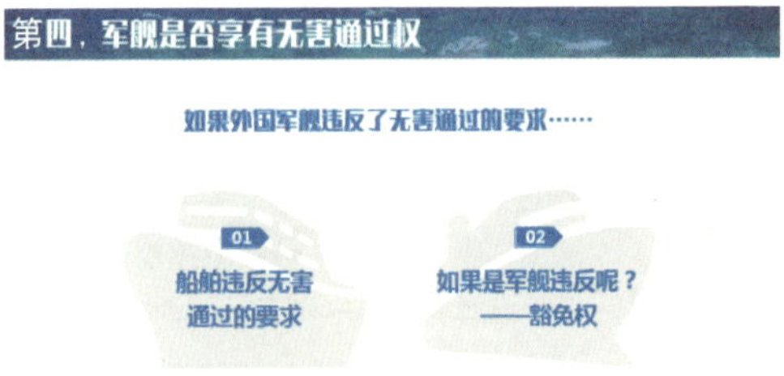	借助 PPT 和动画，讲解各方的立场和观点冲突 借助 PPT 和动画，讲解中国立场

续表

教学要求	教学内容	教学手段与学生活动
对比普通船舶，讲解军舰违反无害通过权的后果	军舰或其他非用于商业目的的政府船舶不遵守沿海国有关领海的法律和规章或者国际法规则而使沿海国遭受损失或损害，船旗国应负国际责任。  目前，全球对外国军舰行使领海无害通过权进行限制性立法的国家至少有 55 个，所以中国立场和观点具有一定代表性，因此军舰享有无害通过权并非已经成为习惯国际法。引导学生理解和掌握一个国家对于外国军舰领海无害通过采取什么立场，这是一个主权国家的内政，完全是基于该国自身利益的考量来决定，而国家利益又不是一成不变的，在不同历史时期有不同侧重。 当前，我国正在从海洋大国向海洋强国建设迈进。即使实现海洋强国目标，如何处理南海问题、钓鱼岛问题以及远海行动中的利益平衡，都是中国必须关注的重要问题	借助 PPT 和动画，对比军舰违反无害通过后的后果
（三）知识体系的总结与下节课预告		
巩固学习内容，构建知识框架体系，突出内容重点和难点	1. 总结本课程主要内容 回顾本节课的主要知识点，突出重点和难点问题 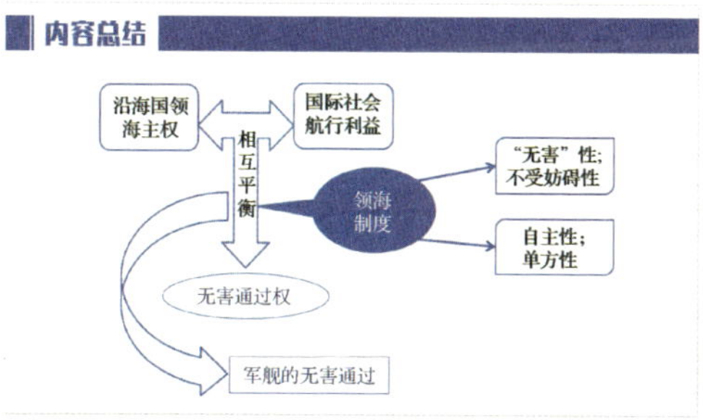	运用简明语言，穿插案例帮助学生快速了解和掌握本节知识，并启发学生下节课学习兴趣
引导学生预习下一节课内容	2. 课后作业与思考 · 基于“科孚海峡案”判决，若无害通过权利被沿海国非法剥夺，国家可否使用武力？ · 结合我国《领海及毗连区法》规定，鼓励和引导学生提出一些理论和实践方面的思考	提示学生预习下节课内容

续表

教学要求	教学内容	教学手段与学生活动
了解课后阅读资料，拓宽学生视野，促进学生全面发展	推荐阅读资料： [1]金永明.论领海无害通过制度[J].国际法研究，2016(2). [2]贾宇.中国在南海的历史性权利[J].中国法学，2015(3). [3]刘中民.领海制度形成与发展的国际关系分析[J].太平洋学报，2008(3). [4]杨瑛.科孚海峡案涉及的无害通过权的法律问题分析[J].理论月刊，2016(8). [5]李红云.也谈外国军舰在领海的无害通过权[J].中外法学，1998(4). [6] Agyebeng, William K. Theory in search of practice: the right of innocent passage in the Territorial Sea[J]. Cornell Int'l LJ 39(2006): 371	鼓励和帮助学生课后积极查阅文献资料，强化和巩固本节课所学知识

四、教学效果分析

领海无害通过是一个极为复杂的问题，尤其军舰是否享有无害通过权是很值得注意与探究的问题。自清末近代西方法学思想传入中国以来，中国国际法课程主要沿袭了西方主流国际法理论。当前，中国国际法实践不断丰富，新时代背景下“两个构建”的提出体现了中国的法治观和价值取向。教学内容具有多元价值交织、渗透的特点。

本课程从新时代中国特色社会主义发展的全局出发，探索在提高学生对领海无害通过法学知识水平的同时，培养学生的思想道德素养，引导其深度挖掘领海无害通过制度规则和制度体系背后的法律逻辑、人性考量、价值关怀和制度定位。引导学生理解和掌握一个国家对于外国军舰领海无害通过采取什么立场，这是一个主权国家的内政，完全是基于该国自身利益的考量来决定，而国家利益又不是一成不变的，在不同历史时期有不同侧重。通过将课程思政融入本课程，能够培养新时代大学生的政治认同、文化自信和制度自信，帮助大学生理解我国当前关于无害通过制度的立法与政策，从而自觉捍卫国家主权及国家利益。

民商事影视案例评析

陶盈　法学院

一、课程简介

法乃正义之学，法学专业教育本身就涵盖了对意识形态领域的塑造和引领。在法学课堂上引入妙趣横生的影视剧和鲜活生动的真实案例，能让专业课与思政课同频共振、相向而行。既增添法学课程的趣味性，又提升思政教育的亲和力，让学生自觉地亲近法律、践行正义，乐于接纳“法律知识传授”与“法律价值引领”，实现“德法兼修”。

法学院陶盈副教授开设的通识教育选修课程——民商事影视案例评析的教学，与其开设的在线慕课“戏”说民商法有机结合，搭建了线上线下、课内课外、理论实践相结合的学习平台。课程从银屏走向生活，从法律走向人性，通过寓教于乐地讲述法律故事，深度挖掘法治文明的精神与内涵，引导学生从 60 余部影视作品中的民商事法律现象出发，学习 10 余部民商事法律规范的基础理论，涵盖了民商法学科前沿课题、司法审判的热点难点和比较法上的经典判例。

该课程的慕课先后登录中国大学 MOOC 网、学银在线、超星泛雅、智慧树等平台，选课人数累计超过 10 000 人，在新冠肺炎疫情期间作为超星“示范教学包”协助 60 余位教师克隆建课。该在线课程除了在法学领域得到认可外，课程还受到高校思政课老师的广泛欢迎，进入了中国人民大学、首都师范大学等高校教师的思政课堂，成为思想道德修养与法律基础公共课的有益素材。该课程作为首都经济贸易大学专业课思政建设的典型案例被光明日报、学习强国报道，陶盈老师也应邀赴中国人民大学马克思主义学院参加思政课集体备课研讨会，与人大师生分享了法学课程思政建设实践的有益经验。

二、思政元素

元素 1：从 *LEGAL HIGH* 谈家务劳动补偿所折射的“公正”“平等”思想。

影片 *LEGAL HIGH* 以及综艺节目《奇葩说》中有关婚姻性质和夫妻地位的影视片段反映出在现实生活中，虽然很多女性对家庭的劳动付出更多，却由于经济上依附于男性，不但家庭地位较低，而且在离婚时的财产分割中也不占优势。由此，引导学生思考“离婚时女性如果提出家务劳动补偿请求是否受法律保护？”

“家务劳动补偿制度”在婚姻法中有相关的规定，但前提是“夫妻书面约定婚姻关系存续期间所得的财产归各自所有”，也就是说，仅在夫妻实行分别财产制的前提下，离婚时才可以提出家务劳动补偿。民法典作为婚姻家庭法律关系的基本准则，致力于实现夫妻间权利和义务的对等，规定了夫妻应当互相尊重、夫妻在家庭中地位平等等重要内容。根据“民法典·婚姻家庭编”第 188 条的最新规定，夫妻一方因抚育子女、照料老年人、协助另一方工作等负担较多义务的，离婚时有权向另一方请求补偿，另一方应当给予补偿。具体办法由双方协议；协议不成的，由人民法院判决。

平等原则是民法中最基础最本原的原则，是民法体系的价值基石，是指在民事活动中，民事主体的法律地位一律平等，所有具有民事主体资格的双方，在民事活动中的行为均应遵循这样的准则。社会主义核心价值观中的“平等”是社会主义的本质要求，在中国特色社会主义进程中具有特殊的价值意义。社会主义制度为实现平等奠定了制度基础，社会主义社会应当将平等作为自己的价值目标和价值追求。

元素 2：从《蜗居》看法律与道德的关系以及公序良俗的法律价值。

影片中，宋太太理直气壮地找上门羞辱郭海藻，并索要宋思明送给她的钱。宋太太为什么这么理直气壮地质问海藻呢？这是因为她作为宋思明的合法配偶享有配偶权，其夫妻共同财产受法律保护。但在现实生活中，夫妻一方擅自将婚内共同财产赠予婚外同居的第三者引发纠纷的案件屡见不鲜，这种赠予是否有效呢？对此，法律理论界和司法实务界是存在诸多争论的，有人主张“法律不问动机”，也就是说，动机违法或者违反公序良俗并不影响后续法律行为的效力。也有人主张这类赠予违背公序良俗，违反公平原则，因而是无效的，这种观点又可以进一步区分为“全部无效”和“部分无效”的观点。区别在于，全部无效说认为，夫妻一方作出违背他方意志的重大财产处分行为，是全部无效的；而部分无效说认为，应当区分夫妻在共同财产中的份额，他人所获赠财产中有一半为有权处分，因此只返回属于受害配偶的部分财产。

民法典第 8 条规定，民事主体从事民事活动，不得违反法律，不得违背公序良俗。在婚姻家庭法和继承法领域，遵循公序良俗这一社会规则体现着国家利益和社会公共利益，需要法律与道德共同予以保障。我国民法典将社会主义核心价值观融入法律法规中，强调对良好秩序与善良风俗的维护，鲜明地体现了时代特点，反映了时代风貌，丰富了公序良俗原则的时代内涵。

元素 3：从《留夏》《离婚律师》看矜老恤幼的家庭与社会“文明”建设。

影片《留夏》从孩童的视角真实记录了中国农村当下普遍存在的留守儿童和空巢老人现象，也涉及隔代抚养、亲权监护等法律问题。随着民法典的颁布，我国民法上的监护制度得到进一步完善。“民法典·民法总则”将民法通则规定的自愿担任监护人的“关系密切的其他亲属、朋友”修改为自愿担任监护人的“个人”，并增加了“愿意担任监护人的组织”，进一步扩大了监护人的范围。其原因在于，随着我国公益事业的发展，有监护意愿和能力的个人和社会组织不断增加，可以成为家庭监护的有益补充，也可以缓解国家监护的压力，避免无人担任监护人的情形。每一个孩子都值得被温柔以待，因为是他们让成年人的空虚有所寄放，为父母们开启了生命之窗。法律可以强制其父母履行法定义务，却无法为孩子们找回缺失的爱与呵护。保护未成年人合法权益，徒法不足以自行，要绝恶于未萌，起教于微眇，道德教化同样不可或缺。

影片《离婚律师》中的潘小刚在与其伯父签订遗赠扶养协议后，背信弃义不承担扶养义务，企图霸占其伯父的房产，此时，被扶养人能不能行使任意解除权呢？从剧情看，潘小刚认为，遗赠扶养协议是双方法律行为，是在双方自愿协商一致的基础上成立的，它的解除也必须经过协商一致，如果自己不同意解除，大伯是无权任意变更或解除协议的。遗赠扶养协议因其具有极强的人身属性，对当事人之间的身份关系产生重要影响，所以对遗赠扶养协议不宜直接适用合同法的规定。鉴于遗赠扶养协议的目的在于保障老年人能够安享晚年，扶养方承担对被扶养方生养死葬的义务，对“生养死葬”义务应当做扩大理解。因为法律的目的在于保护老年人的利益，如果老年人对扶养方的扶养并不满意，应当给予老人任意解除权，从而更好地保护老年人权益。百善孝为先，孝是人之为人的根本，也是中华民族的传统美德。诚信是人类的普遍道德要求，是文明社会道德和法律的根基。规范遗赠扶养协议的履行和解除，保护老年人权益是老龄化社会的重要课题。

元素 4：基于《搜索》中的网络暴力探讨“自由”与“法治”的边界。

电影讲述了外表光鲜靓丽的女主人公叶蓝秋在被确诊淋巴癌晚期后情绪低落，在公交车上失态霸座却意外被媒体曝光，从而引发了蝴蝶效应般的网络暴力。人肉搜索引发的网络倾泻和群体极化现象让人不寒而栗，仅仅因为隔着一个屏幕，眼见为实变得不再可靠，谦谦君子变得冷漠刻薄，猎奇心理怂恿人们更愿意相信流言蜚语，而隐身网络鼓舞人们更不惧对他人言语苛责，比起还原事实真相，在事件中宣泄个人情绪似乎更为重要，他人即地狱的可怕场景就此浮现。在大数据时代，个人信息不但包含精神性人格利益的内容，也包含财产性人格利益的内容。对个人信息的保护，应当兼顾社会效益和法律效应。信息主体对个人信息权的行使，受到信息自由、公共利益和国家安全等正当目的的合理限制，应当在促进社会资源的合理利用的同时，充分发挥法律的惩戒与预防功能。

元素 5：从《流星花园》的校园欺凌现象看创建“和谐、友善”的校园环境。

影片中的 F4，说白了就是由一批颜值爆棚的富二代集结而成的校园暴力小团伙，通过给看不惯的学生贴红纸条的方式进行示威，昭示此人自此在学校将永无宁日。打架斗殴，言语侮辱，恶作剧整蛊，歧视欺负穷学生，拉帮结派排斥异己，这些行为在今天看来绝对是赤裸裸的校园欺凌行为，而在当年，这种放肆的青春和另类的耍帅却受到了很多青少年的追捧和效仿。

欺凌行为具有多样性，从言语嘲笑、孤立冷落，到侮辱谩骂、人身攻击，再到施加暴力、勒索财物等，不仅可能侵害受害学生的健康权、身体权、人身自由权、名誉权以及性自主权等人格权利，也可能侵害其财产权利。造成的后果主要包括人身损害事实和精神损害事实，少数案件中也存在财产损害事实。在现实生活中，相当一部分的校园欺凌事件仅仅在教育机构内部进行处理，走上司法程序的事件只占很小的比例，再加上对未成年人的处罚相对较轻，导致校园欺凌行为无法得到有效遏制。对于施暴者而言，罚不当罪，对于帮助者而言，法不责众，弱者的无奈与法律的悲哀让人心寒。侵权法是解决校园欺凌问题的利剑，但如何让利剑出鞘，让法条激活，让每一个孩子都能沐浴公平正义的阳光，是法律人需要深思的课题。

元素 6：从《我不是药神》中的山寨文化看知识产权护航下的民族“富强”。

影片《我不是药神》中的印度仿制药被称为是德国正版“格列宁”的山寨药，由于侵犯了德国正版药的专利权而受到禁止。所谓的专利权，是知识产权的一种，指的是发明者就其技术发明所享有的专有权利。专利权的客体主要包括发明、实用新型和外观设计。影片中德国格列宁的研发者作为专利权人，对其专利药品的制造和销售享有法定的排他权，有权利限制别人对其专利的抄袭仿冒；而法律之所以要大力保护这种权利，目的就在于保护他人的智力成果，因为每一瓶药品高昂的价格背后是巨额的研发成本，只有尊重产权人的劳动付出，才能让他们有动力投身研发，促进科技进步、社会发展和民族富强。

《我不是药神》并无意抹黑专利权以及知识产权法律制度，但是专利权的排他使用的确与社会底层患者的现实需求产生了尖锐的矛盾，以至于诱发了专利保护和人命谁更大的质问。理性地说，要解决这一问题是不能对个体进行道德绑架的，无论是牺牲专利权人的合法权益，还是指望有更多的程勇出来扶贫济困、仗义疏财，都不是长远之计，政府主导的社会保障体系和保险制度应当在其中发挥更多的作用。换句话说，法律惩治制假售假的药贩子是没错的，保护付出心血的发明人是正当的，但社会福祉的全面覆盖和精准救济之举才是此时此刻最该“挺身而出”的。知识产权作为一种无形财产权正在受到全世界的重视，中国也在短时间内建立起了较为完善的知识产权法律体系，彰显了知识产权保护的决心。尊重原创杜绝抄袭的理念应当植入每一个人的心中，从每篇论文、每部作品、每个产品、每个人开始，这是法制进步的标志，也是文明发展的动力。

元素 7：从《大宅门》《乔家大院》中的经商之道看“诚信”的价值。

电视剧《乔家大院》是以山西乔家大院为背景，以历史上有名的晋商乔致庸的传奇经历为主线的古装商战剧。影片中有这样一个故事，乔致庸发现包头“复字号”下属店铺“通顺店”油坊的伙计在胡麻油中掺假出售，便立刻向买到掺假胡麻油的顾客赔礼道歉，决定将这批胡麻油以每斤一文的价钱卖给人做灯油；凡是到通顺店买过胡麻油的客人，都可以到店里全额退银子；除此之外，还可以低价买到不掺假的胡麻油。乔致庸通过自曝其短、让利于客赢得了顾客的信任，也挽回了乔家老字号的声誉，体现了晋商秉持的以义待人、信义为先、利取正途的经商之道。

虽然古语云“无奸不商”，但以晋商和徽商为代表的中国历史上最成功的地方商团，无一不是以诚信作为立业之本。“以义制利，义利并举”的义利思想为晋商所推崇，而秉持“讲道义，重诚信，财自道生，利缘义取”的徽商也有着同样的商业价值观。诚实守信不但是重要的商事习惯，同样也是民商法领域的帝王规则，被明确地写入民法典。作为合同法的基本原则，其不仅确立了合同主体的行为规范，而且是判定合同效力、确定违约责任与缔约过失责任的重要基础。

元素 8：从《人民的名义》谈职业伦理道德与“敬业”精神的重要性。

2017 年一部当代反腐题材的电视剧《人民的名义》引发收视热潮，影片聚焦官场打虎、国企改革、金融反腐等热点话题，剧情从官场上的权术之争，延伸到商战中的权钱交易，剑指中国式腐败的制度根源，不但是一部难得的当代“官场现形记”，也是一部精良的商海浮沉备忘书。影片中的一起腐败案件，是汉东油气集团总经理刘新建，充当赵瑞龙旗下公司的长期利益输送者，与赵瑞龙合谋侵吞挪用国有资产 7 亿元。

影片中，国企老总刘新建以股权投资款的名义，批了 6 亿元给赵瑞龙的龙吟公司，用以投资上市公司 ST 电卡股份进行资产重组，但结果是油气集团的账上却没一股电卡的股份。对此，刘新建的解释是因为赵瑞龙的龙吟公司增发以后有钱了，不让他们参加投资了，电卡股票从 2 元涨到 80 多元，龙吟公司白赚了 9 亿多元。刘新建当然知道 ST 重组成功后股价翻倍的案例非常常见，他这种拿国有资产做亏本买卖的行为显然是在进行利益输送。肮脏的政治腐败就这样披上了合法交易的外衣。刘新建的行为不但有违职业伦理道德，而且触犯了刑法。从民法角度来看，国企老总刘新建所在的汉东油气集团与赵瑞龙的公司恶意串通，侵吞国有资产，主要是通过汉东油气集团给赵瑞龙的公司进行股权投资进行的，但是这种股权投资协议在法律上应当认定为无效协议，因为这种投资是明显以合法形式掩盖非法目的，恶意串通损害国家利益的行为。

元素 9：从《永不妥协》看人与自然“和谐”相处的可持续发展观。

影片中所讲述的故事是 1993 年美国加州发生的一起真实的铬污染事件。在律师事务所打工的单身母亲埃琳，偶然在一堆文件中发现了一些可疑的医药单据，怀疑当地社区隐藏着重大的环境污染事件，而可怕的是居民们尚未察觉。埃琳经过多方调查，了解到是一家电力公司冷却塔所用做防锈处理的废水中含有六价铬，而废水处理池池底没有进行防漏处理，废水通过池底渗入地下水，严重侵害了当地居民的健康。埃琳还掌握了电力公司总公司知道分公司违法排污的证据。通过挨家挨户地走访，埃琳用自己的行动赢得了全体居民的信任，得到了 600 多人的签名支持，打赢了这场水污染的官司，并为居民们获得了 3.33 亿美元的赔偿，创造了美国历史上同类民事案件的赔偿金额之最，用无比坚韧和永不妥协的精神证明了一个弱女子爆发出的强大力量。

对环境侵权的放纵是对子孙后代的辜负，是为人父母的失信和不作为。绿水青山就是金山银山，是用来传承的，是不能消逝在哪一代人手中的。环保法不是不长牙的老虎，侵权法不是吓唬人的儿戏，写满权利的民法典覆盖每一寸国土。拿起法律的武器守卫家园，是我们这代人义不容辞的责任。

元素 10：从《中国合伙人》看规则意识、民主决策和程序正义的重要性。

电影《中国合伙人》是以“新东方”俞敏洪等人的创业历程为背景拍摄的，创业路上三个好友同心协力、克服万难的故事非常励志，可是等到公司经营颇有起色后，围绕公司的发展方向，创始人团队出现了分歧，以至于影片中王阳在婚礼上苦笑着说“千万不要和最好的兄弟合伙开公司”。

影片中有一幕是成冬青要增发新股，于是召集员工召开股东会议，会上孟晓骏公然与成冬青叫板，成冬青为保证自己的权威，公开强调我才是公司最大的领导者，但没想到也遭到了孟晓骏的反驳。看到这里，中国合伙人不能合伙的原因已经很明显，那就是团队之间往往缺乏明确的合作规则和控制权归属，谁都想说了算又谁都说了不算，一遇到分歧最终只能不欢而散。影视剧中的商战情节每天都在现实中发生着，无比生动地告诉了我们公司运作的精髓在于分权制衡，而这也是公司法的基本原则。运用好公司法的知识，有利于我们规避公司运营中的法律风险，并在法律允许的范围内最大限度地合理追求利益的最大化。

三、教案设计

（一）教学目标

课程引导学生从影视作品中的民商事法律现象出发，分析其中的民商法基本理论、基本原则、基本制度及具体适用规则，将通过课堂讨论、案例分析、调查研究、阅读文献资料等多种方式，训练处理法律问题的思维方法，培养法律逻辑思维能力，提高解决法律纠纷的能力，调动学生自主学习法律的积极性，树立法制观念和权利意识，提高法学素养和实践能力。

（二）教学内容

在教学内容层面上，民商事影视案例评析课程采用课下观看影片，课上播放片段，教师教授基本法律知识，学生分析影片中的法律问题的方式开展。讲授的内容主要包括民法中的婚姻、继承、监护、收养等制度，商法中的公司、证券、保险等制度的概念、构成要件、抗辩事由、法律责任等。选讲的内容有：国内外民商事法律的历史发展、经典案例、社会影响等。对重点、难点内容采取边讲边议、学生发言等方式，通过深入浅出的讲述，帮助学生牢固掌握基础知识，培养自主学习法律的兴趣和能力。

在教学方法和手段层面上，本课程的讲授时间为一学期，课程将全面围绕经典的民商事影视作品开展，影视观看基本作为课下作业，在每堂课讲授之前，要求学生观看相关影片和影评，课上系统分析影视作品中的法律问题，采取理论讲授与案例分析相结合的方式，以电影中的片段和现实中的案例阐释民商法的内容、原则、地位及作用等基本理论问题。要求学生必须能够提前预习，上课携带相关法律法规，完成老师指定的课后讨论任务。本课程授课过程中，将不定期组织学生在课上发表意见，引导学生自主查阅相关法律知识解决现实中的法律问题，使学生对所学知识有更为深入的理解，并能够学以致用地解决实际问题。

在考核方式层面上，本课程采取平时成绩与期末考试结合的方式进行考核。平时成绩一方面来自出勤率和课上发言情况，另一方面通过案例讨论、小作业的形式进行考察，占总成绩的30%；期末采取闭卷考试方式，占总成绩的70%。

在学习要求层面上，每学习完一次课程，都要求学生在课后对案例或影视作品进行分析讨论，教师适时进行总结。每一章讲授之前，要求学生对影视作品和案例进行预习，并阅读相关影视及案例的法律相关评论，课上发表个人看法。

具体线上课程授课大纲如下。

第一章　婚姻法——婚姻的法律性质与条件

第 1 节　从整容骗婚案看婚姻的概念与性质

第 2 节　从三段禁忌之恋看婚姻的禁止条件

第 3 节　从四桩无奈婚事看婚姻的必备条件

第二章　婚姻法——夫妻财产法律制度

第 1 节　离婚时分割夫妻共同财产的法律规则

第 2 节　婚内擅自赠予第三者财产的法律效力

第 3 节　婚前婚后父母为子女买房的法律效力

第 4 节　从婚前财产公证看婚内个人特有财产

第 5 节　夫妻婚前协议的效力和约定财产制度

第 6 节　夫妻忠诚协议的效力和离婚损害赔偿

第三章　收养与监护法

第 1 节　从打拐电影看收养和寄养制度的法律条件

第 2 节　从留守儿童现象看未成年人的监护与抚养

第 3 节　老龄化社会成年意定监护制度的现实作用

第四章　继承法

第 1 节　法定继承的规则与代位继承和转继承制度

第 2 节　遗嘱继承中公证遗嘱、代书遗嘱的常见问题

第 3 节　自书遗嘱中形式瑕疵和内容冲突的效力认定

第 4 节　遗赠扶养协议的效力和以房养老的法律风险

第 5 节　财富传承中的遗嘱信托制度与家族信托制度

第 6 节　民法典关于代位继承的新规定

第五章　人格权法

第 1 节　安乐死合法化之争的人格权法解读

第 2 节　人格商业利用权的合理使用与规制

第 3 节　从人肉搜索看个人信息的权利边界

第 4 节　死者以及胎儿民事权益的合法保护

第 5 节　智能机器人的人格权主体地位之争

第六章　侵权责任法

第 1 节　医疗技术以及医疗产品的侵权责任

第 2 节　从手术风险告知书看医疗伦理责任

第 3 节　环境侵权中的法律责任与社会责任

第 4 节　校园欺凌行为侵权责任与法律防范
第 5 节　从山寨现象看知识产权的法律保护
第 6 节　民法典关于高空抛物坠物侵权责任的新规定
第七章 合同法
第 1 节　合同的重要性与合同法对契约精神的养成
第 2 节　违背法律和善良风俗缔结合同的法律效力
第 3 节　店大欺客与乘人之危订立合同的法律效力
第 4 节　效力待定的合同与酒后缔约的法律效力
第 5 节　天使还是魔鬼：对赌协议中的法律问题
第 6 节　合同订立与成立
第八章　公司法
第 1 节　商人的法律特征与民间借贷的法律规制
第 2 节　现代公司制度的法治理念与股东的权利
第 3 节　从公司法看公司治理的三权制衡思想
第 4 节　清算负资产、和解失衡债、重整再出发：破产法的美丽新世界
第 5 节　有限责任公司股权转让

（三）思政引入

课程紧紧围绕民生话题，回应现实关切，展望法治进展，引领学生思考婚姻家庭如何解读，夫妻财产如何维护，婚前协议有何益处，遗产遗嘱如何托付，子女老人如何监护，精神损害如何弥补，医患矛盾如何修复，校园欺凌如何惩处，消费维权如何申诉，合同章程如何签署，公司治理如何巩固，股东权利如何角逐等。

例如，从《亲爱的》中的法律人形象和收养寄养制度，看法理人情的激烈交锋与法律制度的现实缺憾。从《蜗居》中的第三者现象与配偶权的保护谈社会主义核心价值观和伦理道德观。从《搜索》中的人肉搜索事件与网络审判现象，思考保护个人信息以及防范群体极化和网络倾泻现象的法律对策。从《我的机器人女友》中的爱情故事，谈民法典立法中机器人的法律人格之争，思考法律革新对技术创新的保障。从《心术》中的医患矛盾和医闹事件，探讨公平保护医患双方利益，化解社会戾气的法律方法。从《我不是药神》中专利权保护与患者生命权的冲突，引导学生思索天理国法人情该如何兼顾。从《人民的名义》中权钱交易腐败案件背后的恶意串通的合同效力，开展廉政教育，劝诫学生守底线走正道。从《乔家大院》中以义待人、信义为先、利取正途的晋商义利观，谈恪守传统文化中的美德与合同法上诚信原则的重要性。

课程思政教学设计案例演示（表 1）

表 1　民商事影视案例评析“医疗伦理损害责任类型”教学单元课程思政内容与教学环节设计

<table>
<tr><th colspan="3">以讲授医疗伦理损害责任的类型为例</th></tr>
<tr><th>教学目的</th><th>教学内容与设计</th><th>教学方式</th></tr>
<tr><td colspan="3">开篇：话题引出</td></tr>
<tr><td>引言：结合时政新闻，引入学习内容</td><td>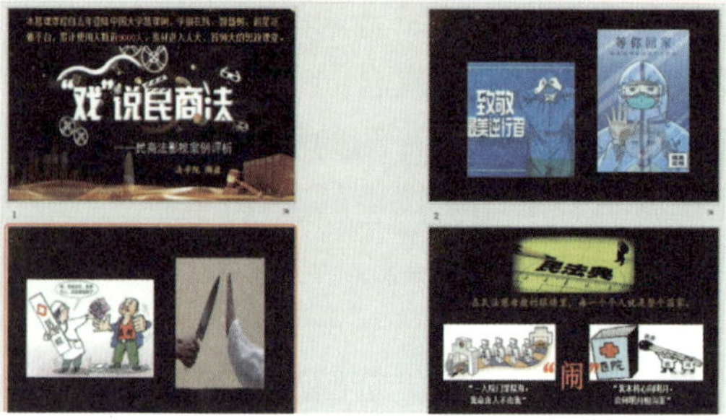

2020年的春天格外地春寒料峭，一场名为“新冠肺炎”的疫情，让每个人紧闭家门。唯一让我们时常感受到温暖的，大概就是那些被誉为“最美逆行者”的医务工作人员的背影，他们让我们又有了信心去逾越寒冬，静待花开。
然而，即便是在整个社会最依赖白衣天使的危急时刻，暴力伤医事件、医闹事件仍然不绝于耳，剑拔弩张、轰轰烈烈的中国式医患矛盾，已经成为一种新型的社会矛盾。
一边是感慨“一入院门深似海，我命由人不由我”的患者，一边是抱怨“我本将心向明月，奈何明月照沟渠”的医生。“闹”似乎成了患者遭遇医疗纠纷时的救命稻草，成了快速解决医疗纠纷的有效手段。
“民有所求，法有所应”。就在今天，新中国第一部民法典横空出世，这部法典被誉为社会生活的百科全书。孟德斯鸠说，在民法慈母般的眼睛里，每一个个人就是整个国家。那么，民法典又是如何回应这一社会矛盾的呢?
讨论的话题如下。
· 医患纠纷中的法律问题。
· 民法典的最新规定。
· 医患双方的平等保护。
· 医疗侵权行为的类型与法律规定 </td><td>激发学生学习兴趣
点燃课堂讨论热情</td></tr>
<tr><td colspan="3">（一）影视剧中的医患矛盾问题</td></tr>
<tr><td>案例提出：从影视剧中的医疗纠纷分析医患矛盾的主要特点和关于术前“签字”的话题</td><td>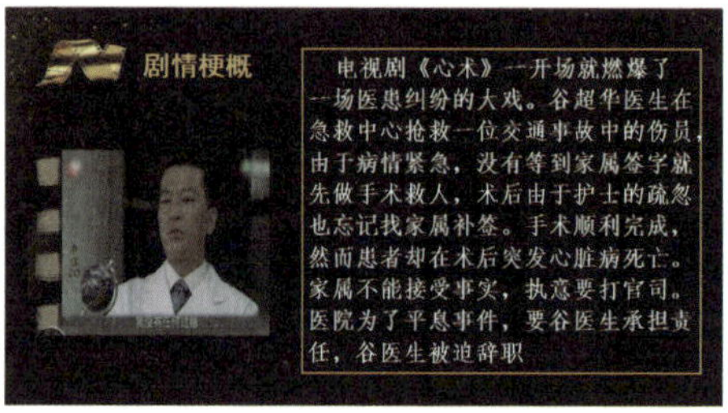
</td><td>播放视频提出问题
教师主导案例分析</td></tr>
</table>

续表

以讲授医疗伦理损害责任的类型为例		
教学目的	教学内容与设计	教学方式
案例提出： 从影视剧中的医疗纠纷分析医患矛盾的主要特点和关于术前“签字”的话题	播放视频《心术》（2分半） 看过这部剧的同学们都难免为谷医生抱不平，本来是个医术好、品德佳的有为青年，一夜之间遭此无妄之灾，不幸成为医疗纠纷的牺牲品，真是冤屈到了极点。 令谷医生断送大好前程的这个“签字”就这么重要吗? 主任说真要打官司也十打九输，是真的吗? 医者仁心，难道法律缺乏仁心吗?	播放视频提出问题 教师主导案例分析
（二）医疗伦理侵权的概念类型		
概念阐述： 介绍医疗伦理损害的概念与类型	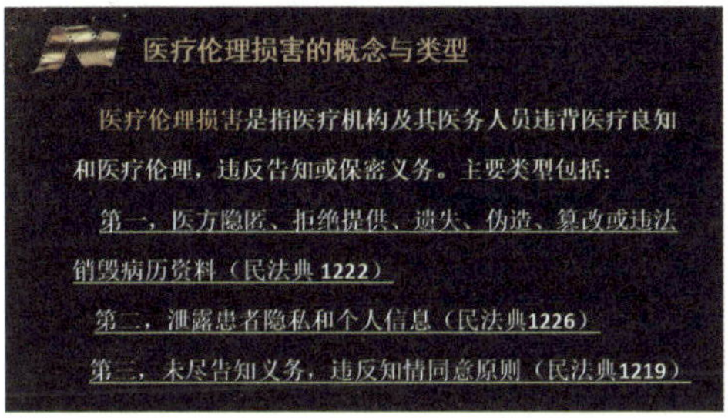 医疗伦理损害是指医疗机构及其医务人员违背医疗良知和医疗伦理，违反告知或保密义务。主要包括三种情形，我们分别来看： 第一种情形是医方隐匿、伪造、篡改、销毁病历。 在影片中，在产生医疗纠纷之后，由于患者的家属是律师，当场就提出了要封存病历，并准备提起医疗侵权诉讼	引导学生归纳概念 结合影片明确分类
	 在医疗侵权诉讼中，门诊病历、住院志、医嘱单、医学影像资料、特殊检查同意书、手术同意书、手术及麻醉记录单等病历材料是至关重要的证据，影响着法官对于医方有无过错以及过错程度的判断，并可以证明过错与损害之间是否存在因果关系。因此，在医疗事故发生之后，为保留证据，患者一定要及时去医院复印封存病历。而医院一方也应当妥善保管病历，以自证清白	结合生活实景 讲解病历作用

续表

<table>
<tr><th colspan="3">以讲授医疗伦理损害责任的类型为例</th></tr>
<tr><th>教学目的</th><th>教学内容与设计</th><th>教学方式</th></tr>
<tr><td>结合案例
讨论分析</td><td>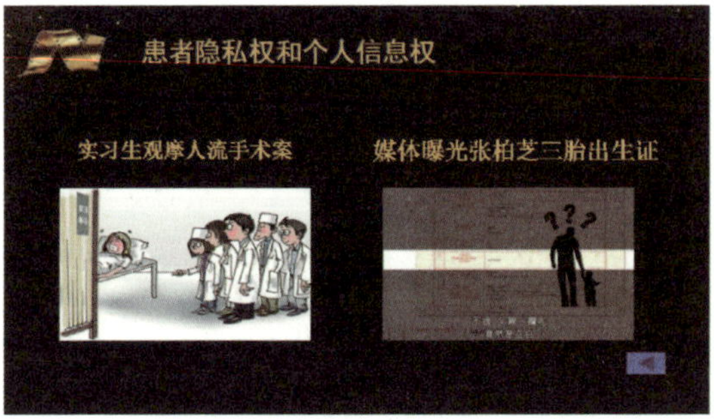

第二种情形是侵犯患者隐私权或个人信息权，违反保密义务。
何为隐私呢？这个案例中未经患者同意，医院安排实习生观摩人流手术，给患者造成极大的精神痛苦，构成侵犯隐私权。
在民法典中获得保护的除了隐私还有患者的个人信息。前一阵子，有媒体曝光张柏芝产下三胎，并曝光了孩子的出生证明。此类出生证明就属于个人信息权的权利客体。
医院对于患者的病历资料和就诊信息等是负有保密义务的。如果泄露了患者的隐私或个人信息，对患者造成严重精神损害的，应当承担赔偿责任</td><td>结合热点案例
归纳总结知识</td></tr>
<tr><td>教师讲解
知识重点</td><td>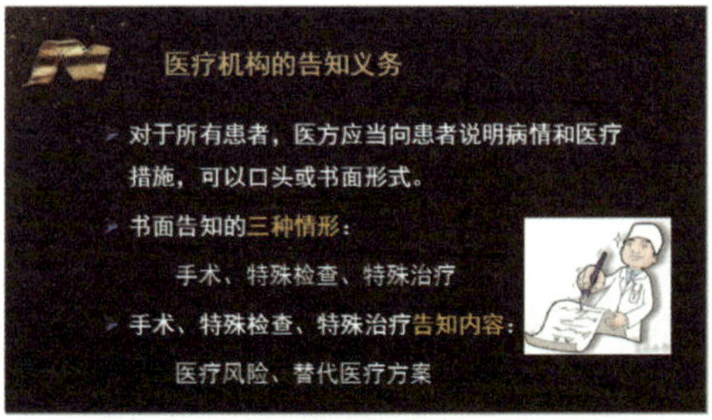

第三种情形是违反知情同意原则，未履行告知义务。
《心术》中的谷医生未经家属签字同意就实施手术，却因违规受到处分。不要小瞧这个家属签字，在现实生活中，没有病人或其家属签署知情同意书就擅自手术，会被认定医生没有履行告知义务，侵害了患者的知情同意权。
法律规定的医方对患者承担的告知义务，主要包括两大内容：
第一，对于所有患者，医方均应当向患者说明病情和医疗措施，可以口头形式或者书面形式。
第二，对于三种特殊情形，即手术、特殊检查、特殊治疗，医方应当向患者书面告知医疗风险、替代医疗方案。像本案中这样的手术行为，就属于应当书面告知的情形，而家属签字，可以证明医生已经尽到了告知义务</td><td>知识重点：
结合视频案例讲解法定的告知义务及其主要内容</td></tr>
</table>

续表

以讲授医疗伦理损害责任的类型为例		
教学目的	教学内容与设计	教学方式
（三）医疗伦理侵权的归责原则		
教师讲解 复习知识	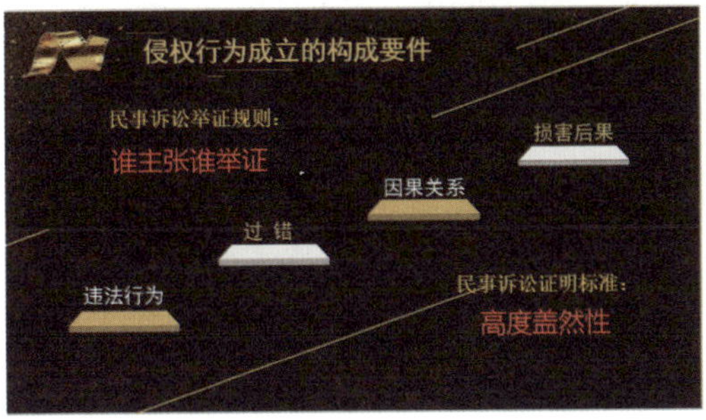 为什么医院需要用签字来证明自己尽到了告知义务呢？这就得说起医疗伦理侵权的构成要件和归责原则问题。 我们都知道一般侵权责任的构成要件是四个，即违法行为、过错、因果关系和损害后果。 而民事诉讼的举证规则一般是“谁主张谁举证”。原告请求被告承担侵权责任，就要举证证明存在上述四个要件，且达到高度盖然性的证明标准，否则就要承担举证不能的不利后果	上节课内容回顾： 侵权行为构成要件
教师讲解 知识难点	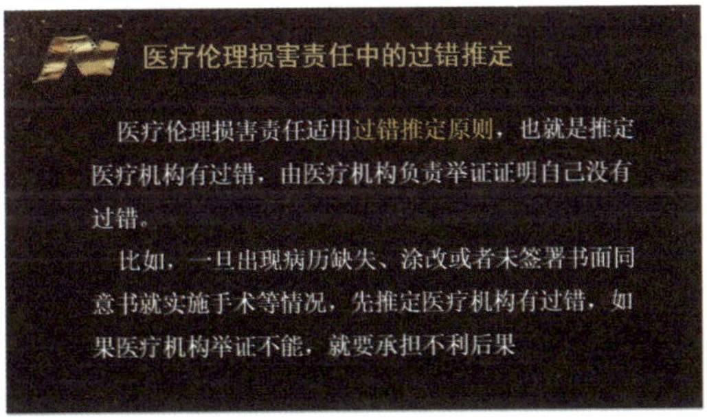 医疗伦理损害责任适用过错推定原则，也就是推定医疗机构有过错，由医疗机构负责举证证明自己没有过错。比如，一旦出现病历缺失、涂改等情况，医院就要承担举证不能的不利后果，被推定为有过错	讲解难点： 特殊侵权行为的归责原则
（四）医疗伦理侵权的抗辩事由		
教师讲解 知识重点	不过，法律也不是不讲情理的，一方面加重了医院的证明责任，另一方面也规定了医疗机构的抗辩事由。	本节重点： 医疗机构抗辩事由

续表

<table>
<tr><th colspan="3">以讲授医疗伦理损害责任的类型为例</th></tr>
<tr><th>教学目的</th><th>教学内容与设计</th><th>教学方式</th></tr>
<tr><td>教师讲解
知识重点</td><td>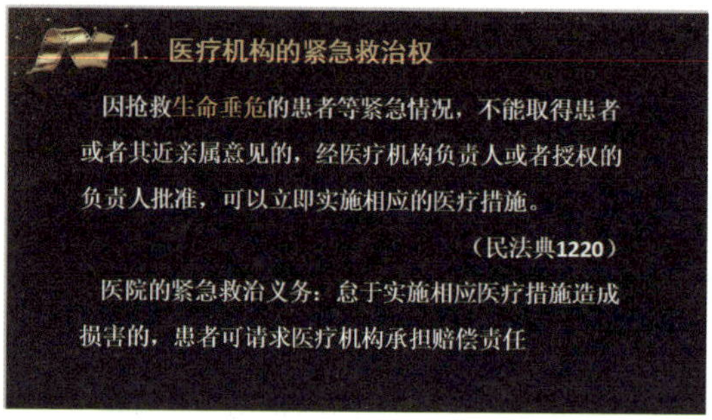

所谓“紧急时无程序”，因抢救生命垂危的患者等紧急情况，不能取得患者或者其近亲属意见的，经医疗机构负责人或者授权的负责人批准，是可以立即实施相应的医疗措施的。
事实上，紧急救治权既是权利又是义务，如果怠于实施相应医疗措施造成损害，患者也可以请求医疗机构承担赔偿责任。自 2010 年侵权责任法实施以来，谷医生的做法不但不应当受罚，反而是值得鼓励的，医生再不必担心因实施紧急救治而承担侵权责任</td><td>本节重点：
医疗机构抗辩事由</td></tr>
<tr><td>师生互动
案例研习</td><td>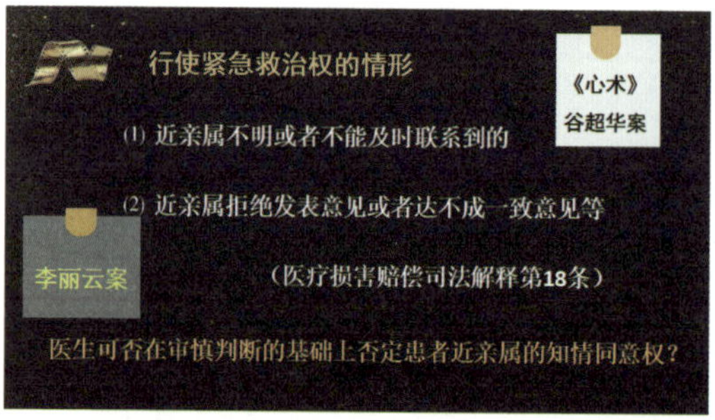

同时，医疗损害赔偿司法解释第 18 条进一步明确：现实紧急救治权的情形包括近亲属不明或者不能及时联系到的，比如谷超华医生遇到的情形；以及近亲属拒绝发表意见或者达不成一致意见等情形。
在此，我们不得不提到一起敦促立法写入紧急救治权的真实案例——李丽云案</td><td>以“谷超华案”和“李丽云案”看紧急救治的法定情形</td></tr>
<tr><td>教师主导
组织讨论</td><td>紧急救治权强调非紧急情况，医院不能擅自决定救治病人。
所谓“不能取得患者或者其近亲属意见的”，是指患者不能表达意志，也无近亲属陪伴，又联系不到近亲属的情况，理论上不包括患者或者其近亲属明确表示拒绝采取医疗措施的情况。
北京朝阳发生的李丽君案中，产妇丈夫肖志军不同意实施剖腹产手术，明确签署意见“不同意手术”。此时医生可否在审慎判断的基础上否定患者家属的知情同意权呢？</td><td>引导学生发表意见
组织讨论案例研习</td></tr>
</table>

续表

以讲授医疗伦理损害责任的类型为例		
教学目的	教学内容与设计	教学方式
视频案例 发起讨论	 医疗侵权责任的界定不应当忽视法律对科技与风险的规制问题。 比如在治疗新冠肺炎过程中适用新药造成患者损害的，这个问题本质上是科技与风险的法律规制问题。由于全社会对于新型冠状病毒的认识都不充分，尚无最佳药物和治疗方案，应当允许适度的药品发展风险抗辩，也不应当对医疗机构和医生进行过分苛责，避免医生人人自危，进行保守治疗，否则受害的还是广大患者和医疗事业的发展。既要鼓励药企和研究机构的快速研发，尊重医疗机构的自主用药的权利，又要考虑用药安全，防范药害事件发生。 在影视剧 *Legal High* 中就有这样一起案例。 播放视频 2 分钟。 古美门对于医药产品发展风险的认识是深刻的，其充满激情的精彩辩护值得我们深思。对于医患双方的利益保护，放大来看，就是依法保障患者的合法权益与保障医药卫生事业发展之间的平衡	播放影视视频 引发深度思考
（五）启示与思考		
学生讨论 教师总结	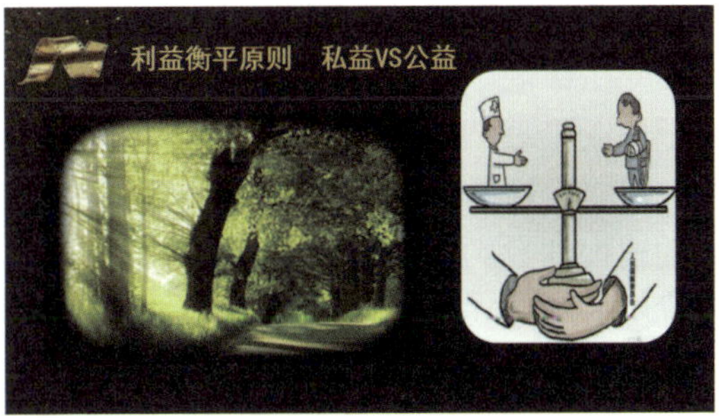	升华授课内容 总结点评启发

续表

以讲授医疗伦理损害责任的类型为例		
教学目的	教学内容与设计	教学方式
学生讨论 教师总结	对此，我们应当坚持利益衡平原则，兼顾私益与公益的保护。 一方面，有损害必有救济，医疗纠纷中受损害的患者也不例外。另一方面，维护良好的医疗秩序，为医务人员营造安全的执业环境，促进医疗科学技术的发展，其最终受益的也是广大人民群众。阳光越强烈，树影越浓重。过度适用过错推定原则，过分倾向保护受到损害的患者，有可能引发医生出于自保，对其他患者实施过度医疗，增加广大患者的就医成本，也阻碍医学创新和科学技术的进步。对公益与私益的保护就像一枚硬币的两面，困扰着立法者，也成为法律革新的深层动力。 民法典对医疗侵权责任的规定，充分体现了社会主义核心价值观。 一部新时代、新风尚的现代法典，是彰显人文关怀，体现公平正义的善法。 一例有温度、有力量的司法裁判，是体现公平正义，将情理法有机融合的良治。 弘扬诚信相待、友善共处、守望相助的社会主义核心价值观，才能真正打开医患心结，根治医患矛盾。 这让我们坚信：没有一个冬天不可逾越，没有一个春天不会来临	升华授课内容 总结点评启发

（四）教学手段与方法

民商事影视案例评析作为一门法律影视主题的通识教育选修课，致力于让法言法语通俗易懂，让法理法条能接地气，以学生熟知的影视剧情节引出专业知识讲解，连通理性、感性和娱乐性，拉近师生距离，融入共情体验，带动共享共鸣。

教师通过运用体验式教学方法，增加理论课堂的情景体验和环境带入，有效地激发了学生学习法律的积极性，加深了其对中国特色社会主义法治体系的切身感受。让法科学生在面对法律规则时，知可为亦知不可为，知其然亦知其所以然；严守法律底线，铭记职业伦理，捍卫公平正义。在面对复杂案件时，以事实为依据，以法律为准绳，保持理性冷静和独立思辨，有态度有观点，不偏颇不极端。课程注重培养学生的建设性批判思维，弘扬正能量，传递核心价值观，提振司法公正的信心和制度优势的自信。既传道授业解惑，又育人育心筑梦。既让学生增长见闻和获得感，又在学生心中播下了向善律己的种子。

四、教学效果分析

观赏一部好的法律电影，其震撼力要强于阅读一本真实的卷宗；深挖一个好的司法案例，其教育意义更甚于阅读一沓枯燥的法条。影视剧中的法律故事可以真实地再现生活中的案例情景，生动地反映法律的作用和时代的价值观。司法实践中的经典案例可以生动地记载法律实施的成果和法治进步的印记。通过这些生动素材，可以启发学生思索法与情的对立与统一、法律与道德的交融与冲突、公益与私益的衡平与保护、公民契约精神与权利意识的唤醒与养成、诚实信用与公序良俗的内涵与价值、医患矛盾与生态危机的防范与对策、婚姻关系与家庭责任的维系与调和等。

在民商事影视案例评析的课堂上，既有对知识、技能的理性考察，也有对法律、人生的感性认知，后者尤其影响青年一代对法律制度的感受和理解，而法律人恰恰需要感性与理性的高度统一，需要洞察世事的学问，需要悲天悯人的情怀。从这个意义上来讲，课程为象牙塔里的“书生”们打开了对接人间烟火的一扇门，为循规蹈矩的法律人打破职业思维定式的一堵墙，让每一个普通人既对法律心存敬畏行有所止，又能以法傍身勇闯天涯。

行政法与行政诉讼法

兰燕卓 法学院

一、课程简介

行政法与行政诉讼法是法学专业的核心课程。通过本课程的教学，学生将从整体上对我国行政法与行政诉讼法的基本框架有一个较为全面的掌握；了解行政法与行政诉讼法的基本理论、基本精神和各项具体制度；探索运用行政法律规范进行诉讼、处理行政纠纷的能力。为其将来依法行政或者依法维权奠定必要的知识和能力基础。在教学过程中，广泛运用案例教学的方法，为学生进一步学习和运用行政法理论分析问题和解决问题奠定坚实基础。

本课程是一门既有理论性又有实践性的课程，它阐述了行政法的基础理论、行政主体、行政行为、行政程序、行政诉讼、行政赔偿等基本理论和基本制度，通过带领学生旁听法院行政审判、组织模拟法庭等，提高学生的实践能力。

通过本课程的学习，达到以下目标。

第一，实施“课程思政”，首先要明确育人目标。一切教育教学活动的根本目的在于培养出更高质量的人才。作为法学专业的学生，就业主要方向是从事法律工作，比如法官、检察官、律师等，这些职业更需要思想政治素养的培养与提升，因此，通过课程思政实施教育教学改革是首要目标。

第二，思维方法方面，培养和提升法治思维能力。使学生总体掌握行政法与行政诉讼法基本理论，对其在我国法律体系中的地位和作用有清晰的认识。了解我国行政法和行政诉讼法的法治实践，并具备从事行政诉讼的实际能力和法律素质。

第三，知识方面，习得行政法的重点法条与基本原理。采用多样化的教学方法，比如案例教学，可以有效引导学生参与课堂；模拟法庭，能够让学生产生法律人的认同感和荣誉感；线下线上混合课程，可以进一步有效激发学生的学习热情。

二、思政元素

元素 1：引导学生自觉践行社会主义核心价值观。

本门课程的重点之一是强调程序正当的价值追求。程序正当的内涵包括信息公开、公众参与、回避制度等。在课程的内容中，通过讨论程序正当及相关重要制度，强调社会主义核心价值观的概念内涵。

元素 2：树立公平、正义的价值追求。

通过对重点法条和典型案例的讨论，突出强调法律人所追求的公平和正义，这是社会主义法治的价值追求。

元素 3：融入法律人的担当和坚守。

在授课过程中穿插一些优秀法律人的事迹，比如“马背法官”，强调职业荣誉感和责任感。

三、教案设计

本教学单元“行政公益诉讼”的教案设计，主要包括如下方面。

（一）教学目标

1. 知识层次

通过案例导入等方式帮助学生熟练掌握行政公益诉讼原告的基本原理和重点法条。行政诉讼的原告资格是行政法与行政诉讼法的核心内容之一，在行政诉讼当中，原告资格的判断是启动行政诉讼程序的基础。

2. 能力层次

培养学生独立分析行政公益诉讼典型案例的能力。通过运用行政公益诉讼原告的知识，结合重点法条，在梳理法律关系的前提下判断是否具有行政诉讼原告资格，提高学生理论与实务相结合的能力，为今后从事实务工作奠定基础。

3. 思维层次

引导学生进行学术探索，进行独立思考。通过立法沿革、立法背景的梳理，帮助学生了解立法背后的缘由，结合该制度在实践中的实施情况，进行实证研究，进而得出对行政公益诉讼原告资格的创造性思考。

4. 课程思政建设

大学课程应当将价值塑造、知识传授、能力培养三者融为一体，要以“润物细无声”的方式自然地融入课堂，使得学生易于接受。因此，在教学设计上应当反复琢磨，加强引导。

（二）教学内容

1. 课程教学内容

（1）公益诉讼的实践尝试

本部分从一个案例引出，我国正式在法律中确立公益诉讼制度是在 2017 年，在此之前仅存在于理论探讨和地方实践中。该案例发生在2005年，当时没有公益诉讼制度，但通过该案例中侵权行为人给环境造成的严重污染，提出公共利益诉讼制度建立的迫切性。

（2）行政公益诉讼原告的立法沿革与法条规定

立法沿革可以清晰地梳理出一个制度从动议、试点到正式出台实施的全过程，一方面可以帮助学生对公益诉讼原告的发展历程有一个清晰的认知，另一方面对立法的进程有了较为直观的认识和理解。同时，通过对行政公益诉讼重点法条的讲授，深入分析原告资格为什么定位于检察院，而非公民、社会组织。

（3）行政公益诉讼原告与民事公益诉讼原告的区别

授课中需要注意的问题就是清晰地区分行政公益诉讼原告和民事公益诉讼原告。二者既有联系又有区别：联系方面，都以公共利益为保护客体，而且检察院都有一定的起诉资格。区别方面，行政公益诉讼只有检察院有原告资格；而在民事公益诉讼中，原告资格首先赋予的是机关和社会组织，只有当机关和社会组织不起诉时，检察院才可以提起诉讼。

（4）典型案例分组研讨及法律文书写作

本课程以最高人民检察院发布的典型案例“甘肃省敦煌市人民检察院督促保护敦煌莫高窟行政公益诉讼案”为研讨对象，采用分组讨论的方法，对案件的法律关系、适用法律、判决结果进行梳理；同时，指导学生进行相应的法律文书写作，实现与实务工作的顺利过渡。

2. 教学内容重难点

见表1。

表1　行政法与行政诉讼法“行政公益诉讼”教学单元课程思政内容与教学环节设计

教学重点	内容	主题：行政公益诉讼的诉讼主体为何是检察院？ 2017年修订的《行政诉讼法》第二十五条增加一款：“人民检察院在履行职责中发现生态环境和资源保护、食品药品安全、国有财产保护、国有土地使用权出让等领域负有监督管理职责的行政机关违法行使职权或者不作为，致使国家利益或者社会公共利益受到侵害的，应当向行政机关提出检察建议，督促其依法履行职责。行政机关不依法履行职责的，人民检察院依法向人民法院提起诉讼。”该修改标志着行政公益诉讼制度在我国的初步建立
	分析	本节课程的主题是行政公益诉讼的原告资格。教学目标是要求学生掌握行政公益诉讼的原告资格是检察院
	应对	方法一，设计思考问题：公民、社会组织、检察院谁适合做行政公益诉讼原告？通过分析各自的优缺点，以及行政诉讼的主旨，得出结论：检察院是最合适的人选。 方法二，反思已有制度：通过对比和梳理检察院做原告的优点和缺点，得出检察院是当下的最优化选择。同时引发学生思考，帮助同学们提炼学术选题

续表

教学难点	内容	主题：行政公益诉讼与民事公益诉讼的区分。 《民事诉讼法》规定：对污染环境、侵害众多消费者合法权益等损害社会公共利益的行为，法律规定的机关和有关组织可以向人民法院提起诉讼。人民检察院在履行职责中发现破坏生态环境和资源保护、食品药品安全领域侵害众多消费者合法权益等损害社会公共利益的行为，在没有前款规定的机关和组织或者前款规定的机关和组织不提起诉讼的情况下，可以向人民法院提起诉讼。前款规定的机关或者组织提起诉讼的，人民检察院可以支持起诉
	分析	本节课程的主题是行政公益诉讼的原告资格。教学目标是要求学生掌握行政公益诉讼的原告资格是检察院。而学生在之前的《民事诉讼法》课程中也学习过公益诉讼，二者在原告资格的规定上既有区别又有联系，容易发生认知上的混淆
	应对	方法一，设计思考问题：请同学们根据已有知识，分析在原告资格上，行政诉讼法和民事诉讼法的规定有何不同。 方法二，通过表格对比：从原告、被告等多个方面对二者进行比较，帮助学生在课上消化吸收，并启发学生在课下继续思考二者的不同之处

（三）思政引入

见表2。

表2　本教学单元课程思政的引入

（一）上节课内容回顾与本节课程导入（5分钟）		
教学要求	**教学内容**	**课程思政**
回顾上节课内容，并通过一个典型案例，引发学生思考	1. 上节课内容回顾 简要回顾上节课内容，即原告资格主要包括行政相对人和利害关系人，这是行政诉讼适格原告的一般要求。并通过治安管理处罚的案例说明什么叫做行政相对人和利害关系人。 2. 导入本节课话题 2005年11月13日，吉林一车间发生爆炸。截至同年11月14日，共造成5人死亡、1人失踪，近70人受伤。爆炸发生后，约100吨苯类物质（苯、硝基苯等）流入松花江，造成了江水严重污染，沿岸数百万居民的生活受到影响。 3. 引发思考 事故发生后，时任国家环保总局局长引咎辞职，有关干部被问责。但对于该起事故造成的严重污染，该公司并没有做出相应的赔偿，那么对于公共利益受到的严重侵害，应当如何索赔呢？ 4. 提出问题 【问题设计】谁有原告资格？ 选项包括：原告、被告、无法选择。 正确答案是无法选择。通过对学生答题情况的分析，带着问题，进入本课程的主体内容	本环节有思政元素设计，通过北大法学院师生的公益诉讼实践尝试，引导学生意识到作为法律人的责任与担当

续表

<table>
<tr><th colspan="3">（二）知识体系的建构：行政公益诉讼原告资格（10 分钟）</th></tr>
<tr><th>教学要求</th><th>教学内容</th><th>课程思政</th></tr>
<tr><td>引入课程的主体内容，对核心法条进行展开讲解，强化对教学重点的认知</td><td>

第一，引发思考。

【问题设计】公民、社会组织、检察院谁适合做行政公益诉讼原告？

第二，学生讨论环节，鼓励学生大胆提出自己的想法。

第三，重点引入。

环节一：历史沿革

环节二：知识点引入

【核心法条】人民检察院在履行职责中发现生态环境和资源保护、食品药品安全、国有财产保护、国有土地使用权出让等领域负有监督管理职责的行政机关违法行使职权或者不作为，致使国家利益或者社会公共利益受到侵害的，应当向行政机关提出检察建议，督促其依法履行职责。行政机关不依法履行职责的，人民检察院依法向人民法院提起诉讼。

【法条要件分析】

包括：①什么是法律上保护的公益利益？生态环境和资源保护、食品药品安全、国有财产保护、国有土地使用权出让等领域。②谁是原告？检察院。③可以直接去起诉吗？不能，需要先向行政机关提出检察建议，督促其依法履行职责。

【原告优势与劣势比较】

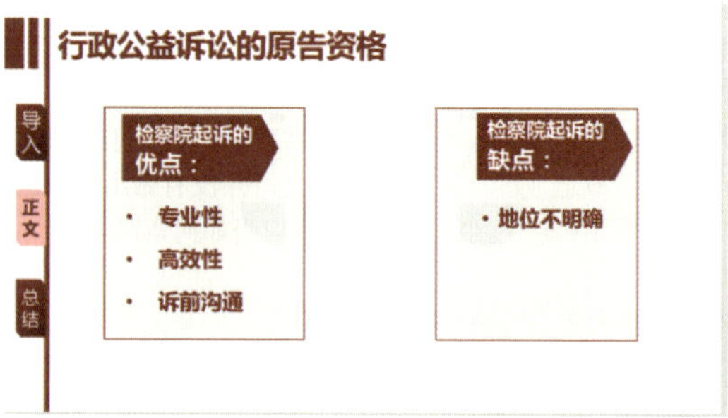

</td><td>通过对公共利益的讨论，引导学生维护国家利益、社会利益及公共利益</td></tr>
</table>

续表

<table>
<tr><td colspan="3">（三）知识体系的拓展：与民事公益诉讼的比较（5 分钟）</td></tr>
<tr><td>教学要求</td><td>教学内容</td><td>课程思政</td></tr>
<tr><td>进入课程的难点问题，要求学生掌握在相近制度上的区别</td><td>民事诉讼法中也有公益诉讼制度，当学生学习完今天的内容之后，两个制度容易发生混淆，此时，需要教师引导将二者进行清晰的对比。
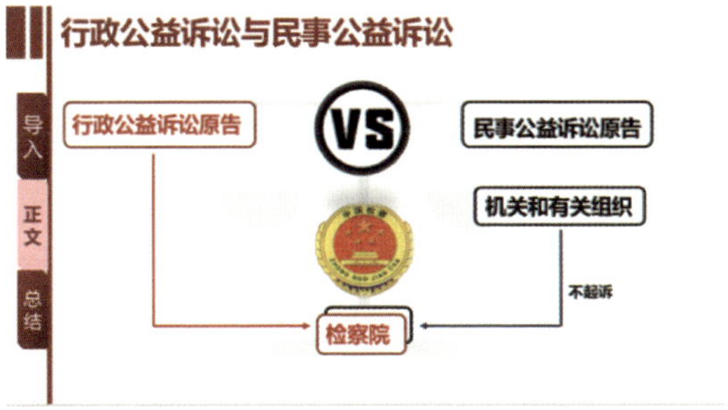

具体知识点如下
<table>
<tr><td></td><td>行政公益诉讼</td><td>民事公益诉讼</td></tr>
<tr><td>原告</td><td>人民检察院</td><td>法律规定的机关和有关组织不起诉，检察院才有权起诉</td></tr>
<tr><td>被告</td><td>未依法履职的行政机关及法律、法规、规章授权的组织</td><td>违法的自然人、法人或其他组织</td></tr>
<tr><td>受案范围</td><td>环保、食品药品安全、国有财产保护、国有土地使用权出让等领域</td><td>破坏生态环境和资源保护、食品药品安全领域</td></tr>
</table></td><td>·启发式讨论：民事诉讼的规定。
·制度对比：核心内容的梳理</td></tr>
<tr><td colspan="3">（四）案例探讨：分小组讨论典型案例（25 分钟）</td></tr>
<tr><td>进入课程讨论环节，理论与实践相结合，调动学生的积极性</td><td>通过前面的理论学习，学生已经对行政公益诉讼制度有了基本的认识，且经过 20 分钟高强度的学习，已有个别学生注意力不能集中，所以此时采用较为活泼的分小组讨论方式进行案例讨论。
环节 1：发放案例，要求学生分组进行讨论（时长 8 分钟）</td><td>·典型案例研讨。
·学生互动：分组讨论</td></tr>
</table>

续表

<table>
<tr><th colspan="3">（四）案例探讨：分小组讨论典型案例（25 分钟）</th></tr>
<tr><th>教学要求</th><th>教学内容</th><th>课程思政</th></tr>
<tr><td>进入课程讨论环节，理论与实践相结合，调动学生的积极性</td><td>【典型案例】
甘肃敦煌莫高窟是世界文化遗产，全国重点文物保护单位。1996 年至今，敦煌三危山下莫高窟建设控制地带内，敦煌市敦盛石业开发有限公司等 5 家石料厂和砂矿违反文物保护禁止性规定，在作业过程中炸山采石，乱挖乱堆，破坏山体形貌，生产作业产生的粉尘对莫高窟的生态环境、景观形象和文物安全造成危害隐患，同时对周边居民的生活环境、身体健康也造成极大困扰。其中 4 家石料厂采矿许可证、安全生产许可证和环评手续齐全，且完成环保自主验收。另一家建筑用砂矿未取得安全生产许可证，未完成环保自主验收。
2016 年以来，甘肃省酒泉市生态环境局敦煌分局针对 4 家石料厂未采取有效控制、减少粉尘排放措施，未安装污染防治措施和破碎生产线等问题，多次督促整改，并作出行政罚款、责令停止生产等行政措施。敦煌市应急管理局对 4 家石料厂未按要求设置安全防护设施、未进行安全教育培训和使用淘汰工艺等不符合安全生产的行为，亦多次采取下达安全生产执法文书、作出行政罚款、责令限期整改等行政措施，但违法行为始终未得到有效遏制。
环节 2：学生代表不同的角色，对案件进行演示和分析（时长 12 分钟）
第一组学生：检察院
第二组学生：行政机关
第三组学生：群众
环节 3：老师进行总结和点评（时长 5 分钟）</td><td>·典型案例研讨。
·学生互动：分组讨论</td></tr>
<tr><th colspan="3">（五）知识体系总结与预习（5 分钟）</th></tr>
<tr><td>总结知识框架，引导学生预习下节课内容</td><td>第一，对知识体系进行总结，并布置下节课的预习任务。
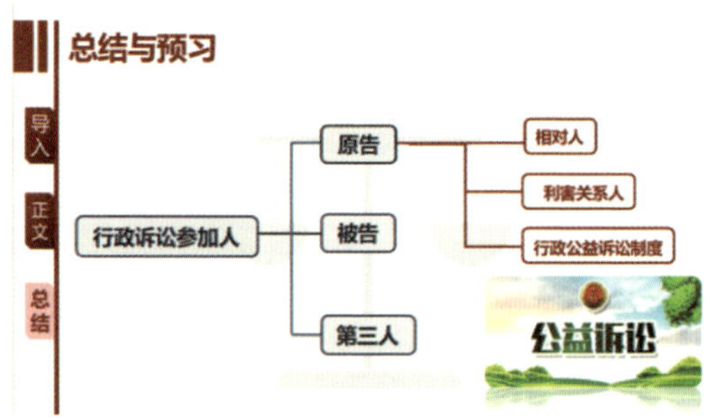

第二，阅读文献及典型案例已经上传至学习通，学生可以课下直接学习</td><td>提示学生做好课下阅读和预习任务</td></tr>
</table>

（四）教学手段与方法

1. 交流式教学法

交流式教学法重要的特征是通过教师与学生之间交流的方式展开教学。主要通过教师与学生就行政公益诉讼原告资格展开相应的讨论、分析与总结，从而获得相应的法学专业基本知识。教师设计并提出问题，调动学生在课堂中的积极性。此外，通过对该问题的深入了解和辨析，在教师与学生之间形成良好的互动，实现“教学相长”。

2. 案例教学法

案例教学法是指选择典型案例，在教师的指导下分析法律关系，运用法律思维和相关法条对案件展开分析。在课程中，使用最高人民检察院基于行政公益诉讼发布的一系列典型案例，从中选择比较适合课堂讨论的案例，将学生分成各个小组，强调启发性教学。

3. 实践教学法

实践教学中比较典型的是“观摩法”，即教师带领学生去法院旁听庭审案件，切身感受法律实践运行过程。受疫情防控的影响，可以将法院实地旁听改为观看线上庭审活动。有一个很好的网站可以作为教学的素材，“中国庭审公开网”（观看网址：http://tingshen.court.gov.cn）。该网站由最高人民法院主办，提前发布庭审预告，进行庭审直播，并可以进行直播回看。教师可以选择其中与本课程直接相关的案例安排同学们进行观看，并写出观后感想作为课程作业。

4. 教学工具

教学工具包括 PPT 课件展示、课堂板书、学习通软件、慕课课程、校内小规模限制性在线课程（SPOC）等。

四、教学效果分析

本课程的课程设计符合法学专业本科二年级学生的学习规律和学习习惯。通过多种教学手段，包括线上和线下相合、案例教学等多种方式，有效启发学生主动思考并分析行政法问题，实现法学教育理论与实践相结合的教学目标，提升学生运用法律思维分析和解决问题的能力和意识。

本课程有效实现“课前”“课中”“课后”有机结合的课程思政建设。“课前”是指教师在备课时应当充分挖掘课程中所蕴含的思政元素，做好课前的教学设计。“课中”是指教师在具体开展教学工作时，应当以润物细无声的方式将课程内容与课程思政相结合，实现课程思政的授课目标。“课后”是指在课程结束后，及时对课程思政实施中的实际效果进行评估，并适时调整相关的教学设计和教学方法。

侵权法

刘亚东　法学院

一、课程简介

2020 年 5 月 28 日，十三届全国人大三次会议表决通过了《中华人民共和国民法典》，这是以习近平同志为核心的党中央推进全面依法治国，推进国家治理体系和治理能力现代化的重大举措，在新中国法治建设史上具有里程碑意义。民法典是新中国第一部以法典命名的法律，在中国特色社会主义法律体系中居于基础性地位，是民事领域的基础性、综合性法律，被誉为“社会生活的百科全书”“民事权利保障书”“市场经济的基本法”。

侵权法在民法典中作为独立的一编而存在，同时也是民法学的重要组成部分，属于法学专业的核心必修课程、基础课程，对于法科人才培养尤其是对于法科生基本法学素养的养成、基本知识的掌握及基本法学技能的培养均具有重要意义。通过本课程的学习，学生能够比较全面系统地了解我国侵权法的历史沿革、把握侵权责任法“民事权益的保护和行为自由的保障”的二元价值目标、掌握各类侵权行为的构成以及对侵权行为的救济手段，提高学生灵活运用侵权法的知识解决实际问题的能力，帮助学生树立“规则意识、法治意识、权利意识”，同时为学生学习更为高阶的部门法奠定坚实的基础。本课程所涉及的主要领域为民事法中的侵权责任法，主要内容包括“民法典·侵权责任编”（以下简称“侵权责任编”）的总体修正情况、一般侵权责任成立的构成要件、一般侵权责任的损害赔偿、特殊侵权行为总论、特殊侵权行为分论五大块。在本课程的讲授过程中，为了让学生更好地了解侵权行为的保护对象，还附带讲述“民法典 · 人格权编”。将人格权编与侵权责任编合并学习，分别从权利保护的积极层面和消极层面进行讲解，彰显出我国民法典是一部权利保护法、是一部以人民为中心的民法典。

二、课程思政元素发掘

本课程各个章节在授课时包含的思政元素见表 1。

表 1 侵权法课程思政内容与教学环节设计

教学模块	教学内容	思政元素融入点	教学方法与手段
民法典·侵权责任编（以下简称“侵权责任编”）的制定	侵权责任法的历史沿革；侵权责任法的单独成编；侵权责任法的制定理念	“以人民为中心”的立法理念；社会主义核心价值观“和谐”的价值理念；侵权法单独成编凸显的理论自信、制度自信和文化自信	课堂讲解；视频观摩
一般侵权责任的构成要件	侵权法的大小概括条款；侵权法的保护客体；过错要件的历史变迁；因果关系的成文法化；侵权行为的种类划分；抗辩事由	权利保护的立法定位；治理体系和治理能力的现代化；积极回应社会热点及争议问题；友善的社会主义核心价值观；风清气正的公德风尚	案例教学、模拟法庭、课堂讨论、实地参观
一般侵权责任的损害赔偿	物质性人格权的损害赔偿；标表性人格权的损害赔偿；侵权财产权的损害赔偿；精神损害赔偿；违约的精神损害赔偿；损害赔偿的计算方式	同命同价赔偿原则体现“城乡一体化”；贯彻国家知识产权的保护战略；因地制宜，考虑城乡差异、地区差异	案例分析；法律诊所；视频展示
特殊侵权行为总论	关于责任主体的特殊规定；风险责任；组织责任等	国家对青少年的保护；对利用互联网等新形式侵权的回应；对学校等教育机构的规定	案例分析；小组讨论；视频展示；小组讨论
特殊侵权行为分论	产品责任；机动车交通事故责任；医疗损害责任；环境污染和生态破坏责任；高度危险责任；饲养动物损害责任；建筑和物件损害责任	习近平总书记关于生态环境的重要论述；“绿水青山就是金山银山”的理念；处理群众的重大关切问题；对于人民权利的全方位维护	模拟法庭；案例分析；研习报告

三、教案设计

本教学单元“侵权法之英烈条款”的教案设计，主要包括如下内容。

（一）教学目标

1. 知识层面

第一，掌握侵权法的历史沿革以及发展趋势。

第二，理解过错、因果关系、违法性、保护对象、抗辩事由等侵权责任成立的构成要件。

第三，掌握人身损害、财产权、人格物损害等侵权责任的损害赔偿。

第四，掌握过错推定、无过错责任等特殊侵权行为的一般理论及各特殊侵权行为在成立要件上的特殊性。

2. 能力层面

第一，培养学生的抽象思维能力，能够从理论层面理解过错责任和无过错责任的划分及为何如此划分。

第二，提高学生分析问题的能力，能够对实际发生的真实案例进行规范化的思考和分析。

第三，锻炼学生触类旁通的能力，能够熟练运用侵权法的分析范式来分析民法典其他各编及其他部门法。

3. 价值层面

第一，助力学生社会主义核心价值观的养成。

第二，增进学生对本国文化和本国历史的了解，树立文化自信、制度自信的理想信念。

第三，引导学生关注现实、关注社会，增强学生的社会责任感、使命感。

（二）教学内容

1. 教学内容

以“杭州市西湖区人民检察院诉瞿某某侵害烈士名誉权公益诉讼案以及董存瑞、黄继光英雄烈士名誉权纠纷公益诉讼案”为例来阐释民法典第 185 条“英烈条款”及《中华人民共和国英雄烈士保护法》第 25 条的理解适用。

2. 教学重点

本案例的重点是如何解释适用“民法典 · 总则编”第 185 条及《中华人民共和国英雄烈士保护法》第 25 条。本民法典条款的适用之所以成为重点内容，原因有二：一是本条的变迁史。民法典之前的民事单行法均没有关于“英烈条款”的规定，而且从 2014 年党中央决定编纂民法典以来，历次的民法典草案也均无本条的原型，本条是由于少数人大代表的提议，而突击进入民法典总则编之中，也就是说此前本条并未经过仔细的研究论证。二是本条规定在比较法上也没有先例，属于立足于我国国情自行创造的法规范。对于此类案件，是否应区别于一般自然人而专设保护规范，其保护对象如何准确界定，特殊保护之法理基础何在，构成要件及法律后果如何，均无经验积累和充分研究。

3. 教学难点

近年来社会上通过各种形式诋毁、侮辱、诽谤、丑化、贬损英雄人物，削弱其精神价值的现象时有发生，本案例是这种现象的集中反映。判断此类案件是否构成侵权的难点有四：一是如何确定原告的范围；二是此类侵权行为所侵害的保护对象为何，也就是此类侵权行为所保护的法益为何，是英雄人物个人名誉荣誉，还是与英雄人物所关联的社会公共利益；三是构成此类侵权行为的表现形式为何；四是在侵犯“英烈”时如何在个案中进行利益衡量。

（三）教学手段与方法

1. 教学手段

教学过程中采用传统的课堂板书与多媒体教学相结合的方法，并组织学生观看《狼牙山五壮士》《抗美援朝》《跨过鸭绿江》等经典影片。传统板书有利于学生随时跟上教师的授课进度，同时教师亦可以根据教学中实际出现的问题及时变更教学内容和方法。多媒体课件与随堂播放经典影片使学生从视觉上感受英雄烈士为建立新中国所作出的卓越贡献，同时也提高课程思政贯彻于侵权责任法的趣味性，让学生感觉到对民法的学习不是苦涩难懂的而是生动有趣的。上课时力争做到让学生首先掌握正确的价值观、人生观及爱国情怀，其次才是具体制度、具体概念的掌握。

2. 教学方法

（1）案例教学法

通过对某一典型案例进行分析，提出法律问题，然后通过教师的讲解，引发学生的思考、分析和讨论，从而对案例得出正确、客观的认识和答案。

（2）情景教学法

通过模拟法庭的形式让学生进行“角色扮演”，使学生们能够更加深刻地体会在此类案件中所应该注意的要点，而且还可以学以致用，切实提升解决实际问题的能力。

（3）多媒体教学及其他资源的引入

在课堂上通过播放经典红色电影片段的方式，活跃课堂气氛，一定程度上改变以往教学的灌输模式。鼓励学生利用中国民商法律网、中国裁判文书网，随时检索法律文献并加入课堂教学中，强调学以致用，培养学生在学习中自主思考的习惯。

（4）翻转课堂的引入

让学生扮演“老师”或者“讲述者”，自己准备材料，设计讲解思路，自行讲解关于“英烈保护”条款背后的红色故事，自我感受新中国的来之不易，更加真切地认识到英雄烈士对于新中国成立的贡献。

（四）教学过程

从课程内容来看，民法典第185条“英烈保护”条款作为法律规范，阐明其适用的构成要件及法律效果是重点和难点，同时也是本条适用的焦点所在。但是在建构本条的解释论之前，必须首先阐明本条的体系定位，也就是本条在侵权法之中的体系定位。综上，本课程设计的总体思路是按照案例导入—解释论建构—课堂总结三个环节展开，并且根据课程的重点和难点内容，安排每个环节的具体时间，争取做到区分主次。具体课堂设计见表2。

表2　“侵权法之英烈条款”教学单元课程思政内容与教学设计案例

教学目的	教学内容与设计	教学方式
开篇：简要回顾上节内容，通过视频引入本节课程。（5分钟）		
通过播放董存瑞、黄继光等影视资料，让学生带着问题进入上课状态，引入本节内容	1. 上节内容回顾 简要回顾上节课的内容，包括死者人格利益所侵犯的对象、死者人格利益的范围、死者人格利益的请求权人、死者人格利益的损害赔偿。 2. 提出问题，通过视频案例引入本节课程内容 引例：侵害烈士黄继光、董存瑞名誉权案 原告杭州市西湖区检察院起诉称，今年9月，他们接到市民王先生举报，在某网络平台的网店里有人销售侮辱、诋毁英烈董存瑞、黄继光的贴画。他们调查后发现，该网店由瞿某某注册经营。销售的两款贴画，一款印有“董存瑞舍身炸碉堡”形象及显著文字“连长你骗我！两面都有胶！”另一款印有“黄继光舍身堵机枪口”形象及显著文字“为了妹子，哥愿意往火坑跳！”上述贴画有多种规格，单价从4元至68元不等。瞿某某的行为侵害了英雄烈士董存瑞、黄继光的名誉。因此，杭州市西湖区检察院向杭州互联网法院提起民事公益诉讼。 视频中提问：在新时代社会背景下保护“英雄烈士”具有何种意义？ 视频后提问：如何理解民法典对于“英雄烈士”的保护规范？ 本节课要学习如下4个问题。 ·“英烈条款”产生的社会背景。 ·“英烈条款”在侵权法中的体系定位。 ·“英烈条款”的解释论建构——构成要件层面。 ·“英烈条款”的解释论建构——法律效果层面	【板书+幻灯片】 回顾总结《民法典》及相关司法解释中对于“死者人格利益的保护”的规定 【视频播放】 【提问+讲解】 引导式提问，引出要讲述的内容 【幻灯片+讲授】 讲授本节课程主线

续表

教学目的	教学内容与设计	教学方式
	一、“英烈条款”产生的社会背景（10 分钟）	
让学生理解保护“英烈”的重要性及急迫性	近年来，伴随着网络的兴起及传播，一些别有用心者利用网络传播各种黑段子，如“红军昼夜奔袭 120 公里飞夺泸定桥被神化”“黄继光无法以血肉之躯阻挡地堡枪眼”“邱少云不可能匍匐在烈火中一动不动”。如此荒谬的言论竟然一度令不少人信以为真。在这种不良影响之下，中华民族的共同记忆面临历史虚无主义等不良思潮的巨大影响，前几年发生的“狼牙山五壮士”名誉侵权案即是明显的例证。  习近平总书记指出：“实现我们的目标，需要英雄，需要英雄精神。我们要铭记一切为中华民族和中国人民作出贡献的英雄们，崇尚英雄，捍卫英雄，学习英雄，关爱英雄。”英雄烈士的事迹和精神是中华民族共同的历史记忆和宝贵的精神财富，是中国共产党领导中国各族人民近百年来不懈奋斗伟大历程、可歌可泣英雄史诗的缩影和代表，是实现中华民族伟大复兴的强大精神动力。  在此背景之下，必须坚持鲜明价值导向、弘扬传承英烈精神，用法治手段来保护“英烈”的人格利益成为社会各界的共识	【案例讲授 + 视频播放】 分析“狼牙山五壮士”名誉侵权案，播放庭审的视频

续表

教学目的	教学内容与设计	教学方式
	二、“英烈条款”的体系定位（10 分钟）	
让学生理解为何“英烈条款”作为一类独立的法律规范被规定在总则编之中，而不是规定在体系上更接近的侵权责任编之中	1. 本条的立法沿革 经查立法资料发现，民法总则草案一审稿、二审稿和三审稿没有对本条作出规定，本条是在十二届全国人大五次会议审议民法总则草案时临时增加的。在会议期间，有的代表提出，现实生活中，一些人利用歪曲事实、诽谤抹黑等方式恶意诋毁侮辱英烈的名誉、荣誉等，损害了社会公共利益，社会影响很恶劣，应对此予以规范。全国人大法律委员会经研究认为，英雄和烈士是一个国家和民族精神的体现，是引领社会风尚的标杆，加强对英烈姓名、名誉、荣誉等的法律保护，对于促进社会尊崇英烈，扬善抑恶，弘扬社会主义核心价值观意义重大，据此建议在 2017 年通过的民法总则中增加本条规定。接着，在 2018 年 4 月 27 日，全国人大常委会通过英雄烈士保护法，从立法层面用一部单行法的形式为“英烈”提供全方位的保护。2020 年通过的民法典继续沿用了这条规定。   2. 本条的体系定位 本条在形式体系上虽然被规定在民法典总则编，但却是不折不扣的侵权编条款。之所以被规定在总则编，一是因为我国的民法典编纂策略。我国的民法典编纂策略分为两步走，第一步是在原民法通则的基础上制定民法总则，第二步是在各民事单行法的基础上编纂民法典各分编，在进行到第一步，也就是制定民法总则之时，尚未有侵权责任编的存在，因此不得已而放在了民法总则的民事责任部分当中。二是“英烈条款”在民法总则通过之前，并未出现在历次的草案建议稿之中，并非经过成熟的讨论，毋宁说是一个基于临时的社会情况而“突袭”进入民法总则之中的规定。因此其在体系上的准确性便值得推敲。 综上，“英烈条款”虽然在形式上被规定在民法典总则编中，但其实质是侵权法规范，在建构本条的解释论之时，所需要的规范基础也必须在侵权责任编中寻找。 3. 本条适用的顺序 民法典第 185 条的“英烈条款”与英雄烈士保护法第 26 条（以侮辱、诽谤或者其他方式侵害英雄烈士的姓名、肖像、名誉、荣誉，损害社会公共利益的，依法承担民事责任；构成违反治安管理行为的，由公安机关依法给予治安管理处罚；构成犯罪的，依法追究刑事责任）构成“一般法与特殊法”的关系，在适用顺序上，英雄烈士保护法第 26 条优先于民法典第 185 条	【讲授】 依时间线索呈现本条的立法演变

续表

<table>
<tr><th>教学目的</th><th>教学内容与设计</th><th>教学方式</th></tr>
<tr><td colspan="3">三、“英烈条款”的构成要件（10 分钟）</td></tr>
<tr><td>使学生理解不同的学者给出的侵权构成要件的定义；掌握侵害死者人格利益的构成要件</td><td>1. 侵权构成要件的“三要件说”及“四要件说”之争
王利明教授认为，侵权责任的构成要件应采“三要件说”，即过错吸收违法性，只存在过错、因果关系及损害三个要件（王利明：《我国〈侵权责任法〉采纳了违法性要件吗？》，载《中外法学》2012 年第 1 期）。
张新宝教授认为，过错和侵害行为分别加以规定，表明立法基本上采用了“四要件说”。（张新宝：《侵权责任一般条款的理解与适用》，载《法律适用》2012 年第 10 期）
司法实践中，广泛采用“四要件说”，即损害、违法行为、因果关系及过错。如安徽省高级人民法院（2019）皖民申 3200 号民事裁定书；北京市第一中级人民法院（2017）京 01 民终 5498 号民事判决书。
本课程将采纳通说的见解，采用“四要件说”。
2. 侵犯死者人格利益的构成要件
2020 年 12 月 23 日修正的《最高人民法院关于确定民事侵权精神损害赔偿责任若干问题的解释》（以下简称《精神损害赔偿司法解释》）第 3 条规定：“死者的姓名、肖像、名誉、荣誉、隐私、遗体、遗骨等受到侵害，其近亲属向人民法院提起诉讼请求精神损害赔偿的，人民法院应当依法予以支持。”
（1）责任要件
第一，行为要件：用侮辱、诽谤、贬损、丑化等方式侵害死者的姓名、肖像、名誉、名誉、隐私、遗体、遗骨等人格法益。这里需要注意的是，民法典通过后经过修订的精神损害赔偿司法解释与民法典之前配套的精神损害赔偿司法解释有所不同，原精神损害赔偿解释第 3 条规定：“自然人死亡后，其近亲属因下列侵权行为遭受精神痛苦。向人民法院起诉请求赔偿精神损害赔偿的，人民法院应当依法予以受理：①以侮辱、诽谤、贬损、丑化或者违反社会公共利益、社会公德的其他方式，侵害死者姓名、肖像、荣誉；②非法披露、利用死者隐私，或者以违反社会公共利益、社会公德的其他方式侵害死者隐私；③非法利用、损害遗体、遗骨，或者以违反社会公共利益、社会公德的其他方式侵害遗体、遗骨。”
第二，后果要件。新修订的精神损害赔偿司法解释第 3 条删除了“损害社会公共利益”的要件，在现有的司法解释之下，只需要对死者造成损害即可要求损害赔偿。
（2）主体要件
近亲属的范围包括哪些？根据民法典第 1045 条第 2 款的规定，配偶、父母、子女、兄弟姐妹、祖父母、外祖父母、孙子女、外孙子女为近亲属</td><td>【幻灯片 + 讲授】
板书两位学者名字及观点

【案例讲解 + 提问】
从“荷花案”“海灯案”“李四光案”“彭家珍案”引出死者人格利益保护问题</td></tr>
</table>

续表

<table>
<tr><th>教学目的</th><th>教学内容与设计</th><th>教学方式</th></tr>
<tr><td>掌握死者人格利益的保护与“英烈”人格利益的异同；掌握侵犯“英烈”的构成要件</td><td>
问题：近亲属中提起诉讼是否有顺位限制？
3.“英烈条款”的构成要件
（1）与一般的侵害死者人格利益的区分
“英烈条款”属于侵犯死者人格利益的特殊情形。从文义上讲，“英烈”属于死者，但是英烈与一般的死者在性质上还存在差别，一般的死者仅仅是寄托了近亲属自身的情感，但是对于“英烈”的损害却是对国家精神、民族精神的损害，是对社会公共利益的损害。这也正是我国民法典对此专门作出规定的原因所在。
（2）责任要件
第一，行为要件。行为要件除了需要满足侵害死者人格利益的行为要件之外，还需要满足《中华人民共和国英雄烈士保护法》第 22 条第 2 款的规定：“英雄烈士的姓名、肖像、名誉、荣誉受法律保护。任何组织和个人不得在公共场所、互联网或者利用广播电视、电影、出版物等，以侮辱、诽谤或者其他方式侵害英雄烈士的姓名、肖像、名誉、荣誉。任何组织和个人不得将英雄烈士的姓名、肖像用于或者变相用于商标、商业广告，损害英雄烈士的名誉、荣誉。”
在判断此处的构成要件时，必须要注意与言论自由、表意自由以及媒体报道自由之间的关系，做好二者之间的权衡。
第二，后果要件：损害公共利益。这里需要与侵犯死者人格利益的行为相区分。

（3）主体要件
主体要件需要满足《中华人民共和国英雄烈士保护法》第 25 条的规定：“对侵害英雄烈士的姓名、肖像、名誉、荣誉的行为，英雄烈士的近亲属可以依法向人民法院提起诉讼。
英雄烈士没有近亲属或者近亲属不提起诉讼的，检察机关依法对侵害英雄烈士的姓名、肖像、名誉、荣誉，损害社会公共利益的行为向人民法院提起诉讼。”
这里需要注意，在主体的顺位上，近亲属排在第一位，然后才是检察机关的公益诉讼
</td><td>【视频播放 + 讲授】
用此处的构成要件来分析“狼牙山五壮士”名誉权纠纷案</td></tr>
</table>

续表

教学目的	教学内容与设计	教学方式
四、“英烈条款”的法律效果（10 分钟）		
使学生理解不同的主体提起诉讼可能产生不同的法律效果	在英雄烈士保护法之中对于侵害“英烈”名誉、荣誉的行为，规定了民事责任、行政责任及刑事责任三位一体的复合型的责任效果（英雄烈士保护法第 26 条规定：“以侮辱、诽谤或者其他方式侵害英雄烈士的姓名、肖像、名誉、荣誉，损害社会公共利益的，依法承担民事责任；构成违反治安管理行为的，由公安机关依法给予治安管理处罚；构成犯罪的，依法追究刑事责任”），但是就本门课程而言将聚焦于民事责任的承担。 但是需要注意的是，无论是英雄烈士保护法第 26 条还是民法典第 185 条，都仅仅是要求承担民事责任，并未明确规定承担什么样的民事责任。 从各地法院的审判实践来看，对于侵害“英雄烈士”名誉、荣誉的民事法效果，如果是单纯地由检察机关提起公诉，一般判定为消除影响、恢复名誉、赔礼道歉等；如果是由“英雄烈士”的近亲属提起的诉讼，则除了上述的消除影响、恢复名誉、赔礼道歉之外，还可以主张精神损害赔偿	【案例展示 + 视频播放 + 小组讨论】 以“霍某侵害凉山烈士名誉权、荣誉权案”“董存瑞、黄继光英烈名誉权纠纷案”为例展示损害赔偿的效果
五、“英烈条款”的法律效果（5 分钟）		
回顾本课内容，强化学生对于知识的掌握度	1. 总结 侵害“英烈”的人格权益必须在侵犯“死者人格权”的体系之下来理解，本节课从请求权基础的角度学习了“英烈条款”的制定背景、体系定位、构成要件、法律效果，并且在各个阶段把做人做事的基本道理及社会主义核心价值观融入其中。 2. 课下作业 · 复习本节内容，根据所学知识分析本节课在开头所引入的案例，并撰写案例研习报告。 · 预习下一节内容，即侵权致人伤害、死亡时的构成要件及损害赔偿，并且比较这两类侵权行为与侵犯死者人格利益及侵犯“英烈”人格利益的差异	【提问 + 讲解】 提问本节课核心内容，并进行归纳总结，布置作业和预习任务

四、教学效果分析

通过学习“民法典 · 侵权责任编”的基础理论，系统掌握重要的民法条文、司法解释及相关的最高人民法院指导性案例对习近平新时代中国特色社会主义思想和社会主义核心价值观的体现。通过课堂讨论和案例分析等训练环节，学生能够针对民事法律问题设计解决方案，并运用法律职业技能解决这些问题。通过课后阅读侵权行为的相关著作和论文，培养从事民法学研究的创新意识和创新能力，掌握侵权行为的基本研究方法，初步具备针对复杂民事法律问题设计研究方案的能力。

通过本案例的解读，教导学生学会释法说理、匡扶正义，传播社会正能量，弘扬时代主旋律，积极营造崇尚英烈、敬重英烈、捍卫英烈精神的社会环境，引导学生树立正确的历史观、民族观、文化观，同时也能准确贯彻侵权法平衡行为人的行为自由与保护他人合法权益这一基本原则。

知识产权法

季冬梅　法学院

一、课程简介

知识产权法是法学专业本科必修的基础课程之一，旨在使学生了解著作权、商标、专利等知识产权法律法规的基本内容，理解知识产权法原理，并能够运用知识产权法律规范解决实际问题。该课程的授课对象为法学专业本科三年级学生。授课对象应已具备基本的法学素养，积累了一定的法学专业知识和技能。本课程的先修课程为法理学、民法学。

知识产权法课程将涵盖知识产权法中的著作权法、专利法、商标法、商业秘密相关立法等主要内容，并与民法、商法、行政法、刑法等部门法存在交叉。作为入门课程，本课程将以知识产权法的基本理论为引导，系统讲授我国在民法典背景下知识产权法律法规、司法解释、政策方针、实践案例等，阐释知识产权权利主体、权利客体、权利内容、权利限制、保护方式。通过本课程的学习，学生将了解知识产权的价值理念、基础知识与制度规则，积累法律分析和解决问题的能力，以及提起商标与专利申请、参与法庭诉讼等实务技能。在教学过程中，课程还将“把立德树人作为根本任务”，从党、国家和人民的需求出发，结合习近平新时代中国特色社会主义思想与建设创新型国家的发展战略，切实把思想价值引领贯穿知识产权法学教育的全过程和各环节。

关于课程标准。在思想方面，学生能够了解知识产权法与现实生活、日常工作之间的密切关系，理解知识产权法对国家发展、社会进步、个人创新的重要作用，激发学习知识产权法和思政精神的积极性，能够从家国情怀和法治中国的角度来审视和思考知识产权法的问题。在知识方面，学生应掌握知识产权法等领域的法学专业知识，能够理解并运用著作权法、商标法、专利法等法律法规解决问题，了解知识产权实务经验，实现与经济法、行政法、刑法等其他领域法学理念、基本制度融会贯通，并增强对知识产权法中思想政治内容的理解和应用。在能力方面，学生能够熟练运用知识产权法进行法律分析，掌握知识产权授权、审查、行使、保护等流程中的实务技能，结合实践进行理论探究，尤其是专利和商标申请注册与审查的流程、知识产权的多元纠纷解决机制等。

关于课程任务及作用。法律知识教学任务：梳理我国知识产权法律法规的体系框架，与其他国家知识产权立法进行比较，帮助学生掌握知识产权法学专业知识，并对基本理论体系与相关法律制度有着较为深刻的理解和认识。法律实务技能训练：利用知识产权模拟谈判、模拟法庭，培养学生参与法庭诉讼、进行商务谈判等实务技能，涉及知识产权授权、确权、行使和保护等各个环节，系统性较强。思想政治教育作用：将“诚实信用”“创新驱动发展战略”“科技强国”“文化自信”等诸多思政元素融入教学过程，深化学生对当下思政内容的理解和感悟，与时俱进，开拓创新，提升学生的爱国情怀和家国责任感。

二、思政元素

法学专业学生需要树立正确的社会主义核心价值观，不仅接受“法律知识传授”，还应赞同“法价值引领”，成为“德法兼备”的社会主义法治人才。本课程将把以下思政元素融入知识产权专业教学过程中。

元素 1：知识产权法中的诚实信用原则。

诚实信用是中华民族的传统美德，是现代思想政治教育中的重要内容，也是社会主义核心价值观中的道德准则之一。民法典中明确规定了“民事主体从事民事活动，应当遵循诚信原则，秉持诚实，恪守承诺”。

民法典框架下的知识产权法中，诚实信用原则体现在方方面面。著作权法要求尊重他人的署名权等权利，不能冒用他人姓名；商标法中的“诚实信用条款”要求权利人应善意地申请和使用商标，不能恶意注册商标；专利法也要求当事人在专利授权确权行政程序和司法程序中应当遵循诚实信用原则，以禁止反悔规则约束权利人行为。违背诚信原则将导致知识产权权利获取、行使、保护均处于不确定状态，损害市场秩序、交易安全与社会信赖。因此，课程将从涉及知识产权诚实信用原则的典型事例（如“乔丹体育商标案”）入手，帮助学生认识诚实信用原则在整个制度与实践过程中的重要性，诠释诚实信用原则在知识产权法中的要求与适用。

元素 2：创新驱动发展战略下的知识产权制度。

党的十九届五中全会提出，要“坚持创新在我国现代化建设全局中的核心地位，把科技自立自强作为国家发展的战略支撑”，“深入实施创新驱动发展战略，完善国家创新体系，加快建设科技强国”。科学技术进步与文化产业发展，对实现我国社会主义现代化建设的目标至关重要，对相关权利的保护成为制度保障。

知识产权法，尤其是专利、商业秘密等保护技术创新成果的相关制度，能够以私权保护模式，激励发明创造活动，遏制权力滥用行为，推动科技创新发展。加强知识产权保护，完善相关法律制度，有助于强化国家战略科技力量，提升企业技术创新能力，激发人才创新活力，完善科技创新体制机制。课程将重点以专利制度和著作权制度为例，从“共享单车专利保护案”“琼瑶诉于正著作权侵权案”等身边的知识产权纠纷案例入手，探讨专利保护对激励创新、鼓励技术发明的作用，以及著作权对尊重原创、促进文化传播的功能，以打击盗版、遏制侵权为讨论核心。

元素 3：保护传统文艺，树立“文化自信”。

党的十九大报告提出“要坚定文化自信，推动社会主义文化繁荣兴盛”。中华文化博大精深，源远流长。面对“一带一路”建设中不同国家、地区文化价值观的差异，加强中华民族的文化凝聚力和文化感召力成为重要议题，需要在文化交流的过程中，保护并传承中华民族的传统文化，树立“文化自信”。

陶瓷、木雕、中药等传统文化与技艺是全国人民的宝贵财富，对其加强知识产权保护，建立专门制度，有助于加强我国的文化自信，繁荣文化事业。在知识产权制度中，著作权能够为传统民间文学艺术提供保护，商标权能够维护“稻香村”“瑞蚨祥”等传统老字号的利益，专利权则能够为中草药等传统技术方案提供特殊保护。在激励传统技艺改进与创新的同时，推动信息公开、共享与流通，促进知识产权运行效率的提升和社会经济的长远发展。通过完善对传统工艺的知识产权保护，提升中华文化影响力，增强中华民族凝聚力。

元素 4：国际保护视野下的知识产权政策。

“十四五”规划中指出，“新一轮科技革命和产业变革深入发展，国际力量对比深刻调整”，我们需要“增强机遇意识和风险意识，立足社会主义初级阶段基本国情，保持战略定力”。不同国家和地区之间由于政治、经济、文化、科技背景存在差异，采取的知识产权制度也存在区别。如何统筹好国际知识产权规则与国内知识产权制度之间的关系，协调好发达国家与发展中国家之间对知识产权保护的不同需求，十分重要。

知识产权保护已成为一项重要的国际议题，知识产权的国际竞争也如火如荼。在学习知识产权法的过程中，需要有国际视野和全局意识，学习知识产权国际保护原则，基于我国现阶段基本国情，制定合理措施。因此，在教学过程中，需要结合国内外双重背景，对知识产权相关政策与制度进行阐释，让学生能够站在知识产权国际保护和国家需求的多元视角看待问题、分析问题、解决问题。

元素 5：知识产权从业者的职业道德。

知识产权制度涉及多方从业人员，包括知识产权律师、知识产权（商标或专利）代理师、知识产权行政官员、司法人员等，扮演不同角色，共同推动我国知识产权制度与实践的发展。不同的知识产权从业岗位担负不同的社会责任与法律责任，贯穿授权、确权、行权、护权全生命周期，对知识产权保护、转化和交易影响重大。知识产权从业者的职业道德，对于净化法律空间，优化营商环境，激发各类市场主体活力至关重要。

在此过程中，知识产权从业者应当树立法治意识，懂法、守法、执法、用法，维护权利人合法利益，同时兼顾公共利益。基于优化营商环境的背景目标，知识产权执法人员应当依法行政、秉公执法；知识产权代理机构应当遵循诚实信用、公序良俗的原则。

元素6：实现“产学研”协同发展，完善科技成果转化机制。

知识产权授权与保护的目标是能够实现知识产权的转化与应用，促进市场交易，维持市场秩序。“十四五”规划中指出，要加强知识产权保护，大幅提高科技成果转移转化成效。这对如何通过知识产权制度推动发明创新、科技成果保护与转移及体制机制的完善等提出新的要求。

在通过专利、商业秘密保护科技成果的同时，也需通过构建与优化知识产权制度，实现技术要素在市场资源中的优化配置，发挥知识产权的经济价值与实用功能。为了提高“产学研”过程中科技成果转化率，健全收益分配机制、完善科研人员职务发明成果权益分享机制成为亟待解决的问题。

三、教案设计

本教学单元“商标申请与注册”的教案设计，主要包括如下方面。

本教案将以“商标申请与注册”为课程内容，以“遏制不当申请注册商标的行为”为重点内容，进行教学内容设计与思政元素的融入。

（一）教学目标

1. 总体目标

本节课程的教学的总体目标在于将“知识传授”与“价值引领”相融合，为“法治中国”培养“德法兼修”的建设者和接班人，在教学环节中把传授知识和思想教育作为双重主线，将专业知识、相关技能、思想素质三者结合，使学生在未来从事法律相关职业的过程中，正确看待社会主义现代化治理进程中的各种问题和难点，学会担当，坚守底线。

2. 知识目标

在知识储备上，本节课程将结合“诚实信用原则”“优化营商环境”等思政元素，对商标注册过程中申请人应当履行的义务、遵循的要求进行阐释，对恶意注册商标的行为进行讲解，展开行为类型化分析，使学生能够理解规范商标注册行为的重要性与合理性，并掌握立法、执法与司法实践中如何应对上述现象，能够应用法学专业知识和法律思维解决实务问题。

3. 技能目标

在能力培养上，本节课程将以案例分析、研究探讨等形式，增强学生的思辨能力；通过模拟法庭、模拟谈判等场景，培养学生知识产权实务过程中的职业修养，锻炼学生将法学理论联系法律实际的能力。

4. 德育目标

通过“诚实信用原则”等思想价值理念的融入，结合实践案例，促进学生树立民族精神和创新精神，主动思考知识产权法中蕴含的国家战略与方针方法，强化对社会主义核心价值观的理解，具备基本的法律职业道德原则和底线，最终成为“德法兼备”的未来法治人才。

（二）教学内容

1. 课堂设计思路

见表1。

表1　知识产权法“商标申请与注册”教学单元课程思政内容与教学设计案例

环节	形式	具体教学内容与方法	
课前准备	教学调研	与学生交流，了解学生对商标申请与注册的知晓程度，以及对“诚实信用原则”“优化营商环境”的想法或建议，为课程思政建设做好铺垫	学情分析： 课前对学生自学内容进行了解与沟通，分析学生的知识基础、技能基础与思想基础
	资料预习	为学生提供学习资料，以供课前预习。广泛搜集资料，包括但不限于商标法领域的专著、论文、案例及相关规范性文件，如《优化营商环境条例》、商标法、商标法实施条例、《商标审查及审理标准》	
课堂环节	案例引入	本环节将首先由教师以“钟南山商标抢注”案作为课程引入，促使学生思考生活实践中的商标法问题。之后，讲解相关法学专业知识或概念，例如对“诚实信用原则”等进行阐释，介绍其历史沿革、内涵特征、立法体现等，凸显其在知识产权制度乃至整个法律制度中的重要意义和作用	
	知识讲解与深化	包括：①梳理商标恶意注册的行为类型，建立起体系化的教学框架，明确课程主题和主要内容。根据《规范商标申请注册行为若干规定》，可将不当注册商标行为分为六类：a. 不以使用为目的恶意申请商标注册的。b. 复制、摹仿或者翻译他人驰名商标的。c. 代理人、代表人未经授权申请注册被代理人或者被代表人商标的；基于合同、业务往来关系或者其他关系明知他人在先使用的商标存在而申请注册该商标的。d. 损害他人现有的在先权利或者以不正当手段抢先注册他人已经使用并有一定影响的商标的。e. 以欺骗或者其他不正当手段申请商标注册的。f. 其他违反诚实信用原则，违背公序良俗，或者有其他不良影响的。②深入剖析商标不当申请与注册行为涉及的法益类型，商标法对其进行遏制与约束的价值选择与理论基础。商标不当申请与注册过程中，不仅涉及个人私利，还涉及社会公共利益。此教学过程中需引入公共利益的概念与原则，引导学生思考个人利益与公共利益之间的平衡	

续表

<table>
<tr><th>环节</th><th>形式</th><th colspan="2">具体教学内容与方法</th></tr>
<tr><td rowspan="6">课堂环节</td><td rowspan="2">启发思考与回答</td><td>在知识产权法学专业知识传授与教学的基础上，将专业问题与思政元素相结合，抛出问题，询问学生，引发学生思考。
包括：①商标囤积、商标抢注行为是否违背了诚实信用原则？②从“优化营商环境”的视角，谈谈为何要遏制商标不当注册的行为。③商标法相关执业人员、律师在此过程中应当尽到何种责任或义务？</td><td rowspan="5">第一，观察法。在教师启发、学生讨论和课堂互动的全过程中，应注意观察学生看问题的方法和方式，了解学生的认知观与价值观，对其观念进行正确引导。
第二，类比法。比较不同类型的商标不当申请注册行为，启发学生展开类比思考，分析在实务中遇到类似问题时应当如何处理和应对</td></tr>
<tr><td>通过案例的形式，结合法律实务，进行问题延伸，引入知识产权实务案例中的思政元素，启发学生思考背后的价值理念与法益保护。
包括：①广州市指南针、中唯企业诉被告优衣库侵害商标权纠纷案；②迈克尔·乔丹诉乔丹体育侵犯姓名权纠纷案</td></tr>
<tr><td rowspan="2">讨论与点评</td><td>讨论式教学：
结合当下热点案件，在课堂中设置问题并组织讨论，提高学生参与度，激发学生参与欲望，提高学生的兴趣与热情，并鼓励学生探索法律法规背后的政策考量和思政因素</td></tr>
<tr><td>案例分析：
围绕法律实务中的案例，例如“乔丹体育商标案”，提供案件事实、争议焦点，引导学生分析和讨论相关当事人行为的正当性，并结合国家发展战略、民族文化精神等要素进行分析和探索</td></tr>
<tr><td>课堂互动</td><td>实务模拟：
可以围绕“乔丹体育商标案”等司法典型案例，设置模拟法庭、模拟谈判等实务内容，让学生扮演原被告双方当事人、律师、法官等，深化学生对诚实守信、遵纪守法、保护创新等思政精神的学习与理解</td></tr>
<tr><td>课堂练习</td><td>习题巩固：
围绕本节课程的主要内容，以选择题、判断题或案例题的形式，进行知识点回顾。包括：①我国商标法如何约束商标囤积行为？②从诚实信用原则出发，谈谈商标申请人应履行的法律义务。③商标法中哪些规范有助于优化营商环境？</td><td>学情分析：
通过设置练习环节，及时检查教学效果与思政融入情况</td></tr>
<tr><td>课后延伸</td><td>资料阅读</td><td colspan="2">为学生提供案例、专著、访谈、论文等思政主体阅读素材或视频解说，以供学生自学时使用。也可以通过小论文、观后感等课后作业的形式，督促学生进一步探索和学习。
可提供资料：“乔丹体育商标案”庭审录播视频</td></tr>
<tr><td>反馈</td><td>评价总结</td><td colspan="2">由学生和老师共同对课程效果进行评价，尤其是课程设计的经典案例、主要的思政教学要点，进行总结回顾和重点重申。在此基础上，加强学生对“诚实信用原则”“遵守法律职业道德”等价值观及“优化营商环境”政策方针的理解</td></tr>
</table>

2. 教学重难点

（1）经典案例的选取和转化

法学专业思政教学研究，需要结合实际案例，深化学生对思政精神的理解与掌握。如何选取合适的案例素材，并结合思政教学知识点，进行合理设计与加工至关重要。思政教学点的设计不仅需要有简单的案例素材，还需要对该案例素材结合思政要点来精心设计。

（2）教学标准的制定与检测

思政教学的过程往往潜移默化，可能很难直接体现在课堂评估、学生成绩中，需要在教学过程中密切关注学生的思想动态。需要制定科学合理的思政教学标准，并有效检测该标准是否达到。

（3）思政内容与专业知识的融合

知识产权法律体系庞大，内容复杂，如何在课程中有效地将思政内容与专业知识相融合，是需要不断探索的任务主题。不同思政元素可能融合于同一知识要点，相同的思政元素也可能贯穿不同的知识内容，需要进行体系梳理与融会贯通。

（三）思政引入

1. 课堂导入

（1）知识点讲解

从课程需要讲授的知识点引入，寻找课程思政融入节点。介绍商标注册与申请流程、诚实信用原则等理论知识，从概念、含义、特点、范围等角度进行讲，并逐步探索背后的价值理念或政策导向。

（2）思政内容融入

在商标申请的每一个环节，包括提交申请书、形式审查、实质审查，都可以结合国家方针、政策，如“诚实信用原则”“优化营商环境”，强调商标法在当下对于中国政治、经济、文化发展的重要作用，启发学生思考知识产权对国家综合实力提升、社会经济发展的重要意义，培养学生树立正确的社会主义核心价值观。结合商标法申请注册实务中商标代理人、律师等执业人员的行为准则，给学生灌输爱岗敬业、遵纪守法的法律职业精神。

（3）经典案例介绍

从宏观到微观，结合“乔丹商标案”“钟南山、雷神山商标抢注案”等具体案例进行讲解，例如商标法中的“诚实信用原则”“优化营商环境”的现实争议等，将商标法立法条文、行政执法与司法实践中的专业知识与思政要点相结合，引起学生的学习兴趣和深度思考。

2. 案例分析

围绕司法实践中发生的若干典型案例，分析案件事实、法律关系和争议焦点。

具体包括以下环节（以“乔丹体育”商标纠纷案为例）。

（1）介绍案件事实

“乔丹体育”的原告为著名球员迈克尔·乔丹，被告为我国民营企业“乔丹体育”公司。球员乔丹主张，“乔丹体育”未经其同意，擅自使用其中文姓名和拼音，及其运动剪影作为公司商标，欺骗消费者，导致公众误认为“乔丹体育”与球员乔丹之间存在某种特殊关联，存在“搭便车”嫌疑，构成侵权行为。被告“乔丹体育”则否认“乔丹”一词与球员乔丹之间存在直接关联，认为自己使用“乔丹”作为商标不构成侵权，也没有损害消费者利益。

（2）讨论、分析得出案件争议焦点

授课教师启发学生思考，由学生结合案件事实，自主研究或互相讨论，整理案件实施逻辑，参考我国法律规定，归纳出案件事实与争议背后的焦点问题，并对学生的讨论过程做适当记录与点评。①乔丹体育在申请“乔丹”及商标时主观状态如何，是否存在欺骗消费者的意图？②迈克尔·乔丹在本案中可以主张什么权利，获得何种救济？③为优化营商环境，可以采取哪些措施避免商标不当申请的行为？

（3）围绕案件争议焦点设置问题

包括：①结合中国传统文化，谈谈对诚实信用原则的理解。②商标法中的诚实信用原则如何体现，诚实信用原则对商标权利人申请和行使权利提出什么要求？③本案中的“乔丹体育”是否违反了诚实信用原则？④在知识产权国际保护的原则下，如何加强我国企业的品牌意识，从“中国制造”走向“中国创造”？⑤面临知识产权国际竞争的局势，我国的法律法规、方针政策采取了哪些应对措施，在实践中还可以采取哪些应对方案？

3. 讨论与解析

学生分组进行讨论，再集体总结归纳。让学生自行分析案例中包含的思政教育元素，包括但不限于：诚实信用原则、知识产权国际保护、遵纪守法、国家创新发展战略等。引导学生通过自主思考及讨论，回答课堂设置的相关问题，围绕法学专业方法或价值理念，得出答案。

教师须观察并聆听学生讨论的过程，挖掘其中隐藏的问题，正确引导学生的思考方向。在学生进行充分讨论后，教师对问题进行解析，帮助学生厘清思路，树立正确的价值观。

4. 习题巩固

第一，诚实信用原则对商标注册申请人提出哪些要求？

第二，如何通过商标法的制定与实施，实现“优化营商环境”的目标？

第三，在著作权和专利权领域，有哪些违背诚实信用原则的行为？

5. 总结回顾

对课程中涉及的思政元素进行总结梳理，强化学生的理解记忆，也可以让学生对课程内容进行归纳整理，形成有逻辑性的研究报告，并进行结果反馈。将专业知识和思政精神相融合，启发学生进一步探索和反思。在中国共产党的领导下，我国在文化发展、科技创新等方面获得长足进步，知识产权制度不断健全，从知识产权授权、保护到纠纷处理，体系逐渐完善。同时，也可以通过比较研究和学习，让学生意识到我国目前和发达国家之间的差距,唤起青年人的担当精神和责任意识。

（四）教学手段与方法

结合专业的知识讲解，采用案例教学法、启发式教学法、翻转式教学法、实务模拟法等教学方法，对知识点及案例提出问题，让学生在掌握、加深知识应用的同时提出不同的思路和看法，让学生自己提出问题、主动思考问题，注重理论知识的自我体验和感悟。

1. 案例教学法

结合法律实践中的相关案例，如“吴冠中署名权纠纷案”“王老吉诉加多宝商标侵权纠纷案”等，挖掘其中的思政元素，将党的十九大建设创新型国家、强化知识产权保护、完善知识产权制度的精神贯穿整个过程。案例教学使学生能够在案例分析中，将理论联系实际，切实感悟和理解习近平新时代中国特色社会主义思想。

2. 启发式教学法

课堂上设置问题并组织讨论，提高学生的参与度，提高学生的学习兴趣和注意力，推动学生主动思考知识产权法背后的思政精神，自己寻找问题、解决问题。除此之外，课前与课后阶段，通过线上资源共享、共读、共悟的形式，让学生主动思考，深化对知识点与思政精神的理解。

3. 翻转式教学法

本课程将运用新媒体新技术特点，选取多样化的网络教学辅助资源，如微信公众号、网络视频等，增强课程活力，优化教学效果。同时，课后也采用慕课、微信群、小程序等多种途径，为学生提供学习、交流和讨论的平台，增强时代感和吸引力。以此赋予课堂思政教育以灵活性和应用性，推动思想政治工作传统优势同信息技术高度融合，使思想政治工作联网上线。

4. 实务模拟法

本科法学教育不应脱离实际需求而“纸上谈兵”，因此，课堂将采取模拟法庭、模拟谈判等方式，让学生扮演法官、律师、当事人等角色，学习知识产权实务中的案例。通过场景化的法律职业训练，在润物细无声的教学环节中，学生能够主动积极地思考和学习，将理论联系实际，实现思政建设与能力培养的协调并进。在模拟演练过程中，由学生组成团队，互相探讨和交流，提升学生学习的主动性、研究能力与合作能力。

四、教学效果分析

教学效果的检验将通过学生反馈与检验、教师观察与总结等方式进行。在课程结束后，学生须完成课后作业（如小论文、观后感、案例分析等），对课程所学内容进行回顾与评价；教师则在课程进行前、进行中、进行后全过程对学生的反应、态度等进行观察和倾听，分析课堂教学效果。具体而言，教学效果可以划分为以下几个方面。

（一）实现知识传授与价值教育的双重效应

本课程将以知识产权法为主要内容，使学生掌握著作权、商标、专利等领域的专业知识，学会理解并运用法律法规。完成价值教育任务，把思政教育融入专业教学的全过程，使学生能够深入贯彻党的十九大精神，在法学学习过程中，主动结合党和国家的方针政策展开思考和探索。

（二）培育学生遵从职业道德精神与法治理念

通过寓教于乐、深入浅出地讲解现实法律职业过程中的法律知识、法律现象和法律问题，让学生理解法律、思政与现实生活、社会工作之间的密切关系，激发学习法律和思政的积极性，提高解决法律纠纷的能力。结合法律实务进行课程思政教育，对于学生毕业之后步入社会从事法律职业工作也将产生长远影响，为培养合格的社会主义法治人才奠定坚实的思想政治基础。

（三）增强学生对社会主义核心价值观的了解

在学习专业知识的同时，帮助学生坚定“四个自信”，切实增强知识产权法课程教学的时代性、创新性与先进性。帮助学生从家国情怀和法治中国的角度来审视和思考知识产权法问题，更加理性、全面、科学地看待知识产权相关制度政策，进一步提升自己的爱国情操、使命感和担当精神。

（四）通过多元化教学方式促进学生自主学习与探索

本课程采取以“学生为中心”的教学理念，创新课堂模式，采取翻转式、启发式、讨论式和实务模拟等多元教学方法，激发学生学习兴趣。从课程开展的全部环节入手：课前开展学情调研，能够有针对性地设置课程内容，使学生带有“问题意识”；课程中设置模拟法庭、模拟谈判、小组研讨等互动环节，优化课堂教学效果；课后及时总结与反馈，有效掌握学生学习情况，并进行针对性补充和拓展学习。

劳动法律制度

范围　劳动经济学院

一、课程简介

劳动法律制度是调整劳动关系及其附随关系的法律规范总称，其中，劳动关系是指劳动力所有者（劳动者）与劳动力使用者（用人单位）之间在劳动过程中发生的，一方提供劳动力、另一方提供劳动报酬的社会关系。劳动关系的附随关系是指与劳动关系密切相关的其他社会关系，如劳动行政法律关系、社会保险法律关系、劳动团体法律关系、劳动争议处理法律关系等。劳动法律制度作为人力资源管理专业本科学生的专业课，将通过理论分析、规范解释及案例分析的方式全面介绍我国劳动法律制度及其司法裁判情况，使得学生能够树立正确的劳动价值观，热爱劳动、尊重劳动者，能够准确理解相关法律规范，并且能够运用相关法律知识规范员工关系管理。

本课程的具体内容包括：劳动法制基础理论、劳动法律关系、劳动就业法、劳动合同法、集体合同法、劳动基准法、劳动争议处理法等内容。

二、思政元素

本课程授课时可能包含以下思政元素。

元素 1：劳动教育——劳动价值理论。

马克思的劳动价值理论指出，一切商品的价值都是由人的劳动创造的，凝结在商品价值中的社会必要劳动时间是决定商品价格变动的终极原因。马克思的劳动价值理论，是马克思主义政治经济学体系的出发点。马克思以他创立的劳动价值理论为基本立论基础，系统地分析了资本主义的生产过程及其市场经济活动，深刻地揭示了资本主义生产方式的内在规律。

2020 年 3 月 20 日，中共中央、国务院颁布的《关于全面加强新时代大中小学劳动教育的意见》明确指出，劳动教育是中国特色社会主义教育制度的重要内容，直接决定社会主义建设者和接班人的劳动精神面貌、劳动价值取向和劳动技能水平。因此，要把准劳动教育价值取向，引导学生树立正确的劳动观，崇尚劳动、尊重劳动，增强对劳动人民的感情，报效国家，奉献社会。

元素 2：法治教育——习近平法治思想。

党的十八大以来，中国特色社会主义进入新时代。习近平新时代中国特色社会主义思想是全党全国人民为实现中华民族伟大复兴而奋斗的行动指南。坚持以人民为中心是习近平法治思想的重要内容，包括：①坚持人民主体地位。②以公平正义为崇高价值追求。③以依法保障人民权益为根本目的。

劳动人民作为我国的主人翁，他们是工人阶级领导者的重要组成部分，是社会主义建设者的重要力量，他们的权益保障问题是习近平法治思想以人民为中心理念的具体体现。

元素 3：自主、自立的人格教育——劳动光荣。

高等教育肩负着培养劳动者独立人格的重要使命，而劳动不仅仅是学生的重要生存来源，也是塑造其独立人格的重要途径。因此，通过本课程的学习，要培养学生养成劳动光荣的理念，热爱劳动、尊重劳动者，培养和养成自食其力、独立自主、自立自强的人格。

元素 4：敬业——社会主义核心价值观。

敬业是中华民族的传统美德，其本质是热爱工作、忘我投入，体现了坚定的职业信念、高尚的奉献精神。因此，通过本课程的教学，应该培养学生的敬业精神，引导学生尝试做好自己的职业规划，树立远大的职业理想，坚定职业信念，锻炼职业作风，不断提升自己的职业技能，投身社会经济发展的伟大事业。

三、教案设计

（一）教学目标

1. 价值理念

贯彻劳动法倾斜保护劳动者的理念，引导学生关注身边劳动者（如外卖小哥）的权益保障问题，尊重他们的劳动。

2. 知识

准确理解并熟练掌握劳动法律关系的认定标准。

3. 能力

运用标准判断具体法律关系是否构成劳动法律关系。

（二）教学内容

1. 案例导入：外卖骑手超速导致交通事故，造成路人受伤的新闻报道

案例：某十字路口，有一电动自行车闯红灯撞倒过斑马线的女士后逃逸，导致该女士受伤躺在路边，路口的监控录像显示该电动自行车后有一蓝色的储物箱，经认定为某餐饮外卖平台的配送箱，后交警部门抓获该肇事逃逸的骑手。

教师讲述：对于这种交通肇事逃逸的违法行为应该予以查处并严厉惩戒，但是近年来随着平台用工的规模不断扩大，尤其是餐饮外卖骑手发生交通事故，导致他人或者自己伤亡的交通事故的数量居高不下。据南京市交管部门的数据，南京 2017 年上半年共发生涉及外卖送餐电动自行车各类交通事故 3 242 起，共造成 3 人死亡，2 473 人受伤。其中，外卖电动自行车存在交通违法行为的有 2 807 起，仅有 193 起交通事故外卖送餐电动自行车完全不承担交通事故责任，外卖送餐电动自行车在交通事故总数中违法担责率高达 94.04%。

2. 问题提炼

第一，为何外卖骑手的交通违章率和交通事故发生率居高不下？

第二，外卖骑手引发的交通事故导致路人受伤的，由谁来承担赔偿责任——平台还是外卖骑手？

以此引导同学讨论、回答。

除了骑手自身遵守交通规则之外，外卖平台的管理制度——通过评分管理等算法手段，不断缩短送餐时间、提高送餐效率，导致骑手必须闯红灯等违反交通规则，才能按照平台设定的时间准时送餐。然而，对于发生交通事故后的责任承担问题，则取决于外卖骑手与平台的关系性质的认定。如果外卖骑手与平台不构成劳动关系，则外卖骑手的送餐行为是个人行为，因此发生的交通事故，由外卖骑手对受害人承担赔偿责任，但是骑手的负担能力有限，非常可能导致“骑手”因事故赔偿陷入贫困，而受害人则求偿不能的境地；如果外卖骑手与平台构成劳动关系，则外卖骑手的送餐行为则是职务行为，因此发生的交通事故，则由平台承担赔偿责任。

因此，责任分配的关键在于平台与外卖骑手之间法律关系的认定。

3. 知识讲解：劳动法律关系的认定标准

劳动法律关系是指劳动者与用人单位之间经过法律调整的权利义务关系，其构成要件包括以下两个方面。

（1）理论层面

第一，主体适格标准。包括：①用人单位，即单位需依法办理工商登记，从形式上判断就是用人单位依法成立，拥有公章和注册登记的营业执照。②劳动者，即劳动者应该符合相应的主体资格条件，其中包括一般条件（如达到最低就业年

龄，从事文艺体育类的不满最低就业年龄的，应该经过许可；精神健康状况正常，具有从事相应工作所需的行为能力）、特定职业条件（如特定的职业资质），以及不具备法定的不得从事特定职业的条件。

第二，实质从属标准

包括：①人身从属性，即劳动者在人格上受到用人单位控制，放弃自身的人身上的自由；②经济从属性，即劳动者出卖劳动力获得劳动报酬，其生存来源受制于用人单位；③组织从属性，即劳动者加入用人单位的生产组织，成为组织中的“一颗螺丝钉”，服从组织中的管理关系。

（2）规范层面：劳动法及 2005 年《关于确立劳动关系有关事项的通知》

见表 1。

表 1　确立劳动关系的法律法规

劳动关系的认定标准	《关于确立劳动关系有关事项的通知》释义
主体适格标准	用人单位和劳动者符合法律、法规规定的主体资格
人身从属性	用人单位依法制定的各项劳动规章制度适用于劳动者，劳动者受用人单位的劳动管理，从事用人单位安排的有报酬的劳动
经济从属性	
组织从属性	劳动者提供的劳动是用人单位业务的组成部分

4. 应用讨论：相关案例的讨论——网络热文《外卖骑手被困在系统里》

见表 2。

表 2　劳动关系相关案例讨论

判断标准	文章依据
主体适格标准	·用人单位：北京三快科技有限公司（美团）、上海拉扎斯信息科技有限公司（饿了吗） ·劳动者：外卖骑手
实质从属标准	·算法控制（路线、送餐时间） ·管理（众包站负责、人工调度） ·评价（承接的单量、超时率、差评率、投诉率、商家和消费者打分） ·惩戒（扣款、封停账号）

5. 总结：导入案例的讨论与总结

（1）理论层面

外卖骑手与平台符合从属性标准 – 构成劳动关系 – 外卖骑手超速导致的交通

事故，受害人可以要求平台承担责任（表3）。

表3 理论层面的案例分析

实质从属标准	表现形式
	劳动者放弃自己的自主意志，体现雇主的意志
	职务行为
	雇主责任

（2）实践层面：司法裁判中存在的分歧

见表4。

表4 实践层面的案例分析

判决结果	依据（法律关系性质）
平台承担（部分）赔偿责任	劳动关系
	雇佣关系
平台不承担赔偿责任	劳务关系

综上，关于平台与外卖骑手之间的法律关系在理论层面和实践层面存在不同的观点，如果我们严格按照劳动关系认定的主体适格标准和实质从属标准来看，平台与外卖骑手之间的法律关系性质上应为劳动关系，但是在司法实务中存在诸多分歧，导致外卖骑手被排除在劳动法之外，无法享受劳动法的保护，在工作过程中发生事故，致他人伤亡或者自己遭受伤亡的，都需要自担风险、自担责任。因此，在课前的视频案件中，除了外卖骑手自身的守法意识外，出现事故后可能面临赔偿的压力或许也是使得外卖骑手逃逸的原因之一。但问题的关键在于，无论是否逃逸，在不认定平台与外卖骑手之间构成劳动关系的前提下，出现事故对于外卖骑手和受侵害的路人而言都可能面临无法获得保护、救济的境地，增加了社会的整体风险。

（三）思政引入

1.情境导入

利用媒体报道及学生的日常生活经验，引发学生对于外卖骑手及路人的权益保障问题的关注。

第一，外卖骑手每天长时间工作，在送餐过程中遭受交通事故伤亡的，可能无法获得相应的保障。

第二，每天都有外卖骑手引发的交通事故，并且导致受害路人无法获得相应的赔偿。

2. 指导思想导入

2020 年两会期间，在全国政协经济界联组会上，听完有关委员关于“新就业形态”的发言后，习近平总书记指出，“新就业形态”这个领域也存在法律法规一时跟不上的问题，当前最突出的就是“新就业形态”劳动者法律保障问题、保护好消费者合法权益问题等。要及时跟上研究，把法律短板及时补齐，在变化中不断完善。

3. 专业价值导入

导入马克思劳动价值理论与劳动法关于倾斜保护劳动者价值，通过具体的案例及外卖骑手这一群体的权利保护现状，引导学生关注劳动价值，关注特殊劳动者群体的权利保障。

4. 规范文件解析

国务院办公厅《关于促进平台经济规范健康发展的指导意见》（国办发〔2019〕38 号）规定，保护平台、平台内经营者和平台从业人员等权益。督促平台按照公开、公平、公正的原则，建立健全交易规则和服务协议，明确进入和退出平台、商品和服务质量安全保障、平台从业人员权益保护、消费者权益保护等规定。抓紧研究完善平台企业用工和灵活就业等从业人员社保政策，开展职业伤害保障试点，积极推进全民参保计划，引导更多平台从业人员参保。加强对平台从业人员的职业技能培训，将其纳入职业技能提升行动。结合该意见的规定，明确政府部门已经意识到平台从业人员权益保障的不足，因此，强调要引导平台企业承担社会责任，建立职业伤害保障试点。

引导学生对媒体文章《外卖骑手被困在系统里》中的细节进行讨论。

（四）教学手段与方法

1. 教学手段

（1）多媒体展示

有关媒体报道视频。

（2）分组讨论

关于媒体文章的分析。

（3）翻转课堂

引导学生根据劳动关系认定标准，结合视频资料、网络文章，讨论、分析相关信息，最终确定外卖骑手与平台之间是否有从属性，是否构成劳动关系。

2. 教学方法

（1）案例分析

通过外卖骑手超速引发交通事故的案例，引导学生关注外卖骑手与平台之间法律关系的性质认定，进而讨论法律关系性质对责任分配的影响。

（2）规范分析

运用文义及目的解释的方法对劳动法关于劳动关系认定和劳动者权益保障的法律规范进行解释。

四、教学效果分析

（一）了解、尊重劳动价值理论，关注、关心身边的普通劳动者

通过本课程的学习，学生应该能够理解和尊重劳动价值理论，关注、关心身边的普通劳动者，理解他们劳动的价值，并了解他们劳动对社会的影响。

（二）了解和贯彻习近平法治思想，培养遵纪守法的品格

外卖平台作为新就业形态，也应该遵守法律规定，切实履行社会责任，承担劳动者保护的责任。通过本课程的学习，学生能够从外卖平台规避法律所造成的法律后果，了解守法对于整个社会的重要价值。

此外，从外卖骑手的案例中，关注普通劳动者在我国社会生活中的普遍性和重要性，在日常的生活、学习和工作中贯彻我国法治思想中以人民为中心的理念，善待劳动者。

（三）树立劳动光荣理念，结合自身的学涯、职涯规划，培养自主、自立的人格

通过本课程的学习，了解劳动不易，以及劳动过程中相关的职业风险，引导学生合理地进行学涯、职涯规划，从校园开始，培养自主、自立的人格。

（四）培养学生敬业精神，并且从坚持学业到崇尚职业

通过平台经济的发展背景，结合外卖骑手的构成统计分析，了解改革开放以来中国农民工在促进社会经济发展中的故事，了解敬业、专业和职业的关系，培养学生的敬业精神，从坚持学业、努力学习到做好职业规划，投入职业。